U0113775

新中国往事

XIN ZHONG GUO WANG SHI

策划、主编：刘未鸣　张剑荆

弄潮时代

中国文史出版社

图书在版编目（CIP）数据

弄潮时代 / 刘未鸣，张剑荆主编 . -- 北京：中国
文史出版社，2020.3
（新中国往事）
ISBN 978-7-5205-1978-6

Ⅰ . ①弄… Ⅱ . ①刘… ②张… Ⅲ . ①中国经济史—
1949-2019 Ⅳ . ① F129.7

中国版本图书馆 CIP 数据核字（2020）第 031233 号

执行主编：詹红旗
责任编辑：程　凤

出版发行：中国文史出版社
社　　址：北京市海淀区西八里庄 69 号院　　邮编：100142
电　　话：010—81136606　81136602　81136603（发行部）
传　　真：010—81136655
印　　装：北京朝阳印刷厂有限责任公司
经　　销：全国新华书店
开　　本：787×1092　1/16
印　　张：24
字　　数：330 千字
版　　次：2020 年 5 月北京第 1 版
印　　次：2020 年 5 月第 1 次印刷
定　　价：69.00 元

出版说明

1949年新中国成立，开辟了中国历史新纪元。70年，于历史长河只是一瞬，但这一瞬，却是"数风流人物还看今朝"的一瞬，却是"当惊世界殊"的一瞬，却是书写着中华民族从"站起来"到"富起来"到"强起来"、书写着中华民族伟大复兴壮丽诗篇的一瞬。也因此，这一瞬，注定永恒。

这套"新中国往事"丛书，主要通过亲历者口述形式，讲述新中国成立70年以来政治、经济、文化、科技、民生、基础设施、考古等领域一些标志性事件的决策、建设或发现的过程，旨在回顾新中国走过的曲折历程，反映70年的发展变化和巨大成就，展望中华民族伟大复兴的美好前景，而亲历、亲见、亲闻，以及较大的时间跨度、较广的内容涵盖，恰是这套丛书的价值所在。

本书在编辑出版过程中，借鉴使用了诸多公开出版的文史资料，在此，对相关文章作者致以诚挚敬意。与此同时，疏漏之处亦敬请读者批评指正。

中国文史出版社

2019年7月

弄潮时代

目录

忆公私合营的第一个航标——民生轮船公司

刘惠农

民生轮船公司原名"民生实业股份有限公司"（以下简称民生公司），是旧中国最大的一家民族资本轮船公司，也是旧中国企业中经营上带有事业性的三大企业之一，在我国民族资本企业中具有举足轻重的地位。1952年9月它实行了公私合营，成为全国私营企业公私合营的一面旗帜，为1955年在全国范围内对资本主义工商业实行社会主义改造创造了范例。

民生公司与公私合营建议的提出

民生公司是卢作孚先生于1925年10月11日，在他家乡合川发起的，议定集资2万元（银圆），在上海订造一条重70吨、长75呎、宽14呎、深5呎的小客轮。翌年5月，小客轮下水，命名为"民生"。6月，卢作孚在重庆召开公司创立会，宣布公司命名为"民生实业股份有限公司"，招100股，股金为5万元。同时成立董监理事会，石壁轩担任第一届董事长，董监理事会推举卢作孚为民生公司总经理。

民生公司创建后，经过艰苦经营，有了很大的发展。到1945年8月抗战胜利时，已有大小轮驳船116艘，载重3.64万吨，成为长江上最大

的一家私营航运企业。

1946年后，又开辟了沿海和南洋航线。1949年后的3年间，民生公司拥有轮船96艘，职工7960余人，担负着长江上游80%的运输及至广州、香港的运输任务。

1949年9月，我作为武汉军管会的代表，与吴自立接管了国民党招商局汉口分公司。1950年4月任长江区航务局局长。该局统一领导长江航务工作。当时长江全线共有大小船舶833艘，44000余载客位，38950余载货吨，马力46060匹。其中国营的船只有4万吨，还不及民生公司的船吨位多。很显然，民生公司是一支十分重要的运输力量。为了发展航运事业，统一调度，我们与民生公司进行了密切的合作。

民生公司总经理卢作孚先生，是一位爱国企业家。解放战争后期，他居留香港，与党组织取得了联系，坚决拒绝去台湾。为迎接解放，他十分巧妙地和帝国主义、国民党作斗争，将在台湾和海外的18艘轮船驶回上海和广州，参加新中国的建设事业。这是卢先生为新中国立下的头功。1950年6月，他应周恩来总理的邀请到北京。这年秋天，卢先生从北京返渝，路过武汉，我热情地接待了他。他对我说：很感激党。正当民生公司债台高筑，发不出工资时，中央政府在财政十分吃紧的情况下，还贷款100万港元使民生渡过难关。他表示要在长江上大干一场，使民生起飞，为祖国航运事业作贡献。正是胸怀这个宏愿，他婉谢了中央请他留京、在交通部任领导职务的安排而返回重庆。

就在我接待卢作孚先生前后，我们接到了民生公司要求公私合营的请求。据我所知，卢先生通过三条渠道提出这个请求：

一、1950年3月24日，他通过何迺仁直接向周恩来总理汇报民生公司情况时，提出了公私合营问题。作为一个过渡办法，卢先生提出请政府定人选用中国交通两银行改派股份代表的方式，参加民生公司董事会的建议。7月卢先生抵京后，他又直接向周总理提出。随后派何北衡、何迺仁常驻北京，与中央交通部等单位联系。

二、他与中南交通部、长航局直接联系。在与我初次见面时，曾谈到此事。

三、与西南军政委员会联系。

一个私营企业，为什么在1950年春天就主动向中央政府要求公私合营呢？卢先生是一位精明干练的企业家，长期以来，在民生公司形成了一套企业管理的方法（其中有许多好的经验是值得我们借鉴和学习的），但它作为资本主义私人企业又必不可免地存在着阴暗没落的一面，其突出的问题是机构臃肿，经营不善，生产效率低，事故频发。据不完全统计，解放后18个月就亏损1300多万元，平均每天约亏1400元，加上负债累累（外债，向加拿大借款1275万元加币，向香港借款150万元港币），内外债务高达800多万元，平均每天增债9000元，以致工资都无法支出。中央政府虽借款给以帮助，仍无法使民生公司从根本上摆脱困境。

卢先生要求公私合营的请求涉及一项重大国策。如何将资本主义企业引导到社会主义道路，马克思、列宁曾设想赎买政策，但没有实现。毛泽东同志根据我国国情，特别是对民族资产阶级两面性作了科学的分析，在中共七届二中全会上提出了对民族资产阶级实行改造的原则，并提出了国家资本主义的概念。但如何具体进行，当时没有提出。民生公司提出的公私合营，事实上就涉及党通过何种形式对资本主义工商业实行社会主义改造的重大国策。中共中央对此十分重视。经党中央、毛泽东同志决策，同意接受卢先生的请求，并指示我们一定要慎重、稳妥地做好这件事关大局的工作，创造一个好的典型，为全国实行公私合营提供榜样和经验。

民生公司公私合营的经过

党对民生公司公私合营工作十分慎重，采取了充分准备、逐步过渡的方式。首先，要有一个过渡阶段。经过反复协商，1950年7月8日，中央交通部代表张文昂、于眉、王寄一、周启新、吴绍树、欧阳平等7人

同卢作孚等民生公司代表签订了《民生实业公司公私合营过渡办法》（共五条）。规定人民政府派出7名代表参加常务董事会。该会负责清理股权及资产，清理债务，精简机构，节约开支，配合政府航运计划，执行航运价格，调整劳资关系等。8月10日，中央交通部部长章伯钧和卢作孚又签订了《民生公司公私合营协议书》（共七条）。文件规定，为顺利进行公私合营工作，从即日起为一过渡时期，妥善解决民生公司内部问题，为公私合营打下良好基础。具体要解决下列问题：（1）清理官僚、战犯股份，收归国有。（2）精简机构，节约开支。（3）整顿业务。（4）清查资产。（5）筹措资金，偿还债款。9月，中央交通部正式任命于眉、郝炬、张平之、欧阳平、张祥麟、王寄一及海员工会会员一人共7人组成民生公司董事会公股代表，于眉为首席代表，张平之、郝炬为副首席代表。公股代表"协同公司负责推行过渡办法所规定的一切工作"。

最初，卢先生提出的公私合营和党的公私合营思想并不是同一概念。卢先生是希望政府作为公股，投资民生公司以使之渡过难关。公股代表只是参加董事会，并不直接参加公司的行政工作。我们党同意公私合营的目的，是要将民生公司这艘资本主义企业的轮船引入社会主义航道。因此公方代表不仅参加董事会，而且要起领导作用，彻底改革民生公司。在多次协商中，我们本着团结的精神，在原则上不迁就，同时也照顾资方的利益，采纳他们的合理意见和要求，使他们十分愉快地与我们合作，并接受领导。为了搞好这一工作，1951年12月28日，由公方、私方代表彭光伟、李海涛、郝炬、张祥麟、欧阳平、康心如、卢作孚、童少生等8人组成民生公司民主改革委员会，卢先生任主任委员，彭光伟任副主任委员。在这个过渡时期，我们首先清查出公司内的官僚资本占25%，将其收归国有，成为公股的一部分。其次，国家从经济上扶助民生公司，使之减轻包袱，渡过难关。例如，经西南财委批准，国家贷款1000万元（即旧人民币1000亿元）。1952年，又一次拨油1200吨，准予分期付款。最后精简机构，节约开支，整顿业务，使公司摆脱困境。

　　经过两年过渡阶段的充分准备，民生公司公私合营的条件已经成熟，经中央批准，民生公司决定实行公私合营。1952年8月25日，民生公司董监联席会议举行第24届17次会议，决定于9月1日正式公私合营。总经理原计划是由卢先生担任，不料他于这年2月8日不幸去世，董监理事会"因总经理不宜久悬"，特聘我兼总经理，聘请张文昂、童少生、张文冶为副总经理。后西南局又提名肖鹏，经董监理事会批准，聘请肖鹏为副总经理。这次会议选举李一清、刘惠农、张平之、张之琦、欧阳平、周孝怀、郑东琴、吴晋航、康心如为常务董事，周孝怀任董事长，李一清、张之琦、郑东琴、吴晋航为副董事长。会议还决定将总公司迁设汉口。

　　9月1日，民生公司正式公私合营，在重庆举行了第一次经理会议。我在会上指出：此次会议是在民生公司性质起了基本变化的基础上召开的。合营后，公司必须实行民主改革，发扬民主，发动群众，进行组织机构和制度的改革，统一生产管理和生产计划，完成国家所分配的运输任务，争取收支平衡，更进一步做到盈余，为人民生产建设服务。该公司下设重庆、宜昌、上海、汉口、万县、广州分公司和南京、沙市、涪陵、泸州、叙府办事处。

　　9月5日下午3时，民生公司公私合营庆祝大会在重庆市搬运工人大厦举行。中共西南局统战部程子健副部长、重庆市市长曹荻秋、西南交通部赵健民部长及民生公司千余名职工参加庆祝大会。我在会上致答词，保证实现民生公司同人的希望和中央人民政府给予的任务，即在国营经济的领导下，充分发动群众，有步骤、有计划地进行民主改革和生产改革，开展爱国增产节约运动，建立经济核算制，减低运价，增加运量，争取短期达到收支平衡，亦有盈余上缴，分给私股红利，发展长江航运事业，为国家的经济恢复和建设贡献力量。民生公司董事长周孝怀也在会上讲话。他说，公私合营使民生公司获得新生，人民政府若不投资1000万元来帮助公司偿还债款，公司就有可能关门破产；人民政府若不选派干部来主持、管理公司，把公司从抗战起十几年来形成的浪费、

贪污、官僚主义及一切旧社会中习染来的旧作风、根深蒂固的毛病连根拔除，在企业内部已经腐烂的情况下，即使有1000万元的国家投资，也不过拖延岁月，充其量不过是维持现状、不垮台而已。现在公司复活了，新生了，是否能从维持到发展，从原是政府的包袱逐步做到为新经济建设作贡献，重要的关键就是改造，而公私合营就为改造提供了必要的条件。

这件事在社会上引起了极大的震动。公司内有的资方代表深为不安，产生公私合营就是公化的错误想法；一些职工怕被解雇，丢掉饭碗；国内工商界的朋友们密切注视着事态的发展，他们将合营后的民生公司作为测定党对民族资产阶级政策变化的温度计。因此，中央要求我们一定要使民生公司振兴起来，促进航运事业，对国家经济建设作更大的贡献，同时使工商界的朋友们通过民生公司的新生看到光明和希望，以利于党和平改造工商业政策的顺利实施。

我们坚决贯彻中央指示。第一，在民生公司成立了党组。1950年8月，由长江航务局及各分局和民生公司总管理处及各分公司的党内重要负责干部建立党组，由中央财政委员会、中央交通部、交通银行、海关以及西南、中南、华东、交通部派人参加，党组归中央交通部领导。汉口总公司由我、谢邦治、张明、张文昂等4名同志组成；重庆由陶琦、何纯尧、肖明、陈渠、金石、汪洋等6名同志组成；上海由李宁、王健等4名同志组成。党组于9月份开始工作。我们还设立了政治部。第二，国家投资于民生公司公股占60%，使国营经济占领导地位。第三，在国营经济的领导下，改革组织机构。国家派出大批干部，在各单位起骨干作用。减少35%的冗员，对总公司、分公司办公人员定编为600人至650人，下辖三个甲级公司：重庆180人，宜昌64人，上海94人；三个乙级公司：汉口54人，万县29人，广州21人。对于减下来的职工采取包下来的政策，负责安排工作、学习、生活，安定了大家的情绪。第四，改革旧的管理制度和作风，实行民主管理，统一航运计划和协调、制定各种制度。如建立统一的人事制度、船舶调度制度、机务管理制度、金库管理和预决算制度、供给制度等，初步推行了新管理。第五，召开职工代表大会，发动满载赶航运动、增产节约运动，调动了广大职工的生产积极性。第六，清除了盘踞公司各部门继续进行破坏活动、压迫职工的特务与封建把头。

在国营经济的领导下，民生公司获得了新生，很快扭亏为盈。1952年9月至12月缴纳营业费3668万元，所得税8630万元，共12298万元，到1954年为国家积累资金14696万元。劳动生产率如果以1952年为基数的话，1953年增长190%，1954年增长224%以上。职工福利有极大的改善，十多年都没有领到股息的股东分到了红利，高兴异常。他们上书党中央和毛泽东同志，并纷纷将所得红息争购国家公债。有位姓金的股东，不光将1953年的全股红息购买公债，还将他在民生公司的60股股金1200元转为公股归全民所有。

民生公司的公私合营是十分成功的。中央领导同志称赞为"无痛分娩法"。1953年10月11日，《人民日报》报道了民生公司的合营情况，发表了《公私合营企业的一个范例》的短评，高度赞扬了这个典型。

（选自《新中国往事·"第一"解读》，
中国文史出版社 2011 年 1 月版）

第一套人民币是怎样问世的

刘振华

时下，人民币正在有条不紊地推进国际化，尽管遇到一些挑战，但在逐步得到国际社会的认可。其实，人民币从孕育到问世，就经历了战火的洗礼。当时正值解放战争时期，相比国统区法币的泛滥、金圆券改革的失败，人民币的横空出世，可谓共产党进行货币战的成功典范。它推进了解放战争胜利的进程，为新生人民共和国的币制统一作出了历史贡献。

银行名称"可以用中国人民银行"

解放战争之初，由于敌人的分割包围、严密封锁，解放区的金融系统各自为政，各解放区发行的货币限于在本区域流通，不同解放区互不流通，也不准私自兑换。对于群众携带的其他解放区的货币，一般采取说服教育让他们带出，或在接壤地区按较低的价格进行兑换。

随着解放战争的胜利推进，特别是1947年7月以来，人民解放军转入战略反攻，晋绥、晋察冀、晋冀鲁豫和山东解放区逐渐连成一片，原先的割据状态被打破，野战部队跨区作战频繁。在1947年9月的晋察冀边区财经会议上，谈到需要成立中央银行发行一种通行各解放区的钞票问题时，董必武指出："现在战争是大兵团的运动战。今天在这里打，明天也许要转到另外一个地方去打。华中的部队曾经转移到山东，华东的部队现在转移到冀鲁豫。这个区域里将来也有可能发生部队移进移出的情形。财政不统一就无法应付这样的运动战。"

货币不统一，不仅会影响到与国民党作军事斗争，而且还影响了与国民党的经济斗争。一方面，各解放区之间物资交流、贸易往来增多；另一方面，各解放区的货币之间没有固定比值，互不通用，甚至各解放区之间互相征税、搞贸易保护。有的解放区为了降低贸易逆差，甚至提高本地特产的价格，拒绝其他解放区的商品入境。由此，适应解放战争迅速发展的需要，迅速统一华北、西北、华东等几个解放区的财政经济，实现货币统一，已经提上党的工作重要日程。

统一货币，是统一财经工作的重中之重，是一个复杂的过程。为此，首先要成立银行，由银行来发行货币。1947年4月，中共中央决定在太行成立华北财经办事处，董必武为主任。办事处成立后，在抓好统一各解放区货币工作的基础上，准备成立中央银行。

关于中央银行的具体名称，董必武综合各方的意见后认为，新中国的中央银行是全国的，因此取"人民"二字能够表明这个性质，使用"中国人民银行"称谓应该是合适的。10月2日，董必武致电中共中央：现已派南汉宸赴渤海商议建立银行的具体办法，银行的名称，拟定为中国人民银行。是否可以？请复示。名称希望能早定，印钞票时要用。

当时毛泽东率中共中央机关正在陕北转战。接电后，毛泽东和周恩来、任弼时进行了研究。10月8日，中央回电说：目前建立统一的银行是否过早一点儿？进行准备工作是必要的，至于银行名称，可以用中国人民银行。

根据指示，1947年12月下旬，华北财经办事处在河北省平山县夹峪村设立"中国人民银行筹备处"，开始酝酿筹建中央银行，搜集各解放区货币发行政策、发行指数、物价指数，确定各货币比价，并考虑新货币的票样设计和印制问题。

人民币的票样设计

中国人民银行发行的货币，自然就叫人民币。

一般地说，许多国家的法定纸币都印有国家开国领袖、国家元首的头像，例如美元有总统头像、英镑有国王头像。1947年11月，也就是在中国人民银行筹备处成立之前，华北财经办事处就委托晋察冀边区财政印刷局完成几种票样设计稿，票面上印有毛主席像。得知票样上印有他的像后，毛泽东复电说：票子是政府发行的，不是党发行的；现在我是党的主席，而不是政府的主席，因此票子上不能印我的像，将来再说吧。

这样，人民币不印毛泽东像就确定下来了。董必武要求设计人员开始人民币票券的设计修改，提出应尽量体现人民性质，反映工农业生产。后来，重新设计出了反映解放区工人农民生产情景图案的票版，如小毛驴驮粪、农民用辘轳浇田、放羊牛和牧马、牛马耕地、农妇经线织布、火车、帆船、工厂等图案。这些画像，反映的是劳动情形，赞颂的是基层劳动人民，形象设计朴实大方，从总体上反映了共产党团结人民、依靠人民，人民当家作主的基本政治主张。

第一套人民币票版图案以劳动生产和劳动人民为主的设计原则，在新中国成立后陆续发行的第二、三套人民币上也得到了充分展现。改革开放以后，人民币开始与世界接轨，1988年发行的第四套人民币上才开始出现毛泽东等已故领袖人物的肖像。

第一套人民币强调要民族化，在数字使用方法上既有别于国统区的金圆券，也有别于各解放区的货币，它使用的是罗马字体数码为冠字的方法。因此，在第一套人民币上没有任何英文字母。

董必武对新生的人民币非常重视，题写了"中国人民银行"六个字，第一套人民币的风格就此定调。

货币统一之路

统一发行票币是财政统一中的重要环节，与各解放区收入、支出、银行、贸易、市场有密切关系，单独抽出发行票币问题来，是不能得到解决的。当时解放区货币种类较多，还不能马上发行统一货币，为此，要首先稳定解放区各种货币兑换比率。

早在1947年六七月间，董必武就与正在参加华北财经会议的代表们进行了讨论，确定了关于解放区货币按照"互不流通，相互支持"和"一致对敌"的原则，"统一计划掌握各地货币发行，稳定各种货币兑换比率，并在这些基础上，逐渐达到各解放区财经工作的进一步统一"。

到了这一年下半年，冀南银行、晋察冀边区银行和晋西北农民银行经过协商，确定在接壤地区建立货币混合市场，规定在货币混合市场内均有行使、携带、兑换、保存不同解放区货币的自由，设立若干区际货币兑换所，牌价根据主要商品价格指数、市场比价和供求情况确定，并建立通汇关系，汇差实行定期、定额清偿。

调整了各区间的货币关系，各区间的关税壁垒逐步取消，对敌经济斗争逐渐转入主动。

经过慎重考虑，1947年12月11日，董必武将华北财办成立以来统一财经工作的情况向中共中央和毛泽东作了详细的书面汇报，重点汇报了统一发行票币的问题，提出了统一发行票币所需的五个步骤——

第一步：华北财经办事处必须确实掌握各区的发行额和预算，了解各区票币的互换率，以及粮食、棉花、纱布、油、盐、煤、金银等物资的价格，并基本上完成银行的准备工作。

第二步：发行少量的统一票币，主要作为各区汇兑差额的划拨使用，当然市面也可以流通。统一货币与各区货币固定比价，互相兑换，并随各区票币的贬值和升值而改变统一票币的比价，保

持统一票币的币值。

第三步：逐渐增加统一票币发行数量。

第四步：停止各区票币的发行，完全发行统一票币。这个时候，各区票币和统一票币同时流通。

第五步：用统一票币收回各区票币，形成单一的统一票币市场。

此后，统一货币发行的问题开始分步骤渐进实行，其中重要的步骤在于实施各解放区货币的固定比价、混合流通。

固定比价、混合流通是相邻解放区在行政区划合并时，货币走向统一发行的过渡办法。由于各解放区经济、财政和战争情况的不同，加上发行情况的差别，各解放区货币所代表的价值量也不一致。因此，要混合流通，先要按照两区实际物价水平，规定合理的比价。1948年春，华北金融贸易会议召开，在给党中央的综合报告中明确指出：

晋察冀和晋冀鲁豫的统一步骤，是首先宣布两种货币的固定比价，自由流通，并使其中一种停止发行。接着将是在两种旧货币中收回一种，而使另一种在两个地区统一流通。山东和西北目前还是稳定比价，实行有计划的调剂。我们准备于东西两边境上，设立两区银行的联合办事处，来掌握货币比价，并用有计划的物资调换及财政调换，来平衡两地区间的物资交换和货币兑换数量，以保证比价相当稳定，并准备于一年以内，完成华北各解放区货币的统一工作。

按照这次会议规定，自4月15日起，冀南银行币与晋察冀边区银行边币比价为1∶10，两区货币混合流通。

华北金融贸易会议后，晋察冀边区银行与冀南银行开始合署办公。9月，华北人民政府成立，不久，晋察冀边区银行与冀南银行奉命合并，改称华北银行。此后，华北财办的人民银行筹备处的工作也合并到华北银行。华北银行成立后，晋察冀边币停止发行，以冀南银行币为华北解放区的法定本位币，成为货币统一之路的重要步骤。

其间，华北银行与北海银行、华北银行与西北农民银行分别签订了华北与山东两区货币工作协定，华北与西北两区货币工作协定，确立在两区接连的城市，成立两区银行联合办事处，受华北银行直接领导，联合办事处负责货币比价、货币兑换和汇兑工作。

10月6日，中共中央颁布《关于成立华北财经委员会及统一货币的决定》，决定成立华北财经委员会为统一领导机关，董必武任主任，薄一波、黄敬任副主任，并对晋察冀边区银行发行的边币、晋冀鲁豫边区的冀南银行发行的冀钞、山东解放区北海银行发行的北海币、西北地区的西北农民银行发行的西农币等的比价作出如下规定：

> 同意华北与山东的货币于酉微（10月5日——作者注）起固定比价，互相通用，冀钞与北币为一比一，边币与北币为十比一，双方政府同时公布。
>
> 同意华北与西北的货币于酉哿（10月20日——作者注）起固定比价，互相通用，冀钞与农币为一比二十，边币与农币为一比二，双方政府同时公布。
>
> 同意北币与华中币在华中之老五、六、七分区规定比价，混合流通。

据此规定，冀钞、北海币、西农币等成为解放区主要的货币，它们相互固定比价、混合流通，为发行统一的货币打下了坚实的基础。

中国人民银行成立

在战争情况下，货币发行与战争形势、经济状况、敌对方货币等有关。如果货币发行时机适当，就能使物价和币值保持稳定，从而在市场中建立信用，同时促进生产，支援战争；如果货币发行时机有误，就会

引起物价和币值的波动，不但会被敌对货币击败，而且还会扰乱自身的生产。

1948年11月，平津战役的序幕拉开，预示着解放军很快就要接管平津。虽然筹备发行人民币的工作做得很快，但仍然没有跟上解放战争胜利的步骤。再不统一货币，等到北平解放，各路解放军拿着各自的货币涌入，必然使北平市场产生混乱。为此，统一解放区的财经工作，成立全解放区的银行，发行统一使用的货币，以为争取解放战争的彻底胜利提供保障，成为刻不容缓的当务之急。

中共中央当即委托华北局、华北人民政府筹划建立中国人民银行，赶制人民币，并尽快完成发行人民币的准备工作。至此，人民币正如一个成熟的胎儿，即将出世。

1948年11月18日，华北人民政府召开第三次政务会议，会议决定立即成立中国人民银行，并任命南汉宸署理中国人民银行总经理。11月22日，华北人民政府发布《关于成立中国人民银行发行统一货币的命令》，指出：

一、华北银行、北海银行、西北农民银行合并为"中国人民银行"，以原华北银行为总行，所有三行发行之货币，及其对外之一切债权、债务均由中国人民银行负责承受。

二、于本年十二月一日起，发行中国人民银行钞票（下称新币），定为华北、华东、西北三区的本位货币，统一流通。……新币发行之后，冀币（包括鲁西币）、边币、北海币、西农币（下称旧币），逐渐收回，旧币未收回之前，旧币与新币固定比价，照旧流通，不得拒用。新旧币之比价规定如下：

（一）新币对冀币、北海币均为一比一百，即中国人民银行钞票一元，等于冀南银行钞票或北海银行钞票一百元。

（二）新币对边币为一比一千，即中国人民银行钞票一元，等于晋察冀边区银行钞票一千元。

（三）新币对西农币为一比二千，即中国人民银行钞票一元，等于西北农民银行钞票二千元。

11月25日，在原华北银行的基础上成立的中国人民银行总行发出《关于发行中国人民银行钞票的指示》，对人民币的发行作出说明。12月1日，华北人民政府贴出布告，宣告中国人民银行在河北省石家庄市成立，并从即日起发行全国统一的货币——中国人民银行钞票人民币。就在这一天，发行的只有三个券种：先是50元票面人民币，接着又发行20元、10元票面的人民币，紧跟着各解放区也开始发行。当时发行的有12种券别60种版别。

为了不使人民群众的利益遭受损失，人民政府采取了"固定比价、混合流通、逐步收回、负责到底"的方针，有计划按步骤地将各解放区发行的货币逐步收回了。同时，据各解放区的物价水平，以及当时市场流通中形成的自然比价，调整人民币与各解放区货币的合理比价。1949年初，华北人民政府再次公布人民币对各解放区货币的固定兑换比价，例如：对中州币是13，对冀南币、北海币、华中币是1100，对长城银行券是1200，对晋察冀边币、热河省银行券是11000，对西农币、陕甘宁商业流通券是12000，对冀热辽边币是15000。这样，原来各自为政的地区之间的经济关系得到迅速调整，混乱的市场秩序得以改善。

人民币不与黄金挂钩

人民币在发行之初，面临着是否应与黄金挂钩问题。

当时经过讨论，思想认识得到了统一。董必武说：现在大兵团作战，开支很大，在新解放区的粮食、税收又一时收不上来的情况下，稳定货币是不可能的，我们所能做到的只能是千方百计使物价涨得少一点、慢一点就不错了，如果人民币现在实行"金本位"或"银本位"，通货稳定将又加一层金银价格变动的不稳定因素，这对稳定通货十分不

利，就是将来全国解放后，说实在的话，我们也没有那么多的金银可供兑换，实际上仍是不兑现的纸币。无论从现在还是从将来考虑，人民币以不实行"金本位"或"银本位"为好。

由于解放区的金银储备不足，决定人民币与金银脱离关系，依靠各解放区货币的信用而发行。这样，一方面可以避免物价上涨，另一方面，它切断了与金银、外汇的联系后，使得当时加剧的国统区恶性通货膨胀不会对解放区物价产生大的影响，从而也就使国民党政府难以对解放区发动金融战、货币战。也正是由于人民币的完全独立，新中国成立后的几十年里没有受世界金融波动的影响。

人民币没有与黄金挂钩，但是具有良好的信用。所以，顺利地驱逐了国民党政府发行的金圆券等各种货币，结束了国民党统治下几十年的通货膨胀和近百年来外币、金银在中国市场流通、买卖的历史，使得人民币币值和物价都比较稳定，保证了解放战争的全面胜利。

正因人民币具有良好的信用，到新中国成立时，人民币逐渐走向全国，1950年，已成为全国大部分地区的本位货币。当然，第一套人民币是在特定历史条件下产生的，存在着历史局限性。为此，新中国成立后不久，即着手设计第二套人民币。1953年9月25日，第一套人民币停止发行。1955年3月1日新人民币发行，旧人民币被收回。1955年5月10日，第一套人民币停止流通，正式退出历史舞台。

（原载于《纵横》2018年第1期）

小岗村——中国农村改革第一村

严俊昌　严宏昌　严德友

我们小岗村自党的十一届三中全会以来，发生了翻天覆地的变化。虽然这个变化，与先进地区相比还不那么显著，但回顾这一变化历程，对我们小岗村继续开拓前进，是很有意义的。

穷则思变，贫穷逼出了大包干

小岗村农业合作化以前共有34户、175人、90个劳力，有30头牲畜、1100亩耕地，平均每年产量18万—19万斤，人均生产粮食1000多斤，农民生活还算可以。1955年开始，小岗村没有经过小社，就一步迈入高级社，开始出现干活大呼隆、分配一拉平的现象，结果粮食产量逐年下降。到1959年，遇上了三年自然灾害，出现了"饿、病、逃、荒、死"等严重情况。1962年刚刚恢复，紧接着就是"十年动乱"，各种各样的运动折腾得小岗村仅剩下20户人家，还是要年年搞运动、天天讲斗争。"路线教育"时，小岗村一下子来了14名工作队员，几乎一家摊上一个，整天搞"斗私批修""割资本主义尾巴"，搞"大批促大干"等。七斗八斗，把人心都斗散了，形成了"算盘响、换队长"，20户人家的生产队，几乎人人都当过队长，但换来换去，哪个也没干好。那时，人均口粮仅有200多斤，10分工只值2角多钱。从1966年到1979年，13年来，小岗村共吃国家供应粮22.8万斤，占13年总产的65%，还用掉

国家生救、社救款1.5万元。真是"农民种田，国家给钱，缺吃少穿，政府支援"。小岗的集体财产也是少得可怜，队里仅有三间破草房、一犋半牛、半张耙、一张半犁，已经穷得无法进行生产了。现在说句不怕丢丑的话，那时穷得大姑娘出门没衣穿，小伙子全是光棍汉，秋收刚刚结束，家家户户都准备外流讨饭了，小岗村成了远近闻名的穷队、光棍村、讨饭户。

1978年秋，严俊昌、严宏昌分别担任了小岗村的正副队长，当时正值秋收秋种大忙季节，却有不少农户准备要外流了。此时，公社党委贯彻落实《省委六条》精神，实行分组作业的联产承包责任制，搞"一组四定"，这样正合我们的心意，我们很快将全队划分为四个小组，实行分组作业。谁料想分组后，矛盾更多、更激烈，因上工早迟、计分多少、分工不合理等问题，天天吵吵闹闹，甚至闹得要动武。俗话说："穷争饿吵。"搞得我们队干部也不能参加小组生产了。当时我们认为，分大不如分小，干脆把四个小组分成八个小组，采取瞒上不瞒下的办法（即上报是四个小组，实际是八个小组）。这样分成的八个小组，基本上是"被窝里划拳——不掺外手"，多数是父子组、兄弟组。这样一来，提高了劳动积极性，反正是自家人在一起干活，劳力不足，家里老人、小孩一齐上，没有牛犁田，就用人拉犁，没有犁就用四齿耙刨，秋种进度加快了。但是好景不长，由于长期"大呼隆"、吃大锅饭的思想影响，尽管是兄弟之间、妯娌之间，也产生了矛盾，时有争吵，影响生产。

队里年长的老人都说，20世纪50年代初期，土地各家各户耕种，什么矛盾也没有，交公粮，卖余粮，家家丰衣足食，生产热火朝天，他们都非常怀念那种情景。我们几个队干部也在一起商量，认为照这样分来分去的，还真不如分到户，各干各的，什么矛盾也没有了。也有人认为，分田到户好是好，被上面知道了不得了，搞分田单干、带头的干部是要坐牢的。这种"肉吃千口，罪落一人"的结果，我们当干部的也很害怕。但是，我们也搞得实在无计可施了，也"穷"怕了。我们想，一个队干不好，说是"大呼隆"，分到组也干不好，说是矛盾大，分到户看你能不能干好，再干不好，没饭吃就不能怪这怪那，怨天尤人了。为了乡亲们能有一口饭吃，我们几个队干部豁出去了，干脆分到户，瞒上不瞒下，先干一年试试再讲。到组到户都一样，首先完成国家征购任务，再完成集体提留，剩下来都是自己的，这就叫大包干到户。我们队干部就是坐牢也心甘情愿，只有这样，才能对得起全村老少爷们。

大约是11月底的一天，我们在村西严立华家召开了一次全村秘密会议，一家一个户主参加，20户到18户（缺的两户是两个单身汉，已外流），会议内容就是搞大包干到户。第一是土地分到户后，瞒上不瞒下，不准任何人向外说，包括自己的至亲好友一律不说；第二要保证上交齐国家和集体的任务，任何人不准装孬。会上大家赌咒发誓，保证不向外透露分田到户，保证完成上交任务，就是遇到自然灾害，我们砸锅卖铁、外流要饭也要完成任务。也有的担心队干部搞大包干到户要吃官司坐牢，大家议论：你们干部要是因为搞大包干到户犯法坐牢，我们挨家要饭也给你们送牢饭，你们的小孩子，我们全村共同抚养到18岁，决不反悔。

随后，就由严宏昌执笔，写了包干合同书，内容是：

1978年12月　地点：严立华家

我们分田到户，每户户主签字盖章，如以后能干，每户保证完成每户的全年上交公粮，不再向国家伸手要钱要粮，如不成，我们干部坐牢杀头也甘心，大家社员也保证把我们的小孩养活到18岁。

写好后，严宏昌第一个盖了负全部责任的印章，然后关庭球、关友德（代）、严立华、严国昌（代）、严立坤、严金昌、严家芝、关友章、严学昌、韩国云、关友江、严立学、严立国、严富昌、严立付、严美昌、严宏昌、严俊昌等参加会议的户主分别盖了印章和手印。

事后，我们立即悄悄地将田分到户，这样家家户户劳动生产积极性

19

都发动起来了。有的向亲友借贷，筹备生产费用，准备给小麦施肥；有的借耕牛犁田，或请亲戚来帮忙刨地；缺粮户也不外流了，男女老幼一齐上，安排生产，实行生产自救。就这样，硬是把秋种搞好了。我们小岗村就这样艰难地迈出了大包干的第一步。

省、地、县领导给我们撑了腰

俗话说"世上没有不透风的墙"。我们小岗村大包干到户，外人一看便知，消息飞快传开了。公社领导知道消息后，立即把我们队干部找去质问：你们小岗是不是在搞单干？你们当干部的要注意，这样搞是要犯国法的。如果是单干，赶快并起来，否则就要把你们小岗村情况上报县委处理。那时，我们是铁了心的！一口咬定是分组作业，外人看一家一户干活是搞自留地。到了1979年3月15日，《人民日报》刊登甘肃省一位读者来信，并加了编者按语，指出：三级所有、队为基础必须稳定，坚决反对搞任何形式的包产到组、包产到户等变相单干。我们听了广播都傻了眼，心里很害怕，认为《人民日报》编者按是有来头的，心里七上八下的，心想这一下，我们是要挨批斗坐大牢了。

1979年5月8日，县委书记陈庭元把严宏昌找到公社，叫他不要怕，不要有思想顾虑，实事求是说出大包干到户的情况。严宏昌就如实地作了汇报，并说：作为一个农民，新中国成立20多年来，一直是"三靠"（吃粮靠返销、花钱靠救济、生产靠贷款），自己种田还糊不饱自家的肚皮，实在感到有愧，对不起国家，对不起领导，对不起自己的祖宗和后代。我们现在搞大包干到户，不但不向国家伸手要一分钱、一粒粮，保证年年向国家做贡献。陈书记问，你们有把握干好吗？严宏昌当时保证说：一定能干好，不信你去看看我们地里长的庄稼心里就踏实了。陈书记当即表示：你们只要能搞到吃的，我们不要你们粮食，只要不再靠国家就好了，你们好好干吧，就做一个试点吧。听了县委书记的话，我们就像吃了定心丸，一块石头落地了。全村社员听了传达也都欣喜万分，认为有县委书记给我们撑腰，我们可以放心大胆地干了。

1979年，是我们搞大包干到户的第一个年头，全队粮食总产13.2万斤，相当于1966年到1970年五年粮食产量的总和。收油料35万斤，是过去20年产量的总和。饲养生猪135头，超过历史任何年份。向国家交售粮食299万斤，是征购任务的10倍；卖油料2.4万斤，超过任务80倍。人均收入由1978年的22元上升到371元。同时，当年还贷800元，集体储备粮1500斤，公积金150元。我们小岗村由"三靠队""讨饭村"，一跃成了全县闻名的冒尖村。

10月20日，县委书记陈庭元、副书记宁金茂等领导同志来到我们小岗村，宣布县委意见：同意小岗村搞大包干到户，作为大包干的试点队，并委派县委秘书吴庭美同志，在小岗村住下来，搞调查研究，核实产量，写了一篇题为《一剂必不可少的补药》调查报告，肯定了我们小岗村大包干到户的成绩，直接报给省委万里书记和中央农委。小岗村悄悄地搞"大包干到户"的情况，由此受到了中央领导和省委领导的重视。

10月下旬，地委书记王郁昭带领地委七名常委，来到我们小岗村，经过考察和座谈，肯定了小岗村的做法，同意小岗村大包干到户干三年，并且总结大包干的优点是对国家、集体、个人三者都有利，是利国利民的创举。

1980年1月24日上午8时左右，省委第一书记万里同志亲临我们小岗村视察。万书记身穿黄色军大衣，风尘仆仆，一下车就挨家挨户逐个查看，看新盖的房屋，看各户收的粮食，又揭开锅看我们吃的，开箱子看我们穿的衣服，并亲切地问长问短。最后万书记来到队长严俊昌家，严俊昌拿出炒熟的花生招待省委书记一行。万书记不吃，这时全村老少都围上来，齐声说：花生是自己生产的，万书记尝尝吧！万书记很高兴地答应了，并说，好，把这袋花生都带着，回去开常委会，让常委们都尝尝小岗村搞大包干的丰收果实。

万里书记还详细地询问了我们大包干到户前后的生产情况，我们都

21

——地向他作了汇报。万书记说：我国是个农业大国，粮食上不去，还要从外国进口，怎么能向人民交代。他说：你们小岗村干得好，过去我们也想这么干，就是没人能带这个头，没有想到，马列主义竟出在你们这小茅草屋里。你们搞大包干到户，是先交齐国家的，再留足集体的，剩下来才是你们自己的，这是对国家、集体、个人三者都有利的。严宏昌反映：有人说我们小岗村这么干是搞资本主义复辟。万书记说：今后哪个再说你们是搞资本主义，这场官司交给我，我替你们打。地、县委领导同意你们干三年，我同意你们干五年。在场的领导和社员群众，都激动万分，报以热烈的掌声。

万书记临离开前，边走还边要求我们：一是要做老实人，讲老实话，坚持实事求是；二是不要卖过头粮，不搞浮夸风，接受三年自然灾害的教训；三是当干部的要把眼光放远些，不单是带领群众搞好农业生产，还要大力发展工副业，使小岗村尽快走向共同致富的道路。

大包干给小岗村带来了大变化

从1978年实行大包干开始，小岗村在精神文明和物质文明两个方面都取得了很大的进步。从村庄面貌看，昔日的破茅草房不见了，贫穷落后的面貌已焕然一新。如今小岗村已发展成82户，343人，180个劳力，包产土地1082亩，实有土地1600亩，人均512亩。现在的小岗村，户户都新盖了砖瓦房，家家都搞了庭院，前院种蔬菜、瓜果，后院盖起了"三位一体"的标准化猪圈、厕所、沼气池。村里通了电，装了程控电话，修了公路，公共汽车开到村口。村里还建了卫星地面接收站，家家都能看上有线电视。户均拥有电器两台以上，户均拥有农用机械1.2台（套）。1995年，全村人均收入就已达到2000元，超过全县平均水平，实现了经济收入达小康的目标。

小岗村在农业生产方面取得了突破性的进展，尤其是粮食总产量，由1978年的32万斤，达到1995年的110万斤，增加了近40倍，累计向国家贡献粮食500万斤。1996年，小岗村每年种植水稻800亩，产粮80万斤；小麦600亩，产量30万斤；花生200亩，产量10万斤；山芋80亩，产量32万斤；黄豆50亩，产量1万斤；油菜150亩，产菜籽3万斤；西瓜80亩，产量40万斤。以上各种农作物经济效益可达23万元。

养殖业方面，我们在农业科技部门支持下，扶持养殖大户10家，养猪4000头，养牛500头，养羊2000只，养鸡7万只，养鸭1万只，养鹅3000只，经济效益约40万元。

工业方面，我们起步较晚，1993年开始成立了小岗村农工商联合公司，由原生产队副队长严宏昌担任总经理（原生产队队长严俊昌升任小溪河镇农委主任，严德友为现任村支部书记）。1994年新建一个年加工能力100吨的粮食加工厂，同年与香港旺兴达电器有限公司联合兴办"镀锡铜线厂"；1995年与小溪河镇政府联合兴办"中国小岗石英加工工业区"；1996年与台商联合兴办"安徽长江矿业有限公司"等。这些企业都是刚刚起步，经济效益有待于今后的发展。

我们小岗村虽然首创了大包干到户的生产责任制，但在深化农村经济体制改革，特别是兴办村级工业方面，已经落在后面。我们在认真总结过去经验教训的基础上，决心带领全村农民继续改革，加大发展村办工业和联户工业的力度，在"九五"期间，力争实现工农业总产值6000万元（其中工业总产值4000万元，农业总产值2000万元），人均收入达4000元。同时加强小岗村社会事业的发展，强化农村道路、环境卫生设施的建设，决心再用五年时间，把小岗村建设成为凤阳社会主义新农村典范。

（选自《大潮·口述："第一"的故事》，
中国文史出版社2018年7月版）

创新路上——从粮食历史发展
看农业供给侧结构性改革

陈锡文　口述
高　芳　采访整理

　　"供给侧结构性改革"最早是在2015年11月十八届五中全会《中共中央关于制定国民经济和社会发展第十三个五年规划的建议》里提出的。这当然是对所有经济领域讲的。后来在2016年"两会"期间，习近平总书记在参加十二届全国人大四次会议湖南代表团审议的时候明确指出，要推进农业供给侧结构性改革。

　　习总书记指出，当前我国农业的主要矛盾已经由总量不足转变为结构性矛盾，主要表现为阶段性的供过于求和供给不足并存。他还指出，推进农业供给侧结构性改革，提高农业综合效益和竞争力，是当前和今后一个时期我国农业政策改革和完善的主要方向。

　　下面，我着重从粮食历史发展的角度，谈谈个人对农业供给侧结构性改革的一点看法。

粮食这些年：从产量不足到"三量齐增"

　　从2004年一直到2015年，我国的粮食连年增产。2003年粮食总产量是8614亿斤，2015年是12429亿斤。12年增加了3800多亿斤，平均每年就是300多亿斤。这是很了不起的成就，历史上没有过，是一件大好事。但也要看到，近几年，我国的粮食存在产量、进口和库存"三量齐增"的怪象。

以2015年为例，这一年国内粮食产量12429亿斤，而需求是12900亿斤左右，大约差500亿斤。粮食由小麦、稻谷、玉米、大豆和薯类五大品种构成，总量是缺这么多，具体到每个品种呢？从进口结构看，2015年粮食进口近2500亿斤，其中大豆超过了1600亿斤，其他八九百亿斤是稻谷、小麦、玉米和其他谷物。缺口500亿斤，实际进口2500亿斤，多进了2000亿斤。

为什么呢？大豆的缺口太大；稻谷、小麦、玉米我们不缺，为什么也进口？因为进口的便宜，就进来了。所以，我国的粮食面临两个问题：一是有些品种的产量满足不了市场需求，比如大豆；二是产量高的品种，价格在国际市场上没有竞争力，所以产得出来但未必都能卖得出去。前者反映了品种结构的矛盾，后者的矛盾是自身效益低、缺乏竞争力。加快推进农业供给侧结构性改革，在粮食问题上，必须要解决这两个问题。

我国当年入世谈判时，提出对国际粮食市场有一定程度的开放，但不是完全开放。我国是 WTO 成员，要合理地使用 WTO 的规则，以保护和发展我们的农业

相对于有些国家，我国农户的经营规模小、效益低、成本高、价格贵，于是有一种议论：既然这样就不如自己少种点，在外面买多便宜。我国的粮食比有的国家贵是个事实，但这里面的原因很复杂。第一，我国前些年经济增长速度太快，土地价格、资金价格、劳动力价格因此都上涨不少，反映到农业上，成本当然就高。政府为了保护农民的利益，

就得提高收购价格，价格就上来了。第二，与我国的情况相反，2008年美国引发全球金融危机之后，全球的市场需求下降，包括粮食在内的大宗产品国际价格都在下跌。这些年，我国粮价的上涨幅度和2011年以后国际市场粮价的下跌幅度差不多。第三，就是人民币的汇率变化。人民币汇率在很长时间内一直坚挺，从8元多人民币兑换1美元，到现在6元多兑换1美元。人民币兑美元升值，就意味着国际市场上的粮食卖到我们国内更便宜了。举个例子：原来1美元兑换8元人民币，每吨进口大豆500美元就是4000元人民币；如果1美元兑换6元人民币，同样500美元的进口大豆，到岸后就是3000元人民币。另外，现在石油价格跌到这个程度，海运价格就很低。和十年前比，现在每吨粮食的海运价格相当于那时候的1/3。每吨粮食的运价便宜了六七十美元，相当于减少了五六百元人民币。所以，很多因素结合在一起，才出现现在国内粮价高于国际市场的现象。

这些因素是不是永远这样呢？当然不是。汇率、国际原油价格等都不是一成不变的，国际上的粮价也有跌有涨，我们也不是一路在涨，东北的玉米价格2015年就降下来了。

关于多进口粮食的议论也缺乏专业知识。中国是WTO成员，每个WTO成员都一样，没有谁为了入世就会敞开胸怀对全世界的市场彻底开放。WTO成员对国际市场要有开放度，否则自己的产业就缺乏竞争力，但不能开放到把自己产业打垮的程度。所以，每个成员都是一边在要求其他成员多开放市场，同时又要保护自己的市场。我国当年入世谈判时，提出对国际粮食市场有一定程度的开放，但不是完全开放。开放到什么程度呢？这都要经过非常复杂的谈判，和希望向我国出口粮食的国家一个一个地去谈，一点点磨，直到最后取得一致意见，最后形成我们按WTO规则承诺进口的各主要粮食品种的关税配额。那时候谈下来的是每年进口的小麦关税配额最多是963.6万吨，玉米720万吨，大米532万吨。配额内进口的粮食，只收1%的关税；配额外再要进口就要实行65%的关税。目前，我国各粮食品种的价格并没有比国外高出65%，所以，配额外进口的粮食就算进来了也卖不出去。这就是关税配额制度的作用，而这是WTO规则所允许的。如果按有些人说的那样，多进口，那就要主动增加关税配额，甚至更大胆一点，宣布取消关税配额。可谁敢这样做？这关系到一个国家农业产业乃至其他各方面的安全，关系到农民的就业和生计安全。习总书记反复强调，保障国家粮食安全是农业供给侧结构性改革的基本底线。我们要牢牢守住这条底线。我国既然是WTO成员，就要合理地使用WTO的规则，以保护和发展我们的农业。所以，从这个角度来说，我们不能妄自菲薄、没有信心。同时也要有危机感，如果我们生产的粮食老是比别人成本高，竞争力低，这是不行的。

与粮食安全有关的是，我们18亿亩的红线要坚决守住。18亿亩红线是中央在制定"十一五"规划的时候明确提出来的。为什么要有18亿亩？因为那时候我们的耕地面积就是18亿亩多一点，中国人口多，人均土地少，加上城市化建设还要占地，于是就要守住一个底线。那时候的想法是，如果我们将来15亿人，一共18亿亩地，平均每个人就一亩二分地，这是保证粮食安全的底线。从这个角度讲，要坚守18亿亩红线。现在粮食产量、生产效率提高了，但是社会在发展，观念在变化，越来越提倡发展绿色农业，还要退耕还林、退牧还草、退湖还渔，要减少化肥、减少农药……一方面粮食产业要继续向前发展，另一方面，我们肯定要减少投入品、要让土地休养生息、要让有些耕地还到山水湖河的生态圈里。正是从这个角度讲，土地的事对中国来说是马虎不得的，没有什么余地。

1956年国家制定了一个农业发展纲要。60年过去了，为什么大豆产量还是上不去？很明显就是科技含量不高

我国之所以进口这么多大豆，第一是因为食用植物油缺口太大。我

国现在每年有将近3000万吨的需求量，但国内产量只有1000万吨左右。第二，大豆的植物蛋白含量很高，我们需要吃豆腐、豆浆，而且豆粕还是饲料重要的植物蛋白来源。

为什么大豆的需求在增长，而产量反而只降不升呢？农民不愿意种，是因为大豆产量低，效益低，种大豆不如种玉米。2016年东北地区和内蒙古自治区的大豆目标价格是2.4元一斤，也就是一吨4800元。相比之下，国外进口大豆的完税落地价格每吨不会超过3500元。榨油厂也好，饲料厂也好，当然就不愿意买国内的。可是，对农民来说，尽管价格已经提到每斤2.4元，但大豆的产量太低，亩产只有不到250斤，一亩地毛收入最多也就600元。同样的地种玉米，产1000斤左右很容易。前几年玉米价格高，每斤1元或再高一点，每亩就是1000多元的毛收入。于是，一边是大豆市场需求在不断扩大——2015年进口1600多亿斤，一边是产量平平——我们自己只生产二百三四十亿斤，国内需求的85%以上都是靠进口。

要把自己的市场夺回来，就得有竞争力，而最实在的一条就是单位面积的产量要提高。国际上大豆亩产在370—380斤，而我们还不到250斤。为什么产量这么低？无论是品种的培育还是种植，我们的科技含量都是不够的。1956年中央提出了《1956年到1967年全国农业发展纲要（修正草案）》，第二届全国人民代表大会第二次会议通过。《纲要》制定了一些指标，比如粮食产量，提出："从1956年开始，在12年内，粮食每亩平均年产量，在黄河、秦岭、白龙江、黄河（青海境内）以北地区，由1955年的150多斤增加到400斤；黄河以南、淮河以北地区，由1955年的208斤增加到500斤；淮河、秦岭、白龙江以南地区，由1955年的400斤增加到800斤。"1968年我下乡到黑龙江种地，那个时候距离这个指标差很远，小麦亩产300斤、玉米亩产350斤，就算是好的，离《纲要》提的400斤还有很大差距。我们连长、指导员、团长、政委……一开大会就说"大家要努力，争取使粮食亩产上纲要，过黄河、跨长江"。现在再看黑龙江，小麦亩产800斤不稀罕，玉米1200斤也平常。

当时也提了大豆的指标——亩产260斤。我到黑龙江的时候是200斤上下，十年后离开的时候亩产也就210—220斤。但是，到现在还没到250斤。从《纲要》提出到现在，60年了，为什么别的作物都上去了，大豆上不去？很明显就是科技含量不高，在新品种的研发、新的栽培技术推广方面明显不够，所以产量低、效益低，农民越来越不愿意种，成本显得越来越高。大豆这个事例证明，我们必须加快农业的科技创新。

2007年，我国对东北三省和内蒙古自治区的玉米实行的是临时收储政策；2016年中央一号文件明确提出，让市场决定玉米价格

玉米多了，但农民还愿意种，这里面一定是哪里出了问题，那就是国家对东北等四省区玉米实行的临时收储政策已经不适应现实的情况。2007年缺玉米的时候，为了鼓励生产，开始对东北等四省区实行玉米临时收储政策。2014年提到了每斤1.12元，2015年降到1元，可依然挡不住农民种玉米的积极性，因为比种大豆还是划算。但生产多了、库存多了，就得调整。所以，2016年中央一号文件明确提出，要"按照市场定价、价补分离的原则，积极稳妥推进玉米收储制度改革"。这一年取消了对玉米主产区——东北三省和内蒙古自治区的玉米临时收储政策。文件一下发，东北三省和内蒙古自治区就减少玉米播种面积共2300万亩，超过10%。2016年是市场定价，那就不一样了。现在的情况是，辽宁的玉米每斤0.8元以上，吉林在0.75元左右，黑龙江是0.65—0.70元，甚至有的地方还到不了0.65元。实行临时收储政策时是政府收购，现在是市场来定价，是采购商、饲料企业、加工企业出价，于是就会形成一个均衡价格。农民也没有吃大亏，价格跌下来了，政府把原来放在价格里的补贴拿出来，再另外补给农民。财政对整个东北地区种植玉米的农户补

贴了390亿元。黑龙江一亩地平均补154元，吉林大概能补到170多元。对农民来说，平均每斤玉米能补0.15元上下。比过去要吃亏一点儿，但总的来说不会亏损。从这一步来看，政策已经见效了。尽管刚刚一年时间，但是已经能看出来，农民开始根据市场的需要来调整自己的种植结构了。

而对于其他市场主体——粮食的购销商、饲料厂、加工厂等来说，他们也在研究：到底买进口的还是买农民种的、多买点存在库里还是只收购一两天的？要看看市场怎么样再说。这些行为在政府定价时都是没有的。

> **早在1984年的中央一号文件就明确提出，要帮助农民在家庭经营的基础上扩大生产规模，提高经济效益。2013年12月，习总书记在中央农村工作会议上首次提出"三权"分置并行。土地流转了，经营规模扩大了，这是非常了不起的进步**

一讲到现代农业，很多人脑子里出现的是像美国、加拿大、巴西、阿根廷这样的国家：一家一户种一两万亩地的大农场，大而先进的机械……但是，搞农业经济的人都知道，世界上大致有两种农业模式。一种是农业传统非常悠久的国家，像我国，可以证明的农业发展史有8000年到1万年。农业发展的历史越长，人口就繁衍得快、繁衍得多。凡是古代文明发育早的地方，都是人多地少，亚洲尤其东亚，再有像中东、西欧，都是如此。还有一种是新大陆国家的农业。15—17世纪，航海家们逐渐发现了南北美洲、大洋洲。那里只有很少的土著人，地广人稀，几乎没有开发。欧洲于是大批移民，新大陆开始发展。所有新大陆国家的农业开发史都不过四五百年，它们和我们是两类不同的农业。这些国家地广人稀、人少地多，可以搞大规模经营。

确实，规模不够，技术水平再高，效率也不行。像日本、韩国，还有我国台湾，说起来农业的现代化水平很高了，但是跟新大陆国家相比也没有竞争力，农户的平均耕地规模都只有二三十亩。日本除了北海道因地广人稀、气候寒冷而情况有所不同外，其他地区的农户经营规模平均就是30亩左右。韩国以及我国台湾大体上也是这样。

那怎么办呢？当我们回溯历史会发现，从往到今，我国农民一直在用自己的智慧，不断地进行着创造。

人民公社时期，几十户人家一个生产队，几百户人家一个生产大队。一个小队经营三五百亩地，一个大队能到一两千亩。然而，这种所谓的"规模"，就像堆到一起的一麻袋马铃薯，看起来很多，可分到每一户、每一个劳动力就很少了，效率低下。十一届三中全会之后实行包产到户，解决了过去生产体制中的吃大锅饭，生产效率上来了。

到了1984年，中央一号文件《关于一九八四年农村工作的通知》明确提出，要继续稳定和完善联产承包责任制，"帮助农民在家庭经营的基础上扩大生产规模，提高经济效益"。《通知》说，延长土地承包期，15年不变，同时提出，鼓励土地逐步向种田能手集中："社员在承包期内，因无力耕种或转营他业而要求不包或少包土地的，可以将土地交给集体统一安排，也可以经集体同意，由社员自找对象协商转包，但不能擅自改变向集体承包合同的内容。转包条件可以根据当地情况，由双方商定。"

这既明确土地承包权是每家每户的，承包的期限要足够长；同时又鼓励土地的流转、集中。可见，早在1984年，中央政策就已经很明确：包给你了，你不种就给种田能手种。1984年中央一号文件颁发后，一部分发达地区的农民就开始流转土地：自己去务工经商，家里的地没有人种，给隔壁邻居、给熟人种，承包权还是自己的。所以，这些年来，土地其实一直在流转。80年代后期，在发达地区，"明确所有权、稳定承包权、放活经营权"的讲法就开始出现了。

对于所有权、承包经营权，80年代是叫"两权分离"——所有权归集体不变，承包经营权归农户。所有权和承包经营权分离，但没有讲承包权和经营权是不是可以分离。例如，我承包了集体的土地，从法律上讲，集体的是所有权，我的是承包经营权。我如果流转给了你，那我到底给了你什么权？给了你之后，我还有没有什么权？时间长了我还拿得回来土地吗？这些都没有明确。十几年来，类似"我从你那里租来这么长时间，我施了有机肥，我打了机井，你想拿回去就拿回去？"这样一些矛盾纠纷时常发生。承包权和经营权可不可以分、分开之后怎么运行？这些问题在2013年底之前没有从法律上、政策上讲清楚。

2013年12月的中央农村工作会议上，习总书记首次提出"三权"分置并行，这对原来的"两权分离"是一个重大的创新性发展。2016年习总书记在小岗村也讲，我们要顺应农民保留土地承包权、流转土地经营权的意愿，把农民土地承包经营权分为承包权和经营权。

从习总书记的讲话中可以看得明白：农民天经地义依法享有承包本集体土地的权利，因为农民家庭是集体土地承包经营的法定主体；承包过来之后，可以自己经营，也可以流转给别人，但不论经营权如何流转，集体土地承包权都属于农民家庭。这个讲清楚之后，第一，对承包户来说，没有后顾之忧；第二，对于流转到经营权的一方，也不要有什么非分之想。这样，法理关系就清楚了。

从农业部的统计来看，土地经营权的流转这几年一直在加速。我们有23000万个家庭承包了集体的土地，其中近30%即约7000万户或多或少流转了自家土地，流转的面积已占到整个承包土地面积的1/3以上。2016年10月，中共中央办公厅、国务院办公厅出台了《关于完善农村土地所有权承包权经营权分置办法的意见》，农民就更踏实，更无后顾之忧了。

土地流转了，相应地，拿到经营权的这一户，就可以扩大经营规模。根据农业部最近公布的数字，我国种植面积在50亩以上的农业经营主体达到了350万个。这350万个主体，规模有大有小，总的经营面积是

3.5亿亩。平均一户100亩，相当于原来十几户人家种的地。这是非常了不起的进步。

伟大的农民自己在琢磨、在创造。于是，在我国出现了世界上最奇特最有创造性的农业现象：一家一户很小的地块，但是可以用最大最先进的机械

通过"三权分置"让承包户放心地流转土地，是实现规模经营的一种方式。在推进中，一方面觉得不错，另一方面也出现了一个问题。我们看到，新大陆国家的农业机械很先进，作业规模很大。可是，我们每个通过土地流转实现规模经营的主体平均只有百八十亩耕地。用这种大型机械设备，转两圈就完了。如果种一百亩地就买这样一套设备，大量时间会闲置，肯定是赚不回来。

随之而来的就是一个很自然的困惑：要流转到多少土地才能用得上先进的大型机械？日本、韩国和我国台湾就掉到这个"坑"里：不断租地、再租地。在台湾有一个说法叫"小地主，大佃户"，小地主就是指一家一户的地是农民的，每个地主的地都很少，但都租出去集中到一个佃户这里就很大。可是也就能达到几百亩，新大陆国家的先进农业机械还是派不上用场，效率自然也就上不去。

那么，是不是我们就不能用这样的先进机械呢？实际上，到东北看看会发现，国际上最先进的，甚至刚刚研发生产出来的大型机械，我们的农民已经用上了。最大型的拖拉机有550马力，约200万元一台，加上其他设备，几百万元才能买一套。这说明，农民买的时候就知道，这不是自己一家用的，是给更多的人提供服务的。齐齐哈尔的克山县有个仁发合作社，我去调研过，有1000多户农民的土地入股，合作社土地规模有56000亩。这样的农场，当然可以放心大胆用这些农业机械。

　　除了土地入股合作社这种方式，还比如山东的供销社。农民进城打工了，地没法种，供销社说，我帮你种，你给我交钱，我种好了粮食给你。这就是托管和代耕。所以，为什么人口在老龄化，而我们的粮食还能增产呢？因为上了年纪也不耽误种地，只要在地头树底下抽着烟，看着大机械耕种，种完把钱一付就完了。另外，很多地区还有农机合作社，为农民提供耕作服务。

　　所以，除了通过土地流转扩大经营规模外，第二种就是扩大服务的规模。于是，在我国，出现了世界上最奇特最有创造性的农业现象：一家一户很小的地块，但是可以用最大最先进的机械。这个问题，日、韩和我国台湾都没能解决，它们配了很多小型机械，成本就高。我们很多农户家都没买机械，可小麦收割的机械化率能达到95%左右。我国一年有将近4万亩的冬小麦、春小麦，到了麦收季节，在农业部门统一调度下，全国四五十万台的大型联合收割机，有30多万台跨区作业。长江以北地区最早收冬小麦的是河南南阳，5月底。收春小麦最晚的是黑龙江，要到8月底。这三个月的时间里，黑龙江的大型农业机械被组织起来用火车统一运到河南，一路往回收，收到家，正好该收自己的，什么都不耽误。所以，我们的大型联合收割机每年作业天数比美国、加拿大的都多。因为不是只给自己家收，是给几十户、上百户农民提供服务。前些日子我在跟几个国家的农业部官员讨论时，他们说：我们了解到，关于无人机在农业植保上的应用，中国现在是世界老大，远远超过其他国家。我说：很重要的一点就是，我们搞服务的农业经营主体，无论是家庭还是农机合作社，买机械时想的不是只给自己用，而是给一大片农户提供服务。就我了解，以这样的方式来扩大农业社会化的服务规模，其他国家似乎还没到能跟我们比肩的程度。我们的农民自己在琢磨、在创造。

　　最后，我们什么时候才能实现规模经营呢？有人讲，解决问题的关键是让农民离开土地。怎么离开？城镇化。这个思路对吗？对，可问题是这需要条件和时间。事实上，进入新世纪开始几年，每年新增农民工近1000万人，后来慢慢降到每年增加800万人、500万人、300万人、200万人，2015年只增加了60多万人，2016年1—9月份只增加了80来万人。这说明，城里吸收农民工的能力也不是无限的。习总书记在2013年12月召开的中央城镇化工作会议上明确指出，"在人口城镇化问题上，我们要有足够的历史耐心"。城镇化是一个很长的过程，不能指望几年、十几年内就能完成，不能为了提高农业效益就告诉90%的农民"你们走"。

可是，多数农民不离开土地，就没法实现规模经营。2015年底中央召开中央农村工作会议，2016年中央一号文件里就提出要发展农村的新产业、新业态，促进农村的一、二、三产业融合发展。通过这种方式，同样可以在农村创造出很多非农产业和就业机会。像农家乐、乡村旅游、民宿，现在就红红火火搞得很热闹。

总之，总书记讲的推进农业供给侧结构性改革，根本目的一是提高效益，二是提高农产品竞争力。这关键在两条：一是科技创新，二是体制创新。怎么扩大规模呢？至少两种办法：一是扩大土地流转、集中，二是发展社会化服务。这两个殊途同归，都是为了提高效益和产业的竞争力。

（原载于《纵横》2017 年第 2 期）

全面取消农业税的决策前后

杨伟智

在中国农业博物馆，有一尊被永久收藏的"告别田赋鼎"。这是河北省灵寿县青廉村农民王三妮历时一年多，亲手铸造捐赠的。鼎上铭文记述了从春秋时代到改革开放以来赋税变迁给农民生活带来的影响和变化。铭文最后写道："我是农民的儿子，祖上几代耕织辈辈纳税。今朝告别了田赋，我要代表农民铸鼎刻铭，告知后人，万代歌颂，永世不忘。"这尊青铜大鼎所铭记的历史事件，就是国家全面取消农业税。2005年12月29日，十届全国人大常委会第十九次会议决定废止农业税条例，国家不再针对农业单独开征税种。实际上，农业税退出历史舞台，经历了一个从正税清费到减免农业税，再到全面取消的过程。

农村税费改革试点工作"在全国范围内推开"

农业税是一个古老的税种。从公元前594年春秋时期的鲁国实行"初税亩"算起，到2006年全面取消，整整2600年的历史。千百年来，农业税被老百姓称为"皇粮国税"，一直是历代政权机构维持运转的基础。

中华人民共和国成立后，国家依照有关规定在广大农村地区征收农业税。1958年6月3日，一届全国人大常委会第九十六次会议通过《中华人民共和国农业税条例》，统一了全国的农业税收制度，并沿用下来。

改革开放以后，国家对农业税进行调整，逐步建立了对于农业特产品征税的制度。1994年1月，国务院发布《关于对农业特产收入征收农业税的规定》，对农业特产品收入征收农业特产税。至此，农民缴纳的农业税实际上包括了农业税、农业特产税和牧业税等三种形式。1949年至2003年，全国累计征收农业税3900多亿元，为增加财政收入、建立完整的工业体系和国民经济体系发挥了重要作用。

但是，中国经济社会发展状况在发生着重大变化。从20世纪90年代中后期，中国的工业化、城镇化快速发展，农业在国民经济中的份额逐年下降，农业税在国家财政收入中的比重也已经很低，至2004年已降至不到1%。2001年，中国加入世界贸易组织后，国外竞争对国内农产品市场压力明显加大，农业税则进一步提高了农产品的生产成本，使中国农产品在国际市场上处于更加不利的位置。与此同时，工农、城乡差距逐步扩大，农民收入增长缓慢，农民负担沉重问题日益凸显。实行家庭联产承包责任制以后，农业税总的趋势是征税范围逐步扩大，税率持续提高。农民还要承担"三提五统"等许多维持基层运转和公共事业发展的费用，再加上各种乱收费、乱罚款、乱集资等，导致负担日益沉重，甚至影响到农村社会稳定。时任副总理温家宝曾经对此作出评论："一些地方屡屡发生的干群冲突和群体性事件，多数是因农民负担过重引起的。农民负担重的问题已经成为影响农村干群关系的焦点，成为影响农村稳定的重要根源。"

从20世纪90年代初开始，国家在十年间相继出台一系列政策措施推动减轻农民负担。但是，由于加重农民负担的机制和动力并没有消除，效果并不理想。2000年，湖北省监利县棋盘乡党委书记李昌平给朱镕基总理写信，认为"农民真苦，农村真穷，农业真危险"，引发不少人共鸣。经过不断摸索，中央认为，推进农村税费改革，是减轻农民负担的治本之策。3月2日，中共中央、国务院发出《关于进行农村税费改革试点工作的通知》，确定在安徽省率先进行试点，探索建立规范的农村税费制度、从根本上减轻农民负担的有效办法。至2002年底，改革试点范

围已经扩大到全国20个省份，农民负担明显减轻，新的农村税费制度框架初步确立，改革取得了明显成效，为全面推进积累了经验。

2002年11月，中共十六大提出了统筹城乡经济社会发展的重大战略，要求"继续推进农村税费改革，减轻农民负担，保护农民利益"。12月26日，中共中央总书记胡锦涛主持召开十六届中央政治局会议，听取有关方面关于农业和农村工作的汇报，分析和研究2003年农业和农村工作。会议强调：要更多地关注农村，关心农民，支持农业，把农业、农村、农民问题作为全党工作的重中之重，放在更加突出的位置。

2003年1月8日，胡锦涛在中央农村工作会议上提出，要"继续扩大农村税费改革试点，进一步规范国家、集体和农民的利益关系，切实减轻农民负担"。时隔一周，中共中央、国务院发出《关于做好农业和农村工作的意见》，提出了"多予少取放活"的方针，确定了农村税费改革试点工作"要在总结经验、完善政策的基础上全面推开"。根据中央经济工作会议、中央农村工作会议等相关会议精神，国务院在3月底4月初相继发出《关于全面推进农村税费改革试点工作的意见》和召开全国农村税费改革电视电话会议，对2003年全国农村税费改革试点工作进行全面部署。在全国范围内对农业税费的规范和调整，把农业税收纳入了规范化和法制化的轨道，为下一步降低、免征农业税乃至全面取消奠定了基础。

原定5年取消农业税的目标，3年就可以实现

2003年12月，胡锦涛在山东、河南专门就解决好"三农"问题进行考察。他提出要在巩固已有成果的基础上，进一步降低农业税税率，取消农业特产税，切实减轻农民负担，为下一步如何减免农业税指出了方向。

2004年初，中共中央、国务院发出《关于促进农民增加收入若干政策的意见》。这是进入新世纪以来关于"三农"工作的第一个中央1号

文件。早在农村改革初期，中共中央曾经在1982年至1986年连续5年发布1号文件，给中国农村带来了深刻变化，许多农村干部、群众对1号文件怀有深厚感情，而且这时的"三农"问题已经到了非解决不可的时候了。鉴于此，中央政治局常委一致同意把农村工作文件作为2004年中央1号文件，并作了特意安排。这份文件针对经济发展中需要加强的薄弱环节，提出了减免农业税、免征除烟叶外的农业特产税和实行种粮直接补贴、购买良种补贴、购买大型农机具补贴等等一系列更直接、更有力的政策措施。值得一提的是，收入减少了，为此产生的县乡村机构运转的财政缺口怎么办？1号文件也有相应安排："降低税率后减少的地方财政收入，沿海发达地区原则上由自己消化，粮食主产区和中西部地区由中央财政通过转移支付解决。"这就消除了基层政权对推动减免农业税的疑虑。中央1号文件极大地调动了农民积极性，云南江川县农民说："从1998年起我一直在外面打工，2004年听到国家减免农业税，我就说工不打了，我还是要回家种苞谷、水稻。""党中央提出来减免我们农民的农业税，并且还给我们种粮补贴，历史上几千年都没有的事情，使我们农民的日子一天比一天好过起来。"当年起，全国开始降低农业税税率，黑龙江和吉林两省进行了全部免除农业税的试点。实行"两减免、三补贴"的政策，使6亿农民直接受惠451亿元，扭转了1999年以来粮食生产连续5年下降的局面，粮食增产之多，农民增收幅度之大，确实出乎意料。

中央1号文件的出台受到了广大农民群众的欢迎，也推动了加快减免农业税的步伐。2004年3月5日，温家宝总理在十届全国人大二次会议上作《政府工作报告》，宣布了中央关于"五年内取消农业税"的决定。农业特产税是农业税的重要组成部分。6月23日，国务院召开常务会议，听取国务院农村税费改革工作小组关于深化农村税费改革试点工作有关问题的汇报，决定全部取消农业特产税。

对农业税费"减轻、规范、稳定"的工作刚刚由"试点"在全国范围内推开，紧接着就进行降低农业税率、取消农业特产税和免征农业税

试点工作，甚至确定了"五年内取消农业税"的目标，这么多减免和补贴的政策能不能落到实处，其后的现实依据和理论支撑是否充分？2004年4月至5月，胡锦涛先后到陕西、江苏省考察工作。在陕南农村，胡锦涛详细询问中央关于发展粮食生产和增加农民收入的政策措施农民知道不知道、基层落实没落实。在江苏省考察时，他提出，我国人均国内生产总值突破1000美元，经济社会将进入一个关键的发展阶段，并分析了经济社会发展的阶段性特征。

2004年9月19日，胡锦涛在中共十六届四中全会上首先提出了"两个趋向"的论断。他说："在工业化初始阶段，农业支持工业、为工业提供积累是带有普遍性的趋向；但在工业化达到相当程度以后，工业反哺农业、城市支持农村，实现工业与农业、城市与农村协调发展，也是带有普遍性的趋向。"他强调要深化农村税费改革，积极开拓农民增收渠道和途径。"两个趋向"的提出引起了广泛关注。从国外经验看，在工业化进程中适时推进由农业为工业提供积累向工业反哺农业的转变，是工业化国家的普遍做法。但有不少人还存在疑问：中国是否已达到了工业大规模反哺农业的阶段，目前的经济运行是否存在工业支持农业的时机？中国共产党需要对这个重大"拐点"作出判断。同年12月，胡锦涛在中央经济工作会议上重申"两个趋向"的论断，并明确作出"我国现在总体上已到了以工促农、以城带乡的发展阶段"的重大判断，要求全党顺应这一趋势，更加自觉地调整国民收入分配格局，更加积极地支持"三农"发展。这一系列思考表明，中国经济社会发展总体上具备了加大力度扶持"三农"的能力和条件，这就为制定"三农"政策、落实反哺举措提供了基本依据。

进入2005年，顺应反哺阶段到来的发展趋势，中央政府在全国大范围、大幅度减免农业税。2005年中央1号文件《关于进一步加强农村工作提高农业综合生产能力若干政策的意见》提出，在592个国家扶贫开发工作重点县实行免征农业税试点，在其他地区进一步降低农业税税率，在牧区开展取消牧业税试点，鼓励有条件的省区市自主决定进行免征农业税的试点。3月5日，温家宝在十届全国人大三次会议上作《政府工作报告》，宣布"2006年将在全国全部免征农业税"。他说："原定5年取消农业税的目标，3年就可以实现。"然而，形势发展比预想的更好。按照中央改革精神，2005年有20个省份自主决定免征农业税，至6月份全国已有27个省区市全部免征农业税，另外4个省区中的多数县（市）也免征了农业税。这些省份根据各自实际情况进行的免征农业税实践，为取消农业税积累了经验。这样，原定到2008年取消农业税的目标2006年中期就已经基本实现。

千百年来农民种地缴纳"皇粮国税"的历史正式结束了

全面取消农业税，对农民有利，但对农业型乡镇和村则是不小的冲击。免征农业税后，许多乡镇收入减少了，村里失去了财源，农村原有的深层次矛盾开始凸显。一些县乡镇干部认为税费改革不可能彻底："几千年的皇粮，怎么可能就取消了？"那么，这次取消农业税能不能确保农民负担不反弹，跳出历史上税制改革"积累莫返之害"的所谓黄宗羲定律怪圈？其实，在启动农村税费改革的时候，中央就开始统筹考虑这些问题。

2005年6月，全国农村税费改革试点工作会议在北京召开。温家宝对历史上赋税制度改革跳不出黄宗羲定律的怪圈进行了分析：重要原因之一就在于税制改革之后，缺乏更深层次的经济和社会管理体制方面的改革。回到现实，他说："我们在开始进行税费改革的同时，就始终在考虑和探索一系列相关的综合改革。"在随后推进农村综合改革的过程中，胡锦涛也谈到，取消农业税"并不意味着农民负担问题就一劳永逸解决了。如果不深化农村改革，农民负担极有可能以其他形式出现反弹"。通过研究和分析农业税免征后农村经济社会发展面临的新情况新

问题，中共中央决定及时启动农村综合改革，包括乡镇机构改革、农村义务教育和县乡财政管理体制改革，从根本上建立防止农民负担反弹的保障机制。

2005年10月，中共十六届五中全会提出了建设社会主义新农村的历史任务，要求建立"生产发展、生活宽裕、乡风文明、村容整洁、管理民主"的社会主义新农村。12月中旬，胡锦涛到青海省考察欠发达地区如何从实际出发落实好建设社会主义新农村这项任务，详细了解免除农业税、免交特产税等惠农支农政策的落实情况。这表明全面取消农业税，不仅是减轻农民负担、增加农民收入的重要举措，也是建设社会主义新农村必须要解决好的重大课题。

尽管绝大多数地方已经免征了农业税，取消农业税各方面的条件都已经成熟，但是作为一个税种，它是全国人大公布的法规规定的，正式取消还有待于通过法定程序修改或废止1958年通过的农业税条例。

按照十届全国人大三次会议批准的《政府工作报告》，2006年起将全部免征农业税，全国人大财政经济委员会经过调查研究，征求有关方面意见，建议全国人大常委会作出决定，废止农业税条例。2005年12月24日下午，关于废止农业税条例的议案正式提请十届全国人大常委会第十九次会议审议。29日下午，经过表决，会议通过了全国人大常委会关于废止农业税条例的决定。在圆满完成各项议程后，全国人大常委会委员长吴邦国专门就此发表讲话指出，取消农业税这一税种，让农民吃上了定心丸。同日，胡锦涛主席签署中华人民共和国主席令第46号，公布了《全国人民代表大会常务委员会关于废止〈中华人民共和国农业税条例〉的决定》。至此，实施了近50年的农业税条例被依法废止，一个在中国延续两千多年的税种宣告终结，国家和农民之间的经济关系发生了历史性变化。

中共十八大后，习近平总书记说："党中央的政策好不好，要看乡亲们是笑还是哭。如果乡亲们笑，这就是好政策，要坚持；如果有人哭，说明政策还要完善和调整。"这道出了中国共产党完善农村政策的依据和遵循。全面取消农业税这个决策好不好，亿万农民用连年丰收的喜悦和欢快的笑声，用自费铸造的"告别田赋鼎"作出了回答。

（原载于《纵横》2016年第12期）

亲历"可持续发展"30年

牛文元　口述

潘　飞　整理

"可持续发展"帷幕初启，中国首登世界舞台

1983年，第38届联合国大会通过决议成立"世界环境与发展委员会"（WCED），时任挪威首相布伦特莱夫人（Brundtland）任委员会主席，所以这个委员会也被称为布伦特莱委员会。1984年5月委员会正式成立，委员由22位世界著名的学者和政治活动家组成，其中包括中国生态学会的创始人、中科院院士马世骏教授。世界环境与发展委员会的出现，是人类对共同面临问题的一种积极回应。因为过去一两百年以来工业革命所走过的道路，再往后已经被证明走不通了，那么面对即将到来的新千年，新的发展道路又在哪里？为此，委员会的主要任务是：审查世界环境和发展的关键问题，创造性地提出解决这些问题的现实行动建议，提高个人、团体、企业界、研究机构和各国政府对环境与发展的认识水平。简言之，就是提出一条人类在21世纪的发展方面需要共同遵守的行为规则和健康可行之路。

当时，我正在美国做公派访问学者并即将回国。马世骏院士获聘为委员后，立即给我写了一封长信，邀我从美国回来共同开展这项工作。马先生和我的导师——中科院地理研究所所长、著名地理学家黄秉维院士同辈，但他在信里说得很谦虚："已经同你老师说过了。我研究的面

太窄，你的研究经历我了解，比较适合搞环境与发展领域的专业研究，希望你能回来与我一道承担委员会的工作。"

前辈竭诚相邀，我当即欣然应允。回国后，我和马先生每周都要碰一两次面，研究如何给委员会提建议。其中最重要的一点就是：必须确定发展中国家特别是中国在"可持续发展"中的见解及在全球所处的地位。布伦特莱委员会成立后，尽管已经按照国际惯例尽量希望将委员的比例分配得均衡一些，但大多数委员还是来自西方发达国家，他们强调：可持续发展的基本核心问题就是保护环境，这就等于遏制了发展中国家的发展权。对此我们当然不能认同。当时，发达国家的社会经济已经发展到相当的水平了，但发展中国家的社会经济尚处于起步阶段。中国当时也刚刚迈出改革开放的步伐，如果都跟着发达国家放弃发展去片面关注环境，我们只能一直穷下去，那怎么行。

为此，我们站在发展中国家的立场，明确、坚定地表达了上述观点，归纳起来主要包括四条建议：第一，环境与发展应当保持平衡，应当和发展阶段相适应。我们不反对保护环境，也不赞成先污染后治理的做法，但是不能将发达国家的标准机械、教条地强加到发展中国家头上。不仅如此，对于发展中国家而言，发展还是现阶段的第一要义，不能扼杀发展中国家的发展权利。第二，环境问题是全球问题，不是局部的和个体的，因此，解决环境问题也要以全球的、历史的视角去考虑。第三，可持续发展中要体现公平正义。我们提出，西方国家在工业化以来的发展过程中，占有、消耗了大量发展中国家的自然资源和人力资源，这也是造成众多发展中国家发展落后、环境恶化的重要原因。因此，西方发达国家在"可持续发展"这一全球性议题中，有义务为发展中国家提供经费、技术等方面的补偿及援助，不能坐视不管。第四，要制定有约束的行动纲领，呼吁世界各地应采取"政府主导、法律规范、企业先行、公众参与"的主导路线。

就这样，从1983年到1987年近四年的时间里，我们先后前往瑞典、日本等多个国家，围绕发展中国家、特别是中国在可持续发展中的国家

权益问题和发达国家的委员（包括布伦特莱夫人本人）展开讨论甚至辩论。在此过程中，我们还持续不断地给委员会提供了其他不少有益的建议。

1987年2月，在日本东京召开的第八次世界环境与发展委员会上，布伦特莱委员会提出的报告获得通过，这就是著名的《我们共同的未来》（也称《布伦特莱报告》）（*Our Common Future or Brundtland Report*）；随后又经第42届联合国大会通过后，于1987年4月正式出版。1989年，报告中译本在中国大陆面世。

报告共分为"共同的问题""共同的挑战"和"共同的努力"三部分，在集中分析了全球人口、粮食、物种和遗传资源、能源、工业和人类居住等方面的情况并系统探讨了人类面临的一系列重大经济、社会和环境问题之后，提出了三个鲜明观点：第一，环境危机、能源危机和发展危机不能分割；第二，地球的资源和能源远不能满足人类发展的需要；第三，必须为当代人和下代人的利益改变发展模式。在此基础上，报告提出了"可持续发展"的概念并深刻指出：在过去，我们关心的是经济发展对生态环境带来的影响，而现在，我们正迫切地感到生态的压力对经济发展所带来的重大影响。因此，我们需要有一条新的发展道路，这条道路不是一条仅能在若干年内、在若干地方支持人类进步的道

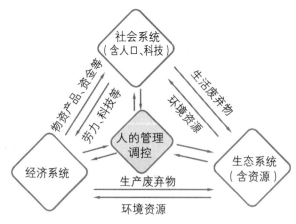

可持续发展复合系统示意图

路，而是一直到遥远的未来都能支持全球人类进步的道路。这一鲜明、创新的科学观点，把人们从单纯考虑环境保护引导到把环境保护与人类发展切实结合起来，实现了人类有关环境与发展思想的重要飞跃。

可喜的是，在发展中国家的共同努力下，由我们集中提出的前述四条建议中，其中第一、第二两条和第三条的一部分被《我们共同的未来》这份人类可持续发展的奠基性和纲领性文件所采用，这就是后来人们常说的"两条半"。后来，因为马世骏先生和我在国内较早开展可持续发展研究并同世界接轨，有人就诙谐地把我们称为"一马一牛"，权当是对我们工作的认可和勉励吧。

在"生态环境预警"方面，中国
给世界带了一个好头

虽然中国在"可持续发展"的世界性议题中成功地发出了自己的声音，但是"可持续发展"的理念刚进入国内时，一开始却遭到了冷遇，这既出乎意料，又在意料之中。当时中国正值改革开放初期，一门心思在搞经济增长。因为过去穷怕了，不少人现在一心只想着致富，至于发展经济的方式是不是科学，由此会不会造成环境恶化、生态破坏、资源枯竭等后果，则顾不上了。

1988年，我接受了马世骏先生的建议，来到中科院生态研究中心工作。刚去不久，我就郑重提出：应当把"可持续发展"列入科研计划中。这一建议遭到不少人的不理解和批评，质疑我们不过是在炒作一个新名词，在玩概念。但是我们心里非常清楚：西方发达国家100多年来走过的现代化道路就摆在我们面前，其中许多负面作用已经非常明显。对中国而言，在当下与未来的现代化进程中，如果不重视可持续发展，重复别人走过的弯路，肯定要吃大亏，且不说子孙后代，当代的发展都将难以为继；推而广之到全球，如果不走可持续发展的道路，地球承载

力能不能支撑人类生存都是个大问题，对此我们应该吸取教训，而不是人云亦云、亦步亦趋。所以，不管别人怎么说，我和身边的志同道合者们都始终坚持自己的观点。在我们的积极倡导下，"可持续发展"最终于当年被列入中科院生态环境中心的科研计划中。

同年，时任国务委员、国家科委主任宋健指示国家科委给我们下达了一个任务：对中国生态环境的评价和预警进行研究。这是中国首次开展关于生态环境的基本评估，体现了中国政府的清醒认识和战略远见。研究组共有三人，由我任组长，胡鞍钢和王毅担任我的助手。在宋健同志的大力支持下，我们于1989年发布了国内第一份《中国生态环境预警报告》。报告发布后，在国内引起很大震动，宋健同志为此还作了一个很长的批示，指出必须关注生态环境的问题。应当说，当时大家的注意力都在搞发展上，对于生态环境的问题可以说较少关注，所以这份报告一出，不少人开始认识并开始关注到环境、资源问题的紧迫性。

这份报告在国际上也产生了很大的反响。1990年8月，第五届国际生态学会议在日本横滨召开，我代表中国生态学会出席。会议期间，我们把中国在生态环境预警方面的基本理论、方法、过程等向大会做了一个报告，引起了国际生态学会的极大兴趣和高度重视，日本国内的主流媒体也都刊载了这一消息。国际生态学会认为，在真正意义上对生态环境的预警，中国是最早开展此项研究的国家之一，可以说在世界上带了一个好头。

1991年，经我提议，中国科学院开始筹备"环境与持续发展研究室"，这也是我国最早开展"可持续发展"研究的机构之一，旨在面向国家"可持续发展"战略需求及重大前沿问题开展研究。不料，此时却传来马世骏先生因车祸去世的不幸消息。当时我在美国，接到消息后立即赶回国内。马先生的意外离世，对我而言是失去了一位良师益友；对中国乃至世界的"可持续发展"领域而言，则是失去了一位难得的人才，这也让我深感自己在今后推动中国可持续发展研究方面更加责无旁贷。1992年，中科院"环境与持续发展研究室"正式成立并由我任主任。

"地球峰会"上响亮发声，中国
令世界刮目相看

　　1992年6月，在《我们共同的未来》问世五年后，联合国环境与发展大会（又称"地球峰会"）在巴西里约热内卢隆重召开。这也是继20年前于瑞典斯德哥尔摩召开的联合国人类环境会议之后，环境与发展领域中规模最大、级别最高的一次国际会议，共有183个国家代表团和70个国际组织的代表参加了会议，102位国家元首或政府首脑到会讲话。时任中国国务院总理李鹏应邀出席首脑会议，与各国政要进行了广泛的高层接触；时任国务院环境委员会主任宋健率中国代表团参加了部长级会议，我也有幸以专家身份参加了大会。

　　应当说，这次"地球峰会"是在全球环境持续恶化、发展问题更趋严重的情况下召开的。会议围绕"环境与发展"这一主题，在维护发展中国家主权和发展权，发达国家提供资金和技术等根本问题上进行了艰苦的谈判。

　　对于这次大会，中国可以说是有备而来。一方面，随着生态安全、环境保护等理念在中国的推广，已经有越来越多的人开始关心加入到可持续发展的研究和实践中去，著名民间环保人士梁从诫先生就是其中一个典型的例子。梁先生曾不止一次提及，他之所以开始关注环保，源于20世纪80年代我给《百科知识》月刊的一篇投稿，他也是这份刊物的创办人之一。在文中，我对当时方兴未艾、叫好声一片的乡镇企业提出警告：遍地开花的乡镇企业，使用的多数是大型企业的淘汰机器，是高耗能、高污染的家伙，实际上是把污染源扩大并分散，这对污染的治理会非常困难，将给中国的自然环境带来不可估量的隐患。在当时，认识到乡镇企业可能造成的潜藏环境危机，这篇文章算是比较早的一篇。梁先生曾说，这篇来稿他反复读过，每看一遍内心都会受到一次强烈的震

撼，由此决定弃史而转投环保之路。为此季羡林先生曾说："从诚毅然抛开那一条'无灾无难到公卿'的道路，由一个历史学家一变而为'自然之友'。这是顺乎民心应乎潮流之举。我对他只能表示钦佩与尊敬。"

另一方面，中国政府对于可持续发展的支持力度也越来越大。1989年《中国生态环境预警报告》的研究发布后，宋健同志批示并呈报至国务院常务会议，时任国务院总理李鹏对此十分肯定。此外，原国家科委副主任邓楠、社会发展科技司司长甘师俊等也很积极地支持我们的研究。这一时期，原国家计划委员会也牵头开展关于生态环境保护、资源合理利用等方面的工作。不仅如此，中国政府还积极参与了联合国"地球峰会"的各项准备工作。1991年6月，中国发起并在北京主办了第一届"发展中国家环境与发展部长级会议"；7月，又向大会筹委会提交了《中华人民共和国环境与发展报告》。此外还先后担任筹委会和正式大会副主席。

从学术研究的角度而言，这一时期我们也做了不少工作，对于可持续发展的理论内涵、战略目标、行动路线、政策支持等开展了系统研究并形成了一套理论体系。值得一提的是，宋健同志本人在繁重的领导工作之余，还亲自对中国人口的发展问题进行了研究。正是有了社会、政府、学术界等各方积极的前期铺垫，尽管预计到了可能面临的困难，但我们对于参加这次"地球峰会"还是比较有信心的。

会议开始不久，由于国与国之间差别很大，社会制度不同、意识形态不同、发展水平不同，由此所造成的各种利益的博弈、各种理念的碰撞，使得大家坐在一起却谈不拢。当时，场内争论、场外游行，热闹得很。在这种情况下，中国充分体现出了大国的风范和智慧。6月12日，李鹏总理在大会首脑会议上发表讲话，阐述了中国政府关于加强国际合作和促进世界环境与发展事业的五点主张：第一，经济发展必须与环境保护相协调；第二，保护环境是全人类的共同任务，但是经济发达国家负有更大的责任；第三，加强国际合作要以尊重国家主权为基础。国家不论大小、贫富、强弱都有权平等参与环境和发展领域的国际事务；第四，保护环境和发展离不开世界的和平与稳定；第五，处理环境问题应当兼顾各国现实的实际利益和世界的长远利益。这五点主张充分显示了中国政府站在各方利益，以及地球共同家园和人类子孙后代共同责任的视野中考虑"可持续发展"国际合作的基本立场，得到了广大发展中国家的支持，推动形成了各方都能够接受的普遍共识。

在各方的共同努力下，本次"地球峰会"终于圆满完成。其中，与会各国讨论后通过的《里约环境与发展宣言》（又称《地球宪章》）和《21世纪议程》这两个纲领性文件，堪称史无前例。这次"地球峰会"的一大亮点是提出了人类"可持续发展"的新战略和新观念，包括人类应与自然和谐一致，可持续地发展并为后代提供良好的生存发展空间；人类应珍惜共有的资源环境，有偿地向大自然索取；人类为此应变革现有的生活和消费方式，与自然重修旧好，建立"人与自然和谐统一"这一全新的"全球伙伴关系"，以及人类之间应当和平共处等。

可以说，"地球峰会"为"可持续发展"的全球合作开了一个好头，中国也在这一重要时刻响亮庄严地发出了自己的声音。此后，"中国声音"在与"可持续发展"有关的重要国际场合接连发出。继李鹏总理代表中国政府在1992年"地球峰会"上作出履行《21世纪行动议程》等会议文件的庄严承诺后五年，在1997年纽约举行的第19届特别联大（环境与发展问题联合国大会特别会议）上，我国向大会提交了《中国可持续发展国家报告》，时任国务委员宋健代表中国政府阐述了我国在推进可持续发展方面取得的成就和执行《21世纪议程》的进展情况，获得国际社会的高度评价。十年后的2002年，在南非约翰内斯堡召开的"可持续发展"问题世界首脑会议上，时任国务院总理朱镕基代表中国政府在会上发表讲话，强调指出中国将坚定不移地走可持续发展的道路。20年后的2012年，在里约热内卢召开的联合国可持续发展大会（"里约+20"峰会）上，时任国务院总理温家宝在《共同谱写人类可持续发展新篇章》的演讲中指出：中国作为负责任、有担当的发展中大

国，它的发展将给世界带来更大的机遇、作出更大的贡献；中国愿与国际社会一道，描绘一幅"我们憧憬的未来"新蓝图，共同谱写人类可持续发展事业新篇章。

回顾一路走来的这段历史，从我的亲身经历的感受而言，应当说，"可持续发展"超越制度、信仰、文化，成为与人类命运休戚相关的共同主题，足见其生命力之强；而在国际社会"可持续发展"合作中求同存异、寻求最大公约数等方面，"中国声音"的发出则赢得了全世界的尊重。

十年一剑，"可持续发展"终成国家战略

1992年前后，国内搞"可持续发展"研究的人一下子多了起来，"可持续发展"研究也俨然成了一门"显学"。我想，这与中国政府的巨大努力和全社会的热切支持是分不开的。实际上，在1992年里约"地球峰会"前后，中国国家领导人已经敏锐意识到中国必须走可持续发展的道路，我们在这方面的行动之果断快速，甚至超过一些发达国家。"地球峰会"结束后不到一个月，中国国务院环境保护委员会就组成了由52个部门及北京大学、中国科学院、中国社会科学院等300余名专家参加的工作小组进行多角度可操作性研究，编制《中国21世纪议程——中国21世纪人口、环境与发展白皮书》，根据我国情况制定可持续发展战略、计划和对策；同年8月，中国政府提出促进中国环境与发展的"十大对策"；此后，《议程》文本先后五易其稿，并于1994年3月在国务院常务会议上正式通过。中国也成为世界上首个编制出本国21世纪议程行动方案的国家。《议程》中明确提出"加强环境教育，不断提高全民族的环境意识""将可持续发展思想贯穿于从初等到高等的整个教育过程中"，足见中国政府将"可持续发展"上升为国家、民族战略的坚定决心。

于我个人而言，此时在"可持续发展"方面也已经有了十余年的研

究和积累。1994年，我撰写的《持续发展导论》一书出版，成为国内第一部系统阐述"可持续发展"的理论专著。我在书中从资源、人口、空间、经济活动等七大变量的函数关系出发，论述了"可持续发展"的基本属性与基本规律。这本书刚出版时，也引起过一些争议，有人认为"可持续发展"概念的提出在全世界范围内也不过才几年时间，国内不可能这么快就出专著了。当然他们并不知道，实际上我至少从1983年起就开始进行这方面的工作了。这本书后来受欢迎的程度远远出乎我的意料，我可以自信地说，这项由我们中国人自己完成的"可持续发展"研究，即便到现在也不过时。

同年，诺贝尔物理学奖获得者李政道和时任中国科学院院长周光召倡议发起"21世纪中国的环境和发展"高层研讨会并邀请我担任执行主席。当时，时任第八届全国政协副主席、中国科协主席朱光亚，全国人大常委会环境与资源保护委员会主任曲格平，国家科委副主任邓楠，国家环境保护局局长解振华，农业部副部长洪曾，中国科学院副院长孙鸿烈、许智宏，国务院发展研究中心名誉主任马洪等十余位中国科学院院士，以及来自全国各地的86位专家、学者等出席了会议。研讨会就中国下一世纪的发展方向、发展模式和发展前景等重大问题分七个方面的议题进行了多层次、全方位的探讨；围绕中国可持续发展的问题提出了多项有价值的建言，堪称我国在"环境与发展"领域中举行的首次大规模、高水平的学术研讨会。会后，由我作为执行主编将会议论文编辑出版，书名为《绿色战略：21世纪中国环境与可持续发展》，对此后中国制定"可持续发展"的国家战略起到了一定作用。

对中国而言，1995年到1996年称得上是"可持续发展"正式转化升级为国家意志的阶段。1995年9月，中共十四届五中全会正式将可持续发展战略写入《关于制定国民经济和社会发展"九五"计划和2010年远景目标的建议》，提出"必须把社会全面发展放在重要战略地位，实现经济与社会相互协调和可持续发展"。这是在党中央的文件中第一次使用"可持续发展"的概念。根据十四届五中全会精神，1996年3月第八

届全国人民代表大会第四次会议批准了《国民经济和社会发展"九五"计划和2010年远景目标纲要》，将"可持续发展"作为一条重要的指导方针和战略目标上升为国家意志。1997年党的十五大更进一步明确将可持续发展战略作为我国经济发展的战略之一。

作为一名学者，看到自己经过十几年推动"可持续发展"的努力和成果融入国家发展战略中，感到由衷的高兴。尽管从学术研究的角度而言我们可能开展得比较早，但是要想让研究成果真正发挥战略作用、体现社会价值，还必须依靠国家层面强有力的推动，必须转化为国家意志和战略。10多年来，经过政府、社会、企业、公众等方方面面的努力，"可持续发展"终于走出象牙塔，走进各行各业、千家万户，由不被理解到广受欢迎；自己也总算实践了学以致用的信念，这是让我倍感欣慰的地方。

首部《中国可持续发展战略报告》的出台

随着"可持续发展"上升为国家战略，为了进一步深化"可持续发展"研究，我在1998年建议：对应国际标准编制一套系统的年度报告，深入研究、追踪"可持续发展"问题。我的想法得到了时任中科院院长路甬祥院士的大力支持，他说："老牛，你要真下决心做这件事，你的团队就必须心无旁骛，也不要找什么机会到社会上去搞创收，就要稳定方向和人员，一心一意追踪全中国、全世界的'可持续发展'问题，把研究做深、做透、做系统，如果这样行，我就支持你！"我说："院长，有你这番话，我这个决心就算是下定了！"

同年，中科院可持续发展战略研究组正式成立，由我任组长并兼首席科学家。从那时起，我和我的团队就一门心思走在"可持续发展战略"的世界前沿研究道路上，始终未曾离开一步。1999年，第一份《中国可持续发展战略报告》新鲜出炉。当时，我对路甬祥院长说："咱们这份报告，主要就是为了向国家决策层传递最新的科研成果，以更好地为决策提供科学支持。您要是有这个魄力,咱们就在每年两会期间向全国人大代表、全国政协委员免费赠送,人手一册。"在院领导的支持下,我们坚持每年出一本研究报告,到今年已经连续出了16部。通过这份报告,我们希望把有中国特色的"可持续发展"内涵、理论体系、战略要求、战略目标、战略路线图、独立的指标体系等提出来,以期在此基础上推动创立具有战略咨询价值的"可持续发展"理论指导体系。事实证明,报告发布至今,引起了全社会极大的轰动和反响。每年,报告中所披露的内容都会引起全国人大代表、全国政协委员和社会媒体的广泛关注以及各方的热议。在报告中,我们开创了"可持续发展"综合性、基础性、战略性、前瞻性、社会性的系统学研究方向;提出了"生存、发展、环境、社会、智力五大支持系统"的"可持续发展"理论构架;利用了"可持续发展"的资产负债分析方法;建立了独立的"可持续发展"评价指标体系、资源环境综合绩效评价指标;提出了中国"可持续发展"的三个"零增长"目标;开展了"可持续发展"的综合性、专题性研究。

这些年来,《中国可持续发展战略报告》也已经与世界接轨并受到国际社会的高度关注和好评。在联合国可持续发展委员会认定的全球最受重视的247份年度研究报告中,《中国可持续发展战略报告》位列其中。值得一提的是,2001年人类步入新千年之际,我们《报告》的研究团队专门在"可持续发展"框架下就"国家现代化"问题提出了一套全新的理论体系,引起了国际上同行的兴趣。在这项研究中,我们围绕中央提出的中国现代化建设"三步走"的战略,采用了"模拟追击"理论:假设以发达国家作为现代化的第一梯队,以发展中国家为第二梯队,发展中国家要追上发达国家的过程,至少取决于"目前差距"和"追赶速度"这两大变量。根据这两大变量,我们计算出了中国追上或者进入发达国家所需的时间,并且由此细化出中国各个省级地区达到世界发达国家水平的时间表,例如北京大致要在2018年。当然,现代化是一个动态发展、永不停歇的过程,并不是说我们赶上了发达国家,就不

继续往前进了。这套现代化发展指标的设计比较严格，而且可以定量分析，这在世界上还是第一次，因此国际学界对此很感兴趣，专门在报纸上刊发书评进行介绍，并将它命名为"牛式指标"。

参与起草联合国"千年生态系统评估"

2001年6月5日世界环境日到来之际，时任联合国秘书长安南宣布正式启动"千年生态系统评估"（Millennium Ecosystem Assessment，MA）。这是一个由世界卫生组织、联合国环境规划署和世界银行等组织资助的大型国际合作项目，当时预计耗资2100万美元、为期四年完成。作为世界上首个针对全球陆地和水生生态系统开展的多层次综合性评估项目，该项目旨在建立生态系统变化与人类福祉间的关系，从而推动生态系统的保护和可持续利用，为决策者、研究者和广大公众提供可靠的地球生态系统的变化信息，以保证社会经济的可持续发展。

中国在这个项目中发挥了重要作用。时任科技部部长徐冠华担任项目理事，赵世洞教授、刘纪远教授、欧阳志云教授和我等人也受联合国邀请，与来自95个国家的近1500位学者、非政府组织代表等一道，参与了研究工作。2003年，在51位各国不同领域知名学者的共同努力下，《生态系统与人类福祉：评估框架》研究报告首先完成并公开出版。我和上述几位中国学者也作为作者参与了报告起草。这份报告是MA各项报告中最早出版的一部，作为全球"千年生态系统评估"的奠基性文本，它的出版为整个评估工作的顺利开展奠定了良好的基础。同时，由于报告在"生态系统与人类福祉间相互关系及其评估框架"方面的创新意义，它的问世也成为生态学发展到"全面为社会经济可持续发展服务"这一新阶段的里程碑。

2005年，"千年生态系统评估"项目圆满完成，其成果在北京、伦敦、华盛顿等全球八大城市同步公开发布。研究成果向人类提出了严重警告：我们赖以生存的生态系统大部分正处于不断退化状态，生态服务的支撑能力不断减弱，这种情况在未来50年内还将进一步加剧。为此，徐冠华部长代表中国政府在北京发布会上郑重提出：生态是全球性问题，需要世界各国共同努力。中国将开展有针对性的生态恢复和生态建设，包括建立节水型社会、实施荒漠化防治工程、在全国范围内推行东西部生态补偿机制等，以实现西部生态系统的良性恢复，为促进中国乃至世界的可持续发展进一步作出贡献。

"绿色GDP"构想：不断追求"好品质"的GDP

由于在"可持续发展"研究方面取得了一些成绩，2002年我在届内当选为第九届全国政协委员，同时任全国政协人口资源环境委员会委员，此后又连任两届。2003年，国务院正式下文聘请我为国务院参事，希望我为国家决策提供建议和咨询。

2001年新千年到来之际，为推进"可持续发展"研究，总部设在意大利的第三世界科学院（TWAS，2012年起更名为世界科学院）筹备创立社会经济学部。作为其中唯一的中国科学家，我成为首批十位院士之一并参与了社会经济学部的创立。2007年，我被世界环境与发展领域的高规格奖项"国际圣弗朗西斯环境奖"委员会授予个人年度大奖，成为获得这一奖项的首位发展中国家人士，另一位获得个人大奖的是意大利前总统钱皮。评奖委员会在给我的颁奖词中说："自1988年以来，牛文元教授在中国最早发布了环境预警系统的报告，主持了国家'可持续发展'的战略研究，开创了中国'可持续发展'的理论体系、设计了'可持续发展'的战略框架，揭示了发展行为的基本规律。"我想，这些殊荣的获得，其中固然有个人的努力，但更重要的是反映出了中国这些年来在现代化发展中的科学理念、文明意识和在"可持续发展"方面为世界所作出的杰出贡献，以及由此所产生的国际影响力和来自国际社会的充分肯定。

2007年，我在向全国政协提交的一份提案中，呼吁加快研究建立绿

色GDP核算制度。我在提案中提出：政治意愿与管理手段之间的不匹配是经济增长方式难以真正转变的根本原因，开展绿色GDP核算的重要意义，恰恰在于将资源消耗和环境污染的全景图示展示于整个核算过程之中。

我认为，作为衡量国家或地区财富和发展实力的核心指标，目前的GDP只是反映了经济增长的数量，却无法全面反映经济发展的质量，因此不能完整体现GDP作为社会财富度量的核心要求，也使其在这方面的科学性与准确性大打折扣。盲目追求GDP的数量增长，从国家发展的整体层面上来讲显然并不健康；更有甚者，伴随"以GDP论英雄"的泛滥，地方上还时而出现虚报GDP数字的现象，甚至造成各省GDP之和与国家GDP总量相差达几万亿元情况的出现。当然，在清醒认识GDP存在缺陷的同时也必须承认，GDP作为20世纪人类"最伟大的发明"之一，其出现近百年来仍是综合衡量一个国家或地区财富积累的最佳指标，目前世界上还没有任何一个指标可以替代它。因此，我们既不盲目崇拜GDP，也不盲目摒弃GDP，而是应当认真研究如何正确认识和把握GDP的实质，对其加以精确化改造，这也成为落实科学发展观、加快经济发展方式转变的重要课题。

在此背景下，我和我的研究团队自2010年起创新思路，在全世界范围内首次独立研发了一套"中国GDP质量指数"体系，包括经济质量、社会质量、环境质量、生活质量和管理质量五大子系统及其分属的15个要素。其中，经济质量表明GDP生成过程中资源占用量及其对于物质、能量的消耗水平；社会质量表明GDP生成过程中对社会进步贡献的能力以及社会和谐对于GDP生成的反馈效应，强调公平对于效率的反哺能力以及社会状态对于GDP生成的基础性作用；环境质量表明GDP生成过程中生态环境的代价及其成本外部化效应；生活质量表明GDP生成过程中民众心理或意愿的幸福感和安全感；管理质量表明GDP生成过程中决策水平与管理水平的学习能力、调控能力、选择能力以及把握宏观经济走向的精准性、流畅性和前瞻性。

在围绕上述五大质量的理论建模框架下，我们完成了中国GDP质量的定量测算。2011年7月，在中科院《中国科学发展报告2011》中，公布了中国省区市GDP质量指数并进行了首次排名，北京、上海、浙江排名前三位。这一做法打破了按GDP数量排序论座次的格局。以广东省为例，就国家统计局发布的统计数据而言，它的GDP数量在全国31个省、自治区、直辖市里排名最高，但是按照五大质量核算，它的GDP质量只能排在第六位。这在国内引起很大震动，不少专家和业内人士都表示，中国应该不断追求"品质好"的GDP以及"绿色GDP"的成长。

这件事也引起了国际上的关注。同年11月19日，创刊160余年、被誉为美国最受尊敬刊物之一的《大西洋月刊》专载了克里斯托弗·米姆斯的文章《修补世界的五种尝试》，其中提到的第五种尝试，就是"中国的GDP质量指数"。文中指出："牛文元教授认为该指数可以衡量一个国家的真实财富、可持续发展程度与社会和谐水平。"应当说，随着中国经济总量的不断壮大，世界上所谓"中国威胁论""中国崩溃论"等言论也开始甚嚣尘上，原因之一就产生于对中国GDP的怀疑。因此，"中国GDP质量指数"的提出，对于世界打消对中国经济发展质量的顾虑和怀疑是有积极意义的；不仅如此，该指数对于世界各国经济发展质量的测评也具有普遍、积极的价值。

融入新型城市化的"可持续发展"

2006年，我在全国政协委员任上提出书面报告，建议在成都设立城乡一体化国家综合改革配套试验区。我的这一设想是基于对"可持续发展"的空间思考。公平正义是"可持续发展"的重要内涵，而城乡差异较大则是当时中国西部存在比较突出的问题。因此，我们建议借鉴上海浦东、天津滨海新区等成功经验，在西部搞一个统筹城乡发展的试点。

　　为此，我专门去四川成都进行了为期两个多月的调查，回京后在当年10月份起草了"以统筹城乡和城乡一体化为标志建议国家设立'和谐社会综合改革配套试验区'"的报告，通过全国政协递送国务院。报告经温家宝总理阅批后，国务院即派出由中央财经领导小组办公室副主任杨伟民率领的调查组到成都进行了为期一周的调查，调查认为我们反映的情况真实，进行这项工作很有必要。翌年6月，国务院正式发文，批准在成都、重庆设立"国家统筹城乡发展综合改革配套试验区"。

　　从那时起，城市化就成为我从事"可持续发展"研究的又一个关注方向。这里有三个原因。首先，这些年来随着中国的城市化率迅速提高，和过去以农村为主体的中国社会相比，这预示着一种社会形态巨大变革时代的来临。其次，随着城市化进程的不断加速，社会矛盾开始集中表现为城乡之间的矛盾，这以城乡之间的贫富差距为主要代表。再次，城市化向来是推动发展、促进消费的基本动力，它为工业化搭建平台，是国家财富增长的巨大引擎。

　　目前，中国的城市化率已经超过50%。随着社会形态的改变，城市化之路接下来该怎么走？城乡差异怎么才能慢慢缩小？这是一个大课题。现在中央提出新型城镇化战略，关于这一点，我认为要解决好三个关键要素。第一是"动力"，这也是新型城市化首先要面对的问题。推动方式不同，城市生产力水平的提升效果也会大相径庭。现在提出建设智慧城市，实际上就是要让城市生产力水平在信息化、在新动力的驱动下提升到一个新阶段。按照世界银行的说法，真正意义上的智慧城市，在现有投入不变的情况下，GDP应增加2—2.5倍。第二是"质量"。人们来到城市、建设城市是为了生活得更美好。就这个意义而言，城镇化的质量集中体现在"可持续发展"的水平上，也就是说城市的发展不能超越生态环境和资源的支撑限度。第三是"公平"。一个城市的发展成果能不能惠及全体社会成员，即在人际之间、代际之间、城乡之间、城际之间能不能取得公平正义，缩小贫富差距，走向共同富裕。这三大要素是新型城镇化中最基本的东西，缺了哪一个，都不能叫新型城镇化。

这是我关于新型城镇化的第一个认识。

我的第二个认识是要重视"人的城市化",这一点可以分为四个连续的步骤:第一,人的解放。主要体现在打破农村、城市之间的户籍限制,形成人口在城乡间的自由流动。第二,人的就位,也就是人来到城市后要立得住脚,要有饭吃、有活干。第三,人的归化。主要体现在新老城市居民之间的融合、认同等。第四,人的幸福。通过上述几个步骤,最后目的是要让所有人在城市生活得舒心、幸福。

当前,在国内新型城镇化的进程中,"智慧城市"是一个很热的概念。究其本质而言,"智慧城市"内涵与"可持续发展"在不断采用先进生产力的理念方面具有内在的一致性。首先,从城市健康发展的动力而言,"智慧城市"中无论是智慧产业、智慧交通等,都是希望通过充分借助知识、智慧和信息,提高环境资源的使用效益来创造更多的"绿色财富",从而达到少用能源资源、少牺牲环境的目的。这与以往单纯投入资源、罔顾生态环境的发展方式是完全不一样的,体现了"可持续发展"中人与自然相和谐的理念。其次,"智慧城市"内涵中强调社会的公平正义,这也与"可持续发展"的理念相一致。"智慧城市"建设中提出要消除"信息孤岛"和"数字鸿沟",实际上就是要从信息共享的角度,提供一个全社会共有的信息平台基础,让每个人都有机会共享信息时代的发展成果,在平等的起跑线上开展竞争。因此,真正意义上的"智慧城市"完全可以为中国的新型城镇化注入强劲动力。如果我们通过城镇化既创造了更多的财富,又减少了对自然的干扰,同时还能够使大家公平地享受,这不就是可持续发展嘛。

大道至简

世间万象,尽管看上去纷繁庞杂、千变万化,但如果深入其最本质的东西,道理其实是非常简单朴素的,即谓"大道至简"。从事"可持续发展"这项研究30多年来,我逐渐体会到"可持续发展"的本质其实

并不复杂，概括起来就是"人口、资源、环境、发展"四个要素四位一体的相互协调和系统优化，如果把它们之间的协调和优化搞好了，"可持续发展"肯定就没有问题。

　　总的来看，这四个要素之间的协调和优化包括两大关系，也就是"可持续发展"需要处理好的两大主线。首先，人和自然的和谐。我常说，我们喝的水、呼吸的空气、吃的粮食，都是向大自然的索取，大自然都给我们记着账呢。有索取就得有回馈，两者要取得平衡，这就是人和自然的和谐。否则就像恩格斯所说，人类迟早会遭到自然界的报复。其次，人和人的和谐。人和人之间的关系要基于公平正义、宽容互助、共建共享，如果没有这一条，"可持续发展"同样实现不了。人和人的和谐包括三层含义：一是代际和谐，不能"吃子孙饭、断子孙路"；二是区际和谐，国内不同区域要均衡发展；三是国际和谐，人类共存于一个地球村，各国对这个共同生活的家园都负有不可推卸的责任，在这个问题上谁也不可能独善其身。

　　就"和谐"这一点而言，"以和为贵"的人文精神是"可持续发展"的灵魂导向。因此，中华优秀文化传统在"可持续发展"中的时代意义正日益凸显。实际上，早在30多年前参与联合国"我们共同的未来"议题时，我们的观点中就已经融入了"天人合一""中庸"等中华"和文化"的优秀思想并获得国际上的认可。我们现在谈可持续发展也好、新型城镇化建设也好，都离不开"和谐"这一文化精神的感召。以智慧城市为例，信息化技术和平台只能是实现发展的手段和工具，和谐、共享的人文精神才是其"智慧"内涵之所在。达到城市信息化的目的，最终还是为了实现公平正义、社会和谐，这就是人文精神对智慧城市的指引。缺少了人文精神的城市，谈不上有真正的智慧，也不可能真正实现可持续发展。

　　当前，中国的有识之士提出了文化自觉、文化自信、文化自强这个大题目，我非常赞成，文化也需要"可持续发展"。一方面，我们要传承好本民族的优秀传统文化，在此基础上结合时代的需求传承发扬、推陈出新；另一方面，我们也要重视不同文化间的对话和融合，美美与共，共同繁荣，这样才能提升民族文化和人类文化共同的生命力。

计利当计天下利

于我个人而言，多年来能一直参与"可持续发展"这项事业，感到很庆幸。我受孔夫子"学以致用"的影响比较深。小时候家里穷，念书对我来说是件奢侈的事，当时就想，我这辈子到世上不能白来一趟，一定要做成点事，当然最初的想法还只是停留在"成名成家"上。后来，随着我理解的加深，认识到"学以致用"不能只为求个体之名利，而是要利己利人、达己达人，尽平生所学对国家、社会、大众作出一些贡献，即谓"计利当计天下利"。我之所以选择"可持续发展"作为事业方向，也是认为在这方面更能为推进社会进步尽点力。

我给学生上课，第一堂课一定不讲知识、不讲技术，讲做人。对于做人，我的理解也就六个字：头两个字是"敬畏"，敬畏自然、敬畏真理。敬畏之心可使我们的行为不至于出格。接下来的两个字是"感恩"，感恩"天地君亲师"，这些都是扶助我们成长最基本的条件。"天地"指自然，"君"可以理解为令我们得以安身立命、赋予我们文化内涵的国家、民族；"亲"包括亲人，也包括更广泛的朋友；"师"指所有对我们有过帮助教益的人，所谓"三人行必有我师"。最后两个字就是"宽容"，宽容是一种修养，也是让自己时常感到幸福的一个重要条件，宽容一步，海阔天空。如果能够将敬畏、感恩和宽容融入"可持续发展"的制度、观念和文化里，从而以此来塑造人的精神世界，相信对于祖国、对于人类，对于"我们共同的未来"，将会非常有意义。而这，也是我的期许。

（原载于《纵横》2014年第6期、第7期）

我亲历上海经济体制改革的几件大事

徐匡迪

　　1978年是新中国历史上具有重大转折意义的一年。年底召开的党的十一届三中全会拨乱反正，重新树立了实事求是的思想路线，旗帜鲜明地提出了改革开放的战略方针，带领亿万中国人民开始了建设中国特色社会主义的伟大实践。这30年是中华民族历史上最值得大书特书的年代，也是我人生经历中最难忘的岁月。

一

　　1981年，教育部派我到英国帝国理工学院做访问学者。当时，中国实行改革开放不久，到国外学习和工作的人还不多。我十分珍惜这一宝贵的机会，努力参与钢铁冶金新技术的开拓，并旁听了宏观经济学等课程。1983年，我到瑞典兰塞尔钢铁公司，并做了两年多技术副总经理，在实践中积累了现代企业管理的经验。这些国外的经历是我职业生涯中的第一个重大转折，它大大地开拓了我的眼界，为我后来在经济转型中从事宏观经济管理工作打下了一定的基础。

　　回国后，经钱伟长校长提名，我出任上海大学常务副校长，三年后又被朱镕基市长任命为上海市教卫办副主任兼高教局局长。这是我职业生涯中的第二个重大转折，即从教学、科研工作转向政府部门工作。我十分珍惜已有相当基础的科研工作。经钱伟长校长与朱市长商定，我一周四天在高教局工作，其余三天回校带博士生及做科研。

1991年初，我随朱市长率领的上海市代表团访问欧洲。有一次在法国证券交易所，翻译的同志对可转换债券不了解，翻成了转型的债券。朱市长问这是什么意思？我解释说，企业可先发债券，如果经营三年效果好的话，债券可以变成股票，成为它的资本金。朱市长听后不大确信，便用英文问证券交易所的总经理，结果法国人连声说对。事后朱市长问我：你是学工搞钢铁的，怎么会知道金融？我说，我在瑞典兰塞尔公司工作的时候，公司发行过可转换债券。通常，我们要承包一个钢厂投资项目，制造设备的时候需要融资，通过这一途径融资，成本最低。

在回国的飞机上，朱市长叫我过去，他说："回上海后你不要到教卫办了，我现在缺少懂经济特别是懂国际经济的人，你就到计委去工作。"我说："不行，我可是不喜欢计划经济的。"他听后哈哈大笑，说："好啊，我终于找到了一个不喜欢计划经济的人到计委去工作了。"他当时已经酝酿改革，要使上海由计划经济向市场经济转变。我职业生涯中的第三个重大转折就是从这个时候开始的。我当计委主任以后没多久，朱市长就调到北京做常务副总理了，但他已为上海经济的转型奠定了方向。

1992年春节，邓小平同志来到上海，接见上海市委常委，我也出席了会见。吴邦国书记向小平同志介绍我说："这是一位国外回来的教授，现在从政了。"小平同志说："教授从政好啊！搞'四化'需要有很多的教授从政。"我听后受到极大的鼓舞，下定决心，一定要把自己的科技知识和对国外市场经济的了解，应用到实际工作中去，为祖国实现四个现代化作出贡献。

二

上海是中国人口最多和最大的工业城市，也是计划经济最周密、最彻底的城市。1992年小平同志到上海考察工作时指出，"上海的改革开

放搞晚了，今后要加快步伐"，并提出了加快浦东大开发的任务，为上海加快改革开放吹响了冲锋号。邦国同志、黄菊同志召开市委扩大会，传达小平同志讲话，号召大家思想更解放一点、步子更大一点。我作为上海市副市长兼计委主任，深感肩负的重任。从计划经济转向市场经济，应当从哪里开始着手呢？

我们计委一班子人经过讨论，向市委提出从三个方面推进计委自身的改革，得到邦国、黄菊同志的支持。

第一个方面，计委转变职能，就要对计划管理体制进行改革。过去，计委是最大的经济综合部门和审批机构，有着大量的审批权，劳动工资和物价调整的权力也在计委。它还是最高层的决策咨询部门，市委、市府制订的经济社会发展大计往往先要计委提出一个初步意见，供领导决策。我们的改革建议是：今后计委只研究总盘子，比如说35％用于工业技术改造，40％用于城市基础建设，还有25％用于社会事业，等等。如果市委批准了这一切块方案，那么计委就把相应的投资规模下达相关部委，具体项目则由各个部委审批后报计委备案。计委从过去的审批单位变成了一个督促落实的机关。这使计委很快从大量审批的矛盾中解脱出来，效率大大提高，也调动了各方面的积极性，工作都活跃了起来。我们也有时间积极地跑中央有关部门，筹划建立起一批大市场，包括期货市场、外汇市场、黄金市场等。

第二个方面，承担起筹措上海发展所需资金的任务。为支持上海市大发展和加快浦东大开发的步伐，资金需求十分巨大，而上海市政府当时仅有37亿元可用财力，远远不能满足发展的需要，筹措资金也十分困难。

朱镕基同志当上海市长时，曾向世界银行和亚洲开发银行借了两笔钱，建起了南浦大桥和杨浦大桥。再要建桥怎么办？当时搞浦东开发，每天有10万辆汽车要过黄浦江，摆渡坐船从浦西到浦东需要40分钟，只有两座桥，一个隧道，显然是不够的。我们想到了借鉴国外BOT的办法，请香港的一家公司对两座桥的市值进行评估，然后向市委建议把这两座桥49％的经营权卖给香港的一个上市公司，即可筹到24亿元用来建第三座和第四座桥。同样，隧道也卖49％，可建造第二条和第三条隧道。之后，我们对沪宁高速公路和沪杭高速公路也采用了相似的办法。这样，我们就把现有资产盘活、投资规模放大了。

土地批租同样是旧城改造、筹集资金的大事。当时上海有350万居民住在市中心的棚户区，那是在抗日战争和解放战争时期炸毁的废墟上居民自己搭建的。要重新建设城市、改善那里人民的生活，必须解决棚户区拆迁问题。

计委就提出土地批租的建议。先在城郊结合部盖起一大批经济适用房，供搬迁的居民居住。搬迁以后，居住面积可扩大一倍。当时还没有产权的概念，提出一个口号，就是"舍小家为大家，共同建设新上海"。有差不多100万居民从市中心搬出去。

因为市中心的土地每平方米大约可以批租8000美元，而城郊结合部建居民小区的土地每平方米只有50到60美元。我们就利用这个差值筹到的款大搞市政基础设施建设。同时，市中心的工厂也都退二进三批租给外商去开发。很快，一批大商场、大办公楼就在市中心建起来了。市容及道路交通、市区绿化情况也迅速改观。

对于这一做法，当时有关部门，包括有的领导也提出了质疑，说这么搞是不是上海市中心又变成租界了，都是外商的楼宇、酒店、商场了。我们说，这不一样，旧上海的租界有治外法权，有行政管理体系，税收财政也不归中国，连警察都不一样。现在的行政管理、税务财政、公安巡警是中国的，外商只是在中国的土地上投资经营，就像合资企业一样，而且一定年限后，批租期满时，土地和地上建筑都归还中国。最后，领导拍板决定，说可以试，先看三年，然后再做结论。在这以后的两年中，上海连年高速发展，上缴中央财政每年递增30％以上，最后领导也充分肯定了上海在率先改革方面取得的成就。

第三个方面，是放开价格。1992年前，上海市场上的商品价格和全国一样，都是由计划、物价部门规定的。经过一段时间酝酿，我们向市

委建议，物价的市场化改革可先从水果入手，因为水果是温饱有余的人才吃的。

当时上海有一个果品蔬菜公司，它组织了一个大的批发市场，有一批人搞采购运输，但效益不好，还要政府补贴。我们试点的办法是果蔬公司只搞交易市场，只管挂牌价，而不管采购，而且挂牌价一定比长江三角洲的其他大中城市每斤高5分钱，货源则放开由个体户来经营。在市场经济中，商品总是向价格高的地方流动。仅半个月，全国的水果产品都来了，从新疆的哈密瓜、河南的西瓜，到山东的苹果，海南岛的椰子、香蕉，广东的荔枝。过去国家公司的采购员在产地采购后不随货回来，新疆的哈密瓜运到上海沿途损失25％到30％；而个体户从新疆到上海是睡在哈密瓜上的，基本上没有损失。这一改革初战获胜后，接着进行了粮油价格放开的改革。在1995年，全国粮食和食用油的价格还是固定、统一的。当时有两个选择：一个是继续维持现状，由于购销价格倒挂，每年由财政补贴6000多万元。另一个是价格放开，粮油价格随行就市，但低收入群体的生活将受影响。我们算了一笔账：上海当时共有三十几万低收入的群体，其中包括孤寡老人、下岗职工和支边支疆回来后没有合适工作的青年。如果每个月白送他们20斤粮食和半斤油，算下来还不到4000万元。所以我们建议，在实物帮助困难群体之后，粮油价格可放开，顺价销售，上海人民就能吃到最好的米、最好的油。后来随着发展，老百姓的要求不断提高，我们也不断调整政策，先是发食品券，自己到粮店选择领取籼米或粳米，后来为了制止倒卖食品券，干脆直接发补贴，自己愿意买什么就买什么。这样，上海的基本生活用品价格就整个放开了。

价格放开以后又出现了一个新问题：上海的物价比周边地区高了。这引起了干部、群众的议论。物价高到底是好现象，还是不好的现象？在计划经济体制下、工资划一时，什么地方物价低，那个地方的人民肯定是安居乐业的；但在市场经济条件下，什么地方物价高，而且工资也高，那个地方肯定是大家觉得比较好的地方。比如东京、纽约、伦敦和巴黎的物价都高。什么地方物价低呢？非洲那些贫穷国家的物价低，中国的老少边穷地方物价低。黄菊同志总结大家的讨论后，形象地提出要做到"三个一点"，即物价比周边地区高一点，工资也比周边地区高一点，工资的增幅比物价的增幅再高一点。有了这"三个一点"，上海人在物价较高、物资丰富的条件下也可以安居乐业。

现在回顾起来，从1992年小平同志到上海点燃了改革开放和浦东大开发的火炬，到我们在市委领导下解放思想，努力工作，用三年时间实现了三项重大改革，推动了经济社会快速发展，大幅提高了人民生活水平，使上海市的面貌发生了巨大的变化，为上海市的长远发展打下了坚实的基础。

三

"人生能有几回搏"，我亲身参与这一历史性转轨过程并发挥一份作用，是我一生中最大的幸事。

我现在已进入古稀之年。回顾30年来经历的风雨，我感谢党的培育和国家改革开放的机遇，感谢钱伟长校长、朱镕基市长、吴邦国书记和黄菊市长以及许许多多的领导和同事们。正是他们给予我的关心和帮助，才使我有机会充分发挥我的知识和作用。我的生命是属于中国人民的，我将继续尽我的绵薄之力，为祖国、为人民作出自己力所能及的贡献。

（选自《文史资料选辑》第153辑，中国文史出版社2011年9月版）

首部国家社保专项规划制定实施始末

胡晓义　口述

高　芳　采访整理

背景和前期准备工作

改革开放后，特别是1998年以来的十几年，国家高度重视社会保障工作，社保体系建设可以说是大力度、快节奏，进展很是明显，人民群众的获得感很强。刚刚过去的"十二五"期间，在国家经济社会发展总体规划框架之下，专门制定社会保障五年规划。这是历史上首部、也许是唯一一部有关社会保障的国家级专项规划，对于促进这五年乃至后来整个社保体系的改革发展起了重大作用。我在人力资源和社会保障部（以下简称人社部）负责社会保险工作，亲身经历了这部专项规划从酝酿、制定、实施到验证结果的整个过程。现在，各方面正在启动"十三五"规划，回顾这段历史，我觉得还是很有参考价值和借鉴意义的。

拟定中长期社会保障发展规划纲要框架

"十二五"国家社保专项规划的正式名称是《社会保障"十二五"规划纲要》（以下简称"专项规划"）。虽然是2011年至2015年的规划，但酝酿、准备工作要追溯到此前更长一段时间。

2007年党的十七大提出，到2020年"覆盖城乡居民的社会保障体系基本建立，人人享有基本生活保障"。2009年5月22日，中央政治局以社会保障为专题举行集体学习，胡锦涛总书记发表重要讲话，对做好社会保障工作作出重要指示。6月初，国务院有关领导同志指示人社部，要贯彻落实中央政治局集体学习精神，制定社会保障专项规划。当时考虑的是一个从2009年到2020年的中长期规划，而不限于五年。

2009年正值国际金融危机严重冲击我国经济，人社部提出《应对国际金融危机加快完善社会保障体系的建议》，共五方面11条。报到国务院后，6月22日温家宝总理批示，要把完善社会保障体系作为下一步应对金融危机的重要举措，并要求国务院各个部门都要主动提出对策。

据此，人社部会同有关部门拟定了《国家中长期社会保障发展纲要（框架）》，2009年9月13日报给了国务院分管领导同志。《框架》正文包括六个部分：一是社会保障发展的现实基础和面临形势；二是指导思想和基本原则；三是发展目标；四是主要任务；五是保障措施；六是重大政策项目和工程。另外还有三个附表。

《框架》的设计跨越"十一五""十二五""十三五"共三个五年规划期。因此，在确定总目标的基础上，《框架》又进一步提出了与各规划期相衔接的三个分阶段目标：到2010年即"十一五"期末，覆盖城乡的社会保障体系初步建立；到2015年即"十二五"期末，社会保障体系继续完善；到2020年即"十三五"期末，覆盖城乡居民的比较健全的多层次社会保障体系基本形成。各阶段目标都包含制度建设、覆盖面扩大和水平安排等具体指标。围绕规划目标，《框架》提出了七个方面共52项任务。

人社部建议，比照国家教育、科技、人才中长期规划，将此中长期社保规划作为国家级专项规划，由国务院审定并发布实施。这是我们第一次提出搞国家专项规划的建议。

组织"十二五"完善社保体系研究报告

2010年初，已到"十一五"末期，按照中央要求，人社部会同财政

部、民政部、国务院发展研究中心、中国社会科学院等单位，集中力量完成了《"十二五"时期完善社会保障体系课题研究报告》，呈报中央财经领导小组办公室。研究报告分为四个部分：时代背景和特点，指导思想、基本原则和主要目标，主要任务，保障措施。这是我们为国家"十二五"总体规划做的前期研究工作，同时也为后来的社保专项规划做了准备。

这时候，中共十七届五中全会文件起草组开始就制定"十二五"规划征求建议，并特别要求人社部牵头准备就业、社会保障两个专题材料。部里指定我负责社会保障专题。2010年4月7日，我代表人社部向起草组作了题为《完善社会保障体系研究》的汇报。汇报以五部门的研究报告为基础，一共有71页PPT，内容包括时代背景和特点、指导思想、基本原则和主要目标、主要任务、保障措施等几个方面。

向十七届五中全会提出社保建议

汇报后的第三天，即4月9日，人社部向文件起草组报送了社保部分的文字建议稿，我记得共有735个字。10月18日，十七届五中全会审议通过国家"十二五"规划建议。《建议》中社保体系建设部分，基本上吸收了建议稿的主要内容，精简到280个字。这280个字，最突出、最鲜明的特点有：

一是明确了社会保障体系建设的12字方针，即"广覆盖、保基本、多层次、可持续"。这12字方针，此前胡锦涛总书记、温家宝总理在讲话和批示中都提到过，但在中央文件中正式出现，还是第一次。

二是提出着力推进城乡统筹，要求实现基本养老保险、基本医疗保险"两个全覆盖"。在当时新农保（即"新型农村社会养老保险"）还处于试点初期的背景下，这是一个很有远见和魄力的宏大目标。

三是首次提出推动机关事业单位养老保险制度改革。当时企业养老保险制度普遍实施，而对机关事业单位退休制度怎么改，还有不同认识，中央这一提法，把基本方向确定下来了。

四是首次提出社保基金积极稳妥投资运营。当时，社保基金面临两难处境：一方面结存积累资金越来越多，没有有效的投资渠道就会缩水贬值；而另一方面，资本市场风险巨大，确保基金安全是首要目标。中央的决定既明确了利用市场保值增值的方向，又明确了积极稳妥的原则。

五是提出推进社会保障卡应用，实现精确管理。社保卡是一种技术手段，能出现在中央文件里，意义非同寻常，说明中央当时对信息化在公共服务和社会管理领域的作用已有相当深刻的认知。

2011年3月14日，十一届全国人大四次会议通过了国家"十二五"规划纲要。社保体系建设的内容主要体现在第33章的三节和第34章的第三节。

两个"4句话12个字"

这段时间，国务院正在研究新农保的扩大覆盖问题。2009年9月4日发布的《国务院关于开展新型农村社会养老保险试点的指导意见》中提出的基本原则是"保基本、广覆盖、有弹性、可持续"；2011年6月7日《国务院关于开展城镇居民社会养老保险试点的指导意见》重申了这一原则。同样是4句话12个字，但与国家"十二五"规划确定的社保体系建设总方针的4句话12个字有三个字的差别。2011年6月7日，国务院分管领导同志对人社部报送文件的批示中，要求我们再斟酌两个提法是否需要统一的问题。

对此，我们进行了认真研究。我们认为，"广覆盖、保基本、多层次、可持续"是现阶段我国社会保障体系建设的总方针，如职工的养老和医疗，除了国家组织的基本保险制度外，还应有补充性的保障层次，如企业年金、大额医疗费补助等；而两个《指导意见》没有提"多层次"、强调"有弹性"，是针对城乡居民养老保险制度的具体特点而言，现阶段只有国家组织的基本保险一个层次，还没有多层次的设计；同时，鉴于居民参保实行自愿原则，而且缴费能力差异很大，所以必须

保持政策标准的必要弹性，如一年缴费额可以是100元、200元，也可以是500元、1000元，多个档次便于群众根据自身经济能力选择。所以，这两个"4句话12个字"并不矛盾，反映了总体原则的一致性和具体方针的差异性关系。

我们的意见报告上去后，得到国务院领导同志的认可。

制定社保专项规划

国家"十二五"规划的总方针、总目标、总任务确定下来后，我们就着手拟定社保专项规划。

为什么要制定专项规划

当时，我们主要着眼于两点：

首先是时代发展的客观要求。进入21世纪第二个十年，我国社会经济发展到了新阶段，人民生活水平提高，利益诉求多元化，对社会保障的需求也更加旺盛，呈现出制度从无到有、覆盖从城到乡、水平从低到高、项目从单一到多样、管理从分散到统筹的趋势。没有一个专项计划综合安排，难以满足社会实际需求。过去各个规划期，我们也都制定本部门的五年规划，但是相对来说层级较低。而社会保障工作涉及多个领域，需要各相关部门的支持配合，还需要调动大量社会资源，单靠部门级规划难以实现预期目标。而制定国家级专项规划，对于社会保障这样一个关乎民生、关乎国运、关乎未来的重大领域，还是非常必要的。

其次是实施国家规划纲要的需要。国家"十二五"规划纲要描绘了"十二五"社保体系建设的目标和主要任务，但比较概要，需要有更加细致的分解目标、政策措施、行动方案、保障条件。有一个专项规划，更有利于国家总体规划的有效落实。

制定专项规划的简要过程

国家"十二五"规划纲要出台后,国家发改委组织国务院各部门,就落实纲要、制定一系列专项规划征求各部门意见。后来,经国务院批准,确定了100项,包括部门规划、地区规划,以及一些行业规划。其中,由人社部负责的有就业专项规划、社保专项规划、人才引进专项规划。我当时在部里分管社保工作,所以,受命组织制定社保专项规划。

实际上,人社部从2010年就开始动手了。2010年9月,人社部起草完成了《完善社会保障体系"十二五"规划纲要(讨论稿)》,会同国家发改委、财政部、民政部、卫生部、全国社保基金理事会研究修改后,10月份印发全国各地的人社部门征求意见。11月份,人社部组织召开了各地专家论证会。2011年3月,十一届全国人大四次会议通过国家"十二五"规划纲要后,我们又对草案内容和结构再次调整、完善。整个工作应当说是一个调查研究、研判形势、集思广益、综合平衡的过程。

专项规划里的目标与指标是如何设定的

"十二五"时期社会保障发展主要目标

指　　标	2010年	2015年	增加
基本养老保险参保人数(亿人)	3.60	8.07	4.47
城镇基本养老保险参保人数(亿人)	2.57	3.57	1.00
新农保参保人数(亿人)	1.03	4.50	3.47
基本医疗保险参保率(%)	—	—	3
工伤保险参保人数(亿人)	1.60	2.10	0.50
失业保险参保人数(亿人)	1.30	1.60	0.30
生育保险参保人数(亿人)	1.20	1.50	0.30
社会保障卡持卡人数(亿人)	1.03	8.00	6.97

注:2010年城镇基本养老保险参保人数中未包含城镇居民,2015年企业职工基本养老保险参保人数不少于3.07亿人。

75

当时，基于对我国社保体系历史和现状的分析判断，我们已经形成了推进改革发展的基本思路，叫做三个"从……到……"——制度从无到有、范围从小到大、水平从低到高。这三个"从……到……"是有先后顺序关系的。

首先是解决制度有没有的问题，也就是提高社会保障的公平性。比如说，当时职工已经有了基本保障制度安排，相比之下，城乡居民还是空白，所以，要把弥补制度缺失作为社保体系建设的首选目标。2009年开始在全国10%的地区进行新农保试点，2010年试点扩大到23%，2011年继续扩大到60%，同时又开始进行城镇居民社会养老保险（城居保）的试点，2012年决定在全国所有地区全面实施这两项制度。

其次是覆盖范围的从小到大。虽然有了这两项制度，但是参保需要一个过程，特别新农保和城居保，属于自愿性参保，而且城乡居民社保的意识比较淡薄，所以从宣传、组织到实施，需要进行大量艰苦细致的工作。职工的社保也有一个不断扩大覆盖面的问题。尤其是随着新型城镇化、就业形式多样化带来人口跨地区流动和人的身份变化问题，都对扩大和稳定参保覆盖面提出了要求。

再次是保障水平的从低到高。即根据经济发展、物价水平、财政能力，逐步调整、提高，使广大群众分享社会经济发展成果。

按照这一思路，在专项规划的目标设定中，首先突出了基本养老保险的覆盖人数。2010年的实际参保人数为3.6亿人，我们当时设定到2015年增加到8.07亿人。这是一个大跨越，主要的增长源是城乡居民参保。当时，新农保刚刚在扩大试点，2009年起草试点文件的提法是"2020年前基本实现对农村适龄居民的全覆盖"。在征求意见时大家反映，12年时间太长了。后来修改文件就加了一个字，将"2020年前"改为"2020年之前"，加重了语气，意即要在这之前实现，而不是一定要到2020年。实际上我当时心里比较有数，一个重大制度的建设通常就是在三四年时间内完成，不会拖太长。但考虑到需要逐年安排财政补助资金，所以宣示的目标期还是要稳慎一点为好。后来的进程也确实如此。那些年，我们经常到基层走村入户调研，深切感受到老百姓对新农保的需求非常强烈。基层干部也反映，别的县搞了新农保，我们县还没有，老百姓对干部有意见，要求尽快搞，呼声特别迫切。到了2012年审议"十二五"专项规划时，从上到下一致认为新农保的全面推开已是大势所趋，国务院决定当年就把新农保连同城居保制度全面推出。所以，确定养老保险增加参保4亿多人的目标，我们心里还是有底气的。

关于基本医疗保险，规划确定的目标是提高3个百分点。当时国务院医改办做了一个评估：职工医保、城镇居民医保和新农合三项基本医保制度已经全面建立，实际覆盖率约为92%，通过五年工作，可继续扩大到95%。之所以没有像其他社会保险那样直接确定人数指标，是因为这三项医保是由人社部门、卫生部门分别管理的，由于体制分割，加上城乡人口流动频繁，所以会有一些人重复参保，同时也有一些是遗漏的，很难统计精确。如果换算成具体参保人数，当时大约是12.6亿人，增长3%后大约增加6000万人。后来，有的地区调整了体制，三项医保都由人社部门负责，有关地区社保机构做了认真的数据清理，发现城乡居民重复参保率为3%—4%。如果推算全国，有4000多万人可能是重复参保。即使剔除重复数据，对规划期末达到13.2亿人参保的目标，我们也是有把握的。

工伤、失业、生育三项社保制度，5年分别增加覆盖0.5亿人、0.3亿人、0.3亿人，是根据过去历年参保人数增长幅度及预计未来制度扩展速度确定的。

国务院审议通过社保专项规划

2012年5月2日，国务院常务会议审议通过《社会保障"十二五"规划纲要》。审议中，大家对规划的总体原则、目标任务、保障措施等都基本赞同，比较关注的是两个问题：一是"积极稳妥推进基本养老保险基金投资运营"，二是"研究制定公务员和参照公务员法管理单位的工

作人员养老保险办法"。其实，关于社保基金投资运营问题，中央文件建议和国家"十二五"规划纲要都已经确定了方向和原则；关于公务员养老保险制度改革，2011年实施的《社会保险法》也作出了规定。大家考虑较多的是什么时候实施、怎么实施的问题，并不影响专项规划的通过。经过后来几年的实践和论证，这两个问题在十八大以后都找到了解决方案。

6月14日，以国务院文件形式批转印发社保专项规划，6月28日向全社会公布。社保专项规划与综合性规划纲要相比，最突出的发展和细化有四点：

1. 在"12字方针"的基础上，首次提出"三性"——增强公平性、适应流动性、保证可持续性。后来十八大报告中肯定了这"三性"是社会保障体系建设的重点。

2. 明确了"十二五"社保体系建设的四项基本要求，即四个"更加注重"——更加注重保障公平、更加注重统筹城乡发展、更加注重优质高效服务、更加注重可持续发展。

3. 按照制度建设、覆盖范围、保障水平、服务体系建设四方面规定了"十二五"期间的主要目标任务和具体指标。

4. 提出了8个方面的保障措施，编列了8个重大项目。

贯彻实施社保专项规划

5月2日国务院常务会议审议通过社保专项规划的新闻一发布，我们5月6日就发布了先期准备好的答记者问，对专项规划的主要内容进行了解读；随即向全国人社系统印发了贯彻通知和宣传提纲；专项规划全文公布后，我们于7月6日召开了全国视频会议部署贯彻落实任务。

五年来，专项规划确定的主要目标全部实现，我国社会保障体系建设上升到一个新水平，并为"十三五"时期社保体系的发展奠定了基础。

制度建设基本完备

"十二五"时期社会保障制度建设专项行动

1	实现新农保制度全覆盖
2	建立并全面实施城镇居民社会养老保险制度
3	推进事业单位养老保险制度改革
4	研究制定公务员和参照公务员法管理单位的工作人员养老保险办法
5	建立基本养老保险参保人遗属待遇制度
6	建立基本养老保险参保人病残津贴制度
7	制定实施失业保险人员领取失业保险金期间继续参加职工基本医疗保险政策
8	建立工伤预防制度，完善行业工伤保险费率政策标准和企业浮动费率机制

专项规划确定的期末目标是"各项保障制度基本完备"。五年中，我们在社会保险制度建设方面做了七件大事：

第一，新农保制度在全国普遍推行，2011年新建立了城居保制度，2012年在全国2000多个县全面铺开两项制度。更进一步，2014年将这两项制度合并实施，统一为城乡居民基本养老保险制度。这样一来，原来养老保险的三个制度调整为两个——职工一个制度、非职工一个制度。

第二，中央决策进行机关事业单位养老保险制度改革，从2014年10月1日开始实施。目前在做各方面的准备。这在解决社会诟病的"双轨制"矛盾、增强社保公平性方面迈出了一大步。当然，实施到位还需要有个过程。就我的体会而言，如果这项改革只是将原来的退休金改成社会养老保险，并不是很难，真正的难点是牵扯到一些过去管理上的不规范。我们在研究实施细则时，有上海同志说，你这叫"苏州河里行大船"，意思是把河底下的泥全都搅和出来了。比如编制问题。有的单位编制外用人占比很高，甚至长达几十年，让不让这部分人参加这个制度？从财政角度来说，财政补助只能按编制给。那编外人员的问题如何

解决？又如工资收入不透明。有些事业单位工资高度模糊，那么，工资基数怎么定？基数不准确怎么缴费？没有缴费基数又怎么计算待遇？这些问题全都出来了。但我认为这也是好事，就此机会清理清理，该规范的规范，该透明的透明。

第三，2015年中央作出了基本养老保险基金投资运营的决策，这是保证制度可持续性的重要举措。

第四，医疗保险制度不断完善。到去年年底，9个省（区）实现了三保合一，全部由人社部门统一管理，到今年达到了12个省（区）。全面实行了城乡居民大病保险制度。还出台了失业人员在领取失业保险金期间继续参加职工医保的政策。

第五，完善社会保险跨地区、跨制度接续政策。职工养老保险的跨地区接续从2010年就开始实施了；城乡居民养老保险制度推开后，又出现了新问题：农村与城镇间的流动人口怎么接续社保关系？从居民转成了职工又该如何累积权益？2014年，我们出台文件，把地区之间、制度之间转移衔接的整个政策体系完善了。同时，医保方面也出台了跨地区的政策，重点是异地安置的退休人员可以在居住地直接结算医保费用。这是"适应流动性"的重要举措。

第六，2011年实行修订后的《工伤保险条例》，扩大覆盖和保障范围，提高补偿标准，完善了行业差别费率和企业浮动费率机制，并开展了工伤预防和工伤康复的试点。

第七，中央决定研究渐进式延迟退休年龄政策，这也是一个重大的制度性建设。专项规划里对此的表述是"研究弹性延迟领取养老金年龄的政策"，当时主要考虑是要把"领取养老金年龄"与"退休年龄"适度分离。像有些国家，不规定统一的退休年龄，政府只管什么时候发养老金，是否退休、什么时候退休由雇主和雇员约定。十八届三中全会决定的表述是"研究制定渐进式延迟退休年龄政策"。我认为"渐进式"这个词用得好，它包含时间上的渐进性、群体上的渐进性，也有实施的渐进性，把方向和方法有机结合起来了。这项政策，将对提高养老保险制度的可持续性发挥重大作用，并且有利于我国人力资源的充分开发利用。

覆盖范围不断扩大

"十二五"时期社会保障人群覆盖专项行动计划

1	基本实现新农保和城镇居民社会养老保险制度全覆盖
2	将未参保集体企业已退休人员和原"家属工""五七工"等纳入基本养老保险制度
3	将国有企业、集体企业"老工伤"人员全部纳入工伤保险制度
4	将未参保厂办大集体企业职工和退休人员纳入基本养老保险、基本医疗保险范围
5	将大学生全部纳入城镇居民基本医疗保险制度
6	探索建立参保地委托就医地进行管理的协作机制，完善异地就医管理服务

1.养老保险。规划指标是8.07亿人，实际完成8.58亿人。规划之初确定的这个指标已经是非常大胆，而最终还是超额完成了。其中，城乡居民养老保险参保人数从起初1亿人猛增到期末5亿人，在短短几年时间覆盖面如此迅速开展，这在国际社会保障史上是空前的。职工养老保险参保人数也从2.57亿人扩展到3.54亿人，增加了近1亿人。其中，最大的突破是将530万未参保集体企业已退休人员、家属工、五七工等群体纳入了基本养老保险制度，解除了他们的后顾之忧。对此，十八大评价是"城乡基本养老保险制度全面建立"。

2.医疗保险。规划指标是在2010年基础上提高3个百分点的覆盖率，新增6000万人以上。期末实际参保人数超过13亿人，其中人社部门管理的是6.6亿人，比期初增加2.34亿人，卫生部门管理的新农合有近7亿人。这期间，将在校大学生全部纳入城镇居民基本医疗保险制度；同时，还用了三年多时间，中央财政补助了509亿元，将各类关闭破产企业的退休人员和困难职工800万人纳入基本医疗保障体系。十八大的评

价是"全面医保基本实现"。

3.工伤保险。规划指标2.1亿人，实际完成2.14亿人。我国的《工伤保险条例》是2004年开始实施的，在此之前的工伤人员被称为"老工伤"，没有纳入保障范围，而仍由各企业自己管理，实际上有些人得不到应有保障。2011年，国务院决定中央财政安排专项奖补资金56亿元，将国有企业、集体企业312万"老工伤"人员全部纳入工伤保险统筹管理。

4.失业保险。规划指标1.6亿人，实际完成1.73亿人。

5.生育保险。规划指标1.5亿人，实际完成1.78亿人。

覆盖目标的全面、超额完成，使更多的人有了基本保障，能够分享社会经济发展成果。

保障水平继续提高

"十二五"时期改善社会保障待遇计划

1	提高养老保障水平 企业职工基本养老金稳定增长，提高新农保和城镇居民社会养老保险基础养老金水平
2	提高医疗保障水平 财政对城镇居民基本医疗保险和新农合的补助标准逐步提高，职工基本医疗保险、城镇居民基本医疗保险和新农合政策范围内住院费用支付比例均达到75%左右
3	提高工伤、失业、生育保险待遇 提高工伤、失业、生育保险待遇水平，加强工伤预防和康复工作
4	提高城乡低保标准 城乡居民最低生活保障标准年均增长10%以上

规划要求，"继续提高各项社会保险待遇水平"。

1.养老保险。职工养老保险连续五年调整基本养老金标准。这期间，虽然参保退休人员总数从6299万人增加到9140万人，但待遇水平从月均1362元提高到2270元，增加了900多元。2014年，中央财政专门安排资金提高城乡居民的基础养老金标准，加上各地增加的财政投入和居民缴费的个人账户养老金，使人均基本养老金水平从每月55元提高到120元左右，而这一期间领取养老金人数从2863万人增加到期末15311万人，增长了好几倍。

2.医疗保险。职工住院医疗费用在政策范围内的基金支付比例达到75%，并普遍实行了大额医疗费用补助制度；城乡居民政策范围内医保基金支付比例达到70%左右，并全面实行了大病保险，部分地区实行门诊费用统筹，可报销50%左右。综合起来，总体达到了规划确定的75%的目标。

3.工伤保险。2011年实施新的《工伤保险条例》，待遇水平有大幅提高。例如一次性工亡补助，按原来规定的当地职工平均工资48至60个月的标准支付，2010年平均补助金仅为12万余元；修订后的条例统一改为按全国上年度城镇居民平均可支配收入的20倍发放。2015年按照2014年的平均水平，工亡补助金标准达到58万元。伤残补助金标准也相应大幅度提高。这五年，累计有949万人享受各种工伤保险待遇。

4.失业保险。失业保险金领取人数每年保持在200万人左右，总的来讲比较稳定；全国平均标准从600多元提高到800多元，水平有提高但不是大幅度的，这是因为失业保险既要保基本生活，又要有利于促进失业人员积极求职，实现再就业。

5.生育保险。这五年累计有2336万人享受生育保险待遇，这个数字有点超出我们的预料。以前平均一年只有200多万人，这几年连续达到四五百万人，2014年超过600万人。说明群众对这项保险制度是认可的，也从中得到实惠。相应地，2010年基金支出为71亿元，2015年为411亿元。

服务体系建设网络基本形成

规划要求，"社会保障公共服务网络基本形成"。执行结果，主要在三个方面有明显进展：

1.基层服务网络。专项规划确定"全国所有街道（社区）、乡镇（行政村）基本完成劳动就业和社会保障基层服务平台建设，行政村普遍实施劳动就业和社会保障协管员制度"。我们评估，实现这一目标的"短板"在欠发达地区。因此，中央专门安排了支持中西部地区基层劳动就业社保平台建设的项目，采取"1+4"模式，即中央支持一些建设资金，由一个县带四个乡镇，建设标准化就业社保服务平台，每年支持一批。这个项目在规划出台前的一年就开始了。六年来，中央预算内投资共45亿元，地方配套投入近80亿元，累计帮助中西部地区、福建的中央苏区，以及山东的革命老区共1396个县、5281个乡镇建立了规范化的就业劳动社会保障平台，覆盖约5亿人。

另外，到2015年底，全国各级各类社会保险经办机构是7915个。机构最多的时候一度达到8100多个。我分管社保工作后，认为并不是机构越多越好。比如有些地区，职工养老保险、农村养老保险分设机构，有的地方还另外设立了机关事业单位养老保险的经办机构，随着制度的整合，这些机构可以合并起来，更有利于提高效率。医保机构也是如此。按照这一方向，这几年压减了200多个，今后还要继续合并压减。社保经办机构现有工作人员是18.44万人，对应2015年五项社会保险合计参保20.9亿人，相当于人均服务超过1万人，工作量是很大的；同时社保机构经费总支出199亿元，仅相当于社保基金征缴收入的0.58%，应当说服务成本是相当低的。另外，还有乡镇、街道、社区、行政村的协管人员30万人左右，把社保服务的"终端"延伸到群众身边，解决"最后一公里"的问题，服务的便捷性、群众满意度持续提升。

2.医保的协议管理。由于近些年医疗费用上涨非常快，医保基金的压力很大。为此，在管理上普遍实施了社保机构与定点医疗机构和定点零售药店签订服务协议的制度。截至2015年，全国共有13.2万家协议医疗机构、21.6万家协议零售药店，根据协议和各种考核指标进行管理。同时在许多地区实行了"医保医生"制度，实时监管医保资金支付。

3.加速推进信息化。国家"十二五"规划纲要确定全国统一的社会保障卡发放数量达到8亿张，覆盖60%的人口。2010年8月24日，人社部组织召开医保即时结算和社保卡应用经验交流会，专项组织社保信息化工程。当时统一社保卡发行量只有1.03亿张，2011年就到了1.99亿张，此后，2012年3.41亿张、2013年5.49亿张、2014年7.12亿张……到去年年底增长到了8.84亿张，覆盖全国64%人口，速度非常之快。这期间，让我最满意的一件事是，我们抓住银行卡升级换代的机遇期，在2011年7月18日与中国人民银行签订了部—行战略合作协议，在社保卡上全面加载金融功能，一个芯片分成两个区，一个是社保功能，一个是金融支付功能。这是互利双赢的事情，银行可以借此扩大自己的业务规模，而对我们来说，社保的支付、领取都可以通过金融功能实现。有了这样的社保卡，我们从医保入手全面推行费用直接结算，大大方便了群众；然后逐步扩展应用功能，目前正在加快建设通用的基础数据库，使之延伸到人社领域102个管理服务项目，并向其他民生保障领域发展。

回顾"十二五"国家社保专项规划制定实施过程，我作为亲历者的突出感受是：专项规划的制定，体现了决策者的远见卓识、相关部门的专业精神和社会各方面的群策群力；专项规划的实施，体现了主管部门的奋发有为、有关方面的协同合作和人民群众的参与支持；专项规划的全面完成，将我国社会保障体系建设提升到一个新水平，开创了新局面，为"十三五"全面建成小康社会的决胜阶段奠定了坚实基础。经过多年的改革发展，包括过去五年的大踏步前进，我国社会保障体系更完整，实力更强，工作经验也更丰富，站在"十三五"的新起点，我们应当有更强的自信。尽管未来还会有许多艰难险阻，但我们比五年前、十年前，有了更足的底气、更强的定力、更高的智慧去面对新挑战，建立健全更加公平、更可持续的社会保障制度。

（原载于《纵横》2016年第5期）

你好，WTO——中国"入世"大回眸

汤　涛　苑秀丽

　　2001年11月10日应该在历史上留下浓浓的一笔。这一天，在遥远的波斯湾沿岸，在美丽的卡塔尔首都多哈，中国再次吸引了全世界的目光，WTO第四届部长级会议正式通过了关于中国加入WTO的决定。为了等到这一天，中国已经谈判了15个年头。从最初的"复关"到1995年之后的"入世"，谈判可谓风风雨雨，历经坎坷。早在1998年3月15日，朱镕基总理就曾向国内外公开呼吁，"中国进行恢复GATT（关贸总协定）的地位和进入WTO（世贸组织），已经谈判了13年，黑头发都谈成白头发了，该结束这个谈判了"。但是天未遂人愿，这条风雨之路还是在向后延伸了三年多的时间，方始迎来成功的时刻。为了让历史记住这一难忘的时刻，本文将详细追述中国与关贸总协定以及世贸组织的历史渊源，并回眸中国"复关"和"入世"谈判各个阶段的内容、进度和所处的国内外政治经济形势。

中国与关贸总协定的不解之缘

　　中国是1947年成立的关贸总协定（即GATT）23个创始国之一。1949年新中国成立后，由于特定的国际环境，中国与之失去了联系。其间，台湾当局非法退出，后又试图重返关贸总协定，但却未能成功，只是在1965年3月被缔约国大会接受为观察员列席大会。1971年11月16日，第27届缔约国大会根据联合国大会1971年10月25日通过的2758号决议，决定取消台湾当局的观察员资格。这可以说是为中国恢复GATT成员地位提供了良机，只要乘势而为，中国重返GATT指日可待。但是，国内时逢如火如荼的"文化大革命"，"以阶级斗争为纲"盛行一时。因而在当时世界上关于国际贸易的两大组织——联合国的贸发组织和GATT中，当时的中国政府更加看重论坛性的、能更好地抨击帝国主义贸易政策和揭露其对发展中国家利益损害的贸发组织。而与此同时，却把GATT看成是损害发展中国家利益的富国俱乐部，这自然妨碍了中国加入其中的积极性。更何况70年代初的中国仍处在闭关锁国的状态，和世界经济的联系极少，也不会去考虑"复关"将对自己的经济、政治和文化产生什么影响。因此中国加入了贸发组织，却错过了一次"复关"机遇。直到1982年11月，中国取得了GATT观察员地位并随即列席其第36届成员大会之后，才真正开始与之在组织程序上进行接触。1986年1月10日，中国方面向关贸总协定秘书长亚瑟·邓克尔明确表示，中国希望恢复在GATT中的席位。同年7月，中国又向关贸总协定正式提出了恢复缔约国地位的申请，由此开始了"复关"的漫漫征程。

应该说，当时的形势对中国复关堪称有利。此时，"冷战"尚未结束。在当时美、苏、中三角战略关系中，任何两者的联合对第三者都意味着巨大的压力。因此，美国希望拉拢中国这个世界人口最多的大国，以共同对付苏联。正如当时美国驻华大使洛德所言，"我强烈地认为在我们与中国的合作中战略因素是极其重要的。可以肯定，这些因素与以前相比，并不那么炫目，也比较微妙。对于我们两国来说，维持全球和区域的均衡一直是利害攸关的问题"。美国认为，中美经贸关系应该服从这个重要的战略目标，同意中国尽快"复关"，只不过是美国战略大局中的一小步棋而已。而在当时，美、日等国均认为，中国尽快"复关"有利于中国向市场经济转变，因此都对中国"复关"表示积极的支持。除此之外，这时中国"复关"还有一个有利因素，就是"入门费"

较低。当时"乌拉圭回合"谈判刚刚开始，世贸组织的建立看起来还是很遥远的事情，中国复关的"入门费"仅仅局限于货物贸易的市场准入，还没有涉及"乌拉圭回合"谈判达成协议后所涉及的更为困难的知识产权、投资措施和服务业市场准入等棘手问题。因此，这一时期西方发达国家对中国"复关"谈判的要求并没有触及中国整个经济政策和外汇政策，而是主要集中于贸易政策的透明度与统一实施、关税与非关税措施的减让等问题上。

1989年6月以前，中国"复关"谈判的进展还算顺利。1989年4月，关贸总协定中国工作组第七次会议完成了对中国外贸制度的评估，这标志着中国多边谈判取得重大进展，核心工作已经完成。同年5月，中美双边谈判又取得重大进展。经过五轮谈判，中方的要求基本得到满足。双方达成了一系列谅解和协定。美方并表示要在年底结束中国"复关"谈判。鉴于美国在关贸总协定中实际上的领导地位，观察家们普遍认为中国的"复关"谈判有望在1989年底结束。前途颇为乐观。

但是，随着1989年春夏之交"六四"政治风波的爆发、东欧剧变和美苏两极对峙冷战格局的崩溃，本来中国复关的有利形势顿生反复，"复关"谈判也一时陷入步履蹒跚、停滞不前的境地。

山重水复疑无路

"六四"政治风波后，以美国为首的西方发达国家对我内政粗暴干涉，并宣布实行所谓全面制裁，暂时不让中国"复关"就是其中一项主要内容。

此外，这一时期的国际格局发生了较大变化，"二战"后逐步形成的两极对峙格局不复存在，中国在旧有均衡格局中的地位发生改变，美国的对华政策亦随之调整。与此同时，中国经济适逢1987年、1988年经济过热后的治理整顿阶段，增长速度放慢，开放进度减缓。为了遏制持续的通货膨胀，控制经济过热发展，中国政府加强和重新启用了一系列行政管理措施，这在西方国家看来，是向计划经济体制的倒退，加深了它们对中国改革走向的疑惧。表现在对待中国"复关"的态度上就是从支持走向了反对和阻挠，具体表现在"复关"谈判上就是它们大大提高了对中国复关的要价。西方国家借口中国经济的"特殊性"，无理要求中国承担过高的额外义务。它们把劳改产品、知识产权保护、纺织品非法转口、贸易不平衡以及市场准入等一些原本属于双边经贸关系的问题也人为拉到中国"复关"谈判中来，强行把这些问题的解决与中国能否"复关"挂起钩来，加大了中国"复关"的难度。此时的谈判还涉及了中美关系中的一个敏感问题，这就是台湾问题。1990年元旦，台湾当局以"台、潮、金、马"的名义申请加入关贸总协定。美国国会很快表态支持这一申请。而由于此事事涉中国的主权，不能不引起中国政府的严重关注。这也就使得此后一段时期的复关谈判因政治化的色彩愈加浓厚，而人为拖延了谈判的进程。

基于以上原因，在从1989年夏到1992年初的两年半的时间内，中国的复关谈判实际上处于停滞阶段。谈判所涉及的双边磋商和多边谈判均陷于停顿。原本定于1989年7月举行的关贸总协定中国工作组第八次会议被迫中止。后虽经多方努力，会议于1989年12月14日在日内瓦得以恢复，但仍没有取得什么进展。在会议之上，美国提出要重新审议中国的外贸制度，试图用这种方式来减缓中国"复关"进程，以赢得"观察"中国改革走向和制定对华政策的时间。由于美国的阻挠，在1990年9月举行的第九次会议也同样未能取得实质性进展。在这段时间内，西方国家不断就中国"复关"提出各种各样的新问题，谈判愈加艰难，进展十分有限。

"复关"谈判的停滞不前，推迟了中国进入GATT的时间，加大了中国与国际经济接轨的难度。但是中国政府并没有放弃，而是继续加大改革开放的力度，使中国经济实力迅速增强。据统计，从1989年到1992年，中国国内生产总值从15916亿元上升到23938亿元，中国的贸易出口也取得大幅度增加，贸易出口额从1989年的525.38亿美元上升到1992年

的849.40亿美元，事实证明，若长期把中国这个人口、经济大国排斥在外，关贸总协定注定会名不副实。更何况这样做也会限制中国与各国的经济交往，在一定程度上有损于世界各国经济福利的增长。于人于己，都是弊多益少。

深化改革促"复关"

以中国人民根本利益为制定政策基本出发点的中国政府，实行改革开放的决心是坚定不移的，并不受一些人为的外部因素而改变这一决心。就在"复关"谈判举步维艰之际，中国政府以关贸总协定的基本原则为主要参照系加大了对中国外贸体制和有关经济体制的改革力度。在外贸体制方面，中国政府继续放宽了市场准入的限制，不但大幅度削减了关税，而且还大规模地对非关税壁垒进行了减除。据统计，1991年实行指令计划的进口商品只有20种，占年进口总额还不到20%。在外汇体制方面，改革也取得了重大进展。除了建立了有一定弹性的汇率制度之外，中国政府还进一步扩大了企业的外汇留成比例。在1992年，中国政府取消了16种进口商品的许可证要求，两年内使进口许可证管理商品的范围减少了2/3，同时中国政府还进一步缩小进口商品指令计划的范围。

1992年春天，中国还发生了一件对中国乃至全世界历史都有深远影响的大事，这就是邓小平的南方谈话。邓小平在南方谈话中重申了中国人民走具有中国特色的社会主义道路的信心和决心，并指明了中国进一步深化改革的方向。随后召开的党的十四大正式把经济体制改革的目标确定为社会主义市场经济体制，并且相应地迈出了一系列深化改革的重大步骤。这无疑为中国的经济发展和"全方位"的改革开放注入了新的活力。

在此期间，中国政府在改善与美国双边贸易关系方面，也做了大量的工作。为平衡中美贸易赤字，中国除努力削减关税壁垒，加大从美国引进外资和进口的力度外，还多次组团赴美采购，大量订购美国商品。1991年和1992年，经过反复的磋商甚至争吵，中美分别达成了《中美知识产权谅解备忘录》和《中美市场准入谅解备忘录》。美国政府也作出承诺："坚定地支持中国取得关贸总协定缔约方地位。"这两份文件的签署，标志着中美两国在中国"复关"问题上的谈判有了进一步的进展。

值得注意的是，此时的国际环境也逐渐发生了微妙的变化，西方国家对中国的所谓制裁逐渐放松。90年代以后，经济全球化新一轮大潮汹涌而至，各国经济一体化趋势日趋明显。全球经济明显呈现"一损俱损、一荣俱荣"的特征。长期维持对中国制裁的局面无疑会有损于西方大国的经济政治利益。况且，中国是联合国安理会的常任理事国之一，许多重大的国际性问题如军控、环保等若没有中国的积极参与配合就不可能得到妥善的解决。正是看到这一点，美国前国务卿贝克早在1989年12月即指出："总统认为，我们不应当在国际社会中孤立中国……如果我们不愿谈判并努力解决（分歧），那我们就不能保持美中关系，并把这种关系向前推进。这对我们两国都是非常重要的。"在此之前，美国贸易代表办公室已经不顾某些保守势力的反对，于1989年9月与中国恢复了有关中国复关事宜的低层次接触，此举并得到了很多美国媒体的赞扬。

在各种因素的交叉作用下，经过将近两年的艰难进展，中国复关谈判终于走出了低谷。1992年2月，关贸总协定中国工作组举行了第十次会议，决定在继续澄清中国外贸制度的同时，开始转入议定书问题的讨论。这标志着中国复关开始进入实质性谈判即权利和义务敲定的最后攻坚时期。但这并不意味着复关谈判的凯旋行进，前路仍然是险象丛生、一波三折。

一波三折险象生

从1992年2月到1994年12月，关贸总协定中国工作组先后举行了十次会议。谈判内容主要集中在市场准入、降低关税、消除贸易壁垒、取消农产品补贴、知识产权和服务贸易等多方面的问题上，中国代表从国家主权利益、经济发展利益和国情现状出发，坚持发展中国家标准地位，有理有节、不卑不亢、据理力争地进行了艰苦的谈判。

在此期间，台湾的入关问题得到了较为妥善的解决。1991年10月，中国总理李鹏曾致函关贸总协定各缔约方首脑和关贸总协定总干事，除阐明中国复关问题的立场外，李鹏总理强调指出，在与中国政府协商并取得一致之前，不得成立台湾工作组。他着重阐明了中国政府关于处理台湾入关问题的三项原则：坚持"一个中国"，台湾始终是中国领土的一部分，反对"两个中国"和"一中一台"的安排；坚持实行"单独谈判""先中后台"的原则；坚持即使台湾能够加入关贸总协定，也不等于能加入仅限于主权国家参加的国际货币基金组织和世界银行。迫于中国政府的严正立场，1992年9月，关贸总协定理事会主席根据中国与主要缔约方谈判达成的谅解，就处理台湾加入关贸总协定事宜发表声明。声明基本反映了中国政府关于处理台湾入关问题的三项原则。

但是形势的变化却并非对中国完全有利。此间"乌拉圭回合"谈判于1993年底结束。1994年4月，关贸总协定部长级会议在摩洛哥的马拉喀什举行，中国同其他122个缔约方一道签署了《乌拉圭回合谈判结果最后文件》和《建立世界贸易组织协议》。根据协议，新的国际贸易多边条约——世界贸易组织（WTO）将于1995年1月1日正式生效，并将与GATT并行一年后取代GATT。WTO是建立在"乌拉圭回合"谈判协议基础之上的，因而对成员国的要求更多、更高、更严。这就意味着若是中国不能如期进入GATT，那么多年的谈判成果将化成乌有，以后进入新的世界多边贸易组织也将更加困难。

正是看到这一点，再加上冷战结束后出现的国际新形势等因素，主要西方国家借机对中国"复关"谈判采取了"滚动式要价""水涨船高"的做法。致使问题越谈越多，范围越谈越大。"胃口"不是越吃越小，而是越吃越大，欲壑难平。它们不允许中国援引GATT基于国际收支平衡的保障条款；尤其是针对发展中国家设立特别的、甚至比发达国家还要严格的国际收支平衡条款；要求中国取消所有的出口关税；要求中国接受超额服务贸易总协定的义务。这些要求无视中国的国情，实际上是把中国划入发达国家行列，明显地超过了中国的承受能力，是十分无理也是站不住脚的。因而是中国不可能接受的。

为了打破这一谈判怪圈，增加有关方面的责任感与紧迫感，中国政府作出决定，认定："1994年底为结束中国复关实质性谈判最后期限。"如果1994年底召开的第19次中国工作组会议不能就中国复关议定书的实质性内容达成协议，中国政府今后将不再主动要求谈判。1994年11月28日，中国首席谈判代表、外经贸部部长助理龙永图会见关贸总协定总干事萨瑟兰。与此同时，中国驻美国、欧共体和日本大使分别约见驻在国高级官员，通报中国政府的这一决定。龙永图指出，这一决定是中国政府深思熟虑的结果，不会更改。中国代表将坚定地、不折不扣地执行这一决定。

中国政府本希望借此来促使少数发达国家丢掉不切实际的幻想，放低不合理的要求，采取灵活而务实的态度。但这一举动却被美国首席谈判代表德沃斯攻讦为"最后通牒"。对此，中国代表团有理有节、据理驳斥。龙永图指出，中国作为主权国家，有权决定是否加入，以及在什么时候、什么条件下加入关贸总协定。中方为自己的复关谈判提出时限，无意强加给任何人。他并强调，在经过八年谈判后，最后能否达成好的协议并不取决于谈判还将进行多长时间，而主要取决于各谈判方的政治意愿。好的协议并不一定是慢的协议。如果没有政治意愿，再谈十年也是无济于事。在事实面前，美国认识到中国关于谈判最后时限的严肃性，开始感到巨大的压力，遂加紧了于12月5日开始的新一轮双边会

谈。但是在市场准入等关键性的问题上，美方代表依然态度强硬，毫不通融。和美国一样，欧盟、日本在谈判中也是漫天要价、绝不松口。谈判仍难取得丝毫实质性进展。

1994年12月20日，关贸总协定中国工作组第19次会议如期在日内瓦举行。由于少数主要缔约方漫天要价，无理设障，致使复关谈判最终未能如愿达成协议。这遭到了中国政府代表团团长、外经贸部副部长谷永江在会上的严厉谴责。他认为，中国为复关已经进行了八年多的努力，全面参加了"乌拉圭回合"的谈判并签署了《最后文件》和世贸组织协定。因此，中国提出在年内完成复关的实质性谈判并成为世界贸易组织创始成员是合情合理、顺理成章的。但是在谈判中，极个别缔约方由于它们政治上的需要，蓄意阻挠，缺乏诚意，漫天要价，导致本次会议未能就结束中国"复关"实质性谈判达成一致意见。这既严重破坏了多边贸易体制的普遍性原则和多边贸易谈判的正常秩序，也使中国无法履行复关谈判中已做出的各项承诺，从而也损害了其他缔约方的利益。谷永江强调，中国政府对于今后世贸组织能否摆脱极个别成员国的恣意妄为的干扰表示忧虑。

中国在提出的最后时间内复关谈判受阻并陷入僵局一事，在全世界激起了轩然大波。新加坡内阁资政李光耀在第三届欧洲—东亚经济首脑会议上对此发表演讲指出，西方阻挠中国发展将付出沉重代价。他认为，30年以后中国的国内生产总值将等于北美的国内生产总值。中国早日加入关贸总协定对于全世界来说是重要的。成为关贸总协定缔约方将促使中国在取消其进口壁垒方面更快地采取行动。美国参议院经济委员会主席蓬塞也在接受记者访问时谈到，年底前不复关对中国经济并无大碍。他并不认为中国如果不能进入新的世界贸易组织就会影响中国的经济增长率。相反，他却强调若是到20世纪末，一个企业还没有进入中国市场的话，那它就不能自称是一个"国际性企业"。

确实，改革开放、日益发展的中国所展示出来的巨大市场潜力对每一个国家都是一个极大的诱惑，日渐富裕的中国人民中蕴藏着的巨大购买潜力，以美国为首的西方国家不可能视而不见。果然，在谈判陷入僵局后还不足三个月，美国就遣使来华，使"中国复关"谈判僵局得以打破，只不过这一谈判已不再叫"复关"而改成"入世"了。

柳暗花明又一村

中国"入世"谈判僵局打破之后，中国与世贸组织主要缔约方相继进行了一系列的接触，并取得了相当大的成果。

1995年3月，为修复与中国的关系，美国贸易代表坎特访华。在与外经贸部部长吴仪举行了长时间的会谈后，双方就中国"入世"问题达成广泛的一致。美国同意采取积极务实的态度参加有关中国"入世"的谈判，并同意在"乌拉圭回合"协议基础上实事求是地解决中国的发展中国家地位问题。

1995年5月，应世贸组织中国工作组主席吉拉德邀请，外经贸部部长助理龙永图率中国代表团赴日内瓦与缔约方就中国"入世"进行非正式双边磋商。谈判内容不仅包括市场准入、服务贸易和议定书等问题，还涉及同个别缔约方处理一些重大实质性难题。此次磋商被西方媒体称为"试水"谈判。同年6月3日，中国成为世贸组织观察员。

1995年7月，第二轮中国复关及加入世贸组织非正式磋商在日内瓦举行，在中国及众多缔约方国家的共同努力下，谈判又取得了一些进展。但是，碍于个别贸易大国的阻挠，谈判仍未取得重大突破。

在数轮非正式磋商的基础上，世贸组织中国工作组于1996年3月举行了第一次正式会议，中国谈判代表龙永图在发言中重申中国加入多边贸易体制方针没有改变的同时，还强调指出：中国"入世"所遵循的国际规则只能是所有参与方共同达成的"乌拉圭回合"协议，而不能是任何强加给中国的歧视性条件。许多国家代表也纷纷发言对中国"入世"表示支持。中国工作组主席吉拉德更在作总结发言时指出，经过各方的磋商，重新推动中国"入世"的良好时机已经出现了。

从1996年3月到1998年7月，中国代表团先后与各缔约方展开了八轮激烈谈判并取得一定成果，并最终在第四次世界贸易组织中国工作组会议上就中国加入世贸组织议定书中关于非歧视原则和司法审议两项主要条款达成了协议。1998年8月，新西兰成为第一个同中国就中国加入世贸组织达成双边协议的国家。之后中国又与韩国、匈牙利、捷克等国签署了"入世"双边协议。

但是，好事多磨，中国"入世"谈判仍未能实现重大实质性突破。究其原因，中美关系的走向居间作用重大。鉴于美国在世贸组织中的特殊地位，中美双边关系无疑是影响中国"入世"谈判最关键的因素。客观地说，这段时间里双方虽常有摩擦、风波屡起，但总体上双边关系还是相当不错的。1997年12月和1998年6月，中美两国国家元首江泽民和克林顿实现了互访，并宣布了中美将建立战略合作伙伴关系。这意味着中美两国进入了自尼克松访华以来关系最好的历史时期。但是美国长期存在着一股反华逆流。尤其是1997年间宣扬"中国威胁论"的《即将到来的美中冲突》的出版，及《华盛顿邮报》对中国政府卷入"政治献金案"的无理指控，对煽动美国社会中一些不明真相的人的反华情绪颇有"效果"，甚而掀起了一场小小的反华高潮。

在这种情况下，中国总理朱镕基开始于1999年4月访美，继续为中国加入WTO而努力。此时，中国政府的"入世"策略又做了进一步的调整，因为新一轮谈判"千年回合"即将在1999年11月于西雅图展开，重定新的世界贸易"游戏规则"。若是中国不能在此前加入WTO，不但会失去在关键时刻的发言权，而且以后入门的费用会更高，也更难。因此在访美之前，朱镕基就已经公开表示将放开电信、银行、保险和农业等中国在以往谈判中坚持保护或暂缓开放的关键领域。这充分显示了中国"入世"的巨大诚意。访美期间，几经周折，尽管在最后时刻由于美方原因而没有签署协议，但还是大有斩获。4月10日，中美签署《中美农业贸易合作协议》，并就中国加入WTO发表联合声明，美方承诺，"坚定地支持中国于1999年加入WTO"。随后，4月13日，克林顿与朱镕基通过电话又进一步交换了意见，一致认为，双方应进行紧张的谈判来解决中美关于中国加入WTO会谈中的遗留问题。朱镕基总理此行实际上已经打开了中国加入世贸组织的大门。但是当时形势仍然不甚明朗。特别是在5月8日以美国为首的北约野蛮轰炸中国驻南联盟大使馆，中国政府被迫中断了"入世"谈判之后，中国"入世"的前景更是扑朔迷离，令人捉摸不定。然而世事难料，不久之后，中国"入世"谈判突然有了出乎意料的进展。

1999年9月，在美国的呼吁下，中美谈判重新启动。同年11月9日，美国贸易谈判代表巴尔舍夫斯基率领美国谈判代表团抵达北京。中美世贸谈判进入了冲刺阶段。在六天六夜漫长的谈判中，双方经过一次又一次欲擒故纵、欲拒还迎的攻防心理战之后，终于在15日达成了双方满意的协议。考虑到美国在世贸组织中的特殊地位，这一协议的签订意味着中国消除了"入世"道路上最大的障碍，中国的"入世"谈判终于取得了实质性的突破。之后，中国的"入世"谈判明显加快。2000年5月19日，中国与欧盟就中国加入世界贸易组织达成双边协议。2001年6月，美国和欧盟先后与中国就中国"入世"多边谈判的遗留问题达成全面协议。随后，第16次世贸组织中国工作组会议就多边谈判中遗留的12个主要问题又达成全面共识。7月，第17次世贸组织中国工作组会议对中国加入世贸组织的法律文件及其附件和工作组报告书进行了磋商，并最终完成了这些法律文件的起草工作。

有志者，事竟成

2001年9月17日下午3时30分至5时20分，世贸组织中国工作组第18次会议在世贸组织总部举行正式会议，通过了中国加入世贸组织的所有法律文件。这标志着中国长达15年的马拉松式"入世"谈判终告完成。2001年11月10日23点36分在卡塔尔首都多哈举行的WTO第四届部长级会议正式通过了关于中国加入WTO的决定。会上，中国得到所有世贸

组织成员的支持，一锤定音，以全票加入WTO，并将于签署协议一个月后正式成为WTO全权成员。

成功"入世"，对中国来说无疑具有重大历史意义。中国国务院发展研究中心曾有一份研究报告表明，中国一旦在2005年完成各项加入世贸组织的承诺，与不加入相比，它在2005年的国民生产总值与社会福利收入将分别提高1955亿元人民币和1595亿元人民币，对该年经济增长的贡献率将达1.5个百分点。中国的"入世"对世界其他国家来说同样是一件好事。诚如中国首席谈判代表龙永图所指出，"对世界而言，中国'入世'后，中国巨大的市场潜力将会逐步转化为现实的购买力，从而为世界各国各地区提供了一个巨大的开放的市场。这是中国将要对人类作出的重要贡献"。

中国"入世"的成功再一次验证了中国的一句古话：有志者，事竟成！可以想象，成功"入世"将给改革开放的中国插上腾飞之翼，必将强有力地推动中华民族在21世纪实现新的伟大复兴！

（原载于《纵横》2001 年第 12 期）

宝钢的决策背景、建设历程和示范效应

陈锦华

　　第三次大规模成套设备引进，是继20世纪70年代前半期"四三方案"之后，新中国又一次集中大规模引进成套设备。

　　上海宝山钢铁总厂是22项成套引进设备中投资规模最大的一项，一、二期工程共计划基建投资301.7亿元人民币，其中包括47.8亿美元的外汇资金。原计划一、二期工程分别于1982年和1984年建成，因一度停缓建和调整计划，分别推迟到1985年和1991年建成。二期工程的引进方式进行了重要的调整，由原来的成套设备引进，改变为在保证技术水平不低于一期工程的前提下，通过引进主体设备的制造技术和与外国公司进行合作制造等方式，实现了"基本立足国内设计制造"的要求。

　　22个成套引进项目中的上海宝山钢铁总厂，是中国历年来从国外引进的最大的工业项目，在引进和建设的过程中，有过比较大的曲折和反复，在国际上曾引起广泛的关注，在国内争议更大。中央领导对这个项目倾注的心血和花费的精力也是最多的。姚依林曾不止一次对我讲过，宝钢牵动着全国人民的心。宝钢建成以后，它的规模大，投资多，工艺技术先进，产品质量好、品种多，管理科学，企业的经营理念符合市场经济的要求，对中国的钢铁工业，乃至整个现代化工业都产生了广泛而深远的示范效应。

建设宝钢的决策背景

20世纪70年代末，中国经济工作中"大干快上"和急于求成的指导思想，激发和调动了各部门和各地方的积极性，大家都争着引进成套设备，来加快本部门、本地区的发展，这是宝钢决策的大背景。上海钢铁工业长期缺乏生铁，是困扰国家计委、冶金部和上海市一个大难题，它们希望借成套设备引进的机会解决这个问题，成为宝钢决策的小背景。

上海钢铁工业成材率高，品种多，是国家调出钢材的重要基地，但是由于缺乏生铁，上海钢铁工业不能充分地发挥作用。1976年，上海生产钢376万吨，需要生铁308万吨，其中由上海自己生产的生铁只有91.7万吨，不足需要量的1/3，所缺少的2/3，也就是216万吨的生铁，需要从鞍山钢铁公司、本溪钢铁公司、马鞍山钢铁公司、武汉钢铁公司等调进。调出生铁，就意味着相应减少调出企业钢和钢材的生产量，影响这些企业的经济效益，因此调拨工作很难做，而且是越来越难做。调进上海的生铁，要占用大量的交通运输能力，还要高温熔化，耗费焦炭，经济上非常不合理。因此，国家计委、冶金部一直在想办法要早日解决上海的生铁供应问题。中央工作组到上海以后，林乎加主持经济工作，他曾为调生铁的问题到处求人，伤透了脑筋。1977年4月，在林乎加的要求下，国家计委、冶金部派出规划小组到上海实地调查，研究生铁的解决方案。经过规划小组的调查研究和建议，1977年6月，冶金部决定在上海建设两座各2500立方米的高炉，以彻底解决上海生铁的供应问题。

1977年9月，冶金部副部长叶志强率领"中国金属学会代表团"（内有国家计委的同志）访日，考察日本钢铁工业的情况。代表团一共考察了12个大的钢铁厂，其中主要是新日本制铁株式会社（以下简称新日铁）所属的钢铁厂。代表团回国以后，向国务院写了考察报告，介绍日本发展钢铁工业的经验。报告强调：日本1960年生产2200万吨钢，1973年钢产量达1.19亿吨，13年翻了两番半；而在同一时期，中国1960

年生产钢1866万吨，同日本的2200万吨差距不大。但是到1973年，中国钢产量还只有2522万吨，为同年日本钢产量的近1/5，13年只增加了35%，即656万吨。对比之下，中日两国钢铁工业的差距迅速扩大。报告强调指出日本的主要做法是依靠进口矿石、煤炭、石油，引进和消化世界上所有国家的新技术、新设备，实行钢铁工业的设备大型化、生产连续化和操作自动化，同时特别重视技术人员和工人的培训工作，取得了比中国高10倍以上的劳动生产率，能源消耗比中国低1倍左右，产品质量好，成本低，增强了同欧美钢铁工业的竞争能力，也提高了日本机械制造、造船、汽车等行业的竞争能力。报告还指出：1973年石油危机以来，出现世界性经济不景气，日本大钢铁厂均不能满负荷生产。日本钢铁界急于找出路，输出技术、设备的愿望非常强烈。报告建议：利用这个有利时机，引进一些必要的新技术和新设备，把中国钢铁工业搞上去。代表团回国的时候，新日铁还送给代表团一套介绍君津制铁所、大分制铁所生产与建设的电影和幻灯片。国务院领导同志看了代表团的报告，以及代表团带回来的电影和幻灯片，认为日本的经验值得借鉴。这些电影和幻灯片，后来我也借到上海，安排市委、市政府的领导同志看了。这次代表团的考察，对宝钢的决策产生了直接影响。1978年10月，邓小平访问日本，参观新日铁君津制铁所，他对陪同参观的新日铁会长稻山嘉宽和社长斋藤英四郎说，你们就照这个工厂的样子帮我们建设一个。

上海缺乏生铁，想建设大的炼铁厂，而国家正在考虑从国外引进成套设备技术，上海市委认为这是个难得的机遇，应当积极争取放在上海。苏振华、倪志福、彭冲、林乎加和我都分别找过中央领导同志，表达上海的愿望，希望把成套引进设备放在上海。此事得到了国家计委、国家经委、国家建委和冶金部的大力支持。当时争取这个项目的有好几个省市。国务院派出专门的工作组进行考察，经过全面的权衡，最后决定把第一套引进项目建在上海。后来的实践证明，这个决定是正确的。与其他地方比较，上海具有建设大型钢铁联合企业的诸多有利条件。第

一，市场条件好。同上海和华东首先是江浙一带的机电、造船、汽车等行业相配套；一就地二就近供应，减少运输和损耗，有利于提高社会经济效益。第二，运输条件好。一个年产几百万吨的大型钢铁联合企业，运输量大，产品同需用的原燃料之比是1∶3.4，采用水运，成本最低，建在上海的长江口，依江邻海，内外水运都极为方便、经济。第三，我个人还十分强调的一个重要因素是，像宝钢这样具有20世纪70年代末期世界先进水平的大型联合企业，需要有大体相适应的社会配套水平，否则就难以很快达到引进、消化、创新的目的，甚至长期达不到设计能力。上海作为我国最大的工业基地，拥有比较全面、比较完善的物质技术基础和人才、管理、知识等条件，可以承担这个重任。1979年5月，陈云到宝钢视察，他特别关心宝钢的人员素质，还详细询问了配套问题。我说，对配套问题一直很担心。武钢一米七轧机投产后一直达不到设计水平，这并不是一米七轧机本身设备不行，而是武钢的钢坯在数量、质量上同一米七轧机不配套，加上外部配套的电力供应等问题，以致引进的先进设备不能充分发挥作用。陈云又问到上海的万吨水压机。我说，万吨水压机也是个配套问题。上海自力更生搞的12000吨水压机，是一件了不起的事，但因为没有相应解决好配套问题，利用率只有20%，长期不能发挥应有的作用。宝钢这么大项目，主体工程花了这么多钱，一定要搞好配套，才能充分发挥先进装备的优势和投资效益。陈云赞成我的观点。其实，不仅是宝钢，其他大型引进项目的厂址选择，都必须考虑综合配套条件。

1977年11月下旬，国家计委、冶金部、外贸部联合向国务院写了《关于引进新技术和装备，加速发展钢铁工业的报告》，建议"抢建上海炼铁厂""拟引进两座4000立方米的大高炉""在国内矿石未解决以前，先从澳大利亚进口矿石""拟在1980年建成第一座高炉"，等等。这个报告经国务院批准并指示："对于支付能力，首先立足于出口和各方面节约外汇。"11月29日，李先念接见日中长期贸易促进委员会委员长、新日铁会长稻山嘉宽，谈及双方合作建设大型钢铁厂时，稻山作了积极回应。以这次会谈为契机，经国务院批准，冶金部邀请新日铁派出一个技术咨询组来北京，就建厂地点、工厂规模、产品大纲、原燃料来源以及其他建厂有关问题进行技术咨询。12月13日，新日铁常务董事大柿谅带领技术咨询组到中国考察。他们花了近一个月时间，看了很多厂，最后提出两个文件，一个是《关于建设钢铁联合企业的新技术资料》，一个是《现场调查项目的方案》。

根据新日铁技术咨询组的建议，1977年12月中旬到1978年1月中旬，国家计委和冶金部派出规划小组和上海市一起研究新建钢铁厂问题。国家计委的顾明、金熙英，国家建委的谢北一，冶金部的唐克、刘学新，一机部的周建南，外贸部的崔群都是规划小组的成员。1978年1月6日，中共上海市委常委在锦江饭店小礼堂正式听取规划小组的汇报，苏振华、倪志福、彭冲、林乎加、严佑民、韩哲一和我都参加了。冶金部副部长刘学新主讲，推荐在上海建设引进的大型钢铁厂，着重介绍了厂址选择、工厂规模、工厂组成、长江航运，以及在绿华山转驳运输等问题。市委听了汇报以后，苏振华等当场表态同意规划小组的方案。这个方案的主要内容是：建设两座4000立方米的高炉，3台300吨的转炉，年产生铁650万吨，钢67万吨，钢坯604万吨，其中供应上海各个钢铁厂的钢坯232万吨，热轧钢板320万吨，无缝钢管48万吨。1月7日至8日，林乎加、韩哲一、顾明、唐克和我等规划小组人员共108人，乘坐苏振华特批的一艘导弹驱逐舰视察了长江航道、绿华山过驳海域和镇海北仑。不久，以规划小组的方案为基础，由冶金部牵头，以国家计委、国家经委、国家建委、冶金部和上海市的名义，向党中央、国务院呈报了建设上海钢铁厂的报告。这就是后来通称为"三委一部一市"的报告。

建厂方案初步确定以后，我以中国金属学会副理事长的名义，于1978年1月25日带队去日本考察，一行21人，李东冶为顾问，鲁纪华、许言为副团长。稻山嘉宽会长在新日铁总部第一次会见我们时，反复强调一个国家的工业化，要重视钢铁工业。他认为，基础材料工业上不

103

去，国家的工业化、现代化都会受到影响。他还强调，中国是个很大的国家，农业不发达；要实现农业的现代化，必须有发达的钢铁工业。他竭力主张把发展钢铁工业放在整个国家工业化的重要位置上。在交谈中，我说这个看法和我们是一致的，毛泽东有个著名的说法："一个粮食，一个钢铁，有了这两个东西，什么事情都好办了。"多年来，我们就是照这个思想办的。稻山先生连声称赞说："讲得对，讲得好！"在日本我们参观了大分、君津制铁所和八幡的一个设备制造厂，真是大开眼界，对日本的大工业，大批量、高质量、自动化的生产印象非常深刻。我至今还记得在参观大分制铁所热轧车间的时候，碰到一个美国冶金代表团，其中的一位专家看了以后很受刺激，想找人发泄一下，就主动和我们搭话，他说：日本人太厉害了，把我们想做而没有做到的都做到了。其实我们也是一样受到很大刺激，在现实面前无动于衷是不可能的。在结束考察以前，我们开会研究同新日铁交换意见的问题。我们的一些专家提出，新日铁的技术确实包罗了当时世界上的先进技术，但是还有一些没有采用，如无料钟、干熄焦、烟气热能回收综合利用等。这些技术是我们专家在资料上看到的，真正的东西其实也没有见过。在最后会谈中，我把这个问题提了出来，希望新日铁能够提供。新日铁方面说没有这些技术，如果提供他们还要花钱去买，因此不能提供。后来我们一再要求，新日铁答复把这个作为一个目标来努力，始终没有正式承诺。

新日铁会长稻山嘉宽对中日合作建设宝钢起到了重要的作用。稻山先生在日本财界享有很高的声望，长期从事中日贸易活动，主张中日友好。早在1958年2月，就同中国签订了日中钢铁协定。因为主张同中国合作建设宝钢，稻山先生承受着来自内部和外部的巨大压力。"文化大革命"期间，新日铁曾同中国合作建设武钢一米七轧机，那时武汉打派仗很厉害，建设受到严重的干扰。新日铁方面，包括稻山先生对"文化大革命"的破坏记忆犹新，担心宝钢建设会不会发生类似的情况。1978年底，受北京西单墙的影响，上海的淮海路贴了很多大字报，日方担心宝钢开工典礼不能按时进行。后来还是按照原计划，在党的十一届三中全会闭会后的第二天，宝钢举行了开工典礼。稻山先生来参加典礼，我在飞机场接他。看得出来，武钢一米七轧机的事情给他留下的印象太深。在我送他回国的时候，稻山先生仍是忧心忡忡，问我会不会再次发生武钢一米七轧机的事情。我说不会，党的十一届三中全会已经决定把工作的重心转移到经济建设上来，不会再搞"文化大革命"了，国务院还决定派国家建委主任韩光作为国务院代表协调宝钢建设有关各方的工作，宝钢建设不会有大的波折。他听了，只是点点头，没说什么。我看得出来，他还是有点不放心。但是时过不久，宝钢建设就遇到了麻烦，被迫进行调整，波及新日铁，再加上新日铁内部原本就有的人事矛盾（新日铁由八幡制铁所和富士制铁所在"二战"后合并组成，尽管已经合并了很多年，但是原来两个企业的人员在人事关系上还是疙疙瘩瘩，如果发生了什么问题，这两个企业的人事关系问题就要显现出来。都要借机造成一些矛盾，甚至相互攻击），新日铁内部开干部会，大柿谅受到责难，稻山先生也受到牵连。尽管如此，他仍然坚持认为：中国守信誉，对宝钢的调整很圆满。在他的自传中明确写道：依我看，中国处理得非常好。他的自传还介绍说他对两个外国名人很敬佩，一个是中国的周恩来总理，一个是古巴的卡斯特罗主席。

我们从日本考察后回到上海，林乎加到机场接我，告诉我，第二天去北京，参加国务院讨论宝钢问题的会议。国务院会议由李先念副总理主持。到会的有余秋里、谷牧、方毅、康世恩副总理等，人比较多。会议主要讨论国家计委、经委、建委和冶金部、上海市关于建设宝钢的报告。会议讨论了三个半天，有关部门提出过一些问题，但没有反对建设宝钢的意见。会议最后原则上通过了"三委一部一市"的报告。以后曾有人说宝钢是仓促上马，国务院没有认真讨论。这个说法是不真实的。会上林乎加对李先念说，锦华刚刚从日本回来，要他讲讲对日本钢铁工业的看法。我谈了两点：第一，宝钢项目在日本影响很大，引起方方面面的重视，对中日两国的友好和经济合作影响很大。当时的日本经团联

的会长土光敏夫有个估计，如果日本帮助中国建设这样一个钢铁联合企业，那么日本的钢铁工业、机械制造业和有关配套的行业都会带动起来，将可能使日本国民生产总值增长2%（我讲的这一点没有看到原始材料，是在日本时听翻译讲的）。李先念对这个反映很重视。第二，关于配套问题。宝钢本身建好了，不等于就能顺利投产，不等于顺利达到设计指标。要顺利投产，要顺利达到设计指标，还必须有外部的协作单位同步配合，从山东的兴隆庄煤矿到耐火材料厂，从电力供应到水厂建设，所有这些协作单位都要做到同步同责，哪一家耽误了，都会出问题。从日本引进这个项目主体工程装备是先进的，但配套的工作量很大，从系统工程上讲，配套工程要抓早，抓晚了将会影响宝钢建成投产，影响投资效益。配套工程一定要与主体工程同步建设，同步投产，包括原料、辅料、耐火材料、煤、电、水、气，以及港口码头、铁路、公路、邮电通信等，这些问题不解决好，宝钢即使建成也投不了产，或者是低负荷生产，经济效益不好。李先念听了以后很赞成，说我们的问题就是重主机，轻配套，往往是锣齐鼓不齐，常常因为一点小的问题而拖累了整个项目的投产。

从抢建到调整、退够再到复建、扩建

宝钢工程建设，开始时决定的体制是冶金部、上海市双重领导，以上海市为主。上海主要依靠冶金工业局和上钢一、三、五厂组织力量，抽调干部，筹建有关钢铁生产厂；其他配套厂，参照上海石油化工总厂的经验，由有关对口局成建制地分包建设。为了迅速调集干部，开展工作，加强对这个项目的领导，在市委常委会上，市委常委、组织部长赵振清主动表示他负责抓这件事。会后立即行动，在上海总工会借了办公室集中办公，找各局主管干部的同志，边商议名单、边审批、边通知。接到调令的同志都按限定的时间到现场报到，并立即投入紧张的建设工作。由于当时项目还没有正式列入国家计划，没有资金，上海就先垫出几千万元，搞动迁、"三通一平"，建立一批永久性建筑替代临时性大型设施，节约了土地和投资，开创了国家大型建设工地的成功先例。

1978年3月30日，在中央批准宝钢建设项目以后，上海市委在工地现场雷锋中学召开全市部、委、办、区、县、局干部会议，由彭冲主持，传达中央批示，动员上海各条战线开绿灯，从人力、物力、财力等方面支援宝钢会战，要什么支援什么。彭冲还强调建好这个项目对上海工业，以至华东各省机械、钢铁、运输业未来发展的重大意义。会上，我在讲话中说道："上海南有金山（上海石油化工总厂）、北有宝山（宝山钢铁厂），它们将为上海的'四化'建设积聚金银财宝，成为真正的金山宝山。"这次会议，体现了市委的强有力的领导，体现了上海这个工业城市的集中、实力和大协作的优势。市委动员后，全市各路建设大军迅速开进工地，前期工作全面展开。就在市委动员会的当天晚上，市委常委连夜开会，研究征用土地问题，决定"征地一万亩，一次批准，分批使用"，"动迁进度，按建设实际使用土地进度安排"。同时决定，给动迁农民盖房子，建设月浦、盛桥两个农民新村。建成后，市委领导都去看过，比较满意。这一段，上海各局，如冶金局、市建委、建工局、城建局、规划局、三航局、物资局、华东电管局，以及市计委、经委、财政局、二商局、建设银行、杨浦区委、宝山县委等，都是出了大力的。他们迅速按照市委的动员和部署，大开绿灯，积极行动。整个建设形势发展很快。这一段的实践效果证明，把这个大项目放在上海是对的。

冶金部与日本新日铁签订的总协议书第4条规定，一号高炉系列在1980年建成投产。1978年正式动工之前，冶金部又把建成时间改为1981年底，1982年初全面投产。这就是说，从正式动工到建成投产，满打满算只有3年的时间，时间十分紧迫。因此在建设中提出了"抢建"的口号，要求各项工作都要争时间、抢速度。

市委动员大会开过以后，各方的大批人马就开进现场，开辟工作和生活场地，设立现场的指挥机关。所有这些工作，只花了3个多月的时

间。一位曾转战全国各地的工程指挥讲，宝钢现场准备工作的效率是创纪录的，比他此前参加的所有工程项目的准备工作都快。这是上海的优势，说动就动起来了。冶金部从全国各地调集精兵强将参加宝钢建设。设计单位有：重庆钢铁设计院、武汉钢铁设计院、鞍山焦耐设计院、北京钢铁设计院、长沙矿山设计院、交通部三航局设计院、上海电力设计院、上海冶金设计院以及武汉勘察院等。施工单位主要有：冶金部的第五冶金建筑公司（简称五冶）、十三冶、十九冶、二十冶，基建工程兵0029支队、0039支队，上海建工局，上海市政工程局，交通部三航局，华东电力局，上海铁路局等，总人数最多的时候达到6.4万多人。在不到20平方公里的上海市远郊农村，集中这么多人，没有道路，没有住房，面临的重重困难是难以想象的。喝水靠农村原有的水井，因为人多，很快就干涸了，每天靠市里派洒水车送水。南方天热，住地没有水，工人就到附近的河中洗澡，但是施工队伍多数从北方调来，不懂水性，淹死人的事情一再发生。临时工房搭建在原来的稻田上，地面潮湿不堪，而屋顶是两层苇箔加一张油毡，太阳一晒就透，雨一大就漏水。施工队伍的生活条件的确是非常艰苦。尽管如此，现场职工的情绪很好，在困难面前没有人发牢骚。他们表示，能参与国家第一号工程的建设，感到非常自豪，非常光荣，苦点、累点，算不了什么。

　　1978年9月，冶金部派叶志强副部长到上海，负责主持宝钢建设工作。他摸了一段情况后，提出要改变原来的领导体制，即由原来的冶金部与上海市共同领导、以上海市为主的体制，改为由冶金部为主，直属领导。当时我正在北京参加全国计划会议。市委讨论后同意这个意见。彭冲打电话征求我的意见，我说赞成。因为我考虑到，这个项目的配套工作量很大，有原料矿、辅料矿、备品配件，还有钢铁方面的专业技术力量，加上工期紧，需要数量很大的专业设计、施工队伍。从上海调来的同志，只是其中很小的一部分，承担宝钢建厂任务的主要是冶金系统的几个建筑公司，以及基建工程兵的二、三支队。后来苏振华又找我，当面再谈这件事。我说，我已表态同意了，这样改变是合适的。现在，回过头来总结经验，领导体制的及时改变是对的，但执行中有些事情处理得不够好，主要是干部问题、团结问题。上海市选派到宝钢去的领导干部，是多年搞冶金的，对建立和发展上海钢铁工业有过贡献，也有丰富的经验。特别可贵的是，他们对宝钢建设充满热情，有很强的事业心，在筹建阶段做了大量工作，很有成绩。但是，冶金部有的同志看这些同志的长处、优点不够，没有看到上海这批干部不是作为个人去的，而是代表了上海冶金系统的广大干部和技术人员，代表了上海各界对支援宝钢、建设宝钢的深厚感情。把他们先后都调离指挥部，不仅挫伤了这批干部的积极性，也引起了上海有关部门和广大干部的不满。市委为了尊重冶金部领导的意见，同意把这些干部调出。这些被调走的同志是不愉快的，意见较大，一直反映到市委。市委要我做工作，要这些同志顾大局。我找他们开了会，个别谈话，还在指挥部的大会上赞扬了他们为宝钢创建所做的种种贡献。这些同志表现很好，不仅当时没有对宝钢讲不好的话，而且在后来，在宝钢面临重重困难、受到各方责备的时候，他们仍然维护宝钢、关心宝钢、支持宝钢，表现了对中国现代化建设事业的宽广胸怀和对宝钢的一往情深。我对这些同志一直怀有敬意，对他们没有能留在宝钢继续工作而感到过意不去。

在领导体制改为冶金部直接领导以后，我还说过，由冶金部为主，是为了调动全国冶金系统的力量，这同发挥上海地方积极性并不矛盾，目的都是为了更好地把宝钢建设好，但不能像攀枝花那里的做法。攀枝花是在"大三线"的深山老林里建厂，是比较封闭的，可以"占山为王"。从攀枝花到上海，要跨越很大的空间。上海是全国的经济中心，是开放的国际性大城市，人才济济，知识分子集中，见多识广，在上海工作，必须尊重和发挥地方积极性，必须依靠上海的干部、专家、技术人员和广大知识分子。上海石油化工总厂的成功经验，宝钢顾问委员会的经验，都充分证明了这个道理。宝钢顾问委员会是叶志强倡议组织并经市委同意成立的。这件事办得很好。我认为，不仅对宝钢有重要贡献，而且这种尊重知识、尊重人才，注意发挥中国自己优势的做法有普

遍意义。

在宝钢"抢建"的过程中，尽管发生了基础桩的位移问题，甚至有人借此说宝钢要滑到长江里去，但是建设仍然没有受到影响，进度还是很快。后来，"文化大革命"和"四人帮"造成的恶果日益暴露，国民经济的困难开始显现出来，特别是财政、外汇、重要物资供应的困难日趋严重。社会各界对1978年引进的一批大项目提出了种种质疑，其中最突出、最集中的目标是宝钢。在这种情况下，1979年5月30日，陈云到上海，对宝钢建设问题做调查研究。他先召集上海市冶金局一、三、五厂的几位专家座谈，我和他的办公室主任王玉清在座。然后，找市委严佑民、韩哲一和我谈话（当时陈国栋、胡立教、汪道涵另有活动，没有参加）。他在听取各方意见后对大家说：宝钢上马是仓促了，考虑有不充分的地方，反复比较不够，工作有欠缺之处。同时他也指出，宝钢生产的钢材都是国家需要的，因此这个厂非常重要。他还说，他已经派人到工地看了，现场建设进度是快的，质量是好的，听了很高兴。对建设宝钢有些争论，他已告诉北京有关同志，包括原来搞过冶金工作的领导同志和专家进行论证。他鼓励市委和其他各方面的一些同志，说宝钢中央已经定下来了，要搞就搞到底，不要再动摇了，现在已经签字了，党内党外国际国内都很注意，只能搞好，不能搞坏。他说，时间是否可以拉长一点，何必自己弄个东西把自己套起来呢？时间拉长一点，稳步一点，顺当地走比中途停下来进度要快。他还一再对我讲要实事求是，鞍钢从日本人开始搞算起，搞到600万吨钢花了60多年，宝钢搞到600万吨钢，连6年都不要，是不是真的能做得到？

陈云虽然强调不要再动摇，抓紧建设好宝钢，但上海还是有人，主要是个别领导有不同看法，在市里有关会议上借"群众"反映，公开讲"两座大山（金山、宝山）压得我们喘不过气来"。还说"老百姓的房子欠账已够多了，还花大钱搞这么大工程"，吹冷风。我表示，中央决定的事，我们地方党组织只能执行办好，而不能用另一种语言说不利于办好这项事业的话。且不说宝钢对国家经济建设的意义，就是对上海来讲，也是首先得益，而且是很大的得益。参加宝钢建设的施工队伍有6万多人，上海只去了几千人（1982年以后基本撤走）；宝钢花了近亿美元资金进口大型施工机械装备，给上海的就近千万美元；宝钢花钱新建扩建改建了一批配套工厂、公路、桥梁、铁路、码头、邮电通信和城乡住宅等，其中有些事是上海多年想办而未办成的事情。通过宝钢建设，帮助、带动和促进了上海的经济和市政建设，为什么看不到这个重大变化呢！我当时年轻气盛，借传达陈云的指示，在常委扩大会上批驳了这种论调。市委经过讨论，决定贯彻陈云的意见，继续配合冶金部把宝钢建设抓紧抓好。

陈云回到北京，3次召开国务院财政经济委员会会议，讨论宝钢问题。在6月16日最后一次会议上，陈云作了重要讲话。他说：宝钢是个特大项目，对全国，对上海都关系重大，事关全局，投资很大，在200亿元以上。应该说，宝钢是仓促上马的，这样大的工程，按道理应该广泛征求更多人的意见，用比较多的时间来考虑。现在工程建设正在进行当中，施工力量有5万人，工程进展是好的，成绩是很大的。现在需要从各个方面再多加考虑，以弥补过去的不足。

接着，陈云讲了8条重要意见：（1）同意李先念同志的意见，这个项目要干到底，举棋不定不好，将来可能缩小，也可能扩大。（2）不要漏列项目。是否还有没有想到的，预先料到比事后追加要好，外部协作条件，如煤炭、电力、运输、码头等都要考虑周到。店铺开门，不怕买卖大。（3）买设备，同时也要买技术、专利。（4）要提前练兵。宝钢这样大的厂子，技术先进，各方面要求都很高，一定要抓好提前练兵，掌握先进技术，以保证产品质量。掌握了这个技术，还可以用于鞍钢、武钢等其他钢厂。比如，焦炭的灰分含量不能超过8.5%，铁矿粉的含硫量不能超过0.6%，这些问题要及早解决。（5）宝钢建设由国家建委负责，负责人第一是谷麻子（谷牧），第二是韩麻子（韩光），还有冶金部的叶麻子（志强）、上海市的陈麻子（锦华），要立军令状，完不成任务要"斩马谡"。（6）建设中，要严格要求，甚至要有点苛

111

求，只能搞好，不能搞坏。因为这是实现四个现代化中的第一个大项目，一定要做出榜样来。（7）冶金工业部有带动机械、煤炭、铁道、电力等其他有关各部的责任，特别是壮大一机部的机械制造能力。冶金部应有这样的全局观点。各有关部门，像煤炭、电力、一机部等，都必须同心协力，把宝钢的事情办好。（8）冶金工业部要组织全体干部对宝钢问题展开一次讨论，全国主要的冶金专家都要参加。长期聘请的外国专家只是极少数，如何建设，建成以后如何管理，还得依靠我们自己的专家和工人。会议讨论的目的是把工作做得更好，要采纳有益的意见，对不同意见也要听取。

参加国务院财政经济委员会会议的同志，一致同意陈云的讲话，会后，主要是根据陈云和李先念的意见，正式向中央写了报告，中央批准了这个报告。

宝钢工程建设指挥部传达和讨论了陈云的指示，并着重对苛求的要求进行了认真的研究，制定了落实措施。我还针对指示中的苛求，讲了5条具体的贯彻意见。

陈云对宝钢的意见，是在内部传达的，加上一些公开报道内容不够充分，针对性也不强。因此，社会上对宝钢的质疑依然此起彼伏。1980年9月4日，在五届全国人大三次会议上，北京、天津、上海等5个代表团先后4次向冶金部提出质询，共提了60条意见，主要是：关于建设宝钢项目的决策问题；宝钢建设规模和进展情况；厂址的选择问题，地基是软土层，听说桩基位移，工厂要滑到长江里去，是不是这回事；环境保护问题；进口矿石问题，外国人会不会卡我们；投资问题，宝钢是不是无底洞；宝钢建成后的社会经济效益，能不能就像唐克所讲的13年收回投资。

冶金部部长唐克，副部长叶志强、李非平、周传典等，认真回答了代表们的质询，详细介绍了有关的数据。但是代表们仍然不满意，表示要继续关注宝钢的建设工作。我不是全国人大代表，没有参加人大会议。后来上海代表团的秘书长张世珠告诉我，上海代表团的一位代表慷慨激昂地批评说："宝钢上马要追究上海市委的责任，罪魁祸首是林乎加、陈锦华。"上海市委副书记韩哲一是上海代表团成员，和这位经济学家很熟，就劝他："别激动，别激动，慢慢讲。"这位代表回答："我激动什么，宝钢要花200个亿，全国10亿人，一个人20块钱，我20块钱还不能买一个发言权哪？"

我听了以后笑笑说，这是抬高了我，我还不够"罪魁祸首"这个格。宝钢上马是邓小平决定的，我只是具体执行人，怎么当得了罪魁祸首呢？但是我承认，我是建设宝钢的积极分子。我也反思过，在宝钢决定建设的时候，我确实对当时国家的宏观经济情况了解得很少，对"四人帮"破坏造成的严重后果认识不足，宝钢确实是上马仓促了，"抢建"的口号也提得不恰当，3年建成不是实事求是的态度。陈云考察宝钢的时候，对我讲过这个问题，他拿鞍钢同宝钢对比来说明建设进度的问题，我还是能够听得进去的，因为大项目我还是管过的，知道其中的过程是很复杂的，不是想象的那么简单。我认为批评宝钢是对的，从宏观情况来讲国家承受不了，从项目本身来讲搞得过急，过于匆忙，工作不那么周到，总是不对的。我想，刚刚上马建设的时候，如果考虑得周到一些、冷静一些、科学一些，工作做得更仔细一些，宝钢初期的建设工作有可能搞得更好。

《人民日报》公开报道，全国人大代表向冶金部部长唐克、副部长叶志强等质询，引起国内外关注。新日铁不摸底细，尤其担心，怕重复武钢一米七轧机的麻烦。新日铁在东京找中国驻日大使馆，使馆没有接到国内的指示，不清楚底细，没有办法回答他们关心的问题。新日铁在北京也找不到答案。没有办法，新日铁特地派出日本朝阳贸易株式会社副社长铃木，找到上海市外事办公室，说稻山、斋藤先生委托他，要求见我，即使5分钟也行。

我们因为工作中有来往，比较熟悉，不能不见。我见了铃木。铃木说："新日铁看到《人民日报》的报道，很关心宝钢的建设，稻山先生、斋藤英四郎先生派我到上海来找你，想了解全国人大质询冶金部到

底是怎么回事？宝钢会不会下马？唐克部长会不会下台？上海会不会也质询陈市长？"

　　说真的，当时我也是心里没底，也只能从一般的意义上正面地做些回答。我说："全国人大质询，是中国政治生活民主化的好现象，是应当高兴的事。在中国最高权力机关，全国人大会议上提出宝钢问题，要冶金部回答，这正说明全国人民对宝钢的关心，是好事。主管部门有责任回答代表提出的问题。你们日本国会开会，不是也有同样的情况吗？你们的新干线的建设、成田机场的建设，不也是经过国会长时间的辩论吗？宝钢会不会下马，我没听说。唐克会不会下台，我也不知道。但中国正在废除干部职务终身制，部长调动将是正常的事情，我这个副市长也不一定就一直担任下去。干部职务终身制要废除，但中国政策则是连续、稳定的，不会因为领导干部变动而中断。宝钢是中日长期贸易协定签订以后的第一个大项目，中方是守信用的，是要履行合同的，请转告稻山先生放心，我们会继续合作下去，把这件有利于中日两国人民世世代代友好的事业办好。"

　　会见后，我要外事办公室把谈话记录印成书面材料，寄给了谷牧等领导同志，向他们报告国外的动向。后来我想，我也只能是这么讲，日方也没有什么好说的。说真的，高层决策有变化，下面不知道底细，工作实在是不好做，经历了"文化大革命"的我们这一代人，对这一点的感受尤为深刻。

　　1980年11月，国务院在北京召开全国省长、市长、自治区主席会议，同时召开全国计划会议。这两个会议讨论了经济形势，决定宝钢采取下马办法停建。会议刚开完，宝钢尚未接到国务院和冶金部的正式通知，有的省领导回去后转达会议的精神，说宝钢要下马，要他们省里参加宝钢建设的队伍回去，这样宝钢下马的消息就传开了，在宝钢引起思想混乱，工作波动。不久，国务院正式通知，但也是没有讲得很详细，重点是："一期停缓，二期不谈，两板（指L钢板和冷轧钢板）退货"，还要求损失最小或不受损失。

在这种情况下，我们怎么办呢？当时也没有其他高招，只有天天关门开会，不做记录，敞开思想，无所顾虑地大胆谈自己的想法，自己给自己做思想工作，教育全体职工服从大局。我们在讨论中琢磨国务院对"两板退货"态度非常坚决，对"一期停缓"有些含糊，不那么坚决，如果我们把现场工作做好，待到国家财政状况有了好转，是可以争得续建的。本着这个想法，我们没有接受上级要我们新建仓库保存设备的办法，而是提出厂房按原设计继续建下去，以厂房代仓库，把设备安装上去，"就地维护"和必要的"动维护"的方案。后来的实践证明，这个方案是成功的，既省了钱，又保证了宝钢建设在停缓建期间实际上没有停工，整个施工进度没有受太大的影响。

1980年12月23日晚，国务院领导同志主持中央财经领导小组会议，讨论宝钢问题。万里、姚依林、谷牧，国家计委、建委的领导同志，冶金部的几位部长，上海市的陈国栋、胡立教和我都参加了。会议决定，宝钢要"调整、退够、下马"。当时，要宝钢下马的舆论压力很大。国家计委、冶金部的同志都像做错了事情等待挨批的样子，低着头一声不吭。我是从地方来的，还是如实汇报了现场实际情况。我说，下马，损失太大。当时国外供应的设备和材料源源不断运来，6万多施工队伍正在现场奋战。谷牧举着我在会上交给他的宝钢寄来的高炉正在吊装的照片说，问题是已搞到这个程度，下马确实损失太大。会议议论的看法不一。陈国栋就出来转圜，说宝钢建设问题是否再论证一下。会议采纳了这个建议。会后，在走廊里我追上万里说，如果下马，从国外进口的设备材料到货照样付款，贷款照样要付利息，几万职工照样要开支，这些都是省不了的开支；如果不是停下来，而是接着搞下去，今年只要几千万元，用于购买砖瓦砂石等建筑材料，工程就可以不停。万里搞过大工程，熟悉基本建设工作，听我这么说，表示如果是这样，还可以研究。

当夜，我住在上海市政府驻北京办事处，辗转反侧，怎么也睡不着。我想起陈云在上海时对我讲过，如果遇到困难可以找他。我想现在

已到了应该找他的时候了。第二天一早，我就给陈云办公室主任王玉清打电话，说了昨天晚上中央财经领导小组开会的情况，请他转达，并要求见陈云。他说陈云已不再兼任中央财经领导小组组长，再讲话不合适。我要求他转达意见，并说如果能在上午10点接见，我就不去飞机场了。但等到10点多钟，没有接到电话，我就离京返沪了。一路上总在想这件事。我总认为，当时每年要进口钢材几百万吨，要用几十亿美元的外汇，钱都让别人赚走了。宝钢建起来，一年生产400多万吨优质板管，就可以顶替进口，节省外汇，还可以用最先进的技术装备和管理带动冶金工业和整个工业的现代化，这不是几全其美的大好事吗？看着这么好的一个工程项目有可能就此放弃，我实在是有点不甘心。我还记得在日本时，日本人说我们，你们天天买鸡蛋吃谁也没有意见，而要买一只母鸡回家天天下蛋倒是意见通通来了。对日本人的这种论说，你能说没有道理吗？你能反驳吗？经过再三考虑，我觉得自己在下面接触实际，有责任把真实情况报告给上面的决策层，提出个人的建议。供上面定夺，于是决定给中央领导同志写信。

回到上海以后，我把宝钢工程建设指挥部的有关副总指挥（马成德、黄锦发、方如玉、韩清泉）找来，把有关的情况核实了一下，就给国务院负责同志写信。在信中，我说宝钢的现状是：第一，施工已进入高峰，1号高炉系统一共引进23个单元工程，已开工了20个；第二，1号高炉系统引进设备共36万吨，已到16.8万吨，明年将到17.5万吨，到1981年底累计达34.3万吨，占总量的95%；第三，进口材料25万吨，已到12万吨，1981年到10万吨；第四，现场职工有7万多人，其中施工队伍6万多人，生产准备职工1.3万人。这些已到现场的材料、设备，只需开支人工费用和少量国内建筑材料，就足够继续施工，下马损失太大。因此，我建议："在国家给宝钢安排下马必不可少的开支金额内增加几千万元，让工程在缓中求活，这对于稳定队伍情绪，对于今后的建设，以致对国内外的影响都是有利的。"

信发出后，我把副本送给了市委书记们传阅。我说，这是以我个人名义给中央的信，不当之处，由我负责。后来，我听李先念曾在不同场合说过，在宝钢一片下马声中，只有一个人坚持不同意下马，此人就是陈锦华。其实当时还有许多人都与我持有相同的意见，只是出于种种原因，不方便公开说罢了。马成德就给中央写过信，不赞成宝钢下马。

1981年1月中下旬，国家计委的金熙英、国家建委的李景昭和中国社会科学院的马洪等，带了一批专家和有关部委的领导同志来宝钢现场，召开论证会。会上敞开思想，各抒己见。宝钢顾问委员会的同志们反应强烈，认为"不能以宝钢论宝钢，要以全局论宝钢"；"不要从零开始论宝钢，要从现状出发论宝钢"；要"从钱看"，更要"向前看"。他们建议"缓中求活"。委员们甚至要求将他们的建议列入档案，载入史册，接受后人的检验。顾问委员会中的一位教授甚至说，如果宝钢要下马是因为资金问题，那么为了使宝钢不下马，他愿意到社会上去"沿街叫卖"，为宝钢募集资金。这些同志为宝钢真是一片赤诚。宝钢建设起来，对他们个人并不会带来什么利益，但他们确信对国家的现代化建设事业有利。论证会带来了国务院领导同志批转的我给他们的建议信。为了不影响会议发表意见，会上没有印发，我也没有发言。后来国务院听取论证会议情况汇报时，正式印发了我的信。

论证会结束前，市委听取了汇报，由陈国栋主持，常委都到了。市委同意由市计委主任马一行代表市计委、经委、建委等部门提出的积极方案，即宝钢电厂、焦炉等不停，出了产品交上海市，收益归宝钢，"自己养自己"，继续搞建设。其他先缓建，集中力量搞好"就位保管"，实行"动维护"。特别是电子计算机等精密设备、电器仪表，一定要精心保管，不能损坏。

1981年2月10日，国务院召开宝钢问题会议，听取论证会情况的汇报。宝钢工程建设指挥部副总指挥、冶金部副部长马成德参加了这次会议。他在会上发言说："如果下马，国内投资也需要15亿元，继续搞下去，也只是需要25亿元。"这时，国务院领导同志就问他："你的意思是，多用10个亿救活100多亿（指宝钢已用的投资），少用10个亿，100

多亿就付诸东流了？"马成德回答："是这个意思。"

1981年7月，国务院领导同志到上海，一下火车就对市委警卫处的同志说，他先到宝钢去看一看。两天后再同市委的陈国栋、胡立教、汪道涵等见面。我接到警卫处同志的电话后，即同汪道涵商量，提出由我陪他活动，以便有事可以及时办理。汪道涵表示同意。

我到宾馆，他正在吃早餐，问我：你怎么跑来了，不是说好了，两天以后见面吗？我说他们不来，我来一下，有事可以照料。我陪他先看宝钢，后到金山，然后又相继看了上海灯泡厂、上海牙膏厂和上海炼油厂。看了宝钢现场，听了汇报，他当时就表示宝钢已建到这个程度，还是要搞好。当前，要把维护保管工作搞好。

回到北京以后，他就于8月1日在韩光的报告上正式批示：宝钢一期工程作为续建项目，不要再犹豫了，请计委早日定下来。在此以前，姚依林、谷牧、薄一波三位副总理也先后到了宝钢，对现场工作给予充分肯定，对宝钢提出的方案表达了不同程度的支持。8月7日，冶金部转发了国家计委、国家建委的文件，通知宝钢一期工程改列续建项目。宝钢工程指挥部按一期于1985年建成的要求，编制了"六五"计划的基建规划。

从决定宝钢"调整、退够、下马"到恢复建设，时间不过半年，但动荡不小，影响很大。有一天下午，在上海市委常委会上，有一位管科技的副书记、副市长讲到，市科委的同志对他说，国家科委的同志讲，国务院管科技的副总理方毅在国务院会议上讲，上海郊县农民在抢宝钢的东西。正巧那天上午我在宝钢，中午刚从宝钢现场回来，我说现场很平静，根本没有发生抢东西的事。多年以后，曾先后参加过鞍钢、武钢、攀钢建设的宝钢工程建设指挥部副总指挥陆兆琦，在回忆文章中说："近40万吨的设备和20万吨的材料，无一丢失，无损坏或者失效，所消耗的资金降到最低的限度，维护工作完全成功。这不要说国内是首次，在国际上也属少见。"现在回想，这些事情确实是不容易的。

有一次邓小平当面问我，说有材料反映，日本人卖给我们的是旧设备，究竟是怎么回事？我当即答复说，那是从日本进口的几十台柴油打桩锤，在上海商检局检查时，其中有几台拉出活塞时碰伤了表面，上海计量局参加工作的同志回到机关一传说，还讲是在伊朗用过的旧锤，于是就变成了日本人卖给我们的是旧货这样一个大问题。后来我为这件事专门开会检查，会上计量局的同志承认，他们的简报反映问题不准确，主观地加上了"有分析""有可能"等用词。实际上伊朗建运动场时还没有这种锤呢！我向小平同志作了说明，他听了我的说明后放心了，说你们应该出来讲话，我说我们尽力做工作，但现在是几乎隔三差五就会传出一些莫名其妙的事来，有点讲不胜讲！

这段时间，有两个情况，我认为很好，值得在宝钢史上记载一笔。一个是宝钢工程建设指挥部党委始终团结一致，认识一致，一面积极向上如实反映情况，千方百计地寻找可行方案，提供建议；一面搞好现场工作，搞好设备的接运、保管，加强思想政治工作，稳定队伍。既对中央指示实行令行禁止，又要求自己坚守岗位，在困难面前不动摇，不退缩。这是一个事业心、责任心都很强的集体。二级指挥班子也是如此，上下同心，合力战斗。

另一个情况是，宝钢从抢建到缓建到续建起伏幅度很大，带来一系列新问题。冶金部常驻现场的领导同志，在冶金部机关的大力支持下，使宝钢在大起大落、动荡不定中没有造成大的波动和损失，工作基本上没有中断，这是很不容易的。主持或管过宝钢建设的冶金部副部长，先后有六七位，其中常驻过现场指挥的，第一个是叶志强，第二个是马成德，已经去世了，第三个是李非平，也去世了。我则是连续的。那时候我是上海市委副书记、常务副市长，除兼市计委主任以外，还兼市委劳动工作委员会主任，宝钢工程建设总指挥部党委书记、政治委员，上海石油化工总厂二期工程领导小组组长，成天忙早忙晚，但不管怎么忙，只要宝钢工程建设指挥部有事，我都是随叫随到。十天半月总要去一次。平时实在抽不出时间，就星期天或晚上去。马成德代表冶金部住在现场主持工作，认真负责。他身体不好，在困难时不怨天尤人，以身作

则，坚持在现场，尤为难能可贵。我一直对他非常敬重，工作中配合得很好。韩清泉也同样是在困难面前坚持得很好的。他在稳定冶金建设队伍、处理同上海有关方面的关系上，也都是做得比较好的。过去，我同冶金部的同志多数不认识，通过这一段合作，相处很好，我从他们那里得益甚多。

我还要强调说，宝钢的建设成功得益于社会主义制度优越性，是在党和政府的领导下，各方面大协作的成果。在社会各界不了解宝钢的真实建设情况、意见纷纷的时候，中央领导同志指示组织各高等院校学生代表，到宝钢现场考察，实地了解建设情况，取得了良好效果。韩光、李东冶同志作为国务院的代表，先后主持宝钢建设中的上下左右协调工作，适时帮助宝钢解决工程建设中的种种难题，成效极为显著。冶金部更是指挥和调动全国冶金系统的资源，集中投资，全力以赴。上海市始终把支援宝钢建设作为工作的重点。

1995年，我陪卡斯特罗参观宝钢，黄菊同志介绍我过去在宝钢的工作情况。我接过话说，我在一期工程时工作过，但宝钢的成就是后来的事。我指着黄菊和黎明、谢企华对卡斯特罗介绍说，工作主要是他们做的，他们比我干得多，也干得好。谢企华因成功整合购并企业，连续入选《财富》杂志评选的全球50位商界女强人。

宝钢建设经历了从抢建到调整、退够，再到恢复建设的曲折过程，经历了重重困难，但是最终还是证明了邓小平的那句话："历史将证明，建设宝钢是正确的。"宝钢的建成投产，直至进入世界500强，还向世界表达了这样一个信息，即中国人民有志气、有能力建设和管好世界一流水平的工厂。宝钢的成功，有党中央、国务院的领导，有上海市、冶金部、有关地方和部门多方面的参与和支持，以及参与建设的成百上千位的辛勤劳动。我感到，这中间最重要的是邓小平的强有力的领导和支持。在全国上下认识不一致，纷纷责备宝钢的时候，邓小平凭着他在全党全国的崇高声望和对中国现代化事业的深刻洞察力，在关键时刻，一再对宝钢发表一言九鼎的讲话，影响特别大。1979年7月21日上午，邓小平接见上海市委常委时，在谈话中指出："宝钢，市委还要管，第一要干，第二要保证干好"，"宝钢，国内外议论多。我们不后悔，问题是要干好"。

当时，我们在现场指挥宝钢建设的同志承受着巨大压力。宝钢开始建设的时候，抢建的口号响彻四方，到处都是开绿灯。后来要调整、要下马，一下又变成了千夫所指，到处都是红灯，说你们还忙什么，还不赶紧下马。从大红大紫到灰溜溜，反差太大，我们很难求得心理平衡。听了邓小平的讲话，从心底里感到受用，感到温暖。宝钢工程建设指挥部的同志听了我的传达，一致表示，感谢小平同志的理解和支持，一定把工作做好，不辜负他老人家的期望。

宝钢对中国钢铁工业的示范效应

1995年，我陪同古巴的卡斯特罗主席参观宝钢。他看得兴致勃勃，赞不绝口，对我说他到过世界上60多个国家，从来没有看到过这么漂亮的工厂，这是中国的骄傲，是社会主义的骄傲。宝钢的漂亮当然不仅仅是外在的，它的很多地方都值得称道，尤其是在对中国钢铁工业的示范效应和带动作用方面。1977年冶金部考察团从日本取经回来，明确提出借鉴日本的经验，加快中国钢铁工业的发展，进口矿石、建设深水码头、设备大型化、计算机管理等，都要走新路，不走老路。这些新路，我们听说过或者看过材料，但是究竟怎样入门，怎样起步，大家并不知道，也不可能都到日本去看。只是在建设宝钢以后，我们才真正看到了一个样板，对进入先进行业的门径有了一个真实而全面系统的了解。宝钢一直是很开放的，对所有来参观的、考察的、学习的，都是敞开接待。要看、要问、要资料、要培训，统统照办。他们把引进消化和创新的900多项成果，无保留地提供给冶金、机械、电子等兄弟企业，同他们一起分享创新的成果。从这个意义上讲，宝钢成了中国学习外国先进技术的一座桥梁、一个平台、一所学校。国际上发展钢铁工业的成功经

验，首先通过宝钢吸收消化再创新，形成一套具有中国特色的发展模式、经营理念、管理制度和充满活力的运作机制，然后向中国的广大企业，首先是中国的钢铁企业扩散、传播。中国的钢铁工业，尤其是大型钢铁企业，都结合自身的情况学习宝钢的经验。通过宝钢这个样板，大家了解了钢铁工业怎样利用两种资源、两个市场，从巴西、澳大利亚、印度这些国家进口铁矿石，利用中国港口的条件建设大吨位的20万吨直至40万吨的深水港，都是宝钢首先搞起来的。兴建和扩建大型设备也是宝钢首先搞起来的。过去我们搞的高炉一般只是200立方米、300立方米，600立方米、1000立方米就算大的了，而日本的大高炉是4000立方米以上，最大的为5000立方米。宝钢的4063立方米的高炉示范效应是很大的。有宝钢和没有宝钢就是不一样。

正因为有了宝钢的示范效应，中国的钢铁工业才可以借鉴加快发展的步伐和路径，在不到20年的短暂时间内，从1978年的钢产量占世界第5位上升到1996年的第1位。宝钢对中国的煤炭、电力、交通运输、电子技术等相关产业，对汽车、造船、家用电器、各类设备制造、房地产等产业的市场开拓，都起了广泛的辐射和带动作用。

以设备制造为例，宝钢一期工程，国产的比例只有12%；二期工程，通过合作设计、合作制造，技术要求更高的冷轧、热轧、连铸部门达到了43.5%，技术要求相对较低的高炉、烧结、焦化部门达到了86%；三期工程更是全面地扩大了国产的比例。

宝钢的示范效应，我认为最重要的是以下4个方面：

第一，发展模式。中国发展钢铁工业，曾经历了不同的发展模式。第一个五年计划时期学习苏联，是一种不快的模式。1958年发动大炼钢铁的群众运动，大搞"小土群""小洋群"，是又一种模式，结果失败了。20世纪60年代对国民经济进行调整、整顿，实行"鞍钢宪法"，仍然快不了。直到改革开放，引进日本的先进技术设备和管理经验，并通过宝钢的消化、创新，我们才真正找到了加快发展钢铁工业的模式。中国钢铁工业从此跨进了飞跃发展的新阶段。

第二，良好的科学发展观。宝钢的一、二、三期工程都贯穿了全面可持续发展的要求，体现了以人为本的理念，注意经济与社会、人与自然、资源与环境、物质与精神的和谐。宝钢重视资源的有效利用，不断地降低消耗；重视生态环境保护；热心回报社会，资助社会公益事业，先后出资几千万元设立了宝钢高雅艺术奖、宝钢教育奖，一大批文艺工作者和优秀教师、学生获得了奖励，沿红军长征路建设了十几所希望小学，并积极援助雪域高原——西藏的经济建设。

这里，我想特别说说宝钢的环境保护工作。宝钢投产之初，就提出了"001"的目标值，就是高炉。焦炉煤气发散为0，转炉煤气100%的回收。宝钢投产以后，从1991年起，一直保持着全年负能炼钢水平，即铁水冶炼成钢时，回收的能源超过了消耗的能源。水的循环利用率达到96.82%。这些都是目前世界上倡导的循环经济要求达到的理想目标。

1984年，我已经调回北京工作，宝钢的同志来看我，说上海人大代表对宝钢环保不放心，意见很多，特别是著名越剧演员袁雪芬很难说服。事情也碰巧，不久，全国人大开常委会，袁大姐是全国人大常委，也来参加会议。开完会以后，她到我家里来看我（那时我住在木樨地）。我抓住机会给她做工作。她说：上海已经有十几条黄龙，不能再增加黄龙了，上海群众的意见很大。

所谓黄龙，指的是上钢一厂、三厂、五厂十几个大烟囱，生产的时候，不断地排放烟尘。由于这些烟尘没有经过除尘净化处理，所以在排放的时候，携带很多粉尘和烟气一道出来，形成黄颜色的尘柱，被群众称作黄龙。我给她讲：宝钢不可能有黄龙，它是完全按照日本君津制铁所的环保标准建的。日本那个厂我去看过，排放的烟气都经过严格处理，干干净净，都是白的。我还和她说，邓小平也参观过君津制铁所，他也说很好，要新日铁按照它的样子建设宝钢。我劝她不要在人大会议上再讲宝钢黄龙问题了，要不然宝钢的同志压力太大。袁雪芬听了我讲的情况，联系过去的交往，对我讲的话还比较相信，就答应不再提这个问题了。后来我听宝钢的同志讲，宝钢投产以后，她又到宝钢去看了，表示很满意，称赞宝钢确实非常干净，是一个花园式工厂。

国家计委在批复宝钢计划任务书的时候，明确地提出要求，要把宝钢真正建设成为具有国际先进水平的清洁工厂、国内钢铁联合企业的样板。按照这一要求，宝钢一期工程建设环保的投资占总投资的5.3％，二期占3.3％。宝钢环保建设完全达到国家的要求，有些方面还做得更好。宝钢股份公司是中国冶金系统第一家通过ISO14001环境认证的企业，厂区绿化率达42.71％。宝钢的二氧化碳、氮氧化物、一氧化碳的排放量都优于国家风景区的一级环境标准。这些都给参观宝钢的人留下深刻的美好印象。

我到过国内外很多有名的工厂，不管从哪一个角度比较，宝钢的环保不说是最好的，至少也应该讲是最好的之一。我参观过欧洲也是世界上最有名的奥地利的"奥钢联"，但是在我的印象里，它的环保比宝钢差远了。

第三，善于学习，勤于创新。宝钢是成套引进的项目，但宝钢人的工作从来没有满足在引进上，而是坚决贯彻邓小平"要善于学习，更要善于创新"的要求。宝钢在引进技术的高起点上，制定了引进、消化、开发、创新的科技指导方针，制定了中长期和年度规划，确定攻关的重点，依靠社会协作力量，充分发挥本企业工作人员的积极性，在工程建设、生产技术、企业管理、思想政治工作等各个方面都创造和形成了一套先进的制度和方法，取得了739项科技成果，开发新产品104种。早在20世纪90年代初，技术进步贡献率就达到了65.28％。宝钢许多成果都与其他企业共享，从来不搞封锁，不搞保密，受到国内广大企业的欢迎和称赞。

第四，精品意识。宝钢清醒地认识到，中国钢铁工业发展已经不是数量问题，而是结构优化升级、质量品种规格问题，中国现在和将来最需要的是高附加值的精品。在未来的钢材市场上，没有精品就没有企业的地位，就没有竞争能力。他们认识到，必须充分利用宝钢的工艺设备和技术人才优势，在精品的开发、制造、供应上下功夫，把精品意识变成精品行动。在国家和上海市的统一规划下，他们正在以宝钢股份有限公司为核心，打造世界一流的钢铁精品基地。

宝钢对中国工业，首先是大企业和企业集团的示范效应是多方面的，我之所以特别强调它的发展模式、科学发展观、学习和创新相结合的精神、精品意识，主要是这几个方面对21世纪中国企业走新型工业化道路有着普遍的意义。党的十六届三中全会关于要树立全面、协调、可持续科学发展观的决定，是面对21世纪世界潮流的极具战略眼光的发展观，是指导中国企业应对国际挑战的指导方针。宝钢这样做成功了，在短短20年里，从无到有，不断做强做大，它所走过的道路，应当成为中国企业的榜样。在世界钢铁权威杂志WSD 2003年的排名中，它的综合竞争能力已名列第2位。美国《财富》杂志（中文版）在评述中国上市公司时指出，宝钢的综合竞争力被认为是"世界一流"。2003年标准普尔对宝钢的评价是：前景展望为稳定，信用等级提高到BBB。

（选自《新中国往事·改革纪事》，
中国文史出版社 2011 年 1 月版）

"中国制造"的拓路史

——汽车工业的亲历与思考

陈清泰　口述

高　芳　采访整理

第一步是这样迈出的

说起中国的制造业，我一直很关注。我从小喜欢动手，中学写作文《我的志愿是什么》，当时就是希望做一名工程师。我对汽车非常喜欢，20世纪40年代，北平城里很少看到轿车，抗战胜利后国民党进来了才逐渐见多，大都是美国汽车。我上学的路上一看见，就目不转睛地盯住它开过去。

大学我进入了清华的汽车专业。毕业的时候，我希望能到一汽做一名"红色工程师"，学校没同意，我就服从分配留校了。后来"文革"开始了，学校的状况让我更想离开。那时，国家要建设二汽，1970年2月我调到了二汽，先后历任技术员、产品设计处处长、总工程师、总厂厂长，一直到1992年9月离开。所以，无论从经历还是喜好来说，我更多是一名工程师。许多人把我看作经济学家，但真正说来，我还是工程师思维更多一些。

新中国成立后，制造业几乎是一片空白，全国没有一家汽车制造厂，只有一点维修能力。后来在苏联援建下搞了一汽。一汽是苏联全面包建的，从产品、技术到主要的装备，都由他们提供，工厂的组织管理模式也是照搬。国内派人到苏联接受培训，把图纸、技术带回国，再由苏联专家现场指导生产，我国的汽车工业就是这样起步的。它使我国从几乎一张白纸一步达到了当时苏联的一般水平，这是很不容易的。

中国汽车界备受尊重的孟少农是我们学习的榜样。他是我们国家汽车行业最早的、也是最有影响的工程师，很长时间是汽车行业唯一的中科院院士。他20世纪40年代初清华毕业后到美国留学，学成后先在福特做了几年工程师，新中国成立前回到国内，立志建设中国自己的汽车工业。但他发现，当时国内没有建立汽车工业的任何基础，于是他回到清华做教授，决定从培养人才开始。1951年筹建一汽，他带了一批学生到了筹备组。那个时候，就是以这些人为技术骨干。在苏联的帮助下，很快，在1956年7月新中国第一辆"解放"牌卡车生产出来，实现了中国汽车制造从0到1质的飞跃。

早在20世纪50年代初毛主席就提出，"要建设第二个汽车厂"。之后起起落落，几度搁浅，到60年代中期正式开始筹备建设。当时在"准备打仗"的背景下，二汽是三线建设的一个项目，厂址定在湖北十堰。那是一个很偏僻的山沟，抗战期间日本人都没打到的地方。

当时正是"文革"，国际上对我们进行封锁，中苏关系也已破裂。这样，以一汽的技术力量为基础，组织了一个班子搞产品设计。其中没有一个外国人，没有一张外国图纸，没有一个外国专利，完全靠我们自己，所需要的设备就靠机械部动员全国机床企业研制，选国内有实力的企业对口援建一个个专业厂。因为有一汽建设和生产的经验积累，无论领导还是技术人员，大家都信心十足。

1969年，在正常筹备过程中，林彪发布战备的"一号命令"，二汽的建设不得不因此加速，大规模建设全面展开。

我是1970年初到二汽的，很快到了产品设计部门，主要负责制动系统设计。二汽的第一个车型是载重2.5吨军用越野车。它与卡车相似，

127

但必须满足部队作战的各种需要。例如一般的卡车是"4×2"，共4个车轮，有2个轮子驱动。这样的车满足不了部队在无路或泥泞、沙滩、陡坡情况下越野能力的要求。2.5吨的越野车是"6×6"，有6个轮子，每个轮子都驱动，离地间隙较高，再加上采用低压越野轮胎等措施，越野能力就提上去了。但在技术上就复杂得多，比如前轮既要驱动、又要转向，因此轮边各有一个"等速万向节"。当时没有国外技术，完全靠自己设计和制造，那时这个瓶颈的突破就是一大胜利。

车的设计总体来说还是很不错的，但是试验做得不够充分，生产工艺、装备都还不过关。生产出来后，大家调侃地说它"看起来龇牙咧嘴，走起来摇头晃尾，停下来漏油漏水"。"龇牙咧嘴"就是指做得不规整，例如车门、覆盖件跟车体间配合的缝隙不均匀，有的地方大、有的地方小，很难看。"走起来摇头晃尾"，就是指车子跑到一定速度前轮就摇摆，造成整车摇晃。"停下来漏油漏水"就是做得精度不高，加上密封件不行，漏油、漏水。这都是产品和工艺上不过关。车子是1975年下线的。车子造出来，要开到武汉"报喜"。厂里为此组织了一批工人跟着，防备万一出了故障好推起走。幸好当场没有"出洋相"。但这表明我们对当时的车子自己也缺乏信心。

汽车是一种零件数以万计的大批量生产的产品，技术上有很高的要求。像奔驰，我们考察的时候他们说，一种发动机从研发到上市，要做各种各样的台架试验至少10万台时。我们当时没有这个条件，发动机大概只做了4000多个台时。所以车子卖出去之后，不断出现各种各样的故障：杠杆断了、缸盖螺栓断了、活塞拉缸，还有翼子板开裂等，实际都是试验验证做得不到家。

当时的厂长是饶斌，他是一汽的首任厂长，也是二汽的首任厂长。很多人都把他看成中国汽车工业之父，他有思路、有能力，也有权威。面对严峻的质量形势，武汉"报喜"之后，经他与机械部研究，调集国内最强的力量组织了两大攻关。一个是技术装备攻关。二汽需要的专用机床大都是国内自主研制的"首台首套"，在"一号命令"下，很多设备又是带病进了山，一干活问题全出来了。当时请出了机械行业顶级专家林宗棠（后来荣任国家航空航天部部长）带队，组织全国承制厂家的工程师到二汽攻关。另一个就是产品攻关。部里将孟少农老先生从陕汽调到二汽做总工程师（在一汽建设时他是主管技术工作的副厂长，所以大家都称他为孟厂长），负责组织这项工作。产品方面的问题列出了64项，设立专门的办公室，每天开调度会，一项项安排任务、研究技术方案、组织力量进行实验。1979年，中越边境自卫反击战打响了，国家要求二汽尽快提供一批2.5吨越野车上前线。这对我们是一个很好的机会。一两千辆车陆续送到前线，维修保养人员也跟随到达。技术攻关后的车子经住了严酷的实战考验，表现得很不错。部队还给了一个美誉，叫它"英雄车"。经历这场考验，取得了部队的信任，这对当时的二汽太重要了。

军品的特点是技术要求高，但生产数量很有限，二汽在攻关的同时加紧开发5吨卡车。2.5吨越野车的发动机、离合器、变速箱、转向机等很多部件都可以通用。有了两大攻关成功的基础，民用5吨车的质量逐渐稳定下来了。对于中国的汽车工业来说，这是首次以中国人自己的力量设计开发出系列车型。

二汽自成立起，就是在全国支援下以自己的力量开发新车型，以自己的力量搞工厂设计、工艺设计，主要以国产技术装备组成生产线，建设了一座规模化生产的汽车工厂……这在中国历史上是破天荒的第一次。这个过程下来，整个队伍受到了全面的锻炼，整体水平有了很大提高。当时的十堰是一个荒僻的小山村，交通闭塞、生活艰苦，但二汽的干部、技术人员、生产工人都是自愿申请，远离长春、上海、北京、武汉、西安等大城市到这里的。当时大家都有一种强烈的使命感：为中国汽车工业打翻身仗，真正改变中国人不能造汽车的历史。

改革开放下的锤炼

　　1978年迎来了改革开放。经历"文化大革命"十年的折腾，国家经济状况已经到了谷底。二汽是国家项目，计划的是三个车型——2.5吨的军用越野车、5吨卡车，还有一个3.5吨的军用越野车，总规模年产10万辆，计划总投资16.7亿元，当时投下了14.6亿元。3.5吨车军队有需求，开发工作正在进行，但国家已经没有力量投资了。这个"半拉子"放在那儿可怎么办？已有的两个车型肯定支撑不了二汽这么大个摊子。当时十堰聚集了二汽36个专业生产厂，8万名职工，加上家属14万名，还有五六万人的施工队伍，一旦停工，这么多人怎么办？所以，当时二汽处在给把劲可能上去、搞不好就会垮掉的境地。另外，还有一个严峻的问题，那就是：中国汽车工业的路下一步到底怎么走？

　　老厂长饶斌1979年调回北京，由黄正夏同志接任厂长。经历十多年建厂的锻炼，二汽的干部大都是创业型的，对新事物敏感、有事业心、敢于担当。面对当时的困境，领导班子十分明白，单靠国家不行，要想办法自己找出路。民用车出来了，二汽是有希望的。民用车的需求很大，市场上又买不到，对我们来说这就是机会。但是那个时候还是计划经济，对于大型国有企业可以概括为四句话，"生产计划国家统一下达、生产资料国家统一调拨、生产的产品国家统购包销、企业财务国家统收统支"。所以没有国家计划企业什么也干不成；即便按国家计划生产的车也要以计划价由国家调拨，企业的利润十分有限，没有施展空间，只能维持简单再生产。

　　二汽领导班子相信，只要不向国家要钱，事情就相对好办。我们乘改革开放的东风提出了学首钢搞承包的方案，请求国家在给二汽下达指令性计划的同时，也给部分"指导性计划"。前者完全按计划走，指导性计划按指导性价格购买材料，生产出的产品由企业自销。我们提出的方案是以1982年上缴的利润为基数，每年递增7%，利润留成作为自有资金完成二汽续建任务。我们把这叫做"自筹资金，量入为出，续建二汽"。1982年万里同志到二汽考察，他对我们的想法很赞成。1983年中央主要领导到二汽时我们再次提出，这年11月中央就定下来了，批准二汽搞承包。

就这么一点"自权力"，可就解决了大问题。我们有底气承包是当时卡车不愁销路，我们保证首先完成国家调拨计划、完成利润递增上缴，政府就放了心；再支持二汽一部分自产自销，完成建设任务，国家也减轻了负担。这个方案保障了国家的收入，二汽也获得了自主发展的余地，两者都欣然接受。二汽之所以能"活"下来，这是非常关键的一条。

接下来就是怎么发展的问题。1982年底，我担任二汽总工程师。二汽中长期发展的问题成了我关注的重点。当时看到曾与二汽相似的很多三线企业衰落的景象，使我明白：国家没有能力救二汽，二汽必须靠自己的力量站起来。我考虑，一方面，国家已经开始改革开放，又讲了要放开搞活国有企业；另一方面，对处在山沟里的二汽来说，如果不发展，将来就可能困死在这里。于是我写了一篇文章《改变汽车工业的几十年一贯制》。一汽1956年出了"解放"牌，几十年没有换型升级，还是那个"解放"牌，企业活力日减，大家就把这个叫做"几十年一贯制"。二汽必须吸取教训，及早考虑后续发展。这篇文章得到饶斌等人赞赏，他对我的想法很赞同。

我到了总工程师的位置，开始接触工厂的顶层，也发现了很多矛盾。企业的自有资金是很有限的，到底如何分配？搞生产的包括专业厂的干部要求改善技术装备、改善工艺，提高生产保障能力。我主管技术工作和未来发展，就希望加大技术投入，保障企业的后劲。双方都有道理，问题是如何平衡？孟厂长是资深专家，对问题看得比较深远；黄正夏厂长是一个改革精神比较强，具有前瞻性的领导。经他们的反复协调，1983年在资金还很困难的时候厂里决定建立三大中心——教育培训中心、技术开发中心、技术装备中心。教育培训中心：当时二汽完全没

有城市依托，为加强教育培训能力，二汽设立的教育处统筹和管理教育培训工作，除建立38所中小学外，以自有资金建了湖北汽车工业学院，从全国聘请教师，培养本科生，相当部分毕业生可留厂充实一线岗位，保障上岗人员的基本素质。与德国弗兰霍夫学会合作在全国建立了第一所双元制的技工培训学校，德国人很严谨，他们带来了老师、教材及全新的教学方式，我们也派了很强的力量学习、配合。效果非常好，毕业进厂就可达到四级工水平，很受欢迎。当时每年的教育投入达到4000多万元。在技术中心建设方面，专门建了一个园区，有2000多名工程师，从产品设计、工艺到材料、油料、油漆、热处理和计算中心等，配备了比较齐全的实验设备；还建设了试制车间，在襄樊建设了一个具有相当规模和水平的汽车道路试验场。可以说是当时国内汽车厂家研发力量数一数二的。技术装备中心集聚了五个专业装备制造厂和工厂设计研究院，形成了包括专用机床、模具、非标设备在内的研发、制造能力和工厂设计能力。这些二汽技术改造和发展必需的保障能力很多是当时外面买不到的，不得不自己做。我坚信这三大中心的实力可以保证二汽的后劲。

二汽总的生产规模是年产10万辆，其中2.5吨、3.5吨军车4.5万辆，5吨卡车5.5万辆，这是国家定的。实际军车没有那么多订货，多余的能力可以用于5吨车。当然，如果挖潜，10万辆产量产能还有较大的增产空间。但作为汽车人都明白：在汽车从无到有的时候，需求量最大的是4吨、5吨之类的中吨位卡车；随着汽车保有量的增加，需求的结构会发生变化。从卡车来看，一个是向大，一个是向小。也就是大型车和小型车占比增长，中吨位车占的比例会逐渐变小，这是已经被市场验证了的规律。另外，汽车保有量再增加，卡车的比例会下降，轿车的比例会上升，最后轿车稳定在80%左右。直到20世纪80年代初，国内几乎都是中吨位卡车，后来南汽搞了一个小一点的"跃进"牌。而轿车几乎为零，1958年一汽出了"红旗"牌，但那是高级公务车，数量极少，上海有个"上海牌"，后来也不太灵光了。因此二汽必须尽快布局未来的卡车产品结构，之后考虑轿车。当时我们就向国家提出二汽的卡车要向两头发展，搞重卡和轻卡。那时一汽也在向国家争取，几经周折，后来国家定了，叫做"一汽向下，二汽向上"，即一汽生产轻型卡车，我们向重型卡车发展。我们对此有想法，因为轻型卡车的批量大，重型卡车批量小。尽管如此，终究是开了一条路，可以开始了。这样二汽就开始开发重型车。首先是8吨车，后来又往上走，重型车站稳了。

这种局面我们还不甘心，厂里几经研究决定，轻型车还得干。于是我们在襄樊搞了一小摊子，专门研发轻型车。这就在卡车产品上形成了较好的布局。

另外是生产布局。二汽按三线建设的要求，建在了十堰。但汽车生产的特点是"大进大出"，那个地方从哪个方面看也不适合汽车产业发展。后来我们开始了"三级跳"。十堰是第一个基地，1984年"跳"一下到了襄樊，开始布局武汉；再一跳，超越湖北、走到全国。当时没提"走向世界"，因为对我们来说太遥远了。这样就开始了襄樊的工作，规划占地约10平方公里，首先建了一个占地3000多亩的汽车道路实验场，又建起了电厂、动力厂和道路、上下管网等基础设施。这就为后来的生产工厂建设创造了条件，接着建了铸造厂、柴油机厂、试制工厂，后来又建了一个轻型车的厂。再后来与雪铁龙合资的发动机、变速箱工厂也建在了这里，形成了一个新的生产基地。

二汽轿车这样起步

1984年，我接替黄正夏担任二汽厂长。1986年，二汽三个车型10万辆建设任务完成并通过了国家验收。下一步怎么发展？从卡车的布局上，我们已经有了"向上""向下"的占位，但8吨车还在开发中。当时卡车的销路很好，比较赚钱，所以厂里有一种意见，就是年产10万辆翻番，扩大产能到20万辆。另外一种意见认为，在10万辆的基础上，通过挖潜、填平补齐，充分利用既有产能，把较多的资金用在8吨车。我

的主张是后者。我想，当务之急是赶快把8吨车搞上去，完成卡车产品布局，再抽出力量上轿车。这样才能在国内汽车业站住脚，因为这时桑塔纳已经开始生产了，对我们影响很大。经过反复讨论，得到了领导班子多数人的赞同。接着我们调整了二汽的七五计划，砍掉总计约需10亿元投资的64个项目，以有限的资金保证七五期间年递增1万辆生产能力，保证老产品不断改进，同时集中力量开发出具有国内先进水平的8吨平头柴油车，使二汽的汽车产品由长头扩展到平头、由汽油机扩展到柴油机、由中型车扩展到重型和轻型车。调整后，七五期间二汽保持了同行业较好的经济效益，完成了卡车的布局，也为轿车发展创造了条件。

筹备轿车的难度是很大的。首先就是国家这一关怎么过。计划经济下，国家对二汽这类大厂管得很死，因为它是国家财政收入重要来源，二汽的产品发展、重要项目、重大投资国家不仅要管，而且管得很具体。另外，当时很多人还停留在轿车是资产阶级高消费观念之中。

二汽与一汽和上汽不同，从来没有搞过轿车，要让国家批准上轿车非常困难。1986年，大约在10月，我们向国家计委上报了二汽要求"开展普通型轿车前期工作"的报告，12月18日又通过"二汽动态"向国家计委反映——"汽车企业横向联合的积极性很高，但中吨位卡车已经没有发展空间，那么联合起来干什么？"12月27日，国家计委主任宋平在这份简报上批示，"二汽多次提出发展小轿车，国家似乎没有必要去限制"，并要求有关司局进行研究。看到这个批示，我非常兴奋，感到有机会。于是马上赶往北京，找到国务院经济技术社会发展研究中心（后来改称国务院发展研究中心），与副主任张盘以及鲁志强等人一起讨论、策划。最后做了一个方案：请当时国家经委的技术经济研究所组织国内调研，由其邀请外国专家介绍国外轿车发展状况；在调研的基础上开一次高层研讨会，梳理会上的主要意见，最后向国务院汇报。这是1986年底1987年初商定的事。

国务院经济技术社会发展研究中心当时的地位很高，由他们协调和邀请有关领导和部门，我们二汽做好会务筹备工作。"中国汽车工业发展战略研讨会"于1987年5月在二汽召开，段君毅、周子健、马洪、饶斌等老领导，有关政府部门人员、经济学家、汽车企业的领导100多人悉数到场。会议分作两个阶段，第一阶段由经委技术经济研究所何世耕所长发布调研报告，日产和丰田的专家分别就国际轿车工业情况及对中国轿车发展的建议作了发言。第二阶段是等外国专家离场，闭门讨论。到会领导都讲了话，政府有关部门发言，企业也发了言。大家对汽车业的战略地位、发展目标、未来产品结构、发展模式等进行了讨论，都赞成应及早部署轿车生产，防止中国市场一启动就被国外企业占领。孟厂长的发言讲到汽车产业发展规律，他说卡车最多是"中学水平"，轿车才能达到"大学水平"，中国的汽车工业中学毕业了就应当、也有条件"上大学"。还指出，从国际经验来看，"大厂造小车、小厂造大车"，像一汽、二汽这样的大企业，进一步发展还是要转向搞轿车。一汽厂长耿昭杰发了言，我的发言主题是"轿车工业的战略抉择"，提出当前国家必须在五个方面作出决策。

会后，发展中心汇总会议情况形成了一个政策报告，由马洪主任签报给当时的中央领导。领导有一个批示，意思是"北戴河办公期间议一次，请计委、机械委准备意见"。知道这个消息，我意识到，接下来就要抓紧落实二汽的项目。我很快就找了中汽，与陈祖涛、李荫环、薄熙永等人商量，争取在中央到北戴河办公期间进行汇报，看能不能把项目拿到。

我做了一些准备，8月赶到了北戴河。在那里我给常务副总理姚依林写了一个报告，讲到中国发展轿车的必要性和二汽下一步发展的形势、为什么要上轿车、上轿车的思路、资金来源，等等。因为之前有宋平的批示和中央领导对发展中心报告的批示，所以姚依林同志很快决定在北戴河召开国务院会议，专门讨论二汽项目。会议邀请张劲夫、李鹏副总理以及计委、经委、机械委、中汽总公司等部委参加。开会前，随着参会领导陆续到北戴河，我逐个进行了拜访，包括李鹏副总理、计

委黄毅诚、经委林宗棠、机械委何光远，向他们介绍二汽发展情况和发展轿车的方案，回答他们提出的问题。一个一个谈完，我心里有了底，认为问题应该不大。8月12日开会，我先汇报，然后陈祖涛讲中汽的意见、各个部委发言，接着两位副总理发表意见，姚依林同志做总结，最后，他归纳了几点，形成会议纪要。核心就是"同意二汽发展普通型轿车，按经济规模规划，分期建设"，可以"按建设程序办理立项手续"。

拿到"路条"了，接下来就要开展一系列工作，办理立项手续。二汽轿车项目就这样开始搞起来了。

在轿车车型的选择上，我比较"书生"。因为我是学汽车的，对一些问题有我自己的想法。轿车生产的入门有两种思路。一种是完全靠自己的力量搞进入家庭的小型车，就是所谓的"国民车"，排量很小，像日本开始的时候就是350毫升，后来提高到600毫升、650毫升。1980年我国居民收入还很低，电视机、电冰箱、洗衣机这三大件才刚刚兴起，轿车进入家庭的时机还没有到来。这种思路难以行通。另外一种思路就是以工厂机关等社会公务用车为主、兼顾少数私人用车，从1.5升左右的"大路货"切入。在欧洲，绝大部分是这个级别的车。社会需求量大可以把规模搞上去，把产业带起来，给以后再发展创造条件。中国只能走这条路。

在车型上，我们选择的是紧凑型的两厢车。当时很多人反对，有广东人说，"兔子尾巴长不了"，"轿"车嘛，要像个"轿子"，有前有后。这个级别的车讲求的是实用，不是气派。两厢车紧凑、空间利用率最高、最实用，可以兼顾多种用途。在我们跟雪铁龙快签字前，邹家华副总理到法国作了一次访问。他在街上数两厢型占多大比例，数的结果大约是占到70%，他的疑惑打消了。

选择合作对象时，我们先后与通用、富士重工、欧宝等谈过，也与丰田、日产有过接触，但最后选定了雪铁龙。这里有两个原因。一个是它给我们的是一种"未来车型"，也就是它自己当时还没生产的车型。我们1988年跟他们谈，它提供的是1992年投放市场的车型。这使我们投产时仍可以保持产品的先进性。另外一个是法国政府承诺合资企业"零外汇"起步，所有外汇由法国政府提供贷款，其中一半是援助性的"软贷款"，年利率2%，7年宽限期，还款期12年。这就使我们大大减轻了筹集外汇和还款的压力。在合作方式上，双方各投资50%；技术方面，他们是主要提供方，在中国的改进车型双方在武汉联合开发。

自主创新：通往光明的崎岖路

改革开放之后，我国汽车产业实行"以市场换技术"政策，引进外资。这是改革开放的重要战略决策。但是，对外放开与对内放开是不同步的，轿车产业在对内还没有放开的情况下对外放开了。这就出现一个问题：类似上海大众的合作模式一旦出现，自主开发模式就告终结了。桑塔纳第一年引进，第二年SKD，然后不断地国产化，自制率不断上升。这样初始投资很少，接下来一边赚钱，一边发展。自主开发则完全是另一种情景。按照当时通用汽车公司的水平，从市场调研到产品面市，最快也要92个月。这期间企业要投资、投资、再投资，之后市场接受程度如何还是个问号。而桑塔纳引进的是成熟产品，目标客户是谁、市场接受程度怎样，在国外的市场上早就一清二楚。在同一个市场上竞争，自主开发方式肯定抗不过引进合资的方式。客观上就把自主研发这条路堵死了。

而相比之下，卡车就是另一样情景。现在国外的卡车几乎进不来，就是因为我们自己的力量起来了。"五十铃"曾经进来过，后来退出了，因为我们的性价比更好，它竞争不过。回头看，国内汽车企业不是不努力，而是两类汽车技术上有"中学水平""大学水平"的差别，发展的历史过程也不尽相同，造成了两样的结果。

现在，轿车自主品牌异军突起最耀眼的是民营企业。他们当初不

正规、没有资质，没有对外合资、引进技术的资格，这就逼着他们全力以赴"自主开发"。比如，比亚迪2003年进入汽车行业之初就把电动车作为公司的长远战略，那时没有多少人相信电动车能与几乎完美无缺的燃油车抗衡。王传福作为一个企业家既有前瞻的眼光，也有魄力去推动，为电动车发展做出了很大的贡献，在这过程中自主开发能力日益壮大、自主品牌享誉度日益提升。另外，如吉利也做得很好，李书福要向汽车转型的时候找我谈过，我说，向汽车转型有很大的难度，会冒很大的风险，事前一定要把问题考虑清楚，特别是在初始阶段，凭你的实力，要想找一个国外合作对象是很难的，主要得靠自己。吉利在走过初创的艰难之后，在自主品牌、研发投入，在国际化、发展新能源汽车等几个重要的节点都把握得很好，已经成为一家具有较强竞争力的国际化新型汽车公司。李书福是一位有理想的企业家，他把目光放得很远。并购沃尔沃6年后效果显现，吉利变成了一个全新的吉利，沃尔沃也有了很大发展，真正实现了双赢。目前它的技术来源已经多元化，技术创新不是关门创新，而是把吉利作为一个平台，以我为主汇聚世界技术力量，组织跨国团队搞研发，已经初见成效。这样的国际化程度是国内很多企业难以相比的。再举一个例子：要实现到2020年乘用车油耗5升的目标，混合动力是一条重要的途径。但最难突破的瓶颈是油电混合的传动部件和控制系统，国内企业做不出来，外国企业也不愿意卖。吉利七八年之前组织了一个团队投资研发，近年已经成功。吉利本可以用它作为撒手锏独享市场，但它没有。他认为这个技术成果应该让中国企业共享，吉利找了另外一个投资人科力远公司，由科力远占大股，淡化吉利的色彩，合资生产混合动力系统总成，哪家公司需要都可以用。我感到这样的民营企业很了不起，是很多国有企业也难以做到的。

电动车的机遇与挑战

我很早就关注电动车的发展。国家较早在863计划中就设立了电动车研发项目，2008年北京奥运会后又实施"十城千辆示范工程"，推动电动车产业化，这就使我国的电动车发展基本做到了与发达国家同步。各国政府支持电动车，并不是因为公路上没有汽车可用，也不是化石能源已经枯竭，而是因为它自身可以做到零排放，可以与未来信息经济和信息社会很好地对接。但这都是社会效益或未来的事。对消费者而言，与燃油车相比，它却是不经济、不方便、不放心。不经济就是车价高，不方便就是充电难，不放心就是"里程焦虑"。在产业化初期，没有一定的销售规模，成本就降不下来；成本降低不下来，市场规模怎么扩大？没有大量应用的考验，技术就不成熟，技术不太成熟怎能有更多的消费者应用？没有足够多的充电桩用户就不敢买，没有那么多电动车谁愿意到处建充电桩？这就是先有鸡还是先有蛋的困境，就是导入期的"产业化困境"。在这个时候，仅靠市场是推不动的，包括中国在内，几乎各个国家的政府都成了第一推动力。我们的政府非常英明，2009年搞了"十城千辆"规模化示范，接下来又是两轮补贴政策，另外还有一些非补贴性支持政策，都起了很好的作用。这就使我们在百年来汽车技术最重要的变革中赢得了主动，使我们历史上第一次跟上了世界汽车产业发展的主流。

那么，我们能不能最终在电动车上取得竞争优势？我认为有希望，但也还存在着不确定性。从短期来看，就"车"的功能，我们做得还算不错，和国际先进水平比差距并不是很大。但是，这是在国外的企业还没有发力的情况下。一旦他们真正发力，我们就会受到很大威胁。现在有的国家已经开始考虑，到2030年新增车辆中不准传统燃油汽车注册。大众已经提出，2025年起停止内燃机研发投入。种种信号表明，很多国家把电动车放到了更高的地位、各大汽车公司都在酝酿发力，2020年我

国补贴政策退出之日，可能就是他们大举进入中国市场之时。留给我们培育竞争力的时间不多了。

从当前看，这个威胁既有技术上的，也有产品的综合品质。比如用户对汽车的要求并不是开起来能走就行，其中还有很多"体验"、文化的内涵。如造型、人体工程的设计是很微妙的学问，这方面我们的积累还跟不上别人。再有就是品牌，同样是车，开起来可能感觉差不多，但不同品牌的价格就有成倍差别。利润的差别，必然造成再开发能力的差别。

因此，我认为现在我们的电动车企业不要过度地追求生产规模，因为决定销售数量的不是你的生产能力，而是你产品的竞争力。当前还是要把更多资源放在掌握核心技术、提高质量、降低成本、提高品牌的价值上。这才是企业未来的竞争力之所在。生产规模的增长相对容易，而竞争力的积累却难得多。

从未来发展看，电动车就"车"的功能与燃油车相比优势是有限的。而它更不可替代的优势在于自身的零排放，在于与分布式能源的结合、与智能电网的结合、与智能交通和智慧城市的结合。这是未来十年、二十年发展的大趋势，在这几个方面燃油车是无法相比的。有鉴于此，把"三电"的基础打牢是当务之急，但我们不能把目光局限于此。后续的更高级别的竞争在网联化、智能化、辅助驾驶、无人驾驶。目前，全世界每年因汽车导致的交通事故死亡约110万人，中国约10万人。挽救生命、解决路面交通拥堵、提高交通和物流效率的根本出路要靠电动车的网联化、智能化，要靠智能交通和分享经济。

因此我想，对于电动车的发展，政府的眼光应该超前一点，未来电动车和分布式能源的结合，以及和智能电网、智能交通、智慧城市结合的问题必须及早统筹考虑。这不是企业和行业协会所能做到的，需要政府做工作。如果能有一个早期的顶层设计，就能够指引行业和企业的发展。现在国际上展示电动车技术的更重要场合不是在车展，而是在电子信息展。因为电动车已经被看作是功能强大的移动智能终端，跟传统

"车"的定义已经发生了很大的变化。这也说明，电动车未来真正的竞争绝不局限于作为一个车的行路功能。

现在这一轮科技革命带来的变化，会把技术的边界进一步打破。过去人类为了把技术做得精而又精，把本来是相互关联的事物分割成一个个学科，但是分割逐渐成了壁垒。到现在这个阶段，很多创新发生在多学科交叉、交汇之处。原来的燃油车形成了一套完整的系统，电动车出现后，其中不少已经用不上了，而一些跨界的新需求出现了。比如电动车和电化学、新材料、信息化、智能化、电力电子之间的关系变得更加密切，也给分时租赁、分享经济等商业模式带来了机会。电动车与这些领域的结合存在巨大的创新创业空间和商业机会，这种对接主要通过市场可以实现，但其中有些涉及政府管制、基础设施和标准规制等则需要政府的协调。

从现实看，壁垒不仅表现在学科之间，也表现在部门之间、行业协会之间。所谓壁垒就是缺乏相互了解、相互沟通，影响了相互融合。壁垒一旦打破很多问题就可迎刃而解。我们电动汽车百人会的一个任务就是想办法在学科、行业之间促进沟通、促进交流。现在这些方面的工作正在进行。

汽车的生产组织方式是随技术进步不断变化的。最早是小批量、单件式的生产，是作坊式的。后来是单一品种的垂直化大批量生产，如早期福特T型车、后来的一汽"解放"牌。在这过程中自制率逐步下降，生产组织逐渐扁平化。现在汽车厂自制部分占成本的30%左右，有的还要低，这就形成了系列化、多品种混流生产。目前，电动车的产业化出现了两个情况，一个是互联网使得信息沟通的效率大大提高，为生产组织进一步扁平化创造了条件；另一个是随着电动车作为"智能终端"的性质凸显，厂商通过软件等系统不断为用户提供多样化服务，使其成了一个"长尾产品"。买卖双方由燃油车的一次性交易转变为长期的伙伴关系，厂商不断提供增值服务，满足用户新的需求，类似于智能手机。现在，互联网企业进入电动车时他们希望自己把主要精力用在搞研发、

搞品牌和维护客户关系上，硬件委托专业公司生产，自己做好监督。这样的好处是自己不再是重资产的企业，没有资产存量的拖累，可以甩开膀子搞创新。这种生产组织方式在电子产品领域已经十分成熟。实践证明，它极大地促进了专业零部件制造企业和装配企业各自把业务做得更精、更专。由此大大提高了效率、降低了成本、提高了制造业的灵活性和适应性、加快了产品和技术更新，是可以与"工业4.0"和"中国制造2025"对接的一种生产组织模式。我认为电动车方面政府可以"放几条鲶鱼"，鼓励探索。

面对新兴产业的发展，政府管理方式、管理理念需要不断地进步。比如关于电动车的生产问题，现在很多地方政府制定雄心勃勃的发展计划，以特殊政策吸引企业大干快上；另外不少企业和投资者也有进入电动车的强烈意愿。这就致使中央政府十分担心"一哄而上"，采取了很多措施、设计了不少门槛，用行政工具降温。当前国家这样做是必要的，但政策如何把握需要进一步研究。在投资驱动的时候，一哄而上是灾难，但是在创新驱动的时候，情况却有很大的不同。这个时候，技术路线还有多种选择、相关技术尚未定型、商业模式有待开发，这里有巨大的创新空间，那些不确定的问题只能通过试错由市场做出结论。试错有两种方式：一种是政府主导，认定"依托企业"，以特殊政策支持。这种做法不仅周期长，而且可能由于选错企业或试错不充分而失败；另一种就是利用市场机制。当技术临近突破、产业化前景开始显现时，大量投资者看到了机会。他们为获取成功后的超额利润，有勇气、有意愿拿着自己的真金白银冒险参与试错。最终可能90%甚至95%会失败或退出，但不应限制他们的参与。这个发展过程大致是三部曲：开始，面对机会大多是"蜂拥而入"；接下来进入者多了，那些试错失败或创新无果的逐渐被淘汰，形成了"大浪淘沙"；随着产业趋于成熟，竞争更加激烈，产业集中度提高，最后优强者"脱颖而出"。客观地讲，那些失败退出的企业，都参与了试错过程、分担了试错成本，为加速产业成熟作出了不可磨灭的贡献。从发达国家新兴产业发展过程过看，就是如此。如20世纪初美国有2000多家汽车公司,加拿大人口那么少,但也有2000多家。到了50年代,美国剩下了四大家,进入新世纪仅留下了通用、福特两家。加拿大更惨,本土资本的汽车企业一个都没了。再如21世纪初我国互联网企业也是"一哄而上",经过几轮淘汰,"BAT"雄踞领军地位。因此,在发展新兴产业中我们不能不要过程,只要结果。

（原载于《纵横》2017 年第 4 期）

一汽轿车的发展之路

林敢为

在我40年职业生涯中，有幸参与了一汽轿车发展的许多重大事件。从奥迪轿车的引进到15万辆轿车项目的谈判，从一汽—大众一工厂的建设到二工厂的建设，从捷达轿车到即将投放市场的速腾轿车，往事历历在目，心潮澎湃。我把这段经历真实地写出来，作为对曾经创造过历史的一汽老员工们的怀念和对正在继续为一汽轿车发展而奋斗的年轻志士们的激励，希望他们干得更好、更出色。

一次具有历史意义的战略讨论会

1987年5月25日至5月29日，我和范恒光随同耿昭杰厂长参加了国务院经济技术社会发展研究中心和国务院决策咨询协调小组在湖北十堰二汽召开的中国汽车工业发展战略讨论会，研究讨论如何加快发展我国轿车产业的重大问题。出席会议的有段君毅、饶斌、周子健等机械工业部的老领导，有国家各部、委的负责同志，有高等院校、科研单位的专家，有各企业的负责人和各新闻单位的记者共112人。讨论会上一汽和二汽的发言被公认为是主题发言，备受关注。一汽耿昭杰厂长在题为《对发展我国轿车工业的几点意见》的发言中，提出了依靠大企业集团，建立2—3个轿车工业基地，合理分工，注重联合，一次规划，分期实施，起步规模小一些为宜，走技术引进与自我开发、自我建设相结合的路子，近期立足国内急需，挡住进口；在这基础上，选择国外合作伙伴，建设符合规模经济的轿车生产基地。耿昭杰厂长的发言朴素、简明、切中要害，清晰地回答了会议要解决的问题，受到代表们的一致好评。他在讲话结束前讲了一个催人奋进的故事："1986年5月，当我国机械工业的老前辈沈鸿同志八十寿辰的时候，一汽想送给他一个礼物以感谢他对中国机械工业做出的重大贡献。沈鸿是个爱国老人，从不用洋货，最后决定把一汽自己开发的CA760型红旗轿车送给他。他非常高兴地接受了，并把使用过程中出现的问题认真记录下来，提出改进意见，还派他的司机专程送到一汽。他的来信中有一段话使我久久不能平静。他写道：我乘坐这辆轿车去参加全国人民代表大会，在人民大会堂前停了黑压压的一片外国车，其中只有一辆是国产的，那就是我乘坐的红旗轿车。我们一汽人有两个梦，一个是甩掉老'解放'30年一贯制的落后帽子，经过6年的艰苦奋斗，这个梦想实现了；还有一个梦就是要大批量生产国产轿车，我们正在为此而努力，我深信这个梦想也一定会实现！"耿昭杰厂长的这段话激起了与会者强烈的民族感情，博得全场的热烈鼓掌。参加会议的科技部代表、曾在一汽工作过的金履中局长在发言中痛哭着说：听了一汽耿厂长那段话，我实在受不了了，恳请在座的几位老部长向中央领导提个建议，大家带头乘坐国产轿车；一定要尽快把民族汽车工业搞上去。二汽陈清泰厂长在题为《振兴我国轿车工业的重要抉择》的发言中，提出了以骨干生产厂为主体，建设两三个轿车工业集团，产品实行"先避开、后交叉、体现系列化"原则；以国际市场为目标、国内市场为后盾，联合开发、合资办厂、出口导向、进口替代，一次建成30万辆轿车工业基地的发展模式。他的发言站得高、看得远，也受到了与会代表的赞扬。一汽和二汽发言的最大不同点在于市场目标和发展模式。

　　同年6月19日，当时的国务院副总理李鹏、国家机械委主任邹家华、国家计委副主任黄毅诚、国家经委副主任叶青来一汽考察，耿昭杰厂长抓住机会向中央领导汇报了上轿车的打算，征得同意后随即在7月

21日正式向国家计委上报了一汽从3万辆先导工程入手，建设15万辆轿车工业基地的建议方案。1987年8月12日，由国务院副总理姚依林主持的北戴河会议上作出了我国要在一汽、二汽和上海市建立三大轿车生产基地的重大战略决策。于是，一汽在胜利完成"解放"车换型改造的第二次创业后不久，又抓住了大批量上轿车的机遇，踏上第三次创业的征途。

擦肩而过的克莱斯勒公司道奇 600 轿车和奥迪 100（C3）GP 车型的引进

　　一汽的轿车先导工程，原来选择了美国克莱斯勒公司的道奇600车型为参考样车，拟对外形稍作修改后生产CA7220小"红旗"轿车供政府机关做公务用车，媒体对此也有所报道。在这以前一汽结合轻型车建设项目已从该公司引进了为道奇轿车配套的2.2L发动机及其主要的二手设备。在发动机的引进谈判中，美方曾经许诺在提供整车技术和二手模具方面给予优惠，为引进道奇600埋下了伏笔。1987年9月22日至10月19日，一汽派出以李治国第一副厂长为首，有吕福源、李中康、范恒光等副厂级领导参加的8人代表团，赴美谈判，真心实意地谋求在轿车制造上进一步合作。美国人得知中国政府已同意引进道奇技术的信息后误认为胜券在握，表现得漫不经心和傲慢自大。在谈判桌上，我方四位厂级干部出席，而美方的主谈只是国际部亚太地区负责人拜塔尔先生，双方的谈判阵容很不协调。主管国际部的哈默斯副总裁和执行副总裁勒兹先生只在午餐席上与一汽代表团见过一面，谈判终因技术转让费报价太高（入门费1760万美元的天价）和工装模具的转让时间不能确认而告吹。

　　正在这一关键时刻，德国大众公司的董事长哈恩博士，一位有眼光、有魄力，还有幸运的人于10月初访问了一汽。大众公司已于1984年和上海合资成立了上海大众汽车有限公司生产桑塔纳轿车，意欲在中国再找一家合作对象。一汽十分重视哈恩博士的访问，耿昭杰厂长和他进行了十分热情、友好的会谈。哈恩博士详尽、细致地考察了一汽，一汽的实力和员工的素质给他留下了深刻的印象，认为找到了真正的合作对象。他接受了耿昭杰厂长提出的十分苛刻的条件，就是要把克莱斯勒2.2L发动机装入奥迪100轿车。对一家世界知名的汽车跨国公司来说，把别人的"心脏"放入自己的"身体"中是极不愿意的。但为了和一汽合作，哈恩博士还是同意了。一个多月后，大众公司通知一汽，他们已经把克莱斯勒的发动机放入了奥迪100车型中，要一汽派代表团前往"验收"。于是，我代表一汽首次组团访问德国大众/奥迪公司，代表团成员有：李中康、徐兴尧、郑镜彤、马怀琪。自12月9日至26日，代表团先后在大众公司总部所在地Wolfsburg、奥迪公司的所在地Ingolstadt和Neckarsulm工厂参观了轿车的生产过程；在Ingolstadt至Neckarsulm全长250千米的高速公路上，对装入克莱斯勒发动机的奥迪100样车进行了平均车速为150—160千米/时、最高车速达205千米/时的"验收"和试车；摸清了有关产品、模具工装、整车技术转让的情况及大众公司对此项目的合作态度，还签订了一个会议纪要。代表团全体成员都倾向于和奥迪/大众公司合作生产奥迪100轿车，原因是：（1）在产品上，奥迪100优于道奇600，奥迪100的车身设计要比道奇600领先一代；奥迪100无论是外部尺寸及内部空间均较道奇600大，有利于乘坐舒适。奥迪100在世界市场上的知名度高于道奇600。（2）大众公司提供了较好的条件，有合作的诚意。（3）奥迪100与上海桑塔纳轿车有良好的通用性；从全局看有利于两种车型的国产化和将来备件的供应。（4）奥迪100/200可作为系列化产品生产，奥迪100是中高档轿车，可作为政府官员的公务用车，奥迪200是高档轿车，可作为中央领导用车。此次赴德访问为3万辆轿车先导工程的产品选择奠定了基础。

在一汽寻求和德国大众公司合作的同时仍然和美国克莱斯勒公司保持着联系。1987年12月，范恒光副厂长再次赴美谈判。1988年2月和4月，克莱斯勒公司的拜塔尔先生和副总裁格林华特先生先后率领代表团

访问一汽，他们向耿昭杰厂长表示"如果马上签约，我们的入门费只要象征性的一美元"，即使这样也未能挽回败局。不久，一汽发展轿车决策层讨论决定和德国大众/奥迪公司合作生产奥迪100/200系列产品，经过短时间的商务谈判后，一汽和德国大众/奥迪公司于1988年5月17日在长春签署了引进奥迪100C3GP的技术协议。1988年10月，克莱斯勒公司董事长亚柯卡先生和他的随行人员乘专机到一汽进行工作访问，在参观完一汽后，他遗憾地说："我们来迟了！"

充分利用存量资产建设3万辆先导工程

汽车工业发展战略讨论会后，一汽根据会议精神和本厂条件，提出了具有自身特点的发展轿车的指导方针，这就是："从中高级轿车起步，向下发展；依托老厂，轻轿结合；一次规划，分期实现，先建一个3万辆的先导厂，挡住进口，进而瞄准国际、国内两个市场，建设一个符合经济纲领的现代化轿车工业基地。"一汽是在一个特殊的历史时期上轿车的。当时一汽刚刚结束中型车的换型改造，轻型车的生产准备已进入高潮，资金显得格外紧张，就是要用3万辆轿车先导工程滚利的办法筹集资金。一汽的3万辆轿车先导工程，是在充分利用和改造老"红旗"轿车生产阵地的基础上建设起来的，走的是一条边建设、边出车、以轿养轿、务实快上的路子。

1987年9月18日，一汽轿车厂召开全体员工动员大会，耿昭杰厂长亲自出席了大会，揭开了轿车3万辆先导工程建设的序幕。建设方案是先利用老"红旗"轿车生产基地，改造原有的总装、焊装、涂装3条生产线，以尽快形成奥迪轿车组装能力，逐步提高国产化率。同时利用二厂区已有的原轻卡厂生产车架的厂房，改造为轿车生产的冲压、焊装车间，并接建涂装、总装车间，以建成高水平的、年产3万辆的轿车先导工程。后因1991年成立一汽—大众汽车有限公司，一汽将先导工程建成的冲压、焊装车间以及涂装、总装的冷封闭厂房工程共8万平方米作为实物投资投入一汽一大众公司，并在二厂区重新建设焊装、涂装、总装工程。1989年4月21日，新的奥迪轿车总装线在老"红旗"厂房建成投产，德国大众公司董事长哈恩博士专程前来参加剪彩仪式，在讲话中发出由衷的感叹："我们同一汽的合作，使大众公司拥有一个最具实力的伙伴。你们的速度不是一辆卡车，而是一辆奥迪200。"同年8月1日，第一辆奥迪轿车在轿车厂总装线下线，当年组装391辆。

轿车先导工程1996年底基本结束，1998年7月15日通过国家验收。截至1997年底，累计生产奥迪轿车和自主品牌的小"红旗"轿车123294辆，国产化率分别达到82%和93%，率先满足了国内中、高档公务用车的需求。10年间的总销售收入为311亿元人民币，实现利税66亿元人民币，相当于总投资6.25亿元的10倍，还上交关税70亿元人民币，取得了显著的经济效益，成功发挥了先导作用。

小"红旗"的诞生和发展

1988年5月17日，一汽和大众/奥迪公司签订的转让奥迪100/200系列产品的技术协议中有一条重要的规定，即在协议有效期为6年后一汽可以在引进产品奥迪100C3GP的基础上，通过消化吸收、国产化、自我开发的方式形成具有自主知识产权及自主品牌的轿车。这个规定充分体现了一汽人的民族感情和"红旗"情。1996年底，累计国产化率达到93%，装上匹配的克莱斯勒发动机和O16传动器，具有自主知识产权的民族品牌轿车"红旗"CA7220（小红旗）实现了一汽人"红旗不倒"的愿望，也完成了国家下达的恢复"红旗"生产的政治任务。但是，社会上对小"红旗"沿用奥迪100的外形仍有很多批评，认为是奥迪车上插一杆红旗，而对一汽在国产化和动力总成匹配上所做的大量工作并不知情。为了消除人们的误解、树立"红旗"的形象，一汽又通过联合开发的形式设计出"红旗"自己的外形，耿昭杰厂长对此倾注了大量的时间和精力，这就是后来的"红旗世纪星"。一汽在生产小"红旗"的同

时也没有放松大"红旗"的换型改造，1994年12月，耿昭杰、徐兴尧访问美国福特公司，讨论以联合设计的方式进行大"红旗"的换型改造。1998年11月10日，新型大"红旗"轿车CA7460在一汽轿车公司一轿厂正式下线，大"红旗"换型成功。2002年3月，一汽轿车公司和美国福特公司联合设计开发的、具有自主知识产权的顶级豪华轿车——"红旗"旗舰投放市场。

签署一汽与大众公司长期合作备忘录

引进奥迪100建设先导工程的工作推进了一汽与大众公司的长期合作。1988年8月，耿昭杰厂长率团首次访问德国大众公司，双方通过会谈于8月24日签署了"一汽与大众公司长期合作备忘录"。"备忘录"中写明"大众公司和一汽的第二阶段合作将于1990年开始，双方有意建设一个年产为15万辆能力的轿车厂，并成立合资公司"。同时规定"为了协调建立合资公司的全部活动，双方将于1988年9月成立一个联合协调小组"。

1988年9月24日，耿昭杰厂长向国务委员邹家华汇报了访问大众公司的情况。邹家华对一汽选择大众公司为长期合作伙伴，以高尔夫A3为基本车型，合资建设15万辆轿车项目表示赞成，并指示现在可以开展前期准备工作。根据这一指示，一汽于1988年9月下旬成立了"15万辆轿车项目可行性研究工作小组"，由我担任工作小组的组长，并立即开始工作。

一汽之所以选择大众公司作为长期合作伙伴，并选择高尔夫A3为基本车型，出于以下几方面的考虑：第一，大众公司是一个世界著名的跨国汽车工业集团，它成立于1938年，1988年生产轿车261万辆，在世界上位于通用、福特、丰田之后居第四位。第二，高尔夫A3轿车是一种可以进入家庭的百姓用车，是最畅销的产品，A级轿车在大众公司的产量占总产量的40％，截至1988年6月1日，高尔夫系列产量已达1000万辆。第三，出于大众公司的诚意，大众公司副总裁Borgward先生于1987年12月11日会见首次访问大众公司的一汽代表团时就已提出："和一汽合作给予优惠条件没有问题，但有个前提条件，就是要长期合作，否则只卖给你们一些旧模具，没有什么意思。长期合作可以在第一阶段合作有一定基础后再谈。"对一汽来说也有同样的想法，但前提条件是大众公司是不是一个一汽下一个阶段合作的合适伙伴？它有没有一汽需要的产品？经过考察，回答是肯定的。

十五万辆轿车合资项目的可行性研究工作

从1988年11月至1990年2月，一汽和大众公司为合资建设15万辆轿车项目联合进行了为期一年零四个月的可行性研究工作。可行性研究工作中难度最大、一直有分歧的就是总投资的确定。大众公司对总投资的确定十分认真、慎重，他们根据自己的习惯做法，同时吸取上海大众项目的经验，认为可行性研究如对总投资不留有余地，经中国政府审批后就很难增加投资，对项目的建设十分不利。而一汽方面的想法是尽可能压缩投资，使总投资在国家可能有的计划笼子内，以求得政府尽快批准，项目启动后超支再说。这也是国内建设项目大多是超概算的钓鱼项目的病根所在。两种不同的所有制就会有两种不同的观念。在可行性研究刚开始时，大众公司提出的建设投资为25亿—26亿西德马克，相当于50亿元人民币，如加上建设期利息和流动资金，总投资约为55.5亿元人民币。而一汽方面则希望把总投资控制在30亿元人民币的范围内。双方的差距很大，难以统一，这就迫使一汽放弃最初的"绿色草地"建厂方案和选择生产大众公司最新产品的设想，采用了较为实际的建设方针。即：生产的产品由大众公司的最新产品高尔夫A3和捷达A3（大众公司将于1991年投放市场的新产品），改为先上大众公司即将淘汰的、但在市场上仍很受欢迎的高尔夫A2和捷达A2，然后再上高尔夫A3和捷达A3。这样就能利用二手模具，降低投资，减少风险，加快出车进度；

利用一汽已购置的大众公司在美国的威斯摩兰厂的二手设备，该设备是生产高尔夫A2和捷达A2的焊装、涂装和总装的全套设备。利用这些设备可达到少投入、早产出的目的；放弃"绿色卓地"的建厂方案，利用一汽在二厂区已建成的8万平方米的厂房作为合资公司的冲压和焊装厂房；减少合资范围，取消塑料件车间。在做出上述重大变化后，双方才把总投资统一到35.2亿元人民币，实属不易。经过商务谈判后总投资修改为42.0亿元人民币。一汽—大众公司成立后，由于汇率的改变和物价上涨，经国家批准，总投资调整为89.06亿元人民币。1997年8月，国家验收时总投资超出国家批准额的2.38％。应该说，在当时这是一个投资控制很好的项目。

合资项目商务谈判

1989年11月至1990年9月，一汽和大众公司双方进行了为期11个月的六轮商务谈判。外经贸部、长城律师事务所的领导参加了会谈。前四轮谈判分别在德国汉堡和北京举行，由吕福源总经济师主持，完成了合资合同、合资企业章程及技术转让三个重要文件的文本，但仍有一些重大分歧，双方互不相让、争执不下，谈判一度陷入僵局。在这种危难之际，耿昭杰厂长在我的陪同下亲赴德国主持了第五轮谈判。谈判期间，耿昭杰厂长和谈判小组的成员一起认真分析了形势，制订了谈判方案，提出要争取最好的结果，做好最坏的打算。鼓励谈判小组成员的斗志和士气。还亲自和大众公司高层领导会谈。通过大家的努力，大众公司在CKD价格、技术转让费、工程设计费等难点问题上均有较大的让步，谈判取得很大的进展，终于在7月20日草签合资合同。从7月7日到达德国时的一片否定声到7月20日胜利草签，短短的14天中，我亲历了一场惊心动魄、令人难忘的谈判，第六次谈判于1990年9月1日至18日在北京进行，是我主持的，完成了合资合同、技术转让等27个文本的最终谈判工作。

经过两年艰难曲折而又细致卓越的前期工作，一汽与大众公司合资建设15万辆轿车项目的合同于1990年11月20日在北京人民大会堂隆重签字。国务院副总理邹家华、中顾委常委段君毅、国家计委副主任郝建秀、机械工业部部长何光远、外经贸部副部长李岚清等中央和有关部门领导出席了签字仪式。晚上，在人民大会堂宴会厅举行了由我主持的盛大的庆祝宴会。当我走上宴会厅的讲台，用洪亮的声音宣布宴会正式开始时的心情是难以用文字来表达的。

十五万辆轿车基地的建设

1991年2月8日，一汽—大众有限公司成立，我被董事会任命为首任总经理。1991年8月24日，国务院以国办通19号文批复了国家计委《关于批准一汽—大众汽车有限公司年产十五万辆轿车项目开工建设的请示》，同意开工建设，从此拉开了建设15万辆现代化轿车工业基地的序幕。

一汽—大众15万辆轿车基地占地面积116万平方米，建筑面积43万平方米，建设内容为轿车厂，含冲压、焊装、涂装、总装四大工艺，一次规划（30万辆/年）、分期实施（第一期15万辆/年）；发动机厂，27万台/年；传动器厂，18万台/年。总投资890636万元人民币（含外汇11017万马克），注册资本22.5亿元，其中一汽占60%，德国大众占40%。是当时全国最大的轿车生产基地，也是一汽自1953年建厂以来的第二个大规模建设工程。面对这个庞大又陌生的轿车工程，一汽集团总经理兼一汽—大众公司董事长耿昭杰提出了两个全心全意的指导思想，即"一汽全心全意支持一汽—大众，一汽—大众全心全意依靠一汽"。"两个全心全意"统一了集团公司上上下下各类人员的思想认识，克服了各种阻力，使集团公司对一汽—大众在人、财、物等各方面的支援和服务，不断取得进展。还成立了以韩玉鳞为首的合资工作办公室，加强了15万辆轿车基地建设工作的指挥和协调，使工厂设计院、基建处、设

备处、设备修造厂、涂装中心、三创公司、专用机床厂等单位纷纷进入角色，担负起庞大而复杂的建设工程。

15万辆轿车基地的建设牵动着一汽集团广大员工的心，他们以各种方式参与其中，作出自己的贡献，出现了如工厂设计院总工程师、国家级"工程设计大师"韩云岭，一汽—大众首任焊装车间主任王锡滋等许多可歌可泣的事迹和模范人物，充分显示了一汽人的智慧和才能。

一汽—大众15万辆轿车基地建设受到中央各部委和地方政府的高度关注和支持。江泽民总书记为基地建设亲笔题词："建设现代化轿车工业基地"。1995年6月25日，江总书记视察了建设中的一汽—大众公司，我非常荣幸地向他汇报了公司的建设情况，他还用英语和公司第一副总经理、德方的沃尔夫先生亲切交谈，询问他的工作、生活情况，留下了许多珍贵的照片。李岚清副总理于1993年7月15日视察了建设中的一汽—大众公司并为江总书记亲笔题写的"建设现代化轿车工业基地"的纪念碑落成揭幕。邹家华副总理是一汽上轿车最坚定、最热情的支持者，一汽—大众建设的每一步都倾注着他的心血和关怀。特别是1994年4月5日，在15万辆轿车基地建设的关键时刻，他亲自参加了决战誓师大会，给建设者们以极大的鼓舞。由于我经常到北京向他汇报项目进展情况，可以方便地进出他的办公室，有时候汇报完后还有时间，他会给我们讲一些寓意很深的小故事。国家计委副主任郝建秀也是一汽—大众建设项目的热心支持者，她的平易近人、耐心细致的工作作风一直给我留下很深的印象。有一次因为工作需要，我不得不在晚上到她家里汇报工作，她很热情地接待了我，细心地听取了我的汇报。她曾多次召集会议协调建设中出现的各种困难问题。机械工业部先后两次在长春召开会议，落实轿车基地的国内设备。吉林省将15万辆轿车基地建设项目列为全省的一号工程，成立了以省、市有关领导和一汽主要领导参加的建设总指挥部，先后召开了8次协调会议，促使一些地方政府承担的工程进展很快，特别是长春市历年缺水问题在1996年基本解决，保证了一汽—大众正式投产的用水。

1994年8月1日，总装车间第一个建成投产。1995年底，冲压、焊装、涂装车间相继建成，标志着15万辆轿车工程基本建成。1996年4月30日和7月10日，两个关键车间（传动器车间和发动机车间）建成投产。至此，历时近5年的15万辆轿车工程终于全面建成。1997年8月19日，一汽—大众15万辆轿车工程项目正式通过了国家验收，国家验收委员会对项目的建设给予了高度的评价，这个建设项目还获得国家科技进步二等奖。国务院副总理邹家华在国家验收大会上说，"在15万辆轿车工程建设中，一汽和一汽—大众又向党和国家交上了一份出色的答卷，又一次为国家、为人民做出了重大的贡献。我们为我国有一汽这样的企业而感到骄傲。"所有参加一汽—大众公司15万辆轿车工程建设的一汽员工都应该为邹家华副总理的这一番话感到欣慰。

奥迪公司入股及奥迪 A6（C5）中国型轿车的开发

一汽以技术转让、许可证生产的方式从奥迪公司引进生产奥迪100/200（C3）中、高档轿车，取得很大成功。但这种方式难以继续生产奥迪公司的最新产品，这对进一步开拓中国市场，特别是官员用车的市场是十分不利的。因此，与德方多次协商，决定让奥迪公司入股一汽—大众公司。1993年4月23日，国家计委下达《关于将一汽奥迪轿车从许可证生产扩大为合资经营项目建议书的批复》，同意一汽和奥迪公司合资生产奥迪C/D级系列轿车。1995年11月13日，在德国科尔总理访华期间，一汽、大众和奥迪三方在北京签署奥迪轿车纳入一汽—大众公司生产的合同。合同规定，从1996年开始奥迪轿车将纳入一汽—大众公司生产，奥迪公司将从大众公司所有的40%的一汽—大众公司的股份中获得10%的股份。合同还规定，为生产奥迪轿车，一汽—大众将引进先进的V6发动机（2.4L和2.8L）。自此，奥迪公司成为一汽—大众公

司的第三个股东。在奥迪轿车纳入一汽—大众生产以后，接下来的问题就是如何生产奥迪公司的新一代产品奥迪A6（C5）。1996年1月18日，一汽、一汽—大众和奥迪公司三方签署"奥迪A6（C5）中国型轿车联合开发协议"。协议规定，奥迪公司和一汽同意为一汽—大众公司在已由奥迪公司开发的奥迪A6（C5）基本型的基础上开发奥迪A6（C5）中国型（加长型）轿车。根据这一协议，一汽和一汽—大众的产品开发人员参与了联合开发工作，得到了培养和锻炼。在产品开发的同时，奥迪A6（C5）项目的商务谈判也于1996年11月开始，一汽和奥迪公司双方都十分重视，一汽耿昭杰总经理和奥迪公司总裁Dr.Demel都亲自参与谈判。一汽由于具有捷达轿车项目的谈判经验加上一汽—大众6年来的经营实践，谈判的能力和水平有了很大的提高。奥迪公司由于看好中国市场，又十分乐意和一汽合作，所以在CKD价格和技术转让费等方面都作了重大的让步。这是一次十分成功的谈判，这为以后奥迪A6（C5）成功投放市场，取得经济效益奠定了坚实的基础。1999年9月6日，奥迪A6（C5）中国型高级轿车在一汽—大众公司总装线下线，全国人大副委员长邹家华、原机械工业部部长何光远等领导同志参加了下线仪式。奥迪A6（C5）中国型高级轿车投放市场后取得了极好的销售业绩，一炮打响，它和捷达轿车一起成为一汽—大众公司的拳头产品，它也是挣钱的机器，一汽—大众公司70%以上利润来自于奥迪A6（C5）的销售。

一汽—大众公司于1996年7月建成投产，建成投产前就已经开始生产捷达轿车，1992—2004年12年间共生产各种轿车130万辆，稳居中国轿车制造业的第二位；2002年公司生产、销售各类轿车191756辆，超过一期规划的产能。在根据市场的需要扩能后，于2003年生产、销售各类轿车302196辆，实现了原定的30万辆/年一次规划的产能。1997年公司开始盈利，1997—2004年8年间共计盈利226.6亿元人民币；1998年公司开始向股东分红，1998—2003年6年间股东共获分红59.47亿元人民币，相当于股东初期投入（16.8亿元人民币）的3.5倍，成为一汽集团效益最好的子公司，为一汽集团的发展作出了重大贡献。一汽—大众公司不仅在经济上为一汽集团的发展作出了重大贡献，还为一汽集团的体制改革提供了可以借鉴的模式，同时也为一汽集团乃至全国培养了很多优秀的人才。

一汽人走过了艰难的道路，终于实现了大批量生产轿车的第二个梦想，这个梦想的实现得益于正确的决策和千万一汽创业者为之不屈不挠的奋斗精神和奉献精神！

（选自《新中国往事·改革纪事》，
中国文史出版社 2011 年 1 月版）

孟少农：中国汽车工业的"垦荒牛"

周　燕

新中国汽车工业的建立与发展，已经走过60年的风雨历程。在创业者的行列中，有一位光照后人的前行者——中国科学院学部委员孟少农。这位被称为中国汽车"技术泰斗"的人，始终战斗在生产第一线，就像一头不知倦怠的"垦荒牛"，顽强地耕耘到生命的尽头。

赴美专攻汽车专业

在中国历史上，最先提出发展汽车工业设想的是孙中山先生。1920年，他把这一想法写进了《建国方略》中。他还邀请美国的亨利·福特来华访问，研究中国发展汽车工业的问题。但由于战乱不断，国无宁日，他的设想"甫出娘胎，当即夭亡"。

1931年5月，在张学良将军的支持下，辽宁迫击炮厂历时两年，试制出中国制造的第一辆"民生牌"75型1.8吨载重汽车。不久，日本侵略者的铁蹄彻底踏碎了旧中国制造汽车的梦想。

孟少农，原名庆基（参加革命后改为少农），1915年生人，祖籍湖南桃源县。1935年秋天，孟少农以优异的成绩通过了清华大学极为有限的"清寒公费生"招生考试，怀着"工业救国"的宏图大志，进入清华机械系学习。这一年，他20岁。

在清华读书时，孟少农的物理课成绩相当突出，受到他的老师、中国近代物理学奠基人吴有训先生的赏识。当时的孟少农还是一位热血青年。面对民族危亡，他和同学们一道参加了声势浩大的"一二·九"爱国学生运动。七七事变后，日军占领了清华园，他和同学们加入南下流亡的行列，来到清华、北大和南开在长沙成立的临时大学。

国民党军队在抗战初期的连续失利，使同学们的心情都很沉重。中国的前途究竟怎样？正在这时，清华大学的一位教授来到长沙。他说，国民党第二〇〇师需要修理和保养战车的技术人员。他希望愿意参加抗战的学生，同他一起去为中国军队效力。孟少农和一部分同学报名参加了第二〇〇师。

第二〇〇师是当时国民党军队唯一的机械化部队，其中有国民党军队中唯一的坦克团。要修理战车，光有书本知识还不行。师长杜聿明将同学们送到距长沙30公里的金井陆军交通辎重学校学习。孟少农等80多位同学被编为技术学员队第二期。他们每天上午进行军事训练，下午进行装拆、修理汽车和坦克的技术训练。很快，孟少农不仅学会了驾驶汽车、坦克、摩托车，还熟悉了各种车辆的技术性能，他绘出的战车草图得到同学们的交口称赞。全部课程结束后，孟少农和同学们开着自己修好的破车，由金井经浏阳，到江西万载，进行了一次长途驾驶。

半年的学习、训练生活结束后，唯有学习成绩最好的孟少农和另一位同学被留在交辎学校新成立的"战车研究室"当助教。但由于不满国民党军队的腐败，孟少农在那里工作了一段时间后，便毅然离开，回到西南联大继续学习。这段不平常的经历为他日后钻研汽车制造奠定了坚实的实践基础。

1941年10月，孟少农等16名考取清华留美公费生的校友，远涉重洋，到美国学习。孟少农进入麻省理工学院研究生院专攻汽车专业。经过一年半的深造，他获得硕士学位。毕业时，与他一起留学的中国同学，大都准备继续攻读博士。孟少农却不想留在学校里读书。他说："光念书，在哪儿不能念，何必非在美国？弄个博士学位，回国还是个教书匠。我要做一个实践者，把美国的工厂搬到中国去！"经华美协进

社介绍，孟少农来到底特律西郊的福特汽车制造厂实习、见学。后来，他又来到佛尔蒙州的J&L机床厂。J&L是一家生产多种机床的老厂，有充分的动手机会，既能组装机床，又能实际操作设备，孟少农真是过瘾极了。

1944年夏天，宋子文注入资本的一家中国公司，与美国司蒂倍克公司合作，准备第二次世界大战后在中国建设一个年产两万辆卡车的汽车厂，请司蒂倍克公司进行初步设计。而司蒂倍克公司对中国的情况一点也不了解。孟少农等五位中国留学生应聘来到司蒂倍克，他们得到一次难得的设计汽车厂的机会。五个年轻人凭着一股钻劲儿，硬是把一个中型汽车厂设计出来了。尽管司蒂倍克项目最后没有实现，但孟少农他们利用美国公司优越的工作条件，进行了一次实实在在的建厂练兵。

在3年半的实践过程中，孟少农走访了五个工厂，只要他认为对祖国有用的东西，就努力地学，大胆地去实践。福特汽车厂非常器重这位勤奋好学的中国工程师，为他提供了优越的科研环境和优厚的物质待遇，想把他留下。J&L机床厂也看中了孟少农，甚至为他填好雇员证，开好支票……所有这一切，都被孟少农婉言谢绝了。他要回祖国去，为中国制造汽车！

1946年初夏，当孟少农刚刚踏上祖国的土地，全面内战爆发了，在国内制造汽车一时没有可能。孟少农果断决定，先回母校清华大学任教，为国家培养汽车事业的技术人才！

孟少农是清华机械系的第一位汽车专家，他开设了系里多年想开却始终未能如愿的汽车工程学课程。师资不足，他就一人承担起汽车工程、工艺学、工具学等三门主课的讲授。他把自己在美国学到、看到的当时西方国家最先进的机械工程方面的知识，尽可能地介绍给学生们。当听说日本人逃离清华时，把废弃的汽车发动机扔在河里，他就带着助教和学生一起下水寻找，硬是把生锈的发动机打捞上来。他设法从天津弄到报废的车桥和变速箱，又贱价买回两台小汽车，建起汽车教研室和试验室。他还为系里的金工厂增添了车、铣、刨、磨等多种机床设备，购置了微型电影放映机和幻灯机，为学生们提供尽可能多的教学与实践环境。

那时，清华大学已有地下党组织在活动。在反内战、反饥饿、反迫害的革命浪潮中，孟少农积极向党组织靠拢，成为当时清华教授中第一个中共党员。他在教师和学生中积极发展进步力量，给海外的清华校友写信，动员他们尽快回来任教，迎接新中国的诞生。这时，国民党特务的黑手已经伸向清华，许多进步教师和学生都上了黑名单。地下党组织为了保护孟少农等高级知识分子，及时妥善地将他们转移到解放区。

参与筹建长春第一汽车制造厂

1948年秋天，孟少农经过长途辗转，来到华北人民政府所在地石家庄，被分配到公营企业部工作。一天，黄敬部长高兴地告诉他，北平很快就要解放了，组织决定派他回北平参加接管工作。新中国成立后，黄敬领导的公营企业部改为中央重工业部。孟少农是重工部的第一批干部。

1950年刚一开年，孟少农惊喜地得知，国家将着手建立汽车工业，部领导责成他负责建立"汽车工业筹备组"。

在长春建设中国第一汽车制造厂，是第一个五年计划期间，苏联156项援建工程中的重点项目，设计要求年产3万辆吉斯150型载重汽车。为此，一个苏联专家组来到中国，帮助设计汽车厂。

为了建好"一汽"，孟少农不遗余力广泛罗致人才。他多次到清华大学机械系去要人，还通过国民党交辎学校的故旧和美国福特汽车厂等多方面的关系寻找人才。当他得知，上海交通大学有一批汽车专业的毕业生被分配到学非所用的岗位；一些跨部门的"汽车人才"，重工部无力调动；还有一些分散在全国各地的急需人才，汇集、调动比较困难……他便给周恩来总理写信，列出一份"汽车人才"名单，请政务院副秘书长齐燕铭呈交周总理。孟少农万万没有想到，两天后，周总理就

批准了他的报告。就这样，大批的人才陆续被调进筹备组。孟少农根据不同情况，把他们安排在技术处和研究室或下厂实习，又将50多名大学生集中到清华园，举办培训班，上汽车理论课，进行拆检实习，学习汽车驾驶，想方设法让大家尽快熟悉汽车。

1952年7月1日，"中央重工业部汽车工业筹备组六五二厂"在长春成立，这意味着新中国汽车工业正式进入起跑线！六五二厂是"一汽"的前身，孟少农担任主管技术工作的副厂长。

同时，重工业部交给孟少农一项更加艰巨的任务，由他出任中方全权代表，常驻莫斯科，与苏方进行援建汽车厂的谈判：商谈建厂规划，协调工厂设计，产品设计，设备订货，培训中国工程技术人员等众多事宜。于是，孟少农便频繁地奔波于北京和莫斯科之间。

根据援建计划，孟少农精心选派了500多名相关专业和重要岗位的技术人员、管理干部以及特殊工种的技工，分批去苏联斯大林汽车厂实习。孟少农为各类实习人员制订了具体的学习计划。他还时常去斯大林汽车厂与实习人员交谈，热心地介绍学习方法，指导他们在实习中应注意哪些重要环节，怎样把基本功学到手。在他精心安排与指导下，这500多名赴苏实习生不辱使命，满载而归，成为中国汽车工业的重要骨干力量。

"解放""红旗"成为一代中国人的骄傲

1953年7月15日，中国第一汽车制造厂在长春动工兴建！

中央任命孟少农担任一汽副厂长兼副总工程师，全面负责技术工作。为了尽快造出新中国第一辆汽车，孟少农以旺盛的精力，夜以继日地工作着，从指导基建、安装设备，到领导产品设计，以及工艺、冶金、生产准备等全部技术工作。

经过整整三年的艰苦奋战，1956年7月15日，中国第一批12台"解放"载重汽车隆重下线。这一天，孟少农夜不能寐，从步入清华大学的那一天起，他经历了21年的艰辛探索和奋力拼搏，中国人自己制造汽车的梦想终于实现了！

工厂投产不久，孟少农及时提出："要在掌握原型车的基础上，迅速进行派生设计，生产各种用途的新型汽车，不能死抱着苏联的一本经来念！"他制定出1957至1962年"解放"汽车的改进计划，包括从原型中派生的自卸车、牵引车、配套用的挂车，以及可以通用部分总成的三轴越野车。在孟少农的直接领导和主持下，这些产品很快试制出样车，成功地投入了生产。

20世纪60年代初期，根据部队需要，"一汽"参照苏联吉斯157车型试制出两批越野车。由于原设计有不少缺陷，急需改进。而这时，中苏关系已经破裂，苏联撤走了全部专家。"一汽"必须依靠自己的力量解决越野车的技术难题。孟少农坚定地鼓励大家："我们不能总是依靠拐棍走路，摔跤怕什么？摔几下就学会走路了！"由于改进设计的越野车结构变动较大，孟少农专门组织设计人员到部队对使用要求进行详细的调查，又集中技术骨干反复论证改进方案，还亲自参与审定整车和各个总成的设计。在关键部分的三桥设计上，他积极支持一位设计师采用差速器结构的意见，解决了布局上的难题。改进后的越野车正式投产后，很受部队的欢迎。

1958年，全国掀起"大跃进"的高潮，本来每班只有100辆生产能力的"一汽"厂，开展了班产250辆解放牌汽车的增产运动。由于单纯追求数量，发动机分厂齿轮车间发生了严重的质量问题，汽车变速箱不仅噪声大，还出现敲击声，造成全厂被迫停产一周的后果。

对于变速箱噪声问题，孟少农心中有数，一般是齿面光洁度不够或磕碰伤所致。他在车间里走了一圈，又向工人和技术人员进行调查了解，更证实了自己的判断。在质量分析会上，孟少农循循善诱地和大家一起剖析原因：为了追求速度，不按工艺规程办事，随意加大进刀量，齿面的光洁度怎么能够保证？产量突然加大，码放齿轮的工位器具严重不足，零件的码放像堆土豆一样，齿面能不被碰伤吗？孟少农还介绍了

他在美国福特汽车厂实习时看到的情况：那里的工人搬运齿轮都像拿水蜜桃一样生怕碰伤，一旦发现齿面有毛刺或碰伤，就会有专人像牙科医生一样用工具精心修复，这样装出的变速箱质量才有保证。孟少农的一席话，说得大家心服口服。会后，齿轮车间重新规范了工艺流程，增加了工位器具，修复了齿面的毛刺和凸包，变速箱总成质量全部达到出厂标准。在"大跃进"年代，孟少农虽然无法阻止自上而下的生产冒进，但在他的职责范围内，必须保证"解放"车的出厂质量！

"一汽"是中国汽车工业的"老大哥"，"解放"汽车在全国供不应求。孟少农仍旧不断寻找"解放"的缺陷。他曾亲自带领分厂生产负责人和工程技术人员，前往内蒙古、甘肃、陕西、四川、湖北等地，进行深入的用户调查，很快解决了"解放"汽车存在的驾驶室闷热、散热器易沸腾、转向沉重等三大缺陷。

中国不仅要造卡车，还要制造小轿车，甚至高级轿车。1957年5月，一机部黄敬部长来到"一汽"，提出研制生产轿车的问题。孟少农综合了国外中档轿车的优点，确定了中国第一台"东风"小轿车的设计原则：底盘和车身参考"西姆卡"；发动机仿造"奔驰190"；车身外形要有民族特色。他还亲自确定了以飞腾的金龙为前标，尾灯采用中国传统宫灯造型等特殊标志。在孟少农的领导和主持下，设计、工艺和生产工人共同奋战，仅一年时间，"东风"样车正式下线，向正在北京召开的中共八届二次会议报捷。毛主席在怀仁堂后花园乘坐了"东风"轿车后，高兴地对代表们说："今天坐上我们自己制造的小汽车了！"

为了迎接新中国成立十周年，"一汽"又接受了生产"红旗"高级轿车的任务。大家的目光都集中在"克莱斯勒""凯迪拉克"和"林肯"新款轿车宽大的车型上。孟少农综合汽车的性能、舒适度、耐用性，提出了一个大相径庭的方案，具体思路是：发动机以V8为动力，内部尺寸略大于现在的"奥迪A6"，必要时车体还可以加长，改为三排座，专供中央首长乘坐。如果孟少农的方案得以实现，"红旗"即可大批量生产，这对中国轿车工业的发展十分有利。遗憾的是，他的方案没有被接受。

尽管如此，孟少农仍然竭尽全力领导CA72型"红旗"轿车的设计和试制工作，从总体设计到每个总成，再到零部件，他都一一思考，精心指导，组织攻关，先后攻克了液压挺杆、高压油泵、液压变速箱等主要关键，成功试制出V8发动机，使1959年首批试生产的"红旗"高级轿车达到一定的技术水平。

人们不会忘记，在20世纪六七十年代，"红旗"高级轿车是中国人的骄傲，威武气派的"红旗"迎宾车队，成为北京长安街最壮观的一道风景线。

为汽车工业发展呕心沥血

1965年，孟少农离开辛勤创业13个年头的中国"一汽"，回到北京，任一机部汽车局总工程师室负责人，领导全行业的技术工作，并集中精力研究世界发达国家汽车工业的发展动态和我国汽车工业发展过程中的一些重大问题。不久，"文革"开始了，孟少农被扣上"反动技术权威"的帽子，下放到"五七"干校学习、劳动。

1971年5月的一天，孟少农突然接到上级调令，赴"陕汽"任生产指挥组副组长，领导技术攻关。他带着一家人兴冲冲地奔向荒凉的陕西岐山五丈原落户。

陕西汽车制造厂是"文革"开始后兴建的"三线"厂。它研制的军用5吨越野车，经过两轮试验，还存在不少亟待改进的棘手问题。孟少农来到"陕汽"时，厂里还在实行军管，大部分技术干部都在车间劳动。他顶着政治压力，建议并成立起产品设计、工艺设计、组合机床设计等技术职能部门和职工大学，使厂里大部分技术人员回归技术岗位。经过整顿产品图纸，狠抓质量攻关，先后解决了车桥、驾驶室加固、发动机改进等关键技术问题，"陕汽"的设计水平和生产能力有了很大提高。由孟少农主持改进的延安牌SX-250型5吨越野车，不仅按期投产，

而且质量优良，成为国产军用越野车的佼佼者。

正当孟少农带领"陕汽"继续开发新一代军民两用载重车时，地处湖北十堰的中国第二汽车制造厂告急！

1964年破土动工的中国"二汽"，建设在动乱年代，长期受到"左"的干扰，在尚未具备生产条件的情况下，就强行大批量生产"政治车"。"二汽"制造的2.5吨越野车被用户形容为：龇牙咧嘴，摇头摆尾，漏油漏水，特别是"东风140"5吨载重车，质量问题成堆，难以投产，败坏了"二汽"的形象和声誉。在"二汽"最困难的时候，原"一汽"老厂长、"二汽"现任厂长的饶斌向一机部提出请求，务请孟少农来"二汽"担任第一副厂长兼总工程师。

1977年底，孟少农来到"二汽"时，"东风140"已经试制了5轮，不合格件有1200多种，质量问题高达9300多个。如果修改产品设计，则要报废1000多套工装设备。面对骑虎难下的局面，"二汽"几万双眼睛都注视着孟少农——中国最权威的汽车专家。

在充分调查研究之后，孟少农肯定了"东风140"的设计基础，同时归纳了64项关键问题。"二汽"成立了由孟少农任总指挥的攻关指挥部，下设16个攻关队，几十个攻关课题组。在全厂大会上，孟少农作了"鼓干劲，树雄心"的深入动员。他说："我们'二汽'到了生死存亡的关头，要么上去，要么垮台。就像当年韩信在井陉口和强大的20万赵兵作战一样，背水一战，没有退路！我相信，'二汽'的几万精兵，一定能像韩信一样，以弱胜强，化险为夷，失败不属于'二汽'！"

1978年的元旦和春节，全体"二汽"人放弃了休息，同心协力地奋战在生产线上。总指挥孟少农紧紧抓住各个关键环节，有条不紊地指挥着这场生死攸关的攻坚战。过度的劳累，使他的痛风病时常发作。脚部的剧痛使他无力行走，他就把攻关课题组的负责人请到家里，把图纸铺在地上，研究解决一个个具体难题。即使住在医院里，他也天天听取汇报，不失时机地指导工作。

攻关的战果令人振奋。仅一年时间，"东风140"5吨载重车以崭新的面貌正式投产了！新出厂的"东风"车，以马力大、速度快、耗油低、轻便灵活的优良性能威震全国。

长春、五丈原、十堰，孟少农的工作岗位始终在汽车生产的第一线。用他家人的话说，他的家越搬越偏僻，越搬条件越艰苦。孟少农退居二线后，孩子们曾劝他调回北京。孟少农却执意留在"二汽"。他说："身在汽车厂，我感到心里踏实，靠近汽车，听得到汽车厂的脉搏，我才能睡着觉。"

1980年11月，孟少农当选了中国科学院技术科学部委员。1983年、1984年，连续两年被评为湖北省劳动模范，1985年，荣获全国第一批"五一"劳动奖章。

发展中国的轿车产业是孟少农晚年最大的心愿。1982年，在中国科学院召开的一次会议上，孟少农用大量的国外实例，宣传汽车工业应成为我国国民经济的支柱产业，他还提出大力发展轿车生产的意见。有人曾善意地劝他说，现在国家财政很困难，你的观点很难被国家接受。孟少农却幽默地说："舆论工作总得超前吧？如果什么人一说，应该发展轿车，国家就马上掏钱建厂，谁是大老板也不会这样干呀！"孟少农不断为发展中国的轿车产业摇旗呐喊。他曾感慨地说："到了公元2000年，全中国如果不能生产200万辆优质汽车，我死不瞑目！"

1987年，中央决定大力发展轿车产业。年逾古稀的孟少农非常兴奋。他说，如果没有这个汽车工业作基础，今天我们的轿车生产就只能向国外买技术、买设备、买工装、买配附件，成为给外国资本拧螺丝钉的小伙计。

这年7月，孟少农在《二汽集团研究》上发表文章，谈《对生产轿车的几点意见》。他指出，轿车生产的特点是市场变化快，先行期长，风险大，如果决策不当，失败是常事，因此，慎重决策是首要问题。他提出，我们必须建立一个独立自主的轿车工业，首先要立足自己的原材料及加工制造，而不是单纯搞外来件装配，要提高自己的技术开发能力，这样才能在技术上不断进步。

就在孟少农以极大的热情关注中国轿车产业发展时，他的生命已经走到尽头。长期的操劳，多年的痛风病，使他的肾功能遭到严重的破坏。这年年底，他不得不从湖北十堰转入北京中日友好医院治疗。一个月后——1988年1月15日，孟少农与世长辞，享年73岁。

孟少农用"做一个实践者"的豪迈誓言，甘当"垦荒牛"的奉献精神，不仅书写了自己的不朽人生，也写下新中国汽车工业从无到有，从崛起到走向辉煌的厚重的一页！

（原载于《纵横》2008年第9期）

申办上海世博会的前前后后

张国斌

2016年8月，第31届夏季奥林匹克运动会在巴西里约热内卢成功举办。在观看奥运赛事的同时，我不禁联想到了2008年北京成功举办第29届奥运会和2010年上海成功举办第41届世博会的过程。

2010年在中国上海举办的第41届世界博览会，继北京奥运会之后再次惊艳了全世界。世博会以"城市，让生活更美好"（Better City Better Life）为主题，总投资达450亿元人民币，创造了世界博览会史上最大规模之纪录，同时超过7000万的参观人数也创下了历届世博会之最。

上海世博会的巨大成功，给上海以及整个中国都带来了巨大的影响和意义：政治上提升了中国的国际地位，增强了中国在世界的话语权；经济上带动了经济增长，吸引了投资，刺激了消费，推动了就业，大大加快了城市基础设施建设；文化方面则向世界展示了中华民族的风采，同时也使得世界各国民族文化风俗得以全方位呈现，增进了彼此的了解，丰富了中国的文化内涵，提升了中国文化影响力等"软实力"；科技上加强了与世界各国的科技交流与合作，推动了新技术发明与创造，提升了我们的科技水平。总而言之，上海世博会从总体上增强了我国国民文化素养，提高了国民素质，为推动中国早日实现中华民族伟大复兴做出了贡献。

累累硕果之中总少不了一批人曾经默默无闻地付出，上海世博会的成功申办是在中央政府领导下，包括上海市政府、中国驻法国大使馆等

一大批领导、同志以及全国人民共同努力的结果。

我当时任中国驻法国大使馆参赞兼办公室主任，主管申博后勤和部分礼宾工作，有幸亲历了申博的全过程。下面我将从申办上海世博会的最前线——中国驻法国大使馆的角度加以解读，让读者了解一项国际大型活动的申办，需要经历怎样的波折与坎坷，其间又会发生多少变数与故事。

中国创造了三个"第一"

要解读世博会，首先不得不提到国际展览局。因为1931年成立的国际展览局（英文简称为BIE），其宗旨便是通过协调和举办世界博览会，促进世界各国经济、文化和科学技术的交流和发展。因国展局总部设在巴黎，中国驻法国大使馆便变成了申办上海世博会的最前线。

在申办2010年世博会上，我国及时有效地创造了三个"第一"的成绩：1999年12月8日，国际展览局在巴黎召开第126次大会，经中央领导指示，中国首席代表刘富贵在会上宣布，中国将申办2010年世博会，成为第一个口头宣布申办2010年世博会的国家；2001年5月2日，吴建民大使代表中国政府向国展局秘书长洛塞泰斯递交了由唐家璇外长签署的中国主办2010年世博会的申请函，成为第一个正式递交申请函的国家；2002年1月30日，吴建民大使又代表中国政府向国展局秘书长递交了中国的申办报告，中国成为第一个递交申办报告的国家。"这次你们又得了第一名！"时任国展局秘书长的洛塞泰斯微笑地说道。

"中国已经成功申办2008年奥运会，怎么什么好事都要轮到中国？"

与申办奥运会不同，从2001年正式申办世博会开始，申办国要分别在2001年和2002年的年中与年底分别进行四次陈述。由于世博会的意义非常，参与竞争申办的国家自然不在少数，有十几个之多。尤其是到了2002年，申博到了白热化阶段，包括阿根廷、墨西哥、俄罗斯、韩国、波兰在内的五个国家，都是中国强有力的竞争对手。

在同其他五国竞争举办权的时间段内，舆论的导向很重要，它可以影响国展局的决策，也可能影响一部分国家的投票立场。当时有国家为了降低中国的竞争力，出现了这种论调："中国已经成功申办2008年的奥运会，现在又申办2010年世博会，怎么什么好事儿都要轮到中国？这不公平。"以图唤起其他国家响应，共同反对中国申博。这种"利益均沾"的论调对中国很不利。对于这种论调，当时吴建民大使果断采取行动，不断通过法国电台和报社记者采访的机会来表达自己的观点。他告诉人们："不能只看2008年和2010年，要回头看看这过去的一百年。中国人口占世界总人口的1/4，有5000多年的文明史，但这两项活动之前却从未在中国举办过，这本身对中国来说就是不公平的。如果国展局大会能决定2010年世博会在上海举办，这也是针对过去对中国不公正待遇的一种纠正。另外，我们每个人都应该知道，申办世博会的宗旨是促进世界各国经济、文化和科学技术交流和发展，只要是有这个能力、有这份责任心的国家，都可以申办。中国这些年的发展是有目共睹的，无论是经济还是科学文化，中国都有这个资格和能力。在中国上海举办世博会，不仅能够加强中国与世界各国的交流，更能推动整个世界经济、文化、科技的发展，这是完全没有问题的。"渐渐地，这种"好事儿不能都给中国"的论调销声匿迹了。

也有人以人权为幌子，对中国进行无理指责。时任法国卫生部部长的库什纳就是很典型的一个例子。库什纳是有名的"人权斗士"，从未访问过中国，对中国的真实情况并不了解，却在人权和西藏等问题上对中国偏见较深。吴建民大使便与库什纳相约在《巴黎竞赛画报》报社宴会厅，边用午餐边进行辩论。一开始，库什纳振振有词，一副自以为掌握了真实材料、"包打天下"的架势。为不激起库什纳的情绪，吴建民大使把自己的观点建立在事实的基础上，还以法国为例，反问库什纳："你

们法国在大革命期间提出'自由、平等、博爱'，那时法国人真有自由、平等、博爱吗？就说您不断提及的选举权吧，当时谁有选举权？只有有钱的纳税人有选举权！后来很长时间中，只有男性公民有选举权。你们是什么时候给妇女以选举权的？是1945年，在法国大革命156年之后！而且是男人来决定妇女是否应该有选举权。法国历史上对人权的践踏不乏其例：贩卖黑奴、殖民战争、镇压工人等。没有一个国家可以自诩其人权记录是十全十美的。所以你们人权状况的改善也经过了一个长期的过程。"一番交锋下来，库什纳不得不对吴建民的观点点头赞成。

10天后，《巴黎竞赛画报·中国专刊》出现在巴黎各大报亭，吴建民大使与库什纳的谈话作为重点导读文章，被刊登在首页。这篇文章对提升中国国际形象发挥了巨大作用，而傲慢的库什纳从此也对吴建民大使尊敬有加，从反对到支持中国申办世博会。后来，两人还成了好朋友。

大使、公使、公参、参赞齐上阵

申办世博会不仅是四次重要的陈述，更重要的是包括舆论引导、政府交涉、宣传片的制作等一系列私下工作的进行。

2002年10月，申博进行到白热化阶段。为了做国际展览局80余个国家代表的工作，寻求他们对中国申办世博会的支持，上海有人提出，可以从国内派遣一批熟练掌握这些国家语言的大学生来巴黎与他们进行一对一沟通。很多领导对这个方案表示支持，并做了一系列准备工作。但是当问到中国驻巴黎大使馆的意见时，吴建民大使根据实际情况表示，这样的做法并不妥当，并阐述了理由：一方面这些外国代表都是本国派驻到巴黎的外交官，而如果让我们的大学生去沟通，本身身份不对等，对方不一定会见我们，甚至就是见到我们，也不一定会去对等地进行交流；另一方面，大学生本身阅历不足，对申博的认识和了解也不深，很难做出有效的沟通。上海方面同意了吴建民大使的意见，并询问是否有其他可行性办法。吴大使表示，可以动用中国驻法大使馆的力量，由大使、公使、公参、参赞等高级外交官担起这份任务。最后，几乎大部分的高级外交官都投入到这项工作之中。由于很多高级外交官本身便与这些国家代表保持着良好的友谊，所以最后取得了很好的效果。

除了这些"征战"在最前线的外交官，很多后勤工作人员也在努力贡献着自己的一份力量。

吴建民大使为了保持我们工作人员的状态，希望大家除了西餐，也能经常品尝到馒头、面条、花卷、稀饭等"家乡的味道"。这在国内甚至巴黎自然很容易做到，但由于当时申办世博会是在摩纳哥进行，所有人员都工作在1.95平方公里的摩纳哥，全国就一家由越南人开的中餐馆，这个任务就变得充满了挑战。但是我们后勤人员克服了重重困难，厨师每天从早上5点工作到晚上22点，司机师傅们也每天来往于摩纳哥与法国之间进行采购、送餐，连厨师、司机的夫人们也都齐上阵，加入这忙碌的队伍中来。

在大家齐心协作的努力下，我们终于等来了胜利的一天。当2002年12月3日15：35第四轮投票结果出来时，中国以54票胜出。我们赢了！很多人都流下了激动的泪水。

我随后把电话打给了被我提前安排到厨房的办公室副主任聂波，"我们赢了！"我兴奋地告诉他。他开着免提，大家都能听到我的声音，接下来就是"锅碗瓢盆交响曲"和后勤人员欢快的庆祝声音，那是我听到的最美妙的乐章。广场外面，数百名未能进入会场的中国人挥舞着五星红旗，高声唱着《我的祖国》，震撼场面让每一个外国人为之瞩目。

时光荏苒，转眼间，距离申办上海世博会已经过去了十多年，而上海也由于世博会的成功举办获得了突飞猛进的发展，取得了今天的成就。很多当年参与其中的外交官和工作人员如今已退居二线，我们敬爱的吴建民大使也驾鹤西去，但包括吴建民大使在内的所有人员奋勇拼搏、努力争先、为国争荣的精神不会变，并将一如既往地传承下去。

（原载于《纵横》2016 年第 11 期）

粤港澳大湾区建设纪实

刘 欢 安 蓓 陈键兴

早春二月，珠江之畔生机盎然，南海之滨气象一新。在这播种希望的时节，中共中央、国务院印发了《粤港澳大湾区发展规划纲要》全文，于2019年2月18日正式公布。

推进粤港澳大湾区建设，是以习近平同志为核心的党中央作出的重大决策。习近平总书记以政治家的远见卓识，从全局高度为粤港澳大湾区发展擘画蓝图。

——要全面准确贯彻"一国两制"方针，严格依照宪法和基本法办事，全面推进内地与香港、澳门互利合作，支持香港、澳门融入国家发展大局，把粤港澳大湾区建设成为扎实推进高质量发展的示范，打造国际一流湾区和世界级城市群。

"春江潮水连海平，海上明月共潮生。"在以习近平同志为核心的党中央关心指引下，粤港澳大湾区建设热潮澎湃而起。

领航掌舵，把脉定向——习近平总书记 立足全局和长远作出重大谋划，引领 粤港澳大湾区建设加快推进

风起南海，潮涌珠江。

这里，是中国改革开放得风气之先的地方，是中国开放程度最高、经济活力最强的区域之一。

2012年12月，习近平总书记在党的十八大后首次离京考察就来到广东。他指出，希望广东联手港澳打造更具综合竞争力的世界级城市群。

2018年10月，习近平总书记再次踏上广东这片热土。他强调，要把粤港澳大湾区建设作为广东改革开放的大机遇、大文章，抓紧抓实办好。

湾区，既是地理概念，也是经济现象。著名的纽约湾区、旧金山湾区、东京湾区，都是带动全球经济发展的重要增长极和引领技术变革的领头羊。

粤港澳大湾区由香港特别行政区、澳门特别行政区和广东省的珠三角九市组成，总面积达5.6万平方公里，2017年末总人口约7000万，2017年经济总量约10万亿元。

历经改革开放40年快速发展，尤其是香港、澳门回归祖国后，粤港澳合作不断扩大深化，这一区域坐拥明显区位优势，累积了雄厚经济实力，创新要素集聚、国际化水平领先，已具备建成国际一流湾区和世界级城市群的基础条件。

粤港澳大湾区面临提升国际竞争力、实现转型发展、创新合作发展体制机制等新机遇，同时必须破解供求结构、经济增长内生动力、生产要素高效便捷流动、生态环境等面临的发展难题。

善弈者谋势，能牢牢把握机遇、积极应对挑战。实施粤港澳大湾区

建设，正是以习近平同志为核心的党中央立足全局和长远作出的重大谋划，是保持香港、澳门长期繁荣稳定的重大决策。

2017年7月1日，在习近平主席亲自见证下，国家发展改革委和粤港澳三地政府在香港共同签署《深化粤港澳合作推进大湾区建设框架协议》。习总书记作出重要指示，要求把这件大事办好。几个月后，粤港澳大湾区建设被写入党的十九大报告。

在中国发展大棋局上，粤港澳大湾区建设无疑是重要一子。这是新时代推动形成全面开放新格局的新尝试——

"要在更高水平上扩大开放，高标准建设广东自由贸易试验区，打造高水平对外开放门户枢纽。要继续推进改革，抓好改革举措的协同配套、同向共进。"

"在国家扩大对外开放的过程中，香港、澳门的地位和作用只会加强，不会减弱。"

习近平总书记的话语重心长，为粤港澳三地以大湾区建设为重点锐意进取、不辱使命，指明方向，鼓舞信心。

在中国改革开放新征程中，粤港澳大湾区建设可谓一大引擎。这是新时代建设高质量发展典范的新探索——

2018年10月，习近平总书记考察广东时对推动高质量发展提出多方面明确要求。11月，他在会见香港、澳门各界庆祝国家改革开放40周年访问团时强调，希望香港、澳门继续带头并带动资本、技术、人才等参与国家经济高质量发展和新一轮高水平开放。

"北雄安，南大湾，是中国战略双子座。""粤港澳大湾区将成为中国湾区经济的实验者，为中国发展带来新契机。"……学者们的评论纷至沓来，道出高度关注与期待，信心更显而易见。

粤港澳大湾区建设迎来全面实施、加快推进的新阶段。

科学设计，稳步推进——规划建设顶层设计高水平展开，粤港澳大湾区建设实现良好开局

国之大计，须经得起实践和历史检验。

2017年12月18日，习近平总书记在中央经济工作会议上指出，粤港澳大湾区建设要科学规划，加快建立协调机制。

2018年5月10日、5月31日，习近平总书记先后主持召开中央政治局常委会会议和中央政治局会议，对规划纲要进行审议。

习近平总书记高度重视粤港澳大湾区规划工作，反复强调、殷殷嘱托、亲自指导，要求提高规划建设顶层设计水平。

充分发挥市场在资源配置中的决定性作用；在促进双向投资、推动贸易便利化、构建新型合作模式、搭建多元合作平台等方面积极探索；建设好大湾区，关键在创新……习近平总书记多次就推进粤港澳大湾区建设作出指示，针对性强，具有重要指导意义，成为科学编制规划、精心组织实施的行动指南。

实地调查研究、多方征求意见、不断修改完善，规划纲要编制工作精益求精，体现了高度负责的态度和科学务实的精神，最大限度凝聚共识。编制过程中，多种渠道充分听取粤港澳三地和社会各界意见，寻求最大公约数。

围绕规划纲要制定和实施，粤港澳大湾区建设领导小组有力有效推进各项任务，支撑粤港澳大湾区建设的"四梁八柱"规划政策体系逐步架构形成，配套规划和实施方案陆续出台中，涉及国际科技创新中心建设、基础设施互联互通、青年创新创业、生态环境保护、产业发展等多个方面。

潮平岸阔，风正帆悬。

在以习近平同志为核心的党中央关心下，粤港澳大湾区建设开局良好、进展顺利。

伶仃洋海天一色，港珠澳大桥飞架三地。2018年10月23日，习近平总书记来到珠海，宣布港珠澳大桥正式开通。

这一"国之重器"打通了粤港澳大湾区道路交通网，为大湾区基础设施互联互通树立了典范。

去年，广深港高铁香港段也正式通车。今年春节7天假期，广深港高铁发送过港旅客40万人次。

香港退休医生钱茂林和妻子在广州养老多年，以往春节为了全家团聚，老两口坐过南下的大巴，在香港的孩子坐过北上的客轮。如今，广州南站到香港西九龙站最快仅需约50分钟，一家人两地探亲有了更便捷的选择。

与香港连接的莲塘/香园围口岸，与澳门连接的粤澳新通道等大型跨境基建项目，都在加快建设。基础设施互联互通如有力的羽翼，将助推大湾区展翅高飞。

从广州南沙到深圳前海、珠海横琴，从香港科技大学（广州）校区合作项目建设，到推进深港青年创新创业、加速粤澳合作中医药科技产业园建设，聚力打造深度合作发展平台的探索如火如荼。

在创新驱动发展战略导引下，资本、技术、人才、信息等关键要素的加速流转已经启动，粤港澳大湾区正进入协同创新的新时期。

在世界夜景卫星图上，从广州到深圳再延伸至香港、澳门，是灯光最璀璨的区域之一。在这里，一条融研发、转化、制造于一体的科技创新走廊正加快构建。

踏上这片热土，人们感受到的不只是速度与激情，更是对创新与品质的追求。粤港澳大湾区故事的前言，就已精彩纷呈。

大胆开路，创造先例——粤港澳大湾区建设助力港澳融入国家发展大局，推动"一国两制"事业发展新实践

中国特色社会主义进入新时代，国家改革开放和"一国两制"事业也进入了新时代。

"对香港、澳门来说，'一国两制'是最大的优势，国家改革开放是最大的舞台，共建'一带一路'、粤港澳大湾区建设等国家战略实施是新的重大机遇。"习近平主席的谆谆期勉，让港澳社会感到暖心，更提振了信心。

香港、澳门融入国家发展大局，是"一国两制"的应有之义，是改革开放的时代要求，也是港澳探索发展新路向、开拓发展新空间、增添发展新动力的客观要求。建设粤港澳大湾区将更好发挥港澳所长，也有利于为港澳经济社会发展和港澳同胞到内地发展提供更多机会。

真诚的关心、殷切的期许，落实于诸多方面的政策措施。

——科技部、财政部印发管理办法，推动中央财政资金通过科技计划项目资助形式拨付过境港澳使用。

——中科院和香港特区签署备忘录，共同推进中科院香港创新研究院建设。

——批准在澳门增设"智慧城市物联网国家重点实验室""月球与行星科学国家重点实验室"。

——为便利港澳居民更好在内地发展，国家推出港澳台居民居住证，港澳居民可在多方面享受与内地居民同等待遇。

——为支持港澳青年创新创业，广东省在南沙、前海、横琴建设了860多个孵化器和双创平台。

……

粤港澳大湾区在一个国家、两种制度、三个关税区、三种货币的条件下建设，国际上没有先例。要如何闯、如何试，开出一条新路来？

习近平总书记指出，要在"一国两制"方针和基本法框架内，发挥粤港澳综合优势，创新体制机制，促进要素流通。

粤港澳大湾区建设开局就着力创新，完成了诸多探索。

港珠澳大桥珠澳口岸人工岛的旅检大楼，是目前内地唯一的三地互通边检口岸。这里有序运行着简称为"合作查验，一次放行"的新型边检查验模式。

"港珠澳大桥集成了'一国两制'的制度优势，三地优势互补才能成就精品。"港珠澳大桥管理局原局长朱永灵说，"港珠澳大桥建设管理模式是一种体制机制创新，有效解决了三地法律法规差异、技术标准衔接、建设程序规范、思维模式碰撞"。

广深港高铁在香港西九龙口岸实行"一地两检"通关查验模式。西九龙站同一区域内设立香港口岸区和内地口岸区，由双方分别按照各自法律，进行出入境监管查验。

这两项创新之举的意义不仅在于提高了通关便利化水平，更在于丰富了"一国两制"实践，为内地同港澳深化合作，尤其是对粤港澳大湾区的创新实践提供了有益借鉴。

粤港澳大湾区建设风生水起，在这片昂扬奋进的土地上，"一国两制"将在发展中焕发出更强大生命力。

共担重任，共享荣光——粤港澳大湾区建设迈出坚实脚步，携手追梦的动人故事正精彩展开

前进的号角正在奏响，合作的力量不断汇聚。

在以习近平同志为核心的党中央谋划、部署和推动下，粤港澳大湾

区建设迈出了坚实的脚步，美好愿景正变成生动现实。

2018年10月22日，习近平总书记考察了珠海横琴新区粤澳合作中医药科技产业园。该产业园是《粤澳合作框架协议》下首个落地项目，园区已注册企业94家，其中25家来自澳门。

"建设横琴新区的初心就是为澳门产业多元发展创造条件。横琴有粤澳合作的先天优势，要加强政策扶持，丰富合作内涵，拓展合作空间，发展新兴产业，促进澳门经济发展更具活力。"习近平总书记的嘱托，让园区工作者深感责任重大。

粤港澳三地各有优势，"9+2"11个城市各有特色，大湾区内充满机遇，谁目光远大、善抓机遇、巧借优势、务实肯干，成功就青睐谁。

香港中文大学教授、中国科学院深圳先进技术研究院副院长汤晓鸥牵头组建了联合实验室，为深港两地研究人员提供合作平台。"创新的关键是人才，让粤港澳三地的人才流动起来，就能激发出巨大的动力。"汤晓鸥说。

习近平总书记指出，港澳青年发展得好，香港、澳门就会发展得好，国家就会发展得好。要为港澳青年发展多搭台、多搭梯，帮助青年解决在学业、就业、创业等方面遇到的实际困难和问题，创造有利于青年成就人生梦想的社会环境。

粤港澳大湾区建设热潮中，青春的气息激扬澎湃。

截至去年底，深圳前海深港青年梦工场累计孵化创业团队340个，其中港澳团队169个，超半数专案成功取得融资，累计融资逾15亿元。

香港青年刘颖的公司入驻了前海深港青年梦工场和东莞松山湖国际机器人产业基地。"我们在香港进行研发，然后在深圳将技术转化为产品，再去东莞大规模生产。"她说，依托大湾区，自己有信心创造让世界惊叹的产品。

"尽管创业充满不确定性，但有一点是确定的，在这里比在任何地方都容易让想法变成现实。"深圳烯湾科技公司创始人邓飞说。

蓝图与路径已经绘就，远大的梦想扬帆起航。

珠江水浩浩荡荡，奔流汇入伶仃洋。江海交汇，融为一体，蔚为大观。这里曾见证国家民族的百年沉浮，而今将亲历粤港澳大湾区崛起的时代胜景——

充满活力的世界级城市群、具有全球影响力的国际科技创新中心、"一带一路"建设的重要支撑、内地与港澳深度合作示范区、宜居宜业宜游的优质生活圈，将以磅礴之势华丽展现。

在中国追梦的宏大叙事里，粤港澳大湾区将成为重要而闪亮的一章，写就港澳同胞和祖国人民共担民族复兴历史责任、共享祖国繁荣富强伟大荣光的壮美诗篇。

（选自新华网 2019 年 2 月 22 日）

我亲身经历的西南三线建设

钱　敏

一

1964年毛泽东主席和党中央下决心搞三线建设的时候，我在上海担任华东局经委副主任兼国防工办副主任。后来怎么会到西南三线去的呢？有一个过程。

一开始，我没有到成都西南三线建设指挥部去，只是做上海和华东地区工厂往三线的搬迁工作。这项工作的试点在1964年底就开始了，全面准备和行动是在1965年的春天。

大约是1965年3月，朱德、董必武、聂荣臻、贺龙、柯庆施到成都，李井泉陪他们观看青羊宫花会。这个花会，不单展览花卉，还展览四川的工业产品。这几位政治局委员看了以后，对李井泉说："你们四川太落后了。"又对柯庆施说："你们上海工业那么多，搬一点来帮帮他们嘛。"

1964年6月，党中央和毛主席已经下决心搞三线建设。西南三线包括四川、贵州、云南三省和湘西、鄂西、豫西。当时西南三省工业基础确实很差。在旧中国，西南是军阀连年混战的地方。贵州没有什么工业，云南也没有什么工业。抗战时重庆成了陪都，蒋介石从沿海带去一点工业，解放以后，建设了一些项目，但基础还是很薄弱。所以，几位政治局委员提出要上海支持，柯庆施当然一口答应。柯庆施即打电报回

来，要我们办。当时上海市市长曹荻秋兼计委主任，华东局是书记处书记韩哲一兼经委主任。考虑到支持西南三线涉及整个华东，上海市指挥不动华东局，决定华东局和上海市联合起来办这件事，派我和马一行一起到四川去落实任务。我们到成都见了柯庆施，他交代我们帮助西南搞一个三线建设计划。为此，我们先进行调查研究。

首先调查的是四川江油（广元附近）的长城钢厂。这里已经建成了一两个分厂，并开始炼钢。我们在那里了解了生产情况，包括基建的进度、已经炼出了多少钢、生产能力有多大、质量如何，等等。在绵阳、广元、德阳、自贡、宜宾、重庆等地调查了一个多月，回到上海后我们搞了一个搬迁计划，报国家计委，那时计委也不大问讯，我们报上去的计划实际上就算数了。

按照计划，华东地区要搬迁250多个工厂，10万多人。实施过程中，因为不久就搞"文化大革命"，实际搬迁了120多个工厂，5000多台设备，去了将近4万人。

搬迁任务确定以后，进行搬迁工作的组织实施，一般都是搬一半留一半，设备和工人、技术人员都是这样。有的设备不够，就现做。当然也有全部搬到三线的。具体的搬迁工作组织得非常严密。举个例子来说，重庆的浦陵机械厂，是上海浦江机械厂搬去的。一半人留在上海，一半人去重庆，从厂长、副厂长到科室干部，从技术人员到工人，都是如此。搬去的设备有400多台。重庆那边的厂房是利用原来的一个玻璃厂的厂房，按机械厂的要求进行了改造，搞了一个详细的平面设计图，在什么地方摆什么机床，每个机床的位置，都标得清清楚楚。这张设计图拿到上海，上海浦江机械厂按照图纸的要求，先落实设备，把要迁过去的设备准备好，如果这种设备没有，就做新的。那时提出的口号是：把好人、好马、好枪搬到三线去。所以去的人和设备都很优秀、先进。设备准备好以后，根据图纸的要求把底座和地脚螺丝先装箱，然后按安装的先后次序装箱。装上汽车的时候按这个次序，上火车也是按这个次序，到了那里也是按这个次序直接放到设备应该放到的位置上。上海厂里谁调到重庆去开这部机器，谁就跟着这部机器一起走。一点不乱，也不会窝工，效率非常高。在上海拆卸包装只用了一个星期，运到重庆，也只用了一个多星期就开始生产了。

当时华东地区除上海以外，还从江苏的无锡、常州、南京，浙江的杭州和山东等地搬迁了一些工厂。从上海搬迁的主要是机械厂，此外，就是制药、棉纺、仪器、仪表。

华东、上海部分工厂的内迁工作，只是三线建设中的一部分。当时，国家计委、建委、国防工办、一机、八机、铁道、冶金、煤炭、石油、化工、水电、建工、建材、轻工、纺织等部委，都派出由副部长和司局一级干部组成的工作组入川，组成指挥部，分别或联合踏探选址，计划和设计新建项目。为了做好三线的供应工作，物资部和商业部也都派了副部长带队的指挥部，就近解决后勤工作中的问题。

按照三线建设的计划，西南三线要建设以下工业基地：

以重庆为中心的常规武器基地，生产大炮、机关枪、各种子弹等，属于兵器工业部，全部集中在重庆地区。

以成都为中心的航空工业基地，航空工业有三大块，除了成都这一块以外，贵州还有两块，一是遵义一带，一是安顺一带，都是红军长征经过的地方。

以长江上游重庆到万县为中心的造船工业基地。

原子能工业基地沿成昆线布置，在乌溪一带，拉得很长，云南也有一点。

二

1966年2月，我到了成都，成为西南三线建设指挥部的一个成员。到1972年，除了中间有两年半"靠边站"以外，我都直接在西南三线参加三线建设的指挥工作。

1965年10月，中央决定调我到西南三线当副总指挥。华东局不想放

我,提出是不是可以换一个人。当时正好中央政治局在上海开会,华东局就把换人的请求向周总理提出。总理说,那不行,你们华东搬去这么多工厂,这么多人,没有原来搞这方面工作的负责人去怎么行!1966年2月4日,刚过了春节,我就离开上海到成都。

我到成都的时候,彭德怀同志已经来了两个月。我们都住在永兴巷7号,这里原来是四川军阀潘文华的房子,分前后院,前院是平房,原是潘文华母亲住的;后院是楼房,上下有4个套间。彭德怀来后住前院,中间一大间原是经堂,做了彭德怀的客厅。我到成都后住后院楼上。我同彭德怀天天见面,但说话不多。

当时西南三线建设委员会主任是李井泉兼任,常务副主任是程子华,还有阎秀峰、彭德怀和我3个副主任。对外叫指挥部,主任、副主任习惯也称为总指挥、副总指挥。我同时还兼任机械总局局长。我的印象中,彭德怀到这里以后,主要是出去搞调查研究,没有管什么具体的实际工作。中央发给省军级的文件,他都有一份。中央有什么电报来,有时要我去念给他听。

我到成都后,就参加了2月中旬在锦江饭店召开的三线建设工作总结会,总结一年来的工作。会后即到渡口、重庆、江油了解情况。

渡口当时正在兴建西南地区最大的钢铁基地——攀枝花钢铁基地。那时成昆铁路尚未修到渡口。我坐汽车从美姬山上看金沙江,只见江面上金光闪闪,耀人眼睛,果真名不虚传。那么江面上为什么会发出金光呢?我心中直犯疑。下车后走到江边一看,疑窦顿释。原来这里山上、江里都是铁矿石,这一大片地区就是一个天然的露天铁矿。铁矿含铁量高,里面还含有多种金属元素,所以阳光一照,闪闪发光。

我们在这里考察了每一个矿场、选矿厂。这时攀钢的厂房还没有建造,但场地已经平整好了。已经建造了一个发电厂,是建在山洞里的,有一台10万千瓦的机组已经发电。交通的基建也走在前面,金沙江已经造好了六七座桥梁。

我们正在考察的时候,李井泉、贺龙、彭德怀、阎秀峰等同志也来了，他们在这里考察了两天。送走他们后，我继续在渡口考察。经过考察，我们感到，这里确实是建立钢铁基地的好地方。

三

三线建委到1967年3月以后，实际上已经没有办法工作了，当月，召开了西南三线建委的最后一次会议。给中央各部委发通知的时候，有人怀疑这个会现在还开得成吗？结果各单位还是都来了人，会议还是开成了，但没有完全照原定计划开。原来准备开10天，成都红卫兵来冲击，开了六七天就结束了。

1967年6月，我被关进了所谓西南局的"学习班"。说是学习班，实际是一个实行"五不准"的牛棚。这五不准是：不准与外面通电话，不准回家，不准来人探视，不准与本班以外的人说话，不准写信。这个学习班办在成都汪家拐的一所卫生学校里，直到1969年10月林彪发出"第一个号令"，我才离开那里。

三线建委是瘫痪了，但底下的厂有好多还是照样进行建设。例如攀枝花钢厂就没有乱。为什么呢？除了这是毛主席亲自定的项目之外，同在那里抓工作的人有很大关系。在攀枝花工作的是铁道兵第五师，师长姓顾，指挥长是冶金指挥部的徐驰同志。他们一直坚持搞生产，搞三通一平，即通电、通路、通电信和平整场地。攀枝花有3个大台基，一个是炼铁炼钢的大台基，一个是轧钢的大台基，还有一个是后勤机构的大台基，这时都平整好了。再如长城特殊钢厂，也没有停。一共有4个分厂，江油一个，还有三个在外面，是由鞍钢和上海的一些冶金厂同江油的钢厂组合成的。

不过，"文化大革命"对三线建设还是有影响的。重庆、成都等地武斗厉害，动用了机枪、大炮、坦克，三线的工厂不少都参加了，严重影响了生产和建设。真正全面的恢复是在1969年6月毛主席、周总理决定恢复三线建设以后。所以，三线建设有两个高潮，第一个高潮是1965

年，搬迁、兴建；第二个高潮是1969年冬到1972年，恢复、建设。

1969年6月，中央召开关于恢复三线建设的会议，四川省李大章同志参加了这次会议。他当时是四川省革委会副主任。参加会议的还有那时还在台上的四川"二挺"。所谓"二挺"，就是张结挺、刘西挺夫妻两个，是四川的造反派头头，原来是宜宾地委书记和宜宾市委书记。这两个人坏极了，后来都判了刑。对恢复三线建设，张、刘当然也不会反对，但他们提出，西南三线没有人，原来的都是走资派，打倒了，要求中央派人来帮助四川。周总理就问，上海调去的钱敏到哪里去了？他有什么问题？刘、张不知道我，李大章知道，就回答说，在西南局学习班学习。周总理说，叫他出来工作吧。本来在6月份北京的这次会后我就可以出来工作了，但因为刘、张想要安插他们中意的人来管三线，不愿意让我出来，但他们又找不到合适的人选，就一直拖下来。

拖到1969年10月，林彪"第一个号令"下达，不是现职的干部都要下去，我照例应该下去。这时，李大章找到我，叫我不要下去，要我负责抓三线工作，并同我商量给我一个什么名义，怎样开展工作。我说，三线建委已经停了两年了，一下恢复，工作很难开展，是不是先给我一个省革委会联络员的名义，下去了解一下，看情况办事，逐步把工作恢复起来。他表示这个办法好。这样我就带一个办公室主任、一个秘书、一个警卫员，乘一辆吉普车出发，重新开始工作。

那时部队急需重型汽车，要能拉十几吨重的，所以决定先到大足，恢复大足机械厂的生产。当时的大足机械厂，满目疮痍，车间里长满了青草，机床上重要的部件都没有了。我把厂长王乐三和党委书记找来，开会研究怎么办，从何入手恢复生产。大家感到非常为难。想来想去，只有找工人想办法。我们找了几个老工人，他们听说毛主席要恢复生产，都很高兴。对我们说，你们不要着急，机器部件是我们拆卸下来的，上了油，放好在那里。工厂虽然停了两年多了，但只要拆洗一下，机器就能用。我们听了很高兴，就组织职工先清除垃圾，打扫车间，然后擦洗、装配机床，组织技术人员清理设计图纸，做好工艺装备。花了一个多月时间，到1970年上半年恢复了生产。

恢复后生产的是法国引进的重型汽车，牵引力15吨，载重量10吨，是北大西洋公约组织部队装备的汽车。怎么会给我们呢？有美国同法国矛盾的背景。戴高乐要美国转让计算机技术，美国没有答应。他一气之下，把北大西洋公约组织总部从巴黎赶走。赶走以后，原来总部的地方，除保留艾森豪威尔的办公室外，全部改建为生产电子计算机集成电路的工厂。中法建交以后，戴高乐给我们的第一个礼物，就是制造重型汽车的设备。这套设备就放在大足，生产出来的重型汽车就是"红岩牌"汽车。这个厂的总部在"文革"后好几年又搬到济南去了。

四

1969年12月，中央决定成立四川三线建设领导小组，因为西南三线建设委员会在1967年3月以后就已经不存在了。四川三线建设领导小组组长是张国华，副组长是成都军区胡副司令员和李大章，我是领导小组成员。在领导小组之下，成立了一个四川三线建设指挥部，指挥长是胡副司令员，我是副指挥长。这时，"九大"已开过了，"二挺"被抓了起来，判了刑，四川整个形势就改变了。以前是造反派控制，现在变成老干部掌权。四川的工业生产恢复得很快，证明毛主席的这个决策很英明。

从1969年10月到1972年，我在四川三线建设指挥部的主要工作是了解情况，制订计划，做好恢复和建设工作，主要任务是做三线现场工地与北京后勤供应的联络工作。

建设攀枝花钢铁基地和修通成昆铁路，是西南三线建设中最重要的两个大项目。修路主要是铁道部管，我们管得多的是攀钢的建设。

攀钢能及时建设成功，同那里在"文化大革命"中没有大乱有很大关系。他们那里也夺权，但那是名义上夺权，实际没有影响建设和生产。我恢复工作以后，1970年、1971年、1972年的上半年，每年都要到

攀钢去几次。主要是去了解情况,现场督促,帮助协调解决问题。

攀枝花钢铁基地最大难题是用那里的钒钛磁矿能不能炼出钢来,如果成功,那是很了不起的成就。用钒钛磁铁矿炼出来的钢,耐磨、耐高温,航天飞行器要用到这种材料,机器的齿轮、钢轨等用了它,耐磨度比一般的钢材强4倍。我国是世界上钒钛磁铁第一大国,但冶炼、加工有很多困难。用钒钛磁铁矿配合在一起炼,按常例炉料中二氧化钛含量不能高于16%。攀枝花的钒钛磁铁矿的二氧化钛的含量却超过25%。这样铁水黏稠度太高,就会在炉腔里"结壳",整个炉子就要报废。在进行三线建设之前,苏联专家就到攀枝花考察过,结论是二氧化钛含量太高,拒绝帮助我们在那里建设钢铁厂。但是,我们在三线建设中决心攻克这个难关。我们集中了全国100多位冶金专家,经过研究,在昆明钢厂专门拿出一座650立方米的高炉进行试验。经过上千次的试验,终于获得成功。1970年正是试验的关键时刻,我到昆明钢厂去过几次,现场了解情况,鼓励督促。1971年试验成功,出铁的时候我也去了。经过试验,证明普通高炉也可以炼钒钛磁铁矿,关键是炉温的掌握和炉料的配方。我们的办法是用泸沽的富铁矿(含铁量达到60%)同钒钛磁铁矿配合在一起炼,终于成功,这样攀钢就成为世界唯一的高钒钛矿钢铁厂。当然,我们的工作还不能说已经全部做完。钒钛磁铁中有18种可以提取的金属,现在只炼出了几种,为此我们又在西昌建了一个试验厂,继续这方面的工作。

建设攀钢再一个重要环节是运输。"文化大革命"期间铁路运输比较乱,常常会发生交通受阻,找不到运输物资所需要的车辆等情况。为了保证攀钢建设需要的物资及时得到供应,我们在所有运往攀钢的列车上都加派了押运员。路上发生什么问题,押运员立即向四川指挥部报告,指挥部立即同北京联系,以求得到最快速度解决。

五

到1972年，西南三线建设的第一期工程基本结束，取得的进展主要有：

（一）成昆、川黔、贵昆、湘黔、襄渝铁路都通车了，铁路两边的公路也通车了。

（二）钢铁工业，建成了攀枝花钢铁基地、长城钢厂、成都无缝钢管厂等。

（三）以重庆为中心的化工工业，建成了重庆化工厂、川南化工厂、成都青霉素厂、西南合成制药厂（重庆）等，重庆的几个老厂也改造完成。

（四）电子工业，一个以成都为中心，包括绵阳、内江等地在内，建成了二十几家工厂；一个以贵州都匀、凯里为中心，工厂和研究所配套，也有二十几个单位。

（五）飞机制造工业，遵义地区、安顺地区，还有成都，都形成了规模。

（六）航天工业，四机部一部分电子工业划给了航天工业部，节省了时间，上得较快。绵阳地区建成了可以说是亚洲最大的风洞试验场。过去在山洞里，现在搬到绵阳了。

（七）原子能工业也发展起来了，川南川北都有。

三线建设不仅仅是建设军工厂，所有的主要工业门类都有。实际上军工的投资只占20%左右，主要的是基础建设。国家在西南三线建设的投资是400多个亿。用在交通运输建设，特别是成昆铁路上的投资相当多。还有若干重要的基础工程，如龚嘴电站，年发电量为70万千瓦，年产120万吨的九里水泥厂，还有六盘水煤矿、铁矿等等，都是那时建成的。所以，三线建设是对西南各省的工业、科研、教育、能源、动力、交通、通信系统进行的中国历史上规模最大、最全面、最深刻的改造。

以四川来说，国家给四川的投资是200个亿，经过几年建设，面貌大变。钢铁、机械、电子、化工、电力、航空、原子能、动力设备等等，可以说什么工业部门都有了。四川的工业基础是三线建设那个时候打下来的，四川工业的发展成为全中国工业发展的一个缩影。

1972年11月，我调任重庆市委书记，后来名义上兼革委会副主任。第一书记罗大东兼革委会主任。那时不集中统一，没有办法开展工作。1977年罗大东调任省长，我接任罗的工作。1978年我调北京任四机部部长。1982年退到二线。1983年起担任全国人大常委会委员、财经委员会委员，又同三线建设发生关系。

十一届三中全会后，沿海大发展，客观上放松了内地建设。三线建设困难很大，再加上这时出现了全盘否定三线建设的论调，关心三线建设的人更少了。1983年，国务院成立了一个三线建设调整改造规划办公室，另外成立了一个三线建设调整改造规划领导小组，主任罗大东，副主任我和郑汉涛（原国防工办副主任）。中央各部委的部长或副部长，都是领导小组成员，其中有8个人是搞过三线建设的。

我们的主要任务是搞一个全面规划，把钻山太深、生产确实太困难的，作为第一批搬迁出来，搬到靠近大城市的地方，或者中小城市。如贵州的一些厂搬到都匀，或搬到贵阳附近新城一带。电子工业基本上搬到离成都18公里的地方。1964年毛主席决策搞三线建设的时候，提出靠山、分散、扎大营，建立小城镇。后来林彪改变为山、散、洞。执行的时候选址要求两边靠山，甚至不少厂就钻到山洞里，生产生活都很困难。

1984年1月，开第一次三线建设调整改造会议，李先念同志给会议写了一封信，他认为三线建设要肯定，不仅建设了国防工业，而且把工业从沿海推向内地，改变了中国工业的布局。

从全局来看，三线建设的成就是不容否定的。没有三线建设的话，就没有现在西南、西北的工业基础。特别是四川，三线建设在四川的成效是最显著的。四川的工业在中国已经具有举足轻重的地位，已经成为钢铁、电子、电站成套设备、重型机械、汽车、化肥生产基地，有许多高精尖的产品，在海外也有点名气。四川1985年社会总产值达到1023.25亿元，1991年为2591.77亿元，排到全国第六七位，曾经达到过第五位，这同三线建设时打下的基础是分不开的。

在三线建设的问题上，历来有争论。毛主席在世的时候不敢争，毛主席去世以后争得很厉害。有一些人认为，那时要是把对三线的投入投到沿海，那效益就会如何如何。他们谈问题离开了当时的条件。那时帝国主义对我们实行全面封锁。南方，美国在发动越南战争，矛头对着我们；北方，苏联陈兵百万，苏美联合反华，形成南北夹击之势。加上蒋介石叫嚷反攻大陆，不断骚扰东南沿海，台湾的飞机半个钟头就可以飞到上海。在当时那种形势下，不进行三线建设，做好应付战争的准备行吗？

（选自《新中国往事·步履写真》，
中国文史出版社 2011 年 1 月版）

我所知道的新中国船舶工业与三线建设

王荣生　口述

于　洋　整理

跻身新中国第一批大学生

1949年，我17岁，已经在汉阳高级工业职业学校（武汉科技大学前身）读了两年书。同年5月16日武汉解放以后，我想去参加革命，于是去考湖北人民革命大学和中南军政大学本部，都被录取了，但哪个也没去成，因为家里不太同意。我家有四个人要去参加革命，除了我之外，我弟弟、妹妹报了中南军政大学湖北分校，我姐姐则参加了革命工作，搞文化站去了。我父亲是一个老工人，对于武汉解放前地下工会做的工作有一点认识，对革命也有天然的感情，但家里情况的确比较困难。他对我说："家里姊妹六个，吃饭都有问题了。你们这四个人，我看你就不要去了吧。还有一年你就高职毕业了，你学一行技艺，把家里照料一下，他们要走就都走吧。"于是他们俩去参了军，我留了下来。

新中国成立初期，需要大量的年轻知识分子参加建设，因此很多大学都在招应届高中或者同等学力的毕业生。我虽然还差一年毕业，但同父亲说明了情况，也去报考试试看。我只报了与机械制造相关的两个学校：一个是北京铁道学院（北京交通大学前身），未被录取；另一个是中原临时人民政府交通部交通学院（就是把原来的公路学校、国立海事职业学校再加上郑州的一个公路学校合并起来，成立了一个专科院校，

194

1951年更名为武汉交通学院）的造船系，被正式录取。于是我就去了交通学院的造船系。没想到我这一辈子就这么跟造船结上了缘。

放榜的时候已经是8月份了，天气比较热，我们刚复课一两天，就被通知出录取结果了。当时我们学校有三届学生都去报名，四八届、四九届，还有我们这样的、才读了两年中专的学生。我们班一共有十几位同学去报考，只有我很幸运地被录取了。同学们喊我："你看那个名字是不是你？"我一看，真的是我。

见了结果，我迫不及待地回家报信。父亲问我："今天怎么放学这么早呢？"我说我要报告，交通学院已经放榜了，有我的名字，我要上大学了！我父亲高兴得不得了："我们家里出了大学生了！"

就这样，1949年，我成了新中国第一批大学生当中的一员。我们那时候条件多好啊，不要学费，伙食也不要钱。学校的教学模式是按照"抗大"来的，政治课老师们都是老革命、是从北边南下的干部，可我们都是年轻小伙子，所以开学之后，我们首先学的不是专业课，而是搞了三个月的政治学习。

后来到了1952年，国家要开展第一个五年计划建设，迫切需要人才。为了让大家学得好一点、师资相对集中一点，同济大学、上海交通大学、上海工专、交通学院四所学校的造船系都被合并到了上海交通大学，我们也就自然跟着转了过去。我们这些武汉过来的学生1949年就进校了，比其他三所学校的学生早学了一年。学校根据我们的特殊情况，包括进校的时间、学习时间跟学习的课程，专门编了一个造船乙班。学习一年后，又因为建设需要，其他三所学校的学生和我们这些武汉过来的一起毕了业。所以说，上海交大五三届造船系的学生在造船界或多或少有点特殊，我们这些人，不是总工程师，就是主任工程师。

我经常说，我们是很幸运的。尤其是我，一辈子搞的都是船舶制造研究，参加革命工作后，就从来都没有离开过造船工业部门。

领导点名让我当核潜艇建造总指挥

大学毕业后，我到了武昌造船厂工作。开始，我一直是在基层工作的。我先在基建处设备安装科实习，接着当了船体车间副主任，后来在设计工艺、技术、质量检查等科室先后担任副科长、科长、主任，在总工办公室里做主任工程师，然后担任副厂长，管生产。在工作过程中，我对我国船舶工业的发展逐渐有了一定的了解。

我国船舶工业原来有一点基础，但是并不强，只能搞些修修、配配的工作。解放初期，搞接收工作的时候，上海有几个造船厂，而武汉压根就没有，只有几个修船厂，基础比较差，配套基本没有建起来，各方面的设备就没有新的。

1950年，为了对船舶工业进行合理规划，经政务院批准，在上海成立中央重工业部船舶工业局。我国的船舶工业自此开始起步。第一任船舶工业局局长程望同志是我认识最早的老领导，他是同济大学学造船的，1938年参加革命，是很好的一位老同志。1954年，船舶工业局搬到了北京。

1953年，中苏签订了以进口海军武器装备为主的"六四协定"，我国从苏联进口了一批新的潜艇，比如导弹潜艇等。与此同时，我们还搞了"五型"战斗舰艇，包括水面舰艇、护卫舰、猎潜舰、扫雷舰、快艇、潜艇，由苏联加工成毛坯件，或者将一些设备配套过来，我们分交接收，能自己配的就自己配，配不了的都由他们提供。相应地，我们改造了一些战斗舰艇生产线，为自主建造船舶做准备。通过对"五型"舰艇的成套转让制造，建成我国自己的小配套生产线，以此来实现国产化。为此，芜湖搞了一个快艇厂，生产的快艇开始是以木质为主，后来变成铝合金的，属于鱼雷快艇；沪东造船厂搞了两型，一个是快艇，一个是护卫舰；武昌造船厂搞的是扫雷舰；江南造船厂搞的是潜艇；上海求新造船厂搞的是猎潜艇，专门对付潜艇的，可以做护航，但吨位都比前几种小，只有300多吨。这些主要是前两个五年计划期间搞的。

1959年，我们与苏联还搞了一个"二四协定"。然而，中苏关系很快就破裂了，这些合作也就都取消了。我们并没有灰心，凭借实践中积累的经验，加上自己的努力，仍然取得了不少惊人的成绩。我国的第一艘核潜艇就是这样来的。

"文化大革命"前，世界上只有美国、苏联、法国、英国能建造核潜艇。面对海洋核威胁，中央决定研制我国自己的核动力潜艇。苏联说，你们不要搞核潜艇，但毛主席却表示大力支持，他说："核潜艇，一万年也要搞出来！"这样我国就开始了这项艰巨的任务。

没想到的是，后来，我竟然担任了这项任务的负责人。那是在1968年，我还在武昌造船厂任副厂长的时候，一天，突然接到紧急军事命令，要我三天内去北京报到。后来我才知道，有领导亲自点名，要我担任核潜艇的一线建造总指挥。那时我才35岁。

与此同时，沈阳军区派来两个团的人马帮助搞基建和清理船厂；上海调来400多名技术骨干；一批六七届、六八届的大学相关专业毕业生也充实到建造大军中来。核潜艇的建造队伍从最初的1000多人增加到了7000多人。让我感受最深的是建造核潜艇的关键的100天。1970年7月，快到潜艇下水的时间了，可建造进度还差一大截，大家心中很是着急。上级命令我在三天之内拿出方案。我连夜召开了指挥所成员的座谈会和船体、机械、管道、电工部门的专题分析会，细化每个程序的工作，提出要大干100天，保证在最短时间内完成任务。在核潜艇建造的会战现场，大家夜以继日奋战，生产车间的墙上贴满了每天工作的进度表、核潜艇下水的倒计时表和"你为下水做什么"的标语。最后奇迹出现了：常规一年完成的任务，建造者们用100天就完成了。1971年9月9日，我国建造的第一艘核潜艇正式出航。

三线人真会"玩"

在新中国船舶工业发展史上，三线建设可以说是浓墨重彩的一笔，它对产业布局所产生的影响相当深远。

传统船舶工业的分布，我们习惯上叫"三点一线"：上海一片，东北一片，广东、广西有一片，还有长江这一条线。20世纪60年代初，随着毛主席、党中央一声令下，"好人好马上三线"。船舶工业几十个工厂、研究所的上万名职工从大连、上海、武汉、洛阳等大城市，奔赴四川、云南、陕西、湖北的一些崇山峻岭，在那里安营扎寨，深挖洞、散建房，硬是在荒山僻岭中建起了一座座现代化的工厂和科研所。边建设，边生产，一条条潜艇、一艘艘水面舰艇、一台台柴油机、一只只仪器仪表从这里被敲锣打鼓地送出来，为海军现代化建设作出了突出的贡献。其创业之艰辛，生活之困苦，是可想而知的。但当时没有人叫苦，没有人埋怨。

我是怎么知道三线建设的呢？1964年，我在武昌造船厂工作，我们厂的电工车间、机械车间等，就被抽出了一部分车间主任和工程机修人员，去搞三线建设。像工具厂、小齿轮厂几个厂的厂长都是我们武船的同事。这些人和设备都是成套开进的，应该说花了很大的精力。

我被调到六机部工业生产局担任局长的时候，已经开始接触三线建设工作了，但还是抓基本建设、管生产。一些具体问题，比如船厂要投产了，要下水，设备怎么弄，如果基本建设局的人不清楚，会把我找去做下水方案。我真正搞三线工作是1982年5月4日成立中国船舶工业总公司以后。那时我进了部里，到了领导岗位上，负责进行三线建设的调整、改造、整顿。在此期间，几乎所有三线的工厂、研究所我都跑遍了。我无数次到过那些地方，进过那些"干打垒"的宿舍，认识了许多干部和工人，有些还成了朋友，至今保持着联系。他们清早起来生煤炉、煮早饭，中午、晚上下班急急忙忙跑回家做饭，上厕所都要上山下坡。这些情景，我至今仍历历在目、铭心刻骨。我每到一次三线企业，都感受到一番鞭策、一种鼓励、一股催人向上的力量。

三线建设中，一大片厂都被安排在大山沟里边，人们就要在山沟沟里面研究怎么把船造出来。这样的建设，花的钱多得多，人吃的苦也多得多。跟其他工业相比，船舶工业的安排其实是很复杂的，它对水文建设条件要求很高。长江水文条件变化很大，在三峡工程没有建成之前，落差都有几十米。设置厂址还要考虑下水的水深够不够，一般滑道都很长，是钢筋水泥的，要打基础到水下去，船的滑道设在船架之下，船架上面放上船。这一套下水设施的建设费用是很贵的，施工难度非常之大。举个例子，我们建潜艇厂的时候，我有同学在那里，是设计这个厂的主任工程师。我参观完，由衷地说："你们真有本领啊！你们就这么把一个钢板从水底下一直提到山头，然后从山头提下来？"我的同学跟我讲："你呀，做官的时间长了，脱离实际了！我们只要一接到任务，就必须得完成。钢板的加工，要利用这个山坡的地形，一级级往下滑。先把钢板拿上去，把它滚平，然后切割开来，从下面分段安装，最后到总段合拢成全舰体，再移到浮箱上，跟船架一起下到水里面。"我听他们讲完造船的过程，赞叹道："你们真会'玩'啊！"他回答我："根据你这个人的特点，要是你来搞，你恐怕比我们更会'玩'！"

三线船舶工业的旧貌新颜

我是1982年开始搞三线调整的，1983—1986年这几年的任务比较重，工作开展起来相当艰难。改造结束，大概要到90年代。

三线调整开始以后，有人说我们是搞了重复建设，但实际上绝不是这样。由于造船的复杂性，对船厂的要求更多一些，因此一部分船厂确实是需要调整的。究竟怎么办，我就搞了一个规划。在实际操作过程中，对涉及的企业和研究所的处理分为"关、停、并、转"这么几类。意思是有的要关闭，有的要停办，有的要兼并，有的要转行。具体怎么

处理，我们会根据实际情况来定。各个单位的情况也是五花八门的：有
的厂没有形成生产力，实在建不下去，就把它撤了；有的虽然已经形成
了生产力，但是产品不配套，就停工了；有些研究所交通不便，要想
办法把它迁出来，特别是现在电子技术发展以后，科研人员带着控制
设备、仪表这一套东西进去，太不现实；但已经建好的，像是潜艇厂
则只能坚持在原地，因为水工基础没法搬；有的则转成生产跨行业产
品的厂家。

我们曾有一片都是以军为主的船厂，有搞护卫舰的，有搞快艇的，
有搞潜艇的，有搞大型的水面舰艇的，等等。现在这部分船厂也进行
了必要的搬迁和调整。比如，现在的江苏科技大学附近原来有一个快
艇厂，从产品来看，快艇发展蛮慢的，我们就把原来的生产人员和设备
都交给学校，跟它合并了起来，实际上就等于把这个厂给撤销了。像某
通信研究所，我们从深山里面把它迁出来以后，带到连云港，建了一个
实验基地，这样，陆上有火车，也有汽车，交通就方便多了。某柴油机
研究所在三线建设的时候，从上海迁到了山沟，调整改造时期又迁回了
上海，在山沟里的所址则交给了地方。还有个快艇主机厂，我们考虑到
重型汽车的发动机和快艇的发动机是通用的，就让它跟潍坊重汽的柴油
机生产厂家联合起来。于是，山东想办法划给了它一块地，这个厂就保
持了生产能力，但属于山东汽车工业公司，实现了军民结合。而某潜艇
厂生产结构得到了调整，不光造潜艇，还造一些特种船、化学品船，等
等。这都是做得比较好的，对国家贡献很大。

对于中国船舶工业来说，三线建设具有很重大的积极意义。三线建
设的贯彻落实，对于中国船舶工业的发展，是不可缺少的。我们一直
讲，不要把三线企业看成是包袱，将来是可以发挥作用的。现在看来，
三线建设当初也许有种种不尽如人意的地方，但是有一条，它对于改变
我国整个工业布局，特别是支援大西部、西南的建设，起了一些积极的
作用。并且经过调整改造，现在有相当一部分三线企业形成的生产能力
是非常大的。

比如中国船舶工业总公司重庆船舶工业公司，我去搞承包制的时候，印象最深。当初，很多人认为它是包袱。也难怪人们会这么想，那时整个产值只有8000万元，现在已经是几百个亿的产值了。当初之所以产值这么低，第一，因为那会儿刚把生产线打通，没有投产，生产力还没有开发出来；第二，工厂所处位置实在是不合理，太分散了。经过调整，一部分工厂迁建；留下来的，像万县个别工厂在三峡工程建起来以后，都淹到水里面去了，实在不行，就想办法往上搬，在搬迁的过程中，生产结构也得到了一定的调整。这一片厂后来在利川形成的生产能力比较稳定，涵盖了机械、风力发电以及电子设备生产等生产领域。某个搞柴油机的加工厂，早期还没有形成生产能力，后来就到铁路系统去找合作，最后干脆专门搞车辆总装，为铁路机车、货车制造车辆和配套件。那个厂只用了几年工夫就改造成功，变成了骨干厂。后来开发的产品，比铁路系统搞的都好。分散在云南的三线企业，则被集中到了一起，形成了一大片鱼雷厂。

三线建设也为船舶工业输送了大量人才。我们培养起来的三线干部，后来也有在总公司当家的。像中国船舶重工集团公司现任党组书记、总经理李长印，他大学毕业后，就到三线去搞江云机械厂。他从跑地皮开始做起，对三线建设的体会是最深的。我在抓三线建设调整改造工作的时候，他就在那个厂当厂长，当时他只有34岁。重庆船舶工业公司成立之后，李长印历任副总经理、总经理，后来调到中国船舶工业总公司工作，而后总公司一分为二，分成中国船舶重工和中国船舶工业两个集团，他成为了重工的总经理。

还有一位是国防科工委专家咨询委员会副主任、现任中国船舶工业行业协会会长张广钦，他曾担任中国船舶工业总公司副总经理，很有经验，也为三线建设出过不少力。

前些年，我到四川一家三线企业去看一位1938年参加革命的离休老干部时，我问他有什么要求，他拉着我的手说："搞好工厂，就是最大的心愿啊！"望着他那苍苍白发，听着他内心的呼唤，这位老同志忧厂

忧国、献身三线事业的拳拳赤子心，又一次深深感动了我。

现在，有的三线企业已经调整搬迁到了大中城市，但它们毕竟处于军转民、再创业时期，困难很多，难度很大。我相信，曾经创造出三线建设辉煌的三线人，曾经在荒山野岭中开辟出道路的三线建设者，也一定能在改革开放的大潮中再造辉煌。

搞民品还是得"走出去"

我国的船舶工业从一开始起步就是以军为主的，军、民品一度由六机部和交通部分开管理：六机部负责为海军造船，虽说搞一部分民船，但是仍以军为主；交通部的航运部门则是搞民船的，但却以修船为主，我们的民船连万吨轮都很少造。60年代末，沿海的运输船太少，甚至没有船可以开展远洋运输。因此，民品的发展被提到了议程上来。70年代末80年代初，交通部专门提出500万吨位的规划，规定其中要搞多少民品。这个时候民品才开始有新的发展。

与其他几个机械工业部相比，六机部是一个小部，原来是从一机部分出来的，民品的市场没有打开，很少有人订货。正在一筹莫展之际，邓小平同志在听取国防工业汇报后作出了重要指示：船舶工业要想办法搞出口、找出路。那时候我从东北调到了六机部工作，所以开始研究如何打开民品的国际市场。我们想了很多办法，发现最后还是得自力更生、以我为主。我们搞了一个技贸结合，通过跟国外搞一些贸易，来引进技术、进行交流，并且要消化吸收。打开窗户以后，我们看到，外面的世界很热闹，光封闭着不行，没有前途。

十一届三中全会以后，国务院直接抓经济体制改革。国务院和中央领导通过对工业部门进行盘点，又考虑到船舶工业本身的性质，所以准备把六机部的造船部门和交通部一个专门管造船、修船的工业局合并起来，成立中国船舶工业总公司，并将其定为第一个由工业直属部门转变为经济实体的试点单位。1980年冬，成立了中国船舶工业总公司筹备小组，我是成员之一。后经国务院批准，总公司在1982年正式成立了，我担任副总经理，当时正好50岁。从此，产业结构正式由原来六机部"以军为主"的方针转变为"军民结合、军品优先"的方针。

到了1997年，我们不仅有了一条30万吨的民船生产线，而且通过"长城"号（这是国家为了通过香港来打开出口船市场而生产的2.7万吨货轮首制船）等出口船的建造，为进入国际市场开创了新局面。"十五"规划以后，我国进一步深化改革、扩大开放，这下子船舶工业的生产规模就都上来了。并且，随着电子技术的发展，生产周期大大缩短，无论是船型还是生产环节，都得到了优化。这样，我国整个船舶工业的发展都不能以跨越式来形容了，而应当说是飞跃式的。现在我们的船舶工业已经位于世界先进行列，从90年代我国船舶工业打开国际市场大门开始，现在大概有上百个国家都有我们的产品。

由大走向强

船舶工业是很重要的。船舶是漂泊在水上的建筑物，陆地上的建筑物有的，它都有。因此，船舶制造把钢铁、机械、通信、电子等产业整个都配套了起来。此外，我国的海洋开发技术，包括水动力等研究，也都在造船工业部门里。建设海洋强国，船舶工业给予的支持力度也很大。

过去，我们很希望能把船舶工业这个蛋糕做大，目前看来是做到了。如今，我国的造船能力早已今非昔比。现在的技术更加扎实，而且比我早期所预想的生产规模大很多，光从产量上讲，民船的吨位是第一的。过去，假如我们的船舶工业年产值达到100亿元人民币，就高兴得不得了了，现在都已经是4500多个亿的产值了。但也不能因此而轻易地讲这是造船能力过剩，我们不能这么简单地看待我国船舶工业的发展。

我担任中国船舶工业总公司总经理期间，曾到世界各个造船国家去参观访问，发现我们的做法是对的，生产规模确实该扩大。但是完全一

敞开，就有一个问题，各地一看造船有利了，积极性特别高。跨世纪以后的发展规模，是我们谁都没想到的。2003年我们还在琢磨怎么能够让船舶工业在原有基础上实现"十五"计划，等到地方上撒开了以后，江苏、浙江、山东，还有后来跟上的福建，沿海的造船公司跟雨后春笋一样地起来了。当时我说，你们要有一个思想准备。因为从目前看来，造船行业一直走的是一个波浪形的路。造船行业这一路走来，受到了各种社会因素的影响和制约，并不总是一路向上发展的，因此得按规矩来，没有规矩不成方圆。搞商品经济，如果市场有什么变化，我们把规模搞得太大，恐怕将来要吃苦头的，韩国、日本都有这样的例子。到了2005年的时候，船舶工业经济建设的安全问题就出现了。《国家安全杂志》主编约我写文章，我写道，我们的造船增产速度可能是要回落的。到了2007年，新的金融危机初现端倪，造船增产速度却还在往上冲。大家都很奇怪，纷纷对我说：你说的不对呀。我说，你看着，还没到时候。

这是因为，造船的经济环境比较滞后。跟一般的商品生产不同，造船的特点是生产周期比较长，在人家不景气的时候，我们反而可能很景气。现在的船舶工业，特别是中船重工，虽然产能很大，但仍有很大的盈利，也在稳定发展，因此也还在继续往下做。同时，造船的经济环境也是可以超前的。这是因为造船是以销定产的。我们过去是每年到年终的时候发通知，把各要船单位召集到一起，然后再拟订出计划下发给各厂；现在则是各单位自行订货、要船。货品多了，航运情况比较好，我们的订单自然就多。因此，我们完全可以根据经济形势进行预判，主动地控制、调整造船产量。因此，在当时，我就建议不要过多地搞造船厂，最多可以搞一个修船厂，至少船总是要修的。但是修船厂搞这么大是不是合算，也要去衡量。

过去，我们的船舶工业从无到有、由小变大，为全面建设打下了基础。现在是一个新的历史时期，我们船舶工业也应当在战略上做一个新的转变，就是要由大走向强，能够让占我国1/3的海洋领土发挥作用，让中华民族站得更高、看得更远。而我们造船人的使命之一，就是要为国防、为部队提供优良的装备，御敌于国门之外，如果有敌来犯，我们就把他消灭掉。现在，我们的海军可以在海上驾驶自己的军舰进行巡逻、防御海盗，我为我们的船舶工业在国防事业中所做的贡献而感到自豪。

现在的船舶工业是比以前困难了，但困难的性质不一样的。这是一个由大到强的转变，比起过去，可能是在思想意识上更困难一些。就像富裕的人过惯了阔日子，过紧日子不习惯。我们以前要能够抓着一条船的订单就高兴得不得了，现在抓着一条船、两条船还不太过瘾，喂不饱呀！我们要在此基础上，认真研究怎么进一步实现由大到强。

其中，我认为很重要的一点是要加强行业协会的作用，起码是行业协会的建设。中国船舶工业行业协会是1994年我当总经理的时候筹建的。当时考虑的是，既然有中国工业经济联合会，我们就应该有一个船舶工业的行业协会来搞信息服务，对完成任务情况和市场的动态进行实时发布。经国务院批准，协会于1995年4月成立。多年来，协会发挥了桥梁和纽带作用，为政府、为企业服务，很好地促进了我国船舶工业的发展。

目前，这个协会就在原来六机部办公的大院里。我40年都没有离开这个地方，所以对这个院子很有感情。有时候，我在这个院子里会感慨万分，偶尔也会回顾一下过去的人生。我们每个人的终点在哪里，其实从一开始就都是知道的。什么时候通知我，我就去，不通知就不去。但是话说回来，活着真好，活着可以看到很多事情，很多那个时候我们根本没想到的事情。

（原载于《纵横》2014 年第 7 期）

"长城"号货轮的建造和出口

王荣生

　　"长城"号货轮，是我国船舶工业史上第一次按照国际规范和标准设计建造的万吨级大型出口船舶，它实现了邓小平提出的中国船舶要打进国际市场的战略目标，开创了我国船舶工业发展的新纪元。这一永载史册的伟大工程，曾令无数国人骄傲和激动。作为"长城"号工程的当事人，回顾20多年前亲身参与的这段经历时，我仍然处于激动的情绪中。

"长城"号，一个伟大决策的结晶

　　1977年的冬天，依然寒风刺骨。虽然粉碎"四人帮"已经一年多了，受"十年动乱"影响的船舶工业仍然处于吃不饱、吃不了的停产半停产状态，几十万职工干着急：不知路在何方？

　　1977年12月6日，是中国船舶工业发展史上一个极其重要的日子。复出不久的邓小平召见了国防工业各部的部长，包括由外贸部即将调任第六机械工业部任部长的柴树藩同志。小平同志在谈话中，分析了国防工业面临的国际国内形势，对国防工业各部的工作都作了重要指示。在谈到船舶工业时，小平同志语出惊人，他说："中国的船舶要出口，要打进国际市场。"他指出：我国船舶工业虽然从总体上说还比较落后，技术上要比先进国家落后20年，甚至50年，但我们已经有了相当的工业基础，我们劳动力价格便宜，可以比日本的船便宜十分之一，而且中小船人家先进国家不干，我们可以干。"总之国际市场有出路，要有信心"。他充满信心地说，"只要我们这样干下去，就一定可以竞争过"。

石破天惊。小平同志的指示，给六机部党组、船舶工业战线几十万职工以极大的震动：长期以来按计划经济体制办事，相对封闭的船舶工业要参与国际竞争，造好出口船行吗？以柴树藩为书记的六机部党组经过反复讨论，一致认为，邓小平同志的重要指示，给船舶工业的发展指明了方向，必须坚决贯彻执行。我们现在需要讨论的不是打进国际市场对不对、行不行的问题，而是要解决怎样打进国际市场的问题。决定立即着手寻求打开国际市场的途径和办法，要想办法闯开一条新路，坚决落实小平同志的战略决策。

要打进国际市场从哪入手呢？国际航运市场那么大，长期执行计划经济的造船业很不了解，国外船东也不了解中国造船业的情况，当时六机部的领导，特别是在外贸部工作过的柴树藩部长和刘清副部长，经过艰苦探索和反复研究后认为：首先打入香港市场比较容易入手。香港是国际航运中心，有船队6000多万吨，有几百家船东，他们非常熟悉国际航运和船舶市场。香港离内地近，有问题好联系，供应零配件、解决维修问题比较好办。为此请香港华润公司副总经理张志诚回北京详细介绍香港的航运及船东情况，他建议找香港船东包玉刚、包玉星兄弟二人。

包氏兄弟均为英籍华人，原籍浙江宁波，共同经营环球航运集团，后分家，包玉星自己组建了香港联成航运公司。包氏兄弟在香港航运界都是举足轻重的人物，包玉刚享有"世界船王"的盛誉。包玉星自新中国成立以来，一直在政治上与我友好，因此，张志诚建议先接触包玉星。柴树藩为此通过国家旅游局局长卢绪章（曾任外贸部副部长）与包氏兄弟联系，结果如愿以偿。包玉星明确同意在国内订船，拟将在日本订购的2条2.7万吨散货船改在国内建造，他表示船应

按国际规范和标准设计建造，入英国劳氏（LR）船级，价格与日本相当，承造厂待看厂后再定，双方派出代表进行签订订货合同的谈判。得知这样的喜讯，已是1980年的初春，柴树藩部长、刘清副部长真有严冬以后春意盎然的欣慰，立即在六机部召开工作会，决定由参加会议的大连厂孙文学厂长负责落实谈判之事。柴部长对孙厂长说：有外商要在国内建造2艘2.7吨散装货轮，要求完全按照国际规范和标准设计建造，这在国内是第一次，过去没有干过，部里已经征求了几个厂的意见，他们都认为暂时有困难，不能承担。他问孙文学，你们那里怎么样，你敢不敢干？经过一番考虑后，孙文学回答：我们敢干，我们厂能干，这艘船我们接了。

在厂务会议讨论承接和如何建造好出口船时，孙文学介绍了在北京开会时与部长商谈的情况和意见。他说，虽然接受任务比较仓促，也有些冒险，但不是盲目的。讨论中，有人认为，"造出口船，一切都要按国际规范和标准干，没有经验，别人干不了我们也应慎重些"，与会的多数人员则表示理解和支持，认为应该承接这艘出口船，理由是：第一，有党的十一届三中全会精神的指引，有小平同志的关心和鼓励。第二，工厂生产负荷不足，国内造船大量减少，工人没有活干，造出口船应该是一条出路，是可以走的路。第三，工厂有建造1.5万吨、2.4万吨、5万吨等大船的经验，有多年来建造技术水平高、产品质量好的各种军用船舶的技术基础。50年代，工厂曾经为苏联造船，是按苏联的国家规范和标准，由苏联验船师检验。那时虽然不是国际规范和标准，但也是比较先进的，对我们来说也是按国外的先进标准建造出口船了。更重要的是，工厂有一支理论基础好，实践经验丰富，作风正派，可以信赖的工程技术人员队伍，有一支技术熟练，积极肯干，吃苦耐劳，敢于冲锋陷阵的工人队伍。各种技术设备也比较齐全。第四，六机部成立了中国船舶贸易公司，国内造船减少，但目前国际船舶市场还算景气，建造出口船看来是大势所趋。大连造船厂是全国的造船大厂，物质技术条件较好，应该带头先走一步，不应该放过这个机会。先走一步，会有很多困难，要付出很大的努力，甚至要冒风险，但从长远看是值得的。经过一番热烈讨论，厂方决定立即指定专人，准备赴京参加六机部组织的谈判班子，进行合同谈判。随后包玉星先生派出的船东代表英国人麦克格瑞与六机部派出的由李必忠、金柱青、孙松鹤、仲豫明、周良根五人（设计室的工程师）和许大征、嵇训焕（大连厂）组成的谈判班子，在刘清副部长直接的指导下在北京展开了订货合同谈判。

合同谈判是从技术谈判开始的。仅《技术说明书》就有三大厚本，除了主机、辅机、舱室、厨房、污水处理系统、通信导航系统、舵锚机系统、舱室布置扶梯、家具颜色等之外，甚至海员住室床铺上的壁灯、床铺下的鞋柜都有具体的说明。在《技术说明书》里提出了该轮船的各项性能标准：载重量为27000吨，航速16.3海里，续航能力7000海里，入英国劳氏船级社（LR）船级，涂装要达到瑞典SA2.5级，建造工艺采用日本JSQS标准，管系采用日本的JIS等20多项国际规范和标准。这真让我们的谈判代表目不暇接，一时难于应对。谈判遇到困难，进展缓慢，包玉星先生得知这个情况后，立即采取合作态度，主动提出派他的技术顾问、英籍华人席于亮指导技术谈判，介绍资料。为期几个月的以合同设计为主要内容的技术谈判取得了满意的结果，为商务合同谈判打下了基础。

刘清副部长主持会议，对合同设计内容进行审定后转入订货合同谈判。当时柴树藩部长和刘清副部长商量确定的原则是：为了打进国际船舶市场，这一炮一定要打响，除了满足对方的技术要求和交船期外，价格上要比日本低一点，优惠一点。这些原则得到大连厂的支持和承诺。

经过一段时间的工作和双方的努力，最终达成共识，签订合同的时机已经成熟。我方决定于1980年5月邀请包玉星先生来北京签合同，并特意报请国务院侨办廖承志主任会见包玉星先生。二人一见如故。5月15日，联成航运公司主席包玉星、六机部副部长刘清、大连造船厂桂薪总工程师在合同上签了字。合同规定1981年11月交船，船价1218万美

元，优惠期一个月。两个半月后签了第二艘2.7万吨"望远"号合同。柴树藩部长、安志文副部长等出席了签字仪式。谷牧副总理和廖承志接见了包玉星先生和随行人员。

柴树藩部长在合同签订后的第二天即召开了一个有关司、局领导参加的部务会议，他在会上讲了开发的过程并强调指出："我们别无选择，要么成功地保质保量地交出我们的第一条船；要么就把我们中国船舶工业的牌子砸了，自动到伦敦法庭上去做被告！过去国内的什么政治交船、行政干预、兄弟情谊那一套，统统无济于事了！我们只有成功，不能失败！"

履行合同，建立信誉，建造好与包玉星签订的第一艘27000吨散货船，成为中国船舶工业能否打进国际市场夺取一席之地的关键问题。

群策群力共筑海上"长城"

从与包玉星先生谈判开始，能否造好第一艘27000吨散货船就一直悬在人们的心头。这是因为："长城"号货轮，是中国船舶工业部门自经营进出口业务以来承揽建造的第一艘出口船，也是我国船舶工业史上第一次按照国际规范和标准设计建造的万吨级以上的船舶。在国内外造船界和航运界有很大影响。

最关心"长城"号船舶的是签订合同的双方。工厂考虑如何把"长城"号建成高质量的船舶，扩大在国际市场上的影响，继续打开出口船的销路。船东则关心能否按时接到高质量的船舶。为了具体了解大连造船厂的生产能力和建造水平，包氏兄弟曾专程赴大连造船厂实地考察。通过亲眼所见，他们对工厂的生产条件和技术状况等均表满意。但也有顾虑，如内地企业对国际市场情况缺少了解，对国际规范和国际标准不够熟悉，缺少建造出口船的经验。交工期短，任务急，困难多。因此，大连造船厂最终能否履行合同，按时建成高质量的出口船，还要靠事实来检验。

在北京，能不能按期、保质保量地建造好"长城"号，一直是一块压在决策者们心头的巨石。一向以沉着、稳健著称的柴部长，也一连三次找我谈话。第一次问我：这条船我们能否造出来？有几成把握？要我以造船专家的身份发表意见，有什么说什么。我回答说，我们能造出来，这种船型技术并不复杂，只是人家质量要求高，需要我们严格管理，按国际的造船规范和技术标准把质量搞上去。他听了没有表态，我知道他心里没有底，还不完全放心。第二次他找我去，同我一起研究设计图纸和技术要求，凡是他没有搞懂的地方，我就一一解释，说明我们船厂的能力与船东的要求。第三次他语重心长地告诉我说："造这条船定下来了，第一条船的成败是关键的关键，为了认真履行合同，经请示国务院领导，要求指定一人抓总。党组研究决定，由生产局抓总，你是局长，要以主要精力把这件事抓好！"

设计工作是关键。1980年7月，六机部为此在上海衡山饭店召开了设计工作会议，六机部程辛副部长出席并主持了这次会议。他指出，由部里出面召开一条船的设计工作会议，还是第一次。

"长城"号的技术设计交由上海708所负责，金柱清任总设计师。会后，708所几乎动用了全所的技术骨干，参加这条船的设计工作。说到这里，我们不能不特别提到船东包玉星先生。他为了帮助我们了解国际标准和规范，专门派技术顾问席玉亮先生和香港海洋咨询公司的郑瑞祥博士给我方技术人员讲课，介绍各种国际标准和规范，并通过各种渠道，帮助我们搜集资料，他们那种认真负责的态度，友好的情谊，给我们的工程技术人员留下难忘的印象。在1980年11月召开的生产技术准备工作协调检查会议上，我曾动情地说，祖国和造船人不会忘记包玉星先生对我国船舶工业发展的真诚合作！

在包玉星先生的全力帮助下，708所的工程技术人员发扬拼搏精神，日夜奋战，所里外语水平较高的副总工程师袁随善、老工程师仲豫明等节假日都不休息，在短短的几个月时间里翻译了上百万字的技术资料，整理了比较齐全的国际标准和规范，硬是按时拿出了技术设计的报

审图纸资料。

为了使工人能够早日了解技术要求，准确掌握产品的质量标准，各生产施工单位都提前与设计技术部门联系，了解本单位所承担生产项目的技术标准和要求。他们一方面抓紧进行生产技术准备工作，另一方面认真地向职工进行技术交底。举办操作工人技术培训班，对电焊工、机电设备安装、调试职工全面进行技术培训，并请外国验船师监督受训焊工，进行理论和操作技能考试，对考试合格者发给证书，持证上岗操作。无证者不能参加"长城"号的建造工作。

工艺部门参照JSQS标准，编制了船、机、电和管系、油漆、焊接等各种技术操作规程79份。质量管理部门广泛收集资料，制定了一套产品交验规程细则，要求职工在生产中，一定要做到"严"字当头，坚持高标准。

为了帮助工厂解决疑难，708所派出工程技术人员，包玉星先生几次派次子从东京飞往大连。我们生产局除派出陈斌、刘洪林驻厂联络外，我和负责建造的陈正渭经常赶到大连，多次召开现场协调会，解决生产技术准备和生产过程中的各种问题。部里每季度都要召开一次部务会议，由主管生产的副部长冯直亲自主持，对"长城"号的设计、生产技术准备和建造情况进行检查。

1980年11月20日，"长城"号正式开工建造，比原计划拖延了四个月，给建造施工阶段的工作增加了新的困难。为抢回延误的时间，大连厂召开中层干部会议、职工代表会议，号召大家行动起来，把延误的时间一天天抢回来。为了保证建造施工的顺利进行，加强管理，工厂还在开工前，分别任命了该船的主管监造师、主管设计师、主管工艺师和主管检验师，专门负责该船的建造事宜，随时协调解决建造施工中的各种生产技术问题。有关生产施工单位也配备了专管调度员，他们跟班作业，随时了解和掌握本单位的生产进度，及时解决生产中出现的问题，组织本单位的生产、安全、检验，以及仓库、设备维修等有关方面的人员，随时做好生产服务工作，保证生产的顺利进行。

　　"长城"号的建造真正实现了高质量。船体焊缝一次交验合格率达到93.3％，机械加工13个重大项目的1.3万多件加工件，优质率达到99.9％，安装一级品率为99.5％，全船交验的级品率达到99.9％。整船装配外形光顺，舾装件美观大方，瓦斯切割面的光洁度和油漆质量接近于世界的先进水平，房间装潢水平高，管系试验几乎无跑、冒、滴、漏现象，基本上达到一次交验成功。全船所有交验数据，全部达到或超过合同要求。特别是在船舶完工交船前，外国验船师对总长197.50米、宽23.00米、高14.30米的船体五项指标进行实地测量之后简直大吃一惊。因为他发现五项指标中，一项误差几乎为零，一项为1毫米，一项为2毫米，其他两项也大大低于允许的误差要求。这位验船师似乎不能理解，也不能相信会出现这样的事情，他怀疑自己的测量结果有误，当即又仔细地做了一次全部测量，结果证明，第一次的测量准确无误。这时他高兴地伸出大拇指说："十分完美，真没有想到。"船东也高兴地说："这艘船比我预计的要好得多，质量完全达到了世界的先进水平，确实是第一流的。"

　　1981年9月14日，大连造船厂张灯结彩，鼓乐喧天，"长城"号盛大的下水典礼开始了。包玉星和夫人邀请谷牧副总理剪彩，香港环球航运公司名誉主席包兆龙、香港汇丰银行总经理韦尔舒、英国劳氏船级社主席霍斯金森、汇德丰主席马登等由香港包乘两架专机飞赴大连，六机部部长柴树藩，副部长张有萱、刘清，国家旅游局局长卢绪章和有关部门负责人、各方代表和大连造船厂职工共5000多人出席了下水典礼。包玉星先生紧握着孙文学厂长的手讲："说实话，这次我是冒着风险来订这两条船的，没想到'长城'号造得这么出色，一块石头算落了地。"我看此时的柴部长、张副部长、刘清副部长这些决策者们的脸上，充满了欣慰和自豪！

　　英国劳氏船级社主席霍斯金森先生在大会上讲："长城"号的建造成功开创了中国船舶出口的新纪元。

经历了艰苦考验的首航

"长城"号货轮交工后，于1982年1月起锚离开大连，首航经日本驶向太平洋彼岸的美国港口，航行历时一个月，航程近万海里。途中经受四次狂风巨浪的考验，一次在横渡太平洋时遇上了8级风浪，船体倾斜达45度，但船舶从未偏离航向，经过六昼夜的奋力拼搏，各种设备运转正常，安然抵达洛杉矶。经检验，万米焊缝无一处破损，全船油漆无一处剥落。船东包玉星先生给工厂写信，高兴地把"长城"号誉为无可怀疑的优秀船只。船到美国休斯敦后，包玉星先生专程飞到那里，向全体船员和大连造船厂随船工程师表示祝贺和慰问，并在休斯敦举行盛大酒会庆祝"长城"号首航成功！美国航运界、金融界等各界人士出席了酒会。包玉星先生在祝酒词中讲道："作为一名船东，对于新加入自己船队的优良船只，都会产生一种如母亲见到健壮婴儿时那样满意的心情。我作为一名炎黄子孙，为祖国造船业的发展感到高兴和骄傲！"包先生还在报纸上发表文章，热情介绍我国造船工业的发展水平，盛赞大连造船厂的建造质量，对双方首次合作成功表示满意和称赞。同时他还自豪地把自己率先在大陆订购船舶比作是第一个吃螃蟹的人。这证明了他率先与内地签订造船合同所具有的远见卓识和气魄。小平同志知道后高兴地称赞："你们的合作是成功的。"

"长城"号从开始接触谈判到最后交船，前后三年，这艘船叩开了国际船舶市场的大门。我们同包玉星先生接触不久，包玉刚先生应邀来京，同六机部商谈订船和合作事宜，邓小平等领导人多次会见了包氏兄弟。包玉刚先生回到香港后，即宣布向大陆定造六艘价值两亿多美元的船只，并同六机部中国船舶工业公司和外贸部中国租船公司为一方，与香港环球航运集团和国际金融投资公司（由香港环球航运集团、香港上海汇丰银行及日本兴业银行组成）为一方联合组成第一个中外合资企业——香港国际联合船舶投资公司。他们的行动在当时产生了轰动。李嘉诚、董浩云、庄贵仁、曹文锦、赵世彭等香港著名船东也相继在内地定造船舶。从1979年到1982年，六机部共签订各类出口产品价值8.2亿美元，相当全国同期机电产品出口额的两倍。从"长城"号开始到20世纪末，中国船舶工业已向世界60多个国家和地区出口了1000多万吨船舶。我国已成为世界第三大造船国家。

（原载于《纵横》2001年第11期）

中国首个开发区的创建

崔荣汉

"南方建特区，辽宁怎么办？大连怎么干？"

1980年夏，中央在南方沿海创建了深圳、珠海等四个经济特区，这个消息在辽宁、大连都引起了强烈的反响。当时的辽宁省委第一书记任仲夷向大连市委、市政府提出一个问题：南方建设特区，辽宁怎么办？大连怎么干？是不是也可以要求建设特区？有没有条件建设特区？

任仲夷意在提示大连市委、市政府：先别管中央批不批，你们自己敢不敢想，敢不敢干？同时，他也积极向中央申请要求在大连建特区。大连市的对外开放怎么办？如何强化大连市作为沿海中心城市的地位？这也是党的十一届三中全会以来，市委、市政府一直在认真思索和探讨的问题。

1980年6月30日，时任中共中央主席的华国锋同志访问朝鲜归来，顺路到大连做短暂休息和视察。在棒棰岛宾馆，我作为时任大连市市长向华国锋同志汇报工作，辽宁省委第一书记任仲夷、省长陈璞如，大连市委第二书记宋黎等人都参加了。我们重点提出了在大连建设经济特区或出口加工区的设想，任仲夷、陈璞如也极力支持。任仲夷说："香港弹丸之地，搞得那么现代化。大连有许多有利条件，如果搞特区的话，一定发展得很快。"

华国锋当时答复："对特区我也说不清楚，还是请主管特区的谷牧同志来一趟，你们向他汇报吧。"

1980年8月11日，中央书记处书记、国务院副总理谷牧来到大连。我们向谷牧副总理汇报了大连市的想法：南方建了四个特区，北方是否也可以建一个或几个特区？大连工业门类比较齐全，工业基础比较雄厚，如果在这个口岸城市划出一块地方，建立类似深圳等地的经济特区，将会带动整个东北地区的改革开放和经济发展。

听了大连市的汇报之后，谷牧副总理当时很严肃地说："我问你们：一是什么叫特区？二是大连为什么要建特区？三是大连有什么条件建特区？"

接着，谷牧又向大连市委、市政府的主要领导介绍了建设深圳等特区的一些背景："文化大革命"刚刚结束，民不聊生，百废待兴。当时中央确定在深圳等地建设特区，还在观察它的作用、效果，也是"摸着石头过河"的一种试验。谷牧说，对于建特区，我们党也没有成熟的经验，尤其是对可能带来的资本主义腐朽思想的影响，我们还缺乏准备。而且对办特区，意见也不完全一致，所以只能先把这几个城市作为试验田。

谷牧最后说，大连机械制造业实力雄厚，基础很好，应当扬长避短，发挥优势，这比匆忙建立特区效果要好得多。

听了谷牧副总理的介绍，我们明白了，在当时的历史背景下，中国的进一步改革开放尚在孕育之中。因此，大连的特区梦就难圆。

谷牧同志的问题也让我们受到很大触动，感觉到要很好学习，加深对改革开放的认识。1980年11月9日，中共中央调任仲夷到广东任省委第一书记。1981年初，市委、市政府让我率领一批干部到广东尤其是深圳、珠海考察。那时特区建设才刚刚开始，特区人也都是在边干、边看、边学、边摸索。尽管在深圳、珠海并没有看到特区的新形象，但特区之行还是让大家有了"摸着石头过河"的勇气和信心，因为大连并不比深圳、珠海差什么，缺少的就是一个机遇。回到大连之后，我在班子会议上满怀希望地说，既然我们现在还建不了特区，那就扎扎实实地做

一些建特区和对外开放的准备工作吧，以积累经验，等待时机。

中南海怀仁堂的会议决定了大连开发区的命运

特区梦一直萦绕在我们的心头，整个大连都在翘首企盼，企盼一个历史性的时机。1984年春天，中国改革开放千载难逢的一次机遇，终于眷顾了大连。

这年2月，邓小平到深圳、珠海、厦门特区视察。视察之后回到北京召集中央书记处的同志开会时，他表示：建立特区，实行开放政策，有个指导思想要明确，就是：不是收，而是放。除现在的特区之外，考虑再开放几个点，增加几个港口城市，如大连、青岛。这些地方不叫特区，但可以实行特区的某些政策。

为了贯彻小平同志的意见，中共中央书记处、国务院决定，于3月26日召开一次沿海部分城市座谈会，当时初定参加会议的沿海城市有8个。

会前，国务院副总理谷牧再次专程来到大连。这一次，他笑逐颜开地向大连市委、市政府通报了中央要召开沿海城市座谈会的消息，并通知大连市准备参加会议。

谷牧高兴地说，中央准备让一些沿海城市建"经济开发区"，开发区将实行经济特区的一些政策，以促进中国沿海对外开放的大趋势。听到这个消息，市委、市政府领导们个个兴奋异常。我对谷牧同志说，我们早做好了准备。然后我们向他汇报了市委、市政府的一些准备工作，其中包括经济开发区的选址。谷牧很感兴趣，没有想到大连的工作已经做到了前边。他在我们的陪同下亲自来到大黑山下的马桥子村，实地察看之后认为，这个地址选得非常好，非常有发展前景。

1984年3月24日，我率副市长洪源栋、外经委副主任李新国三人来到北京，带着大连准备建经济开发区的材料、数据走进了中南海怀仁堂。在会场之外，还有市委副秘书长傅毓殿等人住在北京为会议准备相关的数据材料。当时的辽宁省省长全树仁同志也参加了会议。

怀仁堂会议上，第一天上午首先是深圳市代表发言，介绍深圳特区和蛇口工业区的发展经验。之后，会议安排沿海城市代表按从北往南的顺序发言。下午我代表大连第一个出场。我拿出一张大连建设开发区的示意图，然后一口气做了长达两小时的发言，重点汇报了大连对外开放的形势，提出在大连建立经济开发区的设想，并且详细阐述了大连建立经济开发区的条件、环境和可能性。

会议开始不久，一些沿海省省长就纷纷要求增加他们省的一些沿海城市来参加会议，例如江苏省省长顾秀莲就找到中央负责同志，强烈建议让连云港、南通也参加会议。这样，当会议快结束的时候，已经变成了14个沿海城市参加会议，后增加的6个沿海城市有秦皇岛、连云港、南通、福州、广州、湛江。

会议从3月26日一直开到4月6日，历时12天。会议一致通过了《沿海部分城市座谈会纪要》，首次提出了"经济技术开发区"这一历史性的命题。

5月4日，国务院下发了《关于批转"沿海部分城市座谈会纪要"的通知》。《通知》指出：决定进一步开放大连、秦皇岛、天津、烟台、青岛、连云港、南通、上海、宁波、温州、福州、广州、湛江、北海14个沿海港口城市，这是"关系到争取时间，较快地克服经济、技术和管理落后状况，实现党的十二大确定的奋斗目标的一项大政策"。

《通知》中还说：这几个城市，有些可以划定一个有明确地域界限的区域，兴办新的经济技术开发区。经济技术开发区要大力引进我国急需的先进技术，集中地举办中外合资、合作、外商独资企业和中外合作的科研机构，发展合作生产、合作研究设计，开发新技术，研制高档产品，增加出口收汇。向内地提供新型材料和关键零部件，传播新工艺、新技术和科学的管理经验。有的经济技术开发区，还要发展成为国际转口贸易的基地。经济技术开发区内利用外资项目的审批权限，可以进一步放宽，大体上比照经济特区的规定执行。

《通知》中单独对大连市的改革开放有一大段表述。这就是《通知》中的第十条：

"以上十四个城市进一步开放的模式，不搞'一刀切'，可以根据实际情况多样化。大连是东北三省的主要港口城市，从充分发挥东北老工业基地的作用出发，也考虑到我们利用日本资金和技术的需要，以及通过'大陆桥'对苏联、欧洲发展转口贸易的需要，大连市在某些具体政策上可以更开放些。"

解决了机场、港口、外汇等重大问题

1984年春天的中央部分沿海城市座谈会，不仅让大连跻身全国第一批开放的沿海城市行列，而且解决了大连的几个重大的具体问题。

一是机场问题。

大连周水子机场过去是隶属于空军的军用小机场，当时只能起降"安-24"等小型民用飞机——乘坐40多人，或者是"伊尔-18"中型飞机。1984年以前，周水子机场仅仅开通了大连到北京的客运航班；大连到沈阳的航班开通了不长时间又停飞了——因为没有足够的客流。

要对外开放，周水子机场就必须扩建为大型机场，并且开通国际航线。我在沿海部分城市座谈会上发言的时候，讲到了为适应改革开放的需要，大连周水子机场正在扩建中。我说："扩建之后我们的机场可以起降'737'飞机。"

主持会议的胡耀邦总书记当即插话："要搞就搞大的，应该搞'747'的。"搞"747"的当然好，但是起降"747"飞机跑道要加长，地面要加厚，因此涉及追加投资。于是，我在北京立即打电话给当时负责这项工作的副市长原宪千，让他组织人员按"747"的标准重新设计周水子机场，同时又向国家民航总局汇报，争取追加投资。由于胡耀邦总书记一锤定音，最后在这次座谈会议上大连机场扩建的手续就基本办妥，民航总局追加投资800万元。

1984年11月14日，按起降"747"标准进行改造建设的周水子机场主跑道建成通航，并且举行了隆重的通航剪彩仪式，为大连对外开放打下了一个坚实的物质基础。

二是港口问题。

早在20世纪80年代初，大连市政府就提出了大连港应该扩建的问题。当时大连港隶属交通部管辖，交通部副部长子刚来到大连和大连市委、市政府协商扩建问题。当时我的意见是：老港区已经没有地方再扩建了，应当在大孤山半岛大窑湾建设一个新港，那里水深海阔，不冻不淤，是建设深水港的好地方。但是交通部考虑到建设资金的问题以及为港口配套服务的问题，还是坚持要在老港区做文章。双方意见相左，谈不拢，事情就拖了下来。

在中央沿海部分城市座谈会上，我把港口扩建的问题再次提出来，而交通部的领导当时也在场。听了我的发言，胡耀邦当即表态支持在大窑湾建新港。在会议精神的影响下，1984年8月交通部批复同意在大窑湾建设国际深水码头。

于是，国务院〔1984〕131号文件专门有关于大连港口的一条："为解决港口吞吐能力严重不足的矛盾，会议认为，在搞好现有港的挖潜改造的同时，必须加快大窑湾新港区的建设。"第一期工程的起步方案先建4个泊位（两个集装箱泊位、两个多用途泊位），投资约6亿元，采取国家投资、地方自筹、利用外资等多种途径解决，争取1986年开工，1990年建成投产。

1988年12月5日，一声山摇地动的炮响，宣告国家"九五"重点工程大窑湾港正式开工建设。大窑湾港设计为80—90个泊位，是年吞吐能力8000万吨的集装箱大港。有了大窑湾港，开发区的交通物流业将如虎添翼。近年来的发展，更证实了大窑湾港的开发建设对大连市是至关重要的，正因为有了大窑湾港和相关的港口码头，大连才有了今天东北亚航运中心的地位。

三是外汇问题。

改革开放之前，由于国家外汇储备很少，允许某个地方使用外汇几乎就是对那个地方的一种偏爱和支持。在这次会议上中央提出了大连可以更加开放些，给了一亿美元的外汇使用额度，远高于其他沿海城市。同时，在基础设施的低息贷款上也给了更多的照顾。

1984年4月17日，我从北京返回大连。市委、市政府听取我的汇报后，首先是召开全市领导干部会议，郑重宣布了大连要兴建经济技术开发区的决定。同时宣布，大连市委成立开发区领导小组，主持、协调兴建开发区的各项工作。领导小组由我任组长，副市长唐启舜、洪源栋、原宪千任副组长，李新国任办公室主任。

这就搭起了一个具体而负责的领导班子来主持开发区的筹备建设工作。

以战略眼光选址开发区

大连要建经济技术开发区，那么开发区建在哪里呢？其实这个选址工作，市委、市政府早就进行了。在1981年前后，为了做好申请建立经济特区的准备工作，市委、市政府组织一批人赴广东学习，参观了解深圳、珠海搞特区建设的一些情况。从广东回来后，开始了开发区选址工作。

当时，市委、市政府主要从两个出发点来考虑选址：一是充分考虑到建（特区）开发区所需要的环境和条件，一是着眼于大连市未来发展的需要。从这两点考虑，老市区不行，三面环海，山地较多，城市用地少，发展空间已经很狭窄了。我们组织市有关部门的领导、专家在旅顺、金县、大连湾、大窑湾、小窑湾等地多次考察选址：

旅大南路，这里没有多少可用之地。

旅大北路，虽然地皮是有的，但除去部队用地、飞机场以外，就所剩无几了，而且地块也被分割了。

甘井子北部至金州一带，这里地皮是有的，但有两条高压线、一条铁路、一条公路贯穿其中，建设企业受到制约。

金州毛营子附近有六平方公里的土地闲置着，但面积小，地处大连和金州的所谓"蜂腰部"，没有发展余地，而且靠近的是渤海，如通过海运，还得绕经旅顺口。

也曾看过董家沟、满家滩，那里虽然地域广阔，但是离市区太远，不利于发挥依靠母城加快发展的优势。

营城子、盐岛、辛寨子也都不行……

甚至连普兰店的皮口、城子坦、碧流河等地都去过了，市委派出的调研人员沿着黄海海岸线走了很长的一段路。

最后，大家的目光聚焦到当时的金县大孤山人民公社马桥子大队一带。

对马桥子我还是比较熟悉的：1974年，国家"四五"计划的重点项目——鲇鱼湾油码头破土动工。为了建设这个油港，来自12个省市300多个单位的建设大军云集于此。当时我作为大连市委书记、革委会副主任担任了大连段输油管线和油码头两个工程的总指挥，经常往返于鲇鱼湾与大连市内，其间必经马桥子。我看到这里北望是大黑山，南看是大连湾，地势平坦，视野开阔，就问这里是什么地方？金县人说，这是大孤山人民公社的马桥子大队。我就感叹：这可是一块风水宝地啊！

1984年春，在详细考察和论证的基础上，市委、市政府组织人员拟订了四个方案进行比较，包括湾里方案、马桥子方案、金州西海岸方案等，甚至有人提出干脆把金州都变成开发区，像深圳就是在宝安县建特区一样。经过充分论证，最后大家还是选定马桥子方案，同时将湾里、董家沟也纳入开发区的控制区内。选来选去，之所以选中马桥子一带，是因为这里主要有这样几个优势：

一是地形地质优越。马桥子北靠大黑山，南临黄海岸，整个地形北高南低，属沿海平原区。地质多为板岩、辉绿岩和泥质岩的构造，地耐力可达28—80吨，适合于高层和多层建筑；地面宽阔平坦，地貌形态多姿，有利于建筑群的合理布局。

二是交通便利。历史上马桥子就是交通枢纽，从明代起，金州城经马桥子至海青岛、大孤山港即为通达驿道。近代日本殖民当局和苏联红军都曾在马桥子附近修筑机场。从现在的眼光来看，马桥子距大连市中心区27公里，距周水子国际机场25公里，距金县8公里，距大连港7海里，距大连华能电厂4公里，距铁路金州站4公里，沈大高速公路从它边缘通过。更为有利的是，这里和待建中不冻不淤的大窑湾新港毗邻，这个远东大港将是欧亚大陆桥运输的中转站，将会与开发区联为一体，优势互补。在这里，既可满足开发区起步区的需要，又可以这里为起点，向西与金州相接，向东南可以通向准备兴建的大窑湾港和已经建成的大连油港；向东北可以沿着大窑湾、小窑湾这一带黄海海岸线发展，也可以向北发展，使大连市的建设重点逐步北移，为新市区的建设发展，为未来的大连展示了广阔的空间。

三是气候宜人。马桥子一带气候温和湿润，年平均气温10.3℃，年平均相对湿度66%，年平均降水量599.7毫米，夏无酷暑，冬少严寒。南海北山的地理环境，构成了开发区冬暖夏凉、四季分明的宜人气候。

四是有能源和通信保障。水——距碧流河水库总干线六公里，水源充足，水质优良；电——与东北电网高压输变电线路连接方便，电力供应有保障；煤——距和尚岛煤码头一海里，运输便捷；通信——从国外引进程控交换机，可与大连市电信网连接，直接承担国际国内通信业务。

1984年三四月间中央沿海部分城市座谈会前，谷牧副总理来连，我们向他汇报并请他察看了这个选址。4月中央沿海部分城市座谈会刚刚结束，市委、市政府就立即组织各方面专家再次论证了经济技术开发区的选址，最终敲定东北第一个经济技术开发区就建在这里——大孤山乡马桥子一带（含马桥子村、凤岩村、黑山村、红岩村四个自然村，加上金县所属的十里岗国营农场一些用地）。从此，名不见经传的小渔村马桥子吸引了全市、全省、全东北乃至全国人民的目光。

春风第一枝

1984年5月4日，国务院《关于批转"沿海部分城市座谈会纪要"的通知》文件下发后，大连市即于5月18日在市委召开干部会议，宣布成立开发建设公司并准备进驻马桥子现场。当时组成公司的15个部（室）干部都是从全市各部委办局及原金县机关抽调的。6月1日，第一批98名开发建设者开赴马桥子现场办公。初期开发建设的主要任务是规划好开发区起步区，并开始"七通一平"基础设施建设。

经过两个多月的紧张筹建，开发区起步区粗具雏形。8月12日，万里、谷牧、李鹏三位国务院副总理到大连视察工作，陪同三位副总理来连的国务院各部委领导有很多人，包括国家计委副主任甘子玉、国家经委副主任赵维臣、铁道部部长陈璞如、交通部副部长子刚、中国社会科学院院长马洪、国务院特区办公室主任何椿霖、国务院口岸领导小组办公室主任梁况白，辽宁省委常委、副省长王光中等省委省政府的领导也陪同来连。

8月15日，三位副总理来到马桥子村现场办公。来到马桥子之后，我和魏富海市长在长岭山上铺开开发区的总体规划蓝图，向他们汇报选址和总体规划情况。听过汇报之后，万里、谷牧、李鹏兴致勃勃地登上了炮台山远眺。我在炮台山上边指点边介绍说：南边那海天相接处，可以看得见巨轮往来的是距此只有七海里的大连港；西侧只有两海里远的是和尚岛煤码头，那里将具备年卸原煤500万吨的能力，而且还将兴建80万千瓦的电站；北边是雄伟的大黑山；东边一片开阔而平展的土地是远期规划中的湾里乡和董家沟镇……

听到这里，万里副总理问："什么乡？"我回答："湾里乡。"万里笑着说："'万里'？这个地方和我同名啊。"大家都笑了。谷牧副总理因为此前来过一次马桥子，情况比较熟悉。他主动介绍说：这里离铁路、公路、机场、港口、水源、电源都不远，交通方便，风景优美，

是建设开发区的好地方。万里在听了介绍之后，又细看铺展在面前的规划设计图，点头连声称道："这个地点选得好，这个地点选得好。"

在三位副总理视察大连以后，又有一些中央的负责同志到大连。事后我想，大连之所以成为对外开放的首选对象，当然有中央统一安排和考虑的因素，但和我们各项准备工作做得充分，中央对我们的情况有比较多的了解也有关。

9月25日，国务院下发文件，正式批准大连在金县马桥子一带兴办经济技术开发区，同意先建3平方公里工作区，并相应建设生活服务配套区，起步区面积为5平方公里。至此，兴建大连开发区得到中央正式批复，这也是我国14个沿海城市中第一个成立的国家级开发区。《光明日报》在后来报道中称为"春风第一枝"。

在"白纸"上画一幅"在全世界都有影响"的蓝图

办开发区，把开发区发展成一个现代化的、综合配套的新城区，必须有一个完善、科学的总体规划。在三位副总理视察大连时，谷牧副总理曾对我们说："开发区的位置选得很好，我看将来有条件时可以搞大一点。现在开发区就是要抓好一条——搞好规划。找些专家帮你们研究，哪块发展什么，哪些是生活区、生产区，要有一个很好的规划，不能搞乱。因为这是一张白纸，这张白纸画好了，在全世界都会有影响。"

1984年夏，在初步设想的基础上，市委、市政府邀请了国内外专家、学者进行了开发区建设规划的讨论，并立即着手编制总体规划，本着科学、合理、先进的原则，在1984年底形成了总体规划的框架。

在规划时涉及的第一个问题，是搞一个几平方公里的开发区规划，还是搞一个兼顾到整个大连市长远发展的规划。

当初大连市向国家申报的开发区面积是50平方公里，而国务院国发

〔1984〕131号文件批转的《关于大连市进一步对外开放和能源交通建设等问题的会议纪要》第二条中说：同意大连市在金县大孤山乡马桥子村一带建立经济技术开发区，近期工程用地面积为3平方公里，远景规划用地面积为20平方公里。但在实际执行时，如果仅仅按3平方公里来规划建设，将来城区规模扩大了怎么办？1980年深圳特区成立，在特区刚刚开始规划建设时也遇到了这个问题，因为规划的原因，刚刚建成不久的道路就拥挤塞车，不得不再次扒楼拓宽。我率团到深圳考察的时候，正赶上蛇口工业区原来的道路由于设计狭窄而不得不重新扩展。鉴于此，在开发区的规划设计上，我们要求一定要避免老市区重复建设造成的浪费，吸取深圳建设初期扒楼扩路的教训，从指导思想上着眼于规划一个大的新城区，构成一个新市区的大框架。在实际执行上，由于受到供水管道配置的影响，起步区要涉及9.8平方公里。因此，就以9.8平方公里（马桥子等4个自然村）为起点，进行具体规划。考虑到长远发展，当时搞了一个130平方公里（可使用面积）的控制区，并作了规划草图，这个控制区包括湾里乡和董家沟乡的四个村庄。当时设想在小窑湾搞海上娱乐场所，在大地半岛搞别墅区，同时还设想开发满家滩。

规划时考虑的第二个问题，是应该采取什么样的指导思想。我们主要突出了以下两点：一是要坚决体现小平同志讲的"四个窗口"作用，即使大连开发区成为东北地区引进人才、利用外资、引进先进技术和先进管理经验的重要窗口，加速国外技术向国内转移、沿海技术向内地辐射的步伐，更好地为大连老企业技术改造、为繁荣东北经济建设服务。二是如何充分发挥大连港口城市的优势，即要利用好大连现有条件，不能把开发区孤立起来，而是使之与老市区在交通、能源、技术、配套设施等诸方面紧密衔接，相辅相成。这样，也就规定了开发区的性质，即以大连市为依托，与大港口相毗邻，以广大东北腹地为后盾，以工业为主体，努力发展"三资"企业的现代化的新城区。

规划时考虑的第三个问题，是开发区的合理布局，即根据开发区的发展目标、地域条件和区域功能等，规划时采取组团式结构布局，生

227

产、生活用地就近平衡，达到有利生产、方便生活的目的，并按功能相对集中分区。如对工业区、仓储区按不同行业对环境条件的要求，做了区域划分。对外国人居住区及公寓、公建、金融和行政管理中心等在区域上也做了适当划分。大的生活居住区布置在丘陵地区及山坡地带，科、教、文、体以及旅游别墅区布置在靠近南部海滨。还注意到避免重复老市区建设中存在的问题，不要使工厂特别是有污染、有噪声的工厂建在居民区，不要使一个半岛上的居民看到的只是房子、工厂而看不到海。但由于建设初期来开发区投资的还比较少，又受建设资金的影响，因此后来执行中对当时的规划有不少变动。

起步区域选择0.57平方公里的综合工业小区为起步工业区，在此摆放最早的工业项目；选择0.17平方公里为起步区的生活区，在此建本地农民的动迁楼；选择长春路（今金马路）中段为起步区的公建区，并在此建宾馆和办公楼。起步区规划基本是围绕炮台山展开，即炮台山北侧为工业区，南侧除预留一部分电子企业用地，如现在东芝、原田公司等，其余沿长春路为银行、邮局及办公楼等公共服务区；东侧为集商贸、休闲和旅游为一体的五彩城与大型宾馆；东山为安排动迁户的生活区；西山为与工业区配套的住宅服务区。为体现"东北窗口大家建"，开发区主要路街都以东北一些城市命名，如沈阳路、长春路、哈尔滨路以及东北大街等。

为了借鉴国外的先进经验，市政府有过一个大胆的想法，请外国专家来搞开发区的规划。经过日本朋友的介绍，首先请来了两位日本城市规划专家。两位日本专家来到马桥子认真考察之后，提出做一个新兴城区和工业区的规划，时间需要两年，规划费用需要150万元。为什么要这么长的时间？日本专家介绍说，城市规划必须精雕细刻，因此必须保证时间才能有精彩之作。他们说，曾经给泰国搞过一个一平方公里工业区的规划，就用了两年时间。

两年不行，时间太长，大连建设开发区等不及，最后我们下决心自己干。

　　拿出初步方案后，市政府发请帖，邀请了国家城乡建设部、邮电部的有关领导，辽宁、吉林、黑龙江、北京、天津、南京、青岛、厦门等11个省市的建设规划部门负责人，国家城乡建设部设计院、中国市政工程西南设计院、邮电部北京设计院等十余所设计部门的专家，同济大学、天津大学、南京大学、南开大学、大连理工大学五家大专院校的教授，共邀请了38家单位的领导、专家、教授55人来到大连，把他们请到当时大连档次最高的棒棰岛宾馆，召开了"大连经济技术开发区总体规划纲要评议会"，请大家对开发区的布局规模、道路、港口、运输、环保、用地、绿地等进行评头论足。他们都提出了很好的意见和建议，对我们建设现代化新城区很有借鉴作用。接着又分别邀请几十位日本、美国、澳大利亚、新加坡及中国香港地区的海外专家进行评议。

　　按照现代化的原则，规划时对各个方面都提出了要求。道路是城市的动脉与骨架，规划道路充分考虑到城区的发展需要，采用带状方格网结合地形进行布置；主干道红线有的控制在70米，有的控制在100米；要求主干线要宽、要直，以使车流畅通；住宅区的路要适当略窄，以便保持安静；在主要的十字路口都留出立交桥的位置。为了分流车辆，还准备修建过境公路——新开路。通向大连市和飞机场的道路、通向开发区的铁路的设计也开始进行。

　　起步区净水厂设计能力为日供水10万吨，首先建成5万吨，建在大黑山边，与整个起步区的海拔高差有30—40米，一部分建筑可以自流供水。排洪按20年防洪标准设计，山洪可以安全入海。设计建设三座二级污水处理厂，要求区内污水必须处理达标后方准排放入海，而且还可以用于农业、工业冷却、园林绿化和道路喷洒等。规划民用燃料主要使用液化气，由石油七厂供应，并建立了液化气供应站。电力、电信都通过地下走线，66千伏中心变电所和4000门程控电话都在规划确定后很快建成。供热实行统一供应，按当时的规划以后建立了热电站，在整个工业区、生活区看不到烟囱林立。园林绿化方面，要通过道路绿地、生活区绿地、公共绿地、自然绿地等，把开发区建成一个海滨花园城，多栽常

青树，力争不露黄土，三季有花，四季常青。当时提出：要把开发区建在花园里，不要把花园建在开发区里。为此还设立了苗圃、花圃和绿化机构。规划对环保也很重视，坚持"三同时"，坚持预防为主，综合防治，严格控制大气污染、噪声污染，同时还设立了环保机构。

开发区总体规划中金州至大窑湾的铁路支线全长22公里，东起大窑湾港，西至大房身站与哈大铁路接轨，称之为金窑铁路，是为大窑湾港集装箱码头而铺设的铁路专用线。金窑铁路必经开发区，这是躲不过去的，但是怎么走呢？当时有三个方案。三位副总理视察大连时，万里在长岭山现场办公时听了几种不同的方案汇报之后说："海岸线还是让给人吧。"一锤定音，确定了金窑铁路的大原则。最后铁道部在施工过程中是以架桥和隧道的方式走过黄海海岸的，由此留下了白石湾一带的黄金海岸线。

第一仗从"七通一平"打起

大连开发区的建设一开始就强调要"慎始慎终"，就是说各方面的准备工作一定要充分，不能仓促上马，铸成后患。大量的前期工作宁可慢些，但要好些。一旦动工，就要精心组织、精心设计、精心施工，以最快的速度、最高的质量把工程建设好。当时强调：要坚持开发一片、建成一片、收效一片、滚动发展，以避免浪费土地、浪费资金，收到更好的效果，同时也给投资者以信心。当时确定的工作目标是：一年打基础，三年初见成效。

1984年6月16日下午，我主持召开了大连经济技术开发区领导小组第一次工作会议，在这次会议上做出决定：当年8月1日举行经济技术开发区开工典礼，其他基础设施工程还可以先开工，越快越好。但开发区的前期准备工作、筹备事项千头万绪，其中许多又不是大连市自身就能解决的，许多事情要协调，要汇报，要讨论，要等待上级批准，因此8月1日举行开工典礼的计划没有实现。

8月18日，开发区领导小组召开第四次工作会议，确定开发区开工典礼在10月15日。当时我强调说，不能再拖了。相关的基础设施例如办公楼、宾馆、净水厂、变电所等，都可以先开工，不必等。

我和市人大常委会主任曾宇、市委书记毕锡桢三人又匆匆赶赴哈尔滨、长春、呼和浩特、沈阳四个东北腹地的城市走了一圈，拜会了三省一区的领导，通报大连开发区筹建的情况。每到一地我们都热情地说："大连开发区是全东北的开发区，欢迎你们去投资、去办工厂啊，我们一定做好服务。"

大连开发区的建设首先是从"七通一平"（上水、下水、电力、电信、供气、供热、道路通，土地平整）开始的。国家给了三亿元低息贷款，省里也给拨了一些钢材、木材和煤炭。在1984年6月初，从市建委抽调了整建制的人马来到开发区，由当时的建委主任范勇昌同志带队，由建委副主任、建委分管的规划、城建、煤气、上下水道等方面的人员以及物资部门的人员参加，组成了开发区开发建设公司，开始了开发区的基础设施建设。在进行"七通一平"的同时，考虑到有些相关配套设施，如商业、宾馆、医疗、学校等完全依靠老市区也不行，按照规划，宾馆、写字楼、学校也开始动工兴建了。当时有人对金马大厦、银帆宾馆有不少异议，甚至有批评指责。在1985年时，有人批评指责开发区"贪大求洋"。但是，我们还是坚持干下来了。看起来，办什么事情都要有个劲头，有点热情。看准了就坚持，坚持就是胜利。即使错了，也可以买个教训。不要把事情办得糊里糊涂，不了了之。

开发区建设之初是辛苦的。当时马桥子一带还是农村，生活和工作条件都较差，特别是范勇昌同志带领的第一批进驻的同志，都是住在工棚和当年生产队的知青点，干部和群众都一样。各居住点自己垒大锅起灶。没有自来水，就与百姓一样挑井水用；没有通信电话，公司安排两名年轻人专门送递文件材料。冬天冷，有时生火炉子，有时就不生；夏天蚊子咬，伙食也不好；规定半个月才能回一次家。大家吃了不少苦，但精神状态特别好，团结一致，同心协力，艰苦奋斗，毫无怨言，全心

全意把开发区建设的第一仗打好。因此，创造了高速度、高质量，做出了很好的成绩。现在想起来，还是很感动，也是非常可贵的。到1985年，赶上国家紧缩银根，压缩投资规模，对开发区来讲又是个考验。当时有不少人怀疑：开发区会下马吗？但大家不为所动，埋头苦干，不灰心，不气馁，终于创造了一个良好的开端。用5.7亿元开发了9.8平方公里的面积，这在全国来说开发费用也是低廉的。

开发区开始建设，首先遇到了征地问题和动迁农民的安置问题。那时动迁遇到的主要问题不是动迁费多少的问题，而是思想问题。对于在这里兴办经济技术开发区，当时年轻人都普遍欢迎和高兴，认为从此可改变世代"面向黄土背朝天"的农村生活。但很多老年人还有疑虑，因这里曾被日本人侵占过，担心又要遭"二茬罪"。为此，从金县抽调了两名副县长到开发区，做了很多思想说服工作。开始征地要动迁四个村，即起步区的9.8平方公里。为了把动迁群众安置好，当时没有把征地费分给群众，而是盖房子，以便使动迁群众"喜迁新居"；同时把动迁居民组成一个街道，把群众组织起来，利用这笔资金办企业，从金县抽调一名公社党委书记到开发区的第一个街道任街道党委书记兼街道公司经理。群众很高兴，住房条件改善了，收入也在不断增加。

1984年10月15日，在现在开发区五彩城南门一带，市委、市政府举行了隆重的开工典礼，并同时对外宣布大连经济技术开发区管理委员会正式成立。作为市政府派出机构，管委会领导全面开发建设与负责社会事务管理工作。这一天，也被定为开发区"生日"。

（选自《大潮·口述：书记、市长与城市》，
中国文史出版社 2018 年 7 月版）

"温州模式"是怎样炼成的

袁芳烈

为了解决温州问题，省委派我去温州工作，当时我担任中共浙江省委常委、省政府副省长兼省农委主任、党组书记，分管农业工作。1981年8月去温州，1986年2月回到省委任省委政法委书记，在温州我实际工作了四年八个月。

省委派我去温州工作的主要动因，可以说主要是为了"治乱"。我在温州工作期间，遵照省委的指示精神，适时地完成了温州地区和温州市合并任务，重新组建了新的中共温州市委和温州市人民政府；整顿了各级领导班子和干部队伍，进一步落实了党的政策，处理了大批有关地下党和"文革"历史遗留问题，消除了派性，增强了团结；依法严厉打击各种严重犯罪活动，大力整顿了城乡社会治安秩序；坚定不移地贯彻执行党的十一届三中全会的正确路线、方针、政策，抓住以完善农村家庭联产承包生产责任制为突破口，不断解放思想，反复清除"左"倾错误思想影响，勇于从温州实际出发，尊重群众的创造精神，大胆鼓励、支持与保护城乡人民群众发展家庭自营经济的积极性，和广大群众、干部共同找到了一条符合温州客观实际条件的发展农村经济的新路子。

调整体制，温州地区和温州市合并

温州是全省有名的"文化大革命"重灾区。由于"十年动乱"的后

233

遗症，原温州地区和温州市的领导班子较长时期处于涣散软弱状态，工作较为被动，经济发展缓慢，社会秩序混乱，部分干部和群众为此心情焦急，不断给省委和中央写信反映温州的情况和问题，引起了中央和省委的高度重视。

为了解决温州的问题，省委曾多次讨论并从宁波、杭州等地、市委领导干部中选调得力的同志去温州工作，解决温州问题，但都因温州情况复杂、工作难度大而未能成行。

在此情况下，省长李丰平同志在一次与我和省农委副主任吴植椽同志研究工作时，对吴植椽说："有人建议你去温州工作。"吴说："我现在走路都困难，还能去温州工作？（有病，肺气肿）"丰平同志接着又对我说："也有人建议你去温州。"我说："我年纪比他轻，身体比他好，但我的领导工作经验不如他，如果省委要我去我就去，在哪里工作都一样。"后来经常委讨论，我去温州工作的事就这样定下来了。

为了解决好温州问题，省委讨论把温州地区和温州市合并，重新组建中共温州市委和温州市人民政府，报中央、国务院审批，从组织和领导上彻底解决温州的问题。为了完成温州地市合并任务，省委还组建了以我为组长，有省委组织部副部长唐玉瑞、省委宣传部副部长张烈、省农委副主任董炳宇同志和原温州地市委一、二把手参加的省委温州地市合并领导小组。

我和领导小组的同志于1980年8月6日到达温州。当时，有关地市合并的信息早已广为传开，在部分机关干部中思想波动不小，部分同志产生了等待观望情绪。鉴于温州的复杂情况，我觉得在工作上应当采取快刀斩乱麻、宜粗不宜细的方针，当务之急是要把地市合并后新的市委常委领导班子尽快组建起来，以便在其统一领导指挥下有序地开展工作。于是领导小组及时召开了温州地、市委常委和各县（区）委、市机关部委办局以上领导干部会议，向他们传达了省委〔1981〕45号会议文件，讲明了地市合并、实行市管县新体制的意义，要求大家统一思想认识，顾全大局，增强团结，做好稳定工作，顺利完成温州地区和温州市合并工作任务。在地、市合并的过程中，要求原来由地、市委及政府所部署的各项工作任务，仍由原地、市委负责完成，保证做到地、市合并和正常工作两不误。

同时，在这次会议上要求到会同志对地、市合并后的新市委常委和政府正、副市长人选，在原地市委、政府、人大常委会、政协领导班子成员中，按德才兼备的干部标准和任人唯贤的干部路线，以无记名投票方式进行了民主推荐。这项工作进行得很顺利。

会后我带上干部推荐资料和考察情况回杭州向省委作了汇报。省委听取汇报后讨论决定，由我兼任中共温州市委第一书记，董炳宇任温州市委第二书记；郑嘉顺、李玉林、张永祥任书记；张维森、吴俊祥任副书记；刘锡荣任市委常委、秘书长；郑嘉顺兼任温州市人民政府代市长。我回温州后立即向地、市合并领导小组和原温州地委、温州市委常委作了口头传达，到会同志都表示坚决拥护省委决定。

1981年9月22日，党中央、国务院批准温州地区和温州市合并，建立新的中共温州市委和温州市人民政府，实行市管县的新体制。同年12月，中共浙江省委下文公布了中共温州市委和温州市人民政府领导班子名单，新的市委和市政府宣告成立。

在中共温州新市委的统一领导和地、市合并领导小组的具体帮助指导下，机关迅速实施了合署办公，并通过民主推荐、组织考察、市委常委集体讨论审批，把市级机关部委办局领导班子组建起来。

在此基础上，市委于11月12日召开了市、县、区、社和市级机关主要领导干部参加的第一次四级干部会议。会议主要是学习统一思想，克服领导班子和领导干部中存在的涣散软弱状态。市委常委和到会同志一起学习了中央〔1981〕30号、39号文件和邓小平等中央领导同志的重要讲话，重温了《关于党内政治生活的若干准则》，联系自己的思想和工作实际总结经验教训，开展批评与自我批评。大家一致认为，邓小平同志的谈话切中时弊，非常及时，十分重要。中央领导同志指出的当前思

想战线的那种脱离社会主义轨道、脱离党的领导、搞资产阶级自由化的错误倾向和领导的涣散软弱状态，在温州都有不同程度的存在。市委常委决心从自身做起，继续深入学习党的十一届三中全会正确路线、方针、政策，提高认识，加深理解。市委要求全市各级干部，特别是各级领导干部，在地、市合并后新市委的领导下，要加强新的团结，振奋精神，坚定信心，克服涣散软弱状态，同各种违背党的十一届三中全会路线、方针、政策，违背四项基本原则的错误倾向作斗争，争取党风、社会风气和社会治安状况根本好转，把温州以经济建设为中心的各项工作搞上去，跟上全省工作步伐。

调查研究，一切从实际出发

地市合并后，市委常委研究确定，一部分常委要继续抓好地、市合并的善后工作，整顿机关干部队伍，建立机关正常工作秩序，整顿社会治安，严厉打击各种严重违法犯罪活动，为改革发展经济创造平安的环境条件。温州的社会治安、社会秩序在某些方面的确形势严峻，但不能把一贯比较活跃的温州城乡经济市场用"左"的传统眼光看成温州是"资本主义泛滥"。我和部分常委同志深入农村、深入基层调查研究如何治穷，发展农村经济的思路与措施。当时，我带领办公室、农委等部门的领导同志到农村、城镇广泛走访调查。从调查的情况看，当时温州存在的突出问题，是经济发展滞后，社会秩序混乱。

治穷要从温州的实际出发，温州的实际是什么呢？如何从实际出发，恢复发展经济，这是摆在新市委面前的首要问题。温州地处浙江东南部，远距杭州450公里，1982年总人口5928318人，耕地人均不足半亩，一面临海，三面环山，交通很不便利，经济基础十分薄弱，新中国成立以来到1991年国家对温州总投资只有6.55亿元。1981年瑞安县人均收入50元以下的有3000多个生产队，占生产队总数的1/3；老平阳县曾有30多万人外出讨饭，所以有"平阳老讨饭"之说。

　　鉴于以上情况，在温州治穷发展经济的任务既迫切又艰难。这是温州在改革发展经济中不容忽视的困难和问题，是温州的劣势。但在我们广泛走访调查中也发现温州又有许多与众不同的特点和有利条件。温州的老百姓有走南闯北外出务工经商的历史传统，能工巧匠多。他们心灵手巧，能吃苦耐劳，敢为人先，其创造性和模仿性都很强。自1980年9月27日《中共中央关于进一步加强完善农业生产责任制的几个问题的通知》传达后，在温州农村开始出现了好的转机，开始调动了广大农民的生产积极性，解放了农村生产力。

　　随着农村家庭联产承包责任制建立和逐步完善，专业户、重点户开始出现，并已成为众人瞩目的新生事物。

　　1981年下半年，我同市委管农业的副书记吴俊祥同志到瑞安麻峪了解情况时，看到路边有一大群牛，都养得个个膘肥体壮。我问牛的主人为什么这些牛都养得这么好，他们说这些牛都是我们私有户养的，也有的是公有户承包养的。瑞安有养耕乳两用牛的习惯，养牛不仅为了耕田，也是重要的家庭副业。他们说养一头牛能比上一个"三五"牌干部的收入，即30年工龄50元月工资的干部。一头水牛一年耕地收入500元，生一头小牛可卖500元，挤一部分牛奶卖给炼乳厂还能收入500元。

　　有一天我去瑞安县塘下镇了解情况，顺手推开街路边一家老百姓的门，一位老太太看着五台土制机子正在忙着织松紧带小商品。我蹲下来同她聊起来，我问她一年能赚多少钱？她把手一伸说有6000块。我说，好啊！你的收入比我这当副省长的还多几千块。我又问她，你这个家庭工厂花了多少本钱，她说花了500元。我看了很受启发，我想温州穷没有钱办不起大工厂，可以放开手脚，冲破重重阻力，让成千上万的老百姓来办家庭工厂。

　　1979年春天我曾为解决苍南宜山（当时还是平阳县）群众要求包产到户，地委不同意而群众罢种（不播种）的问题到了宜山，这次是我第二次来宜山。宜山曾经把"三机"即织布机、纺纱机、开花机统统视为"复辟资本主义的工具"，贴上了封条。但在党的十一届三中全会后，

农村推行家庭联产承包责任制，解放了宜山农民的手脚，又家家户户地增机添车，全区的织布机恢复到了两万多台。但是由于仍受粮棉统购统销政策的影响，规定农民生产的土布只能卖给供销社，不准农民自产自销。由于供销社的购销渠道有限，收购的土布销不出去就不收购，又不允许农民自己去卖，只好停机，不少群众生活又发生困难。我听了汇报便答复他们说：要实事求是，我看现在应该允许农民自己去卖。离开宜山之后，他们在召开的全区干部会上传达了我的意见，允许农民自己生产的土布自己去卖。我这次到宜山了解到，在这个有18万人口、人均只有4分7厘土地的农村里，恢复了"土纺土织"生产的历史传统，并允许农民自行推销其产品，农村剩余劳动力都有了工作，仅一年多的时间，产值已达到5000多万元，除缴给国家税收几百万元外，群众人均收入已达到350元。晚上我住在军分区战士陈欣家的小楼上，半夜起来一看，到处灯火通明，织布机响成一片，天还不亮，街路上运输土布及其原材的人川流不息，一派繁忙兴旺的动人景象。

经过广泛地走访调查，使我在温州农村看到或听到了许多在我曾经工作过的地方很少看到或听到的事物，诸如"专业户""重点户""家庭工场""联户工业""供销员""挂户经营""信息专业户"，以及"浮动利率""私人钱庄"等颇具特色的新鲜事物。尽管这些事物的出现还是分散、零星的，规模不大，数量不多，有的甚至是"非法"的，但它们的出现却表现出了顽强的生命力。其实，这些事物在温州过去不止一次地出现过，但每次的出现都被当作"资本主义"尾巴割掉了。经过走访调查使我在温州受到很大启发和教育，向群众学到不少经验和知识，从而开阔了视野，看到了希望，找到了农村治穷致富的办法，树立了信心。

集思广益，温州模式初现成效

在调查研究的基础上，市委常委进一步学习党的十二大文件和中央1982年1号文件，联系实际进行了认真的讨论。常委一致认为，要敢于从温州的实际出发（因为从实际出发也会有政治风险的），坚持群众路线，尊重群众的创造精神，大胆鼓励，热情扶持，积极引导，让群众创造的新生事物健康地成长，要放手发动干部、群众，依靠千家万户，大力发展农村"两户"和大办家庭工商业，并把它作为市委发展农村经济的重要指导思想。许多家庭工业走的是分散型"小而专"的道路，是劳动密集型，采用手工加机器生产小商品为主，修旧利废，拾遗补阙，对国民经济起到有益的补充作用。

这种模式投资小，见效快，致富面大，符合温州实际，利国利民。要说问题，主要是如何教育提高各级领导干部的思想认识，把大家的思想认识真正统一到党的十一届三中全会的路线、方针和政策上来，这是问题的关键所在。于是，市委在1982年11月召开了有县委书记、管农业的副书记、区委书记、公社党委书记及市县机关部门负责同志参加的全市第二次四级干部会议。

会议主要以党的十二大关于农村问题、农业问题的决定和指导思想为依据，深入学习中央〔1982〕1号文件和中央领导同志的重要讲话，总结交流，完善、提高农村家庭联产承包生产责任制，全面发展农村商品经济的经验。讨论了如何从温州实际出发，进一步解放思想，放宽政策，开创农村社会主义现代化建设新局面，力争在20世纪末全市工农业总产值翻两番，提前达到小康水平。

在1983年2月召开的全市农村财贸工作会议和1984年2月召开的农村工作会议上，市委都认真地结合温州的实际，组织学习了中央〔1983〕和〔1984〕两个1号文件。在财贸工作会议上，我根据中央〔1983〕1号文件的精神，联系财贸部门干部的思想和工作实际，着重地讲了"三个一点"，即"思想更解放一点"，"改革更大胆一点"，"工作更扎实一点"。"三个一点"是中央〔1983〕1号文件的核心，讲得很及时，很准确，切中要害。自党的十一届三中全会以来，我国发生了许多重大变化。其中影响深远的是农业普遍实行了各种形式的生产责任制，而联产承包制越来越成为主要形式。联产承包采取了统一经营同分散经营相

239

结合原则，使集体优越性同个人积极性都得到发挥。这一制度进一步完善和发展必将使农业社会主义合作化具体道路更加符合我国实际。

在组织上，省委于1983年9月进一步调整了市委领导班子，提任卢声亮同志为市委副书记、市长。其他新进市委常委的都是来自机关、县区和工厂企事业单位，既有一定的实际工作经验，又年富力强的同志。市委按精干原则和干部"四化"要求，顺利地完成了机构改革，政府的工作部门由70个裁减到37个，正副市长平均年龄从58.25岁下降为47.3岁，其中大专文化以上的有5人，有技术职称的4人。新进机关部委办局领导班子的70名干部，50岁以下的55人，占78.57%，有大专以上文化程度的41人，占58.4%，有专业技术职称的39人，占55.7%。经过组织调整和机构改革，进一步增强了市委和各党政领导班子的团结，出现了上下和谐，劲往一处使，政通人和的局面。

经过上述一系列的工作、落实措施，温州的各级党组织和广大人民群众，在党的十一届三中全会实事求是的思想路线指引下，坚定不移地坚持从温州的客观实际条件出发，找到了符合温州实际的发展农村经济的新路子。这条新路子的基本特点是：以家庭自营经济为基础，以家庭工业和联户工业为支柱，以专业市场为依托，以农民供销员为骨干，形成了不同于苏南和我省的杭、嘉、宁、绍等多数地区的另一种经济格局，被经济学家和新闻界称为"温州模式"。

短短几年时间，在生产领域农工商综合经营，农林牧副渔全面发展，家庭工业和联户工业异军突起，到1984年全市农业专业户、重点户发展到了33万多户，家庭工业有13.3万多家，联合体3000多个。如苍南宜山区80%的农民家庭从事再生腈纶纺织生产，所用原料都是城市化纤厂和服装厂的边角余料，每年所生产的再生腈纶布和腈纶衣裤等产品，相当于3400万斤棉花，等于30多万亩耕地棉花产量。到1984年，全市超百万元产值的专业村有351个，超千万元的乡有81个，超亿元的区有5个。在流通领域，全市有390多个商品交易市场，其中专业市场有上百个。如有名的桥头纽扣、柳市低压电器、虹桥农贸、平阳的比港兔毛、宜山的再生腈纶、金乡徽章标牌、塘下和莘塍再生塑料（后改为汽摩配件）、仙降塑革鞋、钱库综合贸易等十大市场或商品产销基地，1985年成交额有11.54亿元，上缴税金7457万元，积累资金达2000万元。

这些交易市场同家庭工业互相依赖、互相促进，有的在家庭工业发展的基础上市场逐步形成和兴旺起来，如宜山、柳市等；有的是先在市场发展的基础上带动和促进了家庭工业的发展，如桥头等。全市有一支10多万人的农民供销员队伍，他们从生产过程中分离出来，成为专门从事采购和供销活动的主力。这些人不辞艰辛，走遍全国各地，采购原材料，推销产品，签订合同，传递信息。他们是产销之间的中介人，又是生产的实际组织者和指挥者，对温州家庭工业和市场的形成与发展起了决定性的作用。农村产业结构得到了调整，全市农村有80余万劳动力（即60%左右）离开了耕地转向第二、第三产业，发展了家庭工商业、交通运输建筑业和服务业等，改变了农村80%以上的农民长期靠种田搞饭吃的落后局面。

在农村大部分地区特别是沿海的五个县，经济面貌发生了深刻变化，1984年工农业总产值比1980年翻了一番，改变了多年来发展缓慢增长的被动局面，增幅连续三年都在全省的平均数以上，农民的收入四年翻了一番。1985年全市工农业总产值61.54亿元，其中工业总产值42.11亿元，农业总产值19.34亿元，分别比上年增长40.03%和7.93%；财政收入4.06亿元，比上年增长48.36%；社会消费品零售总额19.21亿元，比上年增长38%；农村居民人均收入447元，城市居民人均收入726元，分别比上年增长29.7%和35.4%。1984年城乡储蓄余额达3.1亿元，比上年增长54%，其中农村增长了两倍。不仅冒出一批收入超万元户、十万元户，甚至有几十万元的富裕户。有些人高兴地说："万元户不算富，十万元才起步。"农民群众的富裕程度普遍提高。苍南县宜山、钱库、金乡等区在1979年前还穷得讨饭，现已大面积地富裕起来，有80%的农民盖新楼房。柳市的农民富裕程度更高一些，他们的吃、穿、用几乎城市化了，有不少种类的家电，如摩托车、电视机、电冰箱等，甚至小汽

车已进入农民家庭"落户"。全市农村正向着生产商品化、工业化、社会化方向蓬勃地发展着,形势喜人。

解放思想,尊重群众首创精神

在改革发展的起步阶段,市委和我认真抓了以下几个问题,对温州民营经济形成与发展有着重要作用。

(一)取信于民,隆重召开关于"两户"代表会议

在市委召开的四级干部会议结束不久,市委、市政府研究决定于1982年12月16日召开全市第一次农村专业户、重点户先进代表会议,参加会议的代表有1200人。在1982年中央1号文件传达贯彻后,随着农村家庭联产承包生产责任制的建立和完善,专业户、重点户开始涌现。据不完全统计,仅从事畜牧饲养业的专业户、重点户有2万多户,占农村总数的2%左右。当时虽然数量不多,但它的出现,已成为引人注目的新生事物,是广大农民尽快富裕起来的希望。当时在不少农村干部中,对专业户、重点户的性质捉摸不定,不敢大胆地扶持,怕犯方向路线错误。不少群众则心有余悸,怕被当"资本主义"尾巴割了,想富不敢富,富了怕露富。针对上述情况,市委决定首次隆重召开"两户"先进代表表彰大会。总结交流经验,表彰先进,树立榜样,以"两户"代表的现身说法,阐明党的政策,消除群众的思想顾虑,在全市范围内更广泛深入地发动群众,大力支持"两户"发展商品生产。但在开会的通知发出后,有些"两户"代表不敢前来报到参加会议,他们怀疑不是开会,是"请"他们进"学习班",批资本主义。根据这一情况,市委通知各县委要耐心做好"两户"代表的思想工作,反复宣传好党的富民政策,要敲锣打鼓组织欢送,欢迎参加会议的代表,以消除代表和群众的思想疑虑,安心开好会议。经过上述一番工作,到会人数终于达到1200多名。

会议在温州市人民大会堂隆重开幕，有35名"两户"先进代表披红戴花地被请上主席台，和市委、市政府的领导平起平坐。省委副书记崔健同志出席了会议并在主席台上就座，给全体代表很大鼓舞。

我在会上代表市委作了报告，把党的十二大精神和温州实际情况结合起来，着重宣传了胡耀邦总书记在党的第十二届代表大会政治报告中所庄严宣布的："近几年在农村建立的各种形式的农业生产责任制，进一步解放了生产力，必须长期地坚持下去，只能在总结群众实践经验的基础上逐步加以完善，绝不能违背群众的意愿轻率变动，更不能走回头路。"这显然是说绝对不能再走过去人民公社的所谓"一大二公"吃"大锅饭"，搞平衡主义的回头路。

我还向与会代表们宣传了邓小平同志的重要讲话精神。邓小平认为：农业翻番要靠多种经营；城市、农村都要允许一部分人先富起来。勤劳致富是正当的，一部分人先富起来，一部分地区先富起来的办法好，是大家都拥护的新办法，新办法比老办法好。农业承包大户我赞成。现在放得还不够。总之，要以是否有助于建设有中国特色的社会主义，是否有助于国家的兴旺发达，是否有助于人民的富裕幸福作为衡量我们各项工作做得对或是不对的标准。

根据中央领导讲话精神，我讲了专业户、重点户是在贯彻中央指示，建立和完善生产责任制，是在农村涌现出的新生事物。他们是勤劳致富的带头人，是发展温州农村社会生产力的先进代表，是光荣的。为此，市委、市人民政府决定对他们大力支持，热情地帮助扶持。特别强调的就是要彻底破除平均主义，让劳动致富成为温州社会的时尚。

在我的讲话中还郑重宣布了市委、市人民政府支持专业户、重点户发展商品生产所作出的"五个允许""五个支持"，即：允许"两户"不承包或少承包耕地；允许"两户"单独或联合承包尚未开发或集体虽已开发但无力经营的荒山、滩涂、水面；允许"两户"经过批准雇请三五个学徒、帮手；除粮食、林木外，其他农村产品在完成国家任务后，允许产销直接见面；允许个体行商和流动购销专业户在国家计划和

工商部门统一管理下长途运销；对"两户"所需要的种苗、饲料等物资以及资金、技术指导、信息服务、产品销售等五个方面的问题要给予支持。全体代表热烈的讨论，搬掉了长期压在群众心头的想富不敢富、富了怕露富的沉重石头。

会上群情振奋，他们反映这次会议开得好，壮了胆，定了心。有30多名代表在会上畅谈了他们的致富之路，100多名代表受到市委、市人民政府的隆重表彰。会议圆满结束。

各县回去后都模仿市里开会的办法，在有准备的基础上层层召开了"两户"代表会或"两户"大会，传达贯彻了市"两户"代表会的精神，参加市"两户"会议的代表回去奔走相告，逢人就讲，见人就谈，积极地用他们的现身说法宣传了会议精神，在全市范围内很快形成发展商品生产的热潮。如瑞安塘下镇陈安静等七个同村好友，早在1972年以每人投资300元办起了工厂。由于当时不允许私人办工厂，便挂靠韩田村小学，取名为韩田五七文具厂，生产情况惨淡。1973年采购员陈安静从外地以给对方14%扣费为代价买到一份数额为6500元的生产仪表转向灯合同，工厂从此开始生产汽车、摩托车配件产品，并持续盈利。1975年改名为韩田五七电器设备厂，工人增加到100人。1982年"两户"代表会议精神传达贯彻后，该厂马上有四五十名工人自动离开工厂，回家办起了家庭工厂，于是韩田村的汽摩配件生产便开始以家庭为单位迅速地向四邻扩散，并逐步发展成为颇有名气的汽摩配件生产专业村。

到1984年7月，温州全市已有33万多个专业户、重点户，有445个专业村镇，有8个年产值或交易额在几千万元到1亿元以上的产销基地。事实证明，它的形成和发展展示了党的政策一旦被群众所掌握便会产生巨大的物质力量。特别像苍南县的宜山、金乡，乐清的柳市、虹桥，瑞安的塘下、莘塍，永嘉的桥头、瓯北等一批家庭工商蓬勃兴起的乡镇，在人均只有几分田的土地上闯出了一条敢于从温州实际出发治穷致富的新路子。这次"两户"代表会议的召开，不少群众反映说是"红色会议"，在温州农村的改革发展史上具有十分重要的意义。

（二）错了就改，给"八大王"平反

在召开市"两户"代表会议时，开始有些代表怀疑不是开会，是鸿门宴，不敢到市里参加会议。各地在传达贯彻"两户"会议精神时仍有不少群众心有余悸，他们说："共产党的政策像月亮，初一十五不一样。"也有人说："现在小富可以，大富不行，柳市的'八大王'不是还在坐牢么！"

我带着这些问题在1983年春天去柳市区了解情况，区委书记吴良志向我汇报了1982年上半年在贯彻执行全国人大常委会《关于严惩严重破坏经济的犯罪的决定》和党中央、国务院《关于打击经济领域严重犯罪活动的决定》时，省里派了工作组，把柳市作为贯彻执行"两个"决定、打击经济领域犯罪活动的重点。工作中没有深刻领会"两个"决定和党的十一届三中全会的精神，把一些从事经营比较冒尖的农民，即所谓"旧货大王""矿配大王""邮电大王""目录大王"等，以投机倒把罪判了有期徒刑或缓刑，形成了柳市有名的"八大王"案件，把柳市刚蓬勃兴起的家庭工业一下子打了下去，致使当年工业产值下降了53%，对全市影响很大。全市工业1982年用了九牛二虎之力，总产值比上年仅增长了3.97%，比1981年的增幅还低。正如中央〔1983〕1号文件指出的那样：某些上层建筑的改革跟不上经济基础变化的需要。这种情况如果不改变，农民已经高涨起来的积极性可能重新受到挫伤，已经活跃起来的农村经济可能受到窒息。为此，我觉得问题十分严重，此案如不坚决纠正，势必成为温州农村经济改革发展的严重人为障碍。我回到温州，立即找了中级法院院长孙沧同志，同他谈了柳市"八大王"案件的情况和群众的反应，建议他对此案件进行必要的复查。孙沧同志同意，并说这些案件现在看来是有问题的。我说要实事求是，错了就改，老百姓会原谅我们的。

经法院复议，在"八大王"案件中经过检察院批捕、起诉、法院判决的有五个"大王"，其中的四个"大王"先后在1983年的上半年分别

改判无罪并退还了其钱物。对第五个"大王"胡金林一案，从案卷材料看也不构成投机倒把罪，已撤销其案件。温州市中级人民法院和温州市人民检察院党组对"八大王"案件复查处理情况向市委作了汇报，市委同意并得到省政法有关部门的支持，省高级人民法院以简报形式通报了全省各级人民法院。

市委常委在学习中央〔1984〕1号文件时，联系实际又议论到"八大王"案件的问题，认为"八大王"案件虽经法院复议依法改判无罪，但声势不大，在群众中的影响远未消除。为了扩大影响，进一步消除群众的思想顾虑，加大农村经济改革发展的力度，常委认为有必要利用适当场合和机会公开宣布给"八大王"平反。于是在市委召开的全市有公社书记以上领导干部参加的传达学习中共中央〔1984〕1号文件的电话会议上，我郑重宣布给"八大王"平反，并阐述了应从中吸取的经验教训。

1.必须正确认识农村商品生产问题

过去，我们有一个根深蒂固的传统观念，认为农民的本业就是搞农业，离农经商或经工，似乎就是不务正业，歪门邪道。这实际上是用中国几千年来"重本抑末""重农轻商"的小农经济狭隘眼光来看待当代的农村经济，是一种束缚生产力发展的封闭式的思想形态。

中央1984年1号文件指出："农业生产责任制的普遍实行，带来了生产力的解放和产品生产的发展。由自给半自给经济向较大规模商品生产转化，是发展我国社会主义农村经济不可逾越的必然过程。"所谓"不可逾越"，就是说舍此别无他途。对于这个问题，我们的思想跟不上形势发展的需要。

乐清县（特别是柳市镇）的农村商品生产，突破老的模式，采取前店后厂的个体经营形式，先走一步，飞速发展起来，这本是好事。即使存在一些问题，也可以在实践中不断完善。但是，在相当长的一段时间里，不少同志对此现象大惑不解，总感到农民做生意不是正道，更认为赚这么多钱，总是个问题，甚至形成了"在柳市，随便一抓就可以抓到投机倒把分子"的看法，出现了"柳市是资本主义典型"的错误定论。这批"大王"案件就是在这样的"左"的错误思想认识基础上查出来的。现在看来，这种认识显然不符合党的十一届三中全会和中央1号文件的精神，应该加以纠正。

2.必须正确对待经营商品生产（包括流通）致富的专业户

长期以来，由于搞"穷光荣""穷过渡"，"富"字被作为一个贬义词来理解，"暴发"和"致富"之间似乎存在着因果关系，"为富不仁"似乎成为必然。这种"左"的思想对司法工作干扰也是很大的。因此，往往对经营商品生产和商品流通而致富的专业户，不加分析地加上"暴发"两字，对其中拔尖者冠以"大王"的头衔，予以打击，而没有实事求是地分析致富是合法的还是非法的，是基本合法的，还是基本非法的。

乐清致富的"八大王"案件中，首富当推胡金林。他年轻体壮，脑子灵活，胆量大，开业早（1980年4月即挂户柳市向阳机械电器厂），短短两年多一点的时间，他先后从上海、宁波、温州等地大量购入电器产品，然后再批发或零售出去，总销售额达到1038000元，补税58700余元，上交管理费2550元，净盈利达11万多元（按平均利润率推算）。当时认为这是条"大鱼"，非抓不可。其实，胡金林经营国家二类电器产品是政策允许的，已经纳过税金，交过管理费，利润率达18.57%，也并未超过国家规定的标准。定他犯罪，前提应该看是否违法，而不是获利多少，只要赚得合法合理，即使获利再多也应允许，不能剥夺，更不能法办。

3.对专业户、供销户要加以引导和管理，使之在合法的范围内活动

合法与否，某种程度上是由主管部门决定的。

如无证营业问题，是这几个"大王"不合法的共同点，就是说他们经营的项目，未经工商行政部门正式批准就擅自开业。其实，这类个体营业户，有的是经过公社、大队批准的，他们自以为已经合法，就开业了；另外，当时由于对农村商品生产问题看不准，对这些个体营业户，

特别是对办工业的，工商部门一般都不批，怕犯错误，采取睁一眼，闭一眼，由其自生自灭，而管理费却照收不误。有的专业户本身无营业户头，迫于业务的需要，只得采取"挂户"的办法解决经济往来问题。如程步清，就是挂户于"向阳机械电器厂"账户，并且还将自己的账号，提供给其他专业户使用，从中收取"手续费"。结果被认为是"非法经营""提供账户"，而定为投机倒把罪。事实上，类似程步清挂户的做法，比比皆是。

对此问题，市委曾听过农委同志多次汇报，认为在目前情况下，是变通的好办法，是群众的创造，市委是同意的。

4.要正确对待产品价格问题

商品进入市场调节的范畴，就必然允许价格的浮动。因为零散的个体经济和部分集体经济的生产还不能纳入国家计划，它处于自发运动之中，因而会有自发性的供求不平衡及产品价格的自发性涨跌的现象出现，这是价值规律自发调节的结果，也是政策所允许的。但在处理几个"大王"案件时，往往抓住价格问题，套用"加价出售"，定为投机倒把。

事实上，他们的大部分产品是买来零配件自己组织装搭、生产的，当然可以议价，自行定价，随着市场调节而自行涨落，而且并非所有的商品都高于国家牌价出售。如王迈仟经营的产品，有14种与国家经营的型号、规格相同，价格却低于国家同类产品价格，大部分产品的售价均为国家牌价的55%—68%，原判认定"高价出售"，是缺乏根据的。这种情况说明，随着产品的增多、竞争的加剧，价格自然会下降，最终围绕着价值的轴线上下浮动，以薄利多销取胜。即使一时价格较高，也应予允许。否则，市场调节就不可能实现。

5.要正确对待扩大经营范围问题

对叶建华的定罪处刑，主要理由之一是抓了他扩大经营范围问题。

叶原是柳市镇个体照相户，有摄影特长。他发现柳市一些供销员因为缺乏有关电器产品的专业知识，不利于产品的销售和流通，就动脑筋收集柳市市场上所有不同规格型号的电器产品样品，拍成照片，又先后持介绍信到上海、江苏、温州等地联系制版、印刷、装订，制成《产品样本》和《产品价目表》，在柳市等地销售，大受供销户欢迎，纷纷抢购，供不应求。总销售额达37000余元，获利10000多元。

叶建华原先搞人物照相，此时又搞产品目录，似乎超出了"经营范围"。其实，搞产品目录主要依靠他照相的特长，可以视为原经营范围的自然延伸。即使按照规定，他是搞人物照相的，是否就绝对不允许他扩大经营范围搞一搞产品照相呢？他搞产品目录，便利了供销户，促进了柳市商品的流通，发挥了自己的聪明才智，投入了自己的劳动，就是超越了经营范围，也应该支持。商品生产随时处在变动之中，经营者总是趋向于有利可图的行业，经营项目的转向，也需要灵活的管理手段与之相适应，并在法律上给予保护。

6.要从总体上看行为人的行为到底有无社会危害性

行为的社会危害性是犯罪的本质特征。首先必须有社会危害性，才能谈得上违法性和刑罚处罚。离开行为的社会危害性，单从赚钱多少、批准与否来衡量，往往出偏差，把不应打击的当作投机倒把打击了。

如王迈仟投机倒把案，王定罪是"旧货大王"，他到外地买来废旧电器产品，夫妻为主，间歇性雇工五人，进行拆洗、加工、拼配、装搭，搞出成品，低价销售，为社会创造了财富，自己也富了起来（推算得利30000余元，本人承认得利15000余元），非但没有社会危害，而且还对社会有利，根本不符合投机倒把罪的本质特征。

总之，我们要实事求是，错了就改。市委依法给"八大王"案件公开宣布平反以后，进一步消除了群众的思想顾虑，有力地推动了温州自营经济迅猛发展。如乐清柳市南存辉就是在1984年给柳市"八大王"平反后才敢正式申请创办了求精开关厂（即现在的正泰集团前身）。

（三）尊重实际，给挂户经营和供销员开绿灯

挂户经营，是在党的十一届三中全会精神传达贯彻后，农村经济体

制改革刚刚开始，温州的农民群众和长期处于农村工作的各级干部，在20世纪70年代末和80年代初，我国仍处在单一的公有制计划经济年代，不允许工业进入私人家庭领域的情况下，群众为了生活，为了摆脱农村长期贫困的状况，在实践中创造了家庭工业经营者与公有制企业单位挂户经营的变通办法。对此，市农委领导同志曾多次向我和市委作过汇报，认为符合温州的实际，我们都同意和支持这一办法，使成千上万的家庭工商业经营者取得了变相合法的生存地位，有力地促进了温州农村经济的发展。

所谓挂户经营，主要是指没有取得政府工商行政部门登记注册的经济法人资格的家庭工业，挂靠在集体或国有企业的名下，以被挂靠单位的名义从事经营活动。被挂靠单位为挂靠经营者提供一定的服务，并收取一定数额的管理费，实际对双方都是有利的。被挂靠单位为挂户经营者服务，一般的是"三代""三借"，即：代开发票、代为记账、代征收国家税收；挂户经营者借用被挂靠单位的介绍信、银行账户、空白合同书，以便到全国各地去进行签订合同、采购原材料、推销产品等业务活动。如苍南金乡镇20世纪80年代一个村办金星文具厂，因集体经营不善，没有利润，村里决定采取分散生产、集中管理的办法。在坚持集体名义前提下，对外实行统一厂名，统一银行账号，统一纳税，统一提成，统一上交管理费；对内则实行经济独立核算。他们把这种办法叫作挂户经营。实际上是农业联产承包生产责任制形式在乡村工业上的运用。在不长的时间，全镇农民都竞相模仿，很快发展到2500多个家庭工业户。该镇1985年挂户企业有61个，占全镇工业企业的一半以上，挂户企业的工业总产值3760万元，占全镇工业总产值的91.5%。因为有了挂户经营这个变通办法，金乡镇农民家庭工业生产的"四小商品"即铝质证章、塑片券票、塑料证册、涤纶商标等产品，在4000多名供销员穿梭于全国各地努力下，迅速地占领了全国市场。该镇早在1978年工业产值就成为温州市第一个超亿元的乡镇。在当时的历史条件下，农民群众创造的挂户经营，得到我们市委和各级的认可和大力支持，它对温州农村家庭自营经济的形成与发展起到十分重要的作用。

供销员，是在20世纪70年代末和80年代初，农村改革逐步深入，农业联产承包生产责任制逐步完善，农村生产力得到进一步的解放，专业户、重点户不断涌现，生产开始向商品化、专业化、社会化发展中，农民群众在实践中创造的又一可喜新生事物。到1985年，全市农村拥有一支101700多名农民购销员的队伍。其中有不少是农村生产大队和生产队的干部、会计、退伍军人和上山下乡知识青年，政治文化素质一般较好。他们从生产过程中分离出来，成为专业从事采购和销售的层次。这些人不辞艰辛地走遍全国各地，采购原材料，推销产品，签订合同，传递信息。他们既是生产销售之间的中介人，又是生产实际的组织者和指挥者。如乐清柳市马仁桥农民陈庆瑶，70年代初在安徽煤矿访友时，获悉该矿"交流接触器动静触头"供货十分短缺，他一面答应组织供货，一面带回产品实样，回到温州立即请永久锁厂技术员作指导，在家中把第一批产品仿制成功。从此，在柳市他点燃了低压电器的星星之火。苍南宜山区再生腈纶纺织产销基地有10000多名供销员，1983年采购腈纶边角料2000万斤，推销再生棉布300多万匹、再生腈纶衣裤1.5亿多件、塑料编织袋7000多万米。

如何正确看待从事商品购销活动的农民群众，充分发挥农民购销员队伍在发展商品经济中的作用，决定着温州农村发展商品经济整个形势。

在长期单一的公有制计划经济年代和"左"的思想影响下，有些人常常把农民供销员看成是"不三不四""不清不白"的人，说他们搞的是歪门邪道，发的是不义之财，是买空卖空投机倒把分子。针对上述情况，市委在1984年初召开传达学习中央〔1984〕1号文件的农村工作会议上，强调学习中要联系温州农村实际，在思想和行动上进一步划清了发展商品经济与搞资本主义、搞耕地经营与不务正业、搞家庭经营与小农经济、搞长途贩运与搞投机倒把、允许一部分人先富起来与两极分化等五个方面的政策界限。确认供销员、购销户也是专业户，应同其他的

专业户一视同仁。在某种意义上说，温州农村家庭自营经济的兴起是靠农民供销员起家的。

（四）敢于创新，支持信用社存贷利率改革

在20世纪80年代初温州农村改革逐步深入，农村家庭工业蓬勃兴起，商品市场空前活跃、发展，银行资金投放大量增加，1983年全市净投放货币7.1亿元，占全省货币投放量总额的70%左右，其中十大商品市场投放4.54亿元。1984年上半年又投放6.2亿元，比上年同期增加1.25倍。

但是，农业银行和信用社因体制和管理办法不适应发展了的形势，既不能大量吸收民间闲散资金，又不能满足家庭工商业户贷款需要。1983年全市农村家庭工商户和乡镇企业需要7亿多元，农业银行和信用社只能满足需要资金的20%，供需矛盾突出。

市委和市政府正在为此着急之时，1983年春天我到苍南金乡区了解工作情况，区委同志向我汇报工作，汇报到金乡信用社搞了存贷利率浮动改革，效果很好。第二天，我去金乡信用社，主任陈礼钊向我汇报说："金乡信用社是1953年办起来的，这里群众穷，基本上没有存款，每年只靠国家给一点贷款，用不了几天就折腾完了。说是贷款，因为基本上都是贷给集体的，贷出去就根本收不回来，连信用社自己都很困难，信用社自己没有房子办公，只好同镇文书挤在一间房子里办公，有时连工资都发不了。"陈礼钊主任接着说："农村搞了联产承包以后，商品生产发展很快，金乡镇有几千户人家都在办厂经商，资金需求直线上升，信用社资金根本无法满足需求。另外，农村有些先富起来的专业户，手头上存着不少闲散资金，他们对只有三四厘利息的银行存款不感兴趣，有的搞盖房造墓，有的放高利贷，也有的乱花钱，提早搞起了高消费。我考虑了很久，信用社再想办下去，并真正担负起融通农村生产资金的重担，老路是走不下去了，应该改革，新的路子只有一条：'试行利率浮动'。"为了支持群众发展商品生产，陈礼钊决定冒险试一

试，并把他的想法向镇委书记和营业所长做了汇报，他们都很支持。经研究他们确定存息：存期一年，月息一分；贷息：月息一分五。这种存贷利率浮动被群众称为"议价"贷款，深受群众欢迎。

自1980年10月开始到年底，仅两个月，存贷资金有30余万元。1981年县支行向总行写了报告并经总行派人实地考察认为是好的，同意金乡信用社搞利率浮动试验。在不到两年时间（其中因认识不同有两次停办），累计吸收个人存款817户，金额171万元；累计发放贷款252户，有217万元，信用社盈利86000元，从而摘掉了办社以来26年亏损的帽子。

我听完陈礼钊同志的汇报介绍以后，连声说好，鼓励他要继续坚持下去，认为此经验在温州有普遍意义，应组织推广金乡信用社的好经验。我回到温州当即找农业银行行长，跟他谈了金乡信用社的情况，建议他要认真总结推广金乡信用社的经验。他说他了解金乡信用社的情况，并说好是好，但推广不行，总行不允许。经商量，我说我们不叫推广，我们继续试验，可以扩大一些。行长同意，我说最好一年搞1/3，三年可以搞完。我同行长说，这是市委向你们提出的任务，如果有什么问题，万一上级怪罪下来的时候，你们就说这是市委的决定，有问题市委承担。经过几年的努力，到1986年6月，全市有387个信用社实行了浮动利率，占信用社总数的78%，有力地支持了农村经济发展。

如沐春风，来自领导的关怀与支持

在20世纪80年代初，单一的公有制计划经济体制仍占主导地位的条件下，温州农村经济体制改革能从实际出发，农村自营经济得以形成和发展，除市委认真贯彻执行了党的十一届三中全会的路线、方针、政策外，还同中央和省委领导对温州农村改革的亲切关怀和指导分不开。

1984年3月，国务委员、国家经委主任张劲夫同志到温州考察。他考察了永嘉桥头纽扣市场、温州港和乐清柳市低压电器产销基地。劲夫

同志在柳市兴致勃勃地逐一考察了群众沿街开设的前店后厂生产经营的电器产品，向他们详细地询问了生产经营情况后对我说："老袁，你们这里搞得很好，要好好地总结经验。"我说："我们工作中还存在很多问题，产品质量还有问题，许多管理问题还没有跟上。"劲夫同志说，"产品质量不好可以提高"，并指了指他手上的手表，"谁说街道弄堂工厂生产的产品质量就一定不好，瑞士手表都是些街道弄堂工厂生产的，质量不是很好么？"又说："我们国家发展工业的路子不对啊！你们这里不是很好么？要好好地总结经验。"对温州农村走发展家庭户办工业的路子给予了充分肯定。

1985年3月，中共中央农村政策研究室杜润生主任和吴象同志来温州考察。

在考察了桥头、塘下、北白象、柳市等地，了解农村商品生产情况后，杜老风趣地对我说："我向往了一辈子的东西，为什么在别的地方很少看到，而在你这个温州到处都是啊？我们两个要建立热线联系。"我说："请杜老多多指导。"杜老说："万里同志很想到温州看看，这次到上海病了，来不了。"他问我怎么办？我说："我派人去上海带上《温州农村商品产销基地》的录像向万里同志汇报。"杜老同意说："好主意。"市委派农委副主任李仁续去上海向万里同志汇报。

3月23日上午，万里同志在上海兴国宾馆看了《温州农村商品产销基地》录像，向李仁续同志询问了温州经济发展情况，作了很重要的讲话。万里同志说："请我去，我愿意去啊！但不行了。我今天在这里什么人也不见，就是因为你来了，又这么远，而且成绩那么大，你们的录像我看了，我准备送给小平同志看一看。"

万里同志问："市委书记是谁？"李仁续说："是袁芳烈，中央候补委员，浙江省委常委。"

万里同志说："我记得。那是长治久安之计，需要省里最强的干部去，温州才能安定。回去问他们好！工作嘛，一个叫继续大胆创新；一个及时总结经验，纠正一些这个那个不可避免的缺点。任何人只要革命，只要前进，总得要走步。画个圈就这样大，这个圈谁给画啊，总得走出来才对呀，这不走歪径，那不走歪径，哪能就走到四个现代化！？"

万里同志很关心温州，早在1983年11月全国农村工作会议上就高度评价苍南宜山区再生纺织业，指出："宜山区利用工厂腈纶边角料，发展再生纺织业，使单一的农业生产开始变为农工商综合经营，变为包括科技、流通等多方面经济网络，展现出农村生产力充满生机的发展前景。"

1986年4月，万里同志和郝建秀同志亲临温州考察了桥头纽扣市场、柳市低压电器市场、北白象建筑材料市场和永嘉、乐清、苍南、瑞安、平阳等县家庭工业，以及苍南龙港镇和温州港。在市委领导干部会议上，万里同志在讲话中充分肯定了温州近几年来大力发展农村商品生产的做法和取得的成绩，同时要求各级干部进一步为繁荣农村经济服务，促进商品生产发展，并提出"总结、完善、发展"的要求。

在20世纪80年代初，温州市委在党的十一届三中全会实事求是的思想路线指引下，坚持从温州的实际出发，在农村选择了以家庭自营经济为基础、以户办工业和联户工业为支柱、以专业市场为依托、以农民供销员为骨干的发展经济的新路子，在很短的时间内取得了显著成效。

但是走这条道路并不像现在人们想象的那么轻松和简单，因为过去长期受根深蒂固"左"的思想影响，来自上下左右的压力是很大的，在省委常委内部认识也不一致。有些领导干部在背后指指点点，说三道四，说我在温州搞的是"资本主义"。最可怕的是当面不说，暗地在你背上打上一块"政治方向有问题"的印记。

因此，在1985年1月安徽省委书记黄璜同志（第一位来温州考察的省委书记）来温州考察后对我说："学南容易学北难（学南指学温州，学北指学苏南）。"他决定叫安徽的县委书记分批到温州考察。我说："学南也不容易，搞不好恐怕会有政治代价。"当时省里的口号是"工业学兰溪"，对来自全省到温州参观考察的大批干部群众，我从不出面

接待和讲话，我只是对金华地区的义乌、永康两县的县委书记就如何学习温州经验问题提过具体建议。鉴于历史的经验和教训，市委在1985年4月向省委写了《关于温州农村发展商品经济情况的报告》，但对这个报告省委没有反应。

于是，在1985年春我回省委参加常委会期间，有一天早晨在84号遇见王芳书记。我说："我在温州的时间差不多了吧？（原来省委定一年）"王芳同志说："是差不多了。"我接着又说："温州现在的干法到底行不行？省内外全国各地到温州参观考察的一年有两三万人，省委要不要向中央报告一下？不报告的话，万一有一天说温州搞的是'资本主义'，省委不向中央汇报，那省委是要有责任的。"王芳同志深思了一会儿，点点头说："你说得有道理。"在这不久，由省委办公室、政策研究室等先行派了10多位同志到温州进行了较长时间的细致调查。8月20日，王芳同志又亲自到温州，先后在永嘉、瑞安、平阳、苍南等县的乡镇和基层单位及市级部门进行调查后，以王芳同志的名义向中央写了《关于温州农村经济发展情况的调查报告》。这个调查报告充分肯定了温州市在发展农村商品经济所走的道路和成绩，在1986年《红旗》杂志第三期全文刊登，为温州广大农村干部群众发展商品经济正了名，壮了胆，鼓了气。不过，我的预感还是有些灵验的。

（选自《大潮·口述：书记、市长与城市》，
中国文史出版社 2018 年 7 月版）

一座新城是怎样诞生的？

——亲历深圳经济特区总体规划

蒋大卫　口述

杨玉珍　采访整理

党的十一届三中全会作出了改革开放的重大决策。到底如何具体实施对外开放，从哪里起步？小平同志倡议创办经济特区，从而迈出了突破性的一步。为了适应对外开放的需要，1979年3月，中央和广东省决定把宝安县改为深圳市，受广东省和惠阳地区双重领导；同年11月，又决定将深圳市改为地区级的省辖市。1980年5月16日，中共中央和国务院正式确定建立"深圳经济特区"。同年8月26日，第五届全国人大常委会第十五次会议通过了《广东省经济特区条例》，深圳经济特区正式成立。

特区规划提上日程

深圳经济特区成立后，深圳市政府组织各方面专家，对特区的发展做了诸多探索和研究，也形成了一些设想，但没有编制总体规划。到1984年，特区已经有了一定程度的发展，很多外商进来了，国内的机构也纷纷进驻，形成了一股发展的热潮。不过随之也带来了不少问题：很多单位进来，需要建工厂、建宾馆、建学校……这些项目怎么安排、怎么

布局？在这样的情况下，编制特区总体规划、用总体规划来指导当前和长远的建设就提上了日程。中央当时把这项任务交给了城乡建设环境保护部（住建部的前身），部里又把任务交给了中国城市规划设计研究院。

中国城市规划设计研究院是在原建工部城市设计院和建筑科学研究院城乡规划室基础上发展起来的，"文革"期间，两院解散，研究人员被下放。我当时在建筑科学研究院工作，被下放到湖南长沙。"文革"后，中国城市规划设计研究院恢复建制，部分人员陆续回京。到1984年，虽然很多人已经回来，但技术力量依然不是很强，承担这项任务有困难。院里向上级打报告，要求再调回一些技术骨干来承担这项工作，中央同意并进行了特批，我就是被调回来的人员之一。

经院里研究决定，由我和宋启林负责深圳规划这个项目。当时考虑到工作的长远性，有很多工作要长期延续下去，就在深圳成立了"中国城市规划设计研究院深圳咨询中心"，专门负责与规划相关的各项工作。宋是经理，我是副经理。宋主要搞管理，我主要负责总体规划的编制工作。

"经济特区"该如何定位

深圳市总面积2020平方公里，其中特区部分327.5平方公里。当时建设了一条全长80多公里的铁丝网（也叫"二线"，即特区管理线）把特区与非特区分隔开来，两侧设有巡逻道，以防特区外的人随意进入。我们负责编制总体规划的范围，就是"二线"以内的这327.5平方公里，而不是整个的深圳市。

编制特区总体规划，首先碰到的是对"特区"的定位问题。什么是"经济特区"，当时还没有明确的说法。十一届三中全会后，全国出现了不少的"区"，如经济技术开发区、出口加工区、工业区、高新技术区……经济特区还是头一次。到底应该怎么搞，大家比较迷茫。深圳市政府专门请来专家研究，有人认为特区就是搞出口加工，有人认为是搞来料加工，有人说就是搞工业，众说纷纭。

我们经过研究认为，这样大的一块地盘不可能仅仅是建一个工业开发区或者经济技术开发区那么简单，而应该是一个多功能的、综合性的、以工业为主的城市型经济特区。但当时并不是所有人都认可这种观点。后经综合考虑，这个定位还是被确定下来，并写进了经济特区总体规划文件里，即："是一个以工业为主导、多功能、产业结构合理、科学技术先进、高度文明的综合性的经济特区。"

定位中写到"以工业为主导"，那么这300多平方公里是搞重工业还是轻工业，搞中小工业还是搞大工业，当时也有各种意见。有人认为应该是钢铁、水泥、石化、汽车这样的大工业（因为当时我国正集中力量发展重工业、制造业）；有人认为受土地和水资源所限，特区不具备搞重工业或大工业的条件（虽然特区有300多平方公里土地，但可使用的只有一半左右，并且深圳是个缺水的城市）。后来有位著名专家提出，深圳的工业应该以"轻、小、精、新"为主——轻就是轻工业，小就是不搞大型工业，精就是精密的工业，新就是高新技术的工业。这个意见比较符合特区未来的发展，我们遂进行采纳并写进了特区总体规划的文件里。现在看来，当时这个定位是正确的，后来深圳工业的发展也一直是沿着这个路子走的。

建大城市还是中小城市？

规划遇到的第二个问题是规模问题，既包括城市人口规模，也包括城市用地规模。

城市人口规模是编制总体规划最基础的数据，是用地、基础设施、公共设施等配置的依据。对于这样一个快速发展的新城市，如何预测规划期末（2000年）人口规模，既有难度，又有风险。所谓难度，是指传统的预测技术方法不太适用；所谓风险，是指根据国家当时的城市发展方针，我们的规划要冒政策的风险，还要顶住舆论的压力。20世纪80年

代，我国城市发展的方针确定为：严格控制大城市（50万—100万人）规模，合理发展中等城市（20万—50万人），积极发展小城市（20万人以下）。1984年深圳经济特区的户籍人口已经有20多万，再加上流动人口20多万，已经超出了小城市范畴，快达到中等城市水平了。我们做了各种预测，到期末都接近大城市规模了。但国家要求严格控制大城市发展，我们怎么办？

最后经我院周干峙院长和咨询中心诸多专家共同研究，本着求实的精神，规划确定：深圳经济特区2000年的人口规模为户籍人口80万人、流动人口30万人。这实际是一个100万以上人口的大城市了。之所以做这样的预测和规划，主要考虑以下几个方面的因素：首先，创立经济特区是国家的重大决策，它将是国家对内对外改革开放的两个窗口，发展思路上要有所突破，特事特办；其次，经济特区本身有良好的自然条件，又紧邻香港、广州两大重要城市，具有突出的区位优势，发展潜力巨大，而且还处在起步阶段，并不是像某些日本传媒所说的"中国要压缩特区投资""中国已经开始修正经济特区政策"；再次，深圳经济特区成立以来，年均人口递增率都在10%以上，即使以后按3%—4%的年均人口递增率计算，到2000年也是大城市，甚至是特大城市（大于100万人）了。十几年后的实践证明，我们的预测是基本符合实际的。

另外还有用地规模。特区可用地150—160平方公里，编制规划不能把这些地一次性都用光，要为今后的发展留有余地。当时分析了国内外城市的综合发展状况，发现差别很大：美国、加拿大、澳大利亚、英国及北欧国家的城市居民住宅以低层为主，单位面积大；城市生态环境好，绿地多；出行以小汽车为主，道路密，停车场多，占地大；加上人少地多，人均用地大多在200平方米左右。而在我国，像香港这样的发达城市则人多地少，高层住宅多或低层住宅高密度，绿地少，公交优先，人均用地在30—40平方米；不同城市的差别也很大：如新疆、内蒙古、西藏等地的城市人均用地约200平方米，而上海、四川和东北等地的一些城市就比较低。当时上海600多万人口，城市建设用地不到200平方公里，人均用地只有30平方米左右。从全国来讲，当时人均用地大多在80—100平方米。

综合特区用地条件，我们最后确定规划建设用地123平方公里——如果按期末总人口110万计算，人均面积在110平方米左右，超过了当时国内平均水平。除此之外，规划还注重城市各类用地的合理结构，保证居住、绿化、道路交通、工业等主要用地的需求。规划还预留了沿深圳湾及前海湾的发展用地。2000年以后，这些预留用地陆续开发利用，验证了规划的前瞻性。

如何合理布局

第三个是布局问题。城市规划，就是把一个城市的主要组成要素包括居住、工业、仓库、道路、绿化、公共设施（政府机关、学校、医院、公安、商店）等用地进行合理布局，使彼此之间有一种协调的、科学合理的相对位置。如：工厂不能在上风方向，以免烟囱冒出来的烟吹到下风方向的住宅区里；公园要跟居住区相结合，以便于居民休闲；工厂不能和居住区离得太远，以免带来交通问题……不仅如此，城市规划还要落到1∶10000或者1∶5000的图纸上，这也是城市规划跟其他规划不一样的地方。比如发改委或土地部门的规划，基本上是战略性、宏观性、指标性的，并不落实到土地空间上，而城市规划是要明确落地的，要定性、定位、定量，有的甚至还要有标高。这是一项技术性很强的工作，有很多工程技术上的问题需要解决。虽然在编制规划过程中会涉及很多社会经济问题，但最终目的是要落实到土地利用上，城市总体规划说到底就是城市范围内的土地利用规划。

城市在发展，人口在增加，所以每个规划都是有期限的。城市规划法规定，一个规划通常是管20年。深圳经济特区城市总体规划的期限是从1986年到2000年。1996年的时候，这个规划重新修编了一次，做到了2010年。一般来讲，每个城市规划都需要十年左右修编一次。发达国家

的城市规划跟我们不太一样，规划期通常较长，主要是它们的城镇化程度已经很高，城市人口增长缓慢，规划只要在原有基础上进行调整完善就行了。但我们不然，中国的城市在不断发展，不确定因素很多，所以城市总体规划的编制工作难度也较大。

那么，规划布局中哪些是需要优先考虑的呢？

城市建在公园里

第一是环境优先。深圳经济特区是带状地形，东西长49公里，南北平均宽7公里，东起大鹏湾，西至珠江口，东有梧桐山，北有笔架山，南邻香港，以深圳河为界。不管从周边环境还是自身地形来看，深圳经济特区生态环境良好，编制总体规划应该充分利用并保护好它的自然条件。

在这一点上，深圳市委市政府领导高瞻远瞩，他们要求"把城市建在公园里，而不是把公园建在城市里"。这种想法不是凭空产生的，而是在参观了国外的很多城市后受到的启发，特别是澳大利亚的堪培拉，整个城市像建在一个大公园里，堪称"花园城市"的典范。

深圳经济特区三面环水，大鹏湾非常漂亮，碧蓝的海水一望无际，没有一点污染；大小梅沙的沙滩也非常好；珠江口的伶仃洋景观特殊；深圳湾虽然是淤积形成的，没有沙滩，但视野开阔，为优化城市景观创造了很好的条件。另外，在福田区有一大片红树林，具有保护海滩、修复生态的功效；南头有一大片荔枝林，树木大都有百年树龄，树冠盛大，景观奇特。

当时还没有"生态城市""园林城市""海绵城市"这样的概念，但要充分利用自然条件、建设一个环境优美城市的设想是明确的。咨询中心几位绿化专家踏遍了特区的每一个山头，每一片林地、草地、滩涂，每一个有发展潜力的景区景点，做出了一个合理的、充分尊重生态环境的绿色规划：在保留五处大面积荔枝林及沿海红树林，建设和恢复了20余个风景点的基础上，还规划了一个近郊风景区（5440公顷），22个市、区级公园，以及总长140公里、宽度在15—30米的沿街绿地（后两项总面积达453公顷），构成了城市完整的绿地系统。这样的规划，使特区的人均公共绿地面积达到了17.8平方米（当时上海人均公共绿地面积不足1平方米，北京也不到6平方米）。

经过30多年的发展，这个绿地系统规划大部分实现了。今天，深圳的生态环境之所以得到社会公众的认可，离不开此规划打下的基础。

宜居很重要

第二是居住优先。特区要想吸引人才，就要有良好的居住环境和居住条件。为了保证居住优先，我们规划了179片大小不等、可以容纳80万以上户籍人口的居住区（流动人口大部分是租住农民的房子或由雇佣单位提供单身宿舍，变动性很大，规划难以做周全的考虑。这个问题直至今天似乎都没有找到妥善解决的办法）。小区住宅以多层为主，适当配置高层和低层。1985年，深圳市政府请同济大学建筑系老师设计了内地第一个全高层居住小区——白沙岭居住小区。小区各项技术指标都可以接受，但造价较高，用地并不节省，推广有困难，所以总体规划中高层住宅占比不大。规划中的居住小区容积率大多定在0.8—1.2，为以后人口容量的增加留有了余地。

由于总体规划提供了足够的居住用地，且这些用地有序地在全市合理配置，为特区20世纪八九十年代的住房建设提供了保证。良好的居住条件有利于工作的稳定，有利于城市的发展。

全方位的交通体系

第三是交通优先。我们为特区规划了一个全方位的交通体系。1984年，特区只有一条广深铁路和一条广深公路与外部相连。广深

铁路在罗湖跟香港的铁路连接起来，如果到深圳，就在深圳站下；如果到香港，要在罗湖口岸过关；如果想坐飞机到深圳，不能直达，需要在广州白云机场下机再坐大巴，深圳的对外交通不是很方便。当时有外商提出要帮助深圳修一条到广州的高速公路（国内当时还没有高速公路）。对方愿意提供资金，政府当然欢迎，但在路线设计上双方发生了争议。投资方希望以最短的路线走，以减少拆迁、节省投资，但这样要穿越福田区的红树林。深圳市政府不同意这个技术方案，因为这跟保护生态的原则有矛盾。后来深圳市副市长周鼎主持会议，把投资商和我院周干峙院长、陈占祥总工程师都请来，还有我和其他一些人员，共同讨论研究。由于市政府之前已经做过调查研究，坚持生态保护的原则，我们也介绍了福田的规划方案，要求对高速公路的走向做出修改。会上，陈占祥总工程师用标准的伦敦英语进行了一番说理，最终牛气的外商接受了我们的要求。

再说城市的市内交通。道路系统对一个城市来讲非常重要，如果把城市比作人体，那么道路系统就相当于骨骼。特区的特点是东西长、南北窄，铁路、高速公路自北向南穿越城市，工业区分散布置，所以特区东西向的人流、车流是主要的，南北向是次要的。根据这种特点，该如何规划城市的道路系统呢？这就要求先预测车流量。当时内地还没有私家车，小汽车大都是单位的，数量很少。咨询中心参照香港的情况做了交通模拟。那时香港大概平均17人拥有一辆小汽车，相当于四个家庭一辆。但香港由于地方小，是限制小汽车发展的，城市交通主要靠地铁、公交巴士，小汽车大都是有钱人节假日出去玩才开。像纽约和东京等人口密度大的城市也是这样，华尔街的白领大都是坐地铁上下班的。深圳怎么办？模拟后的结论是：东西向应该有三条主干道，南北向要有十几条或者更多。

最终我们规划了三横十二纵的路网，即3条东西向的主干道，12条南北向的主干道，以及多条次干道和支路，形成"两个梳子"叠加的路网模式。相应地，又规划了20多个立交桥，这在国内是比较先进的，那时北京、上海都还没有。这20多个立交桥，几乎每个都做了一个初步的设计方案，这对以后的城市管理、控制立交桥用地起了较大的作用。

20世纪80年代，内地的港口是很缺乏的。相比之下，与深圳毗邻的香港，港口已经快饱和了。尤其是经济发展以后，东南亚很多货物要进入深圳，所以港口对特区来讲意义重大。当时我们规划了两个港区：西面是妈湾港、赤湾港，东面是盐田港。妈湾港具有建港的先天优势，它有三公里多的深水岸线和广阔的腹地，道路交通也非常方便，并且还有适合兴建仓储和临港工业的广阔后方陆域，但是开发的工程技术难度较大。盐田港条件也非常好，属深水港，可建几十个万吨级的泊位，缺点是腹地较小，后面就是丘陵。因为盐田港主要是考虑作为集装箱的港口，所以我们规划的重点是研究解决它的疏港条件。

这两个港口都需要很大的投资，当时就有人提出，能不能只建设其中一个。经过反复讨论，最终认为从长远看还是两个都建设较有利，即"两面开弓"。如今盐田港发展起来了，规模很大，妈湾港发展相对缓慢。

除此之外，我们还做了几个跟香港联系的口岸规划，如文锦渡、罗湖、落马洲。这三个口岸对促进香港与深圳的联系起了很大的作用。

工业布局也重要

城市规划布局除了充分考虑了环境、居住、交通外，工业也是重点考虑的问题。由于将特区工业定位为轻、小、精、新，所以我们没有规划大的工业区，而是把无污染的工业区进行分散布置。这样的好处，一是不占用大片土地，二是可以跟居民区靠近，上下班不需要太多的路程。如果一个城市把工业集中在一头，而居住集中在另一头，每天上下班来回跑，交通会是一个很大的问题。另外，把工业区适当分散布置在铁路、公路线附近，运输货物、原材料也方便。

总的来讲，我们的规划是结合了深圳的自然条件、地理条件，结合

了深圳的原貌，把城市的主要组成要素合理布局。看起来只是一张规划蓝图，实际上有很多内涵，我们为此付出了巨大的努力。

在规划之前我们做了认真的调查研究，对每块地原来做什么、将来做什么都有明确的了解和设想，因为一旦确定了一块地的用途，以后再更改是非常困难的。当然，随着市场经济的发展，后来有些用地也做了一些调整。比如上埗工业区，我们规划时它已经粗具规模，以电子产品加工为主，但是随着时代的变迁，电子元件组装慢慢被淘汰了，经济效益不那么好了。而这块地处于城市中很重要的一个位置，相对于地价来说，原有的厂房不那么值钱了，所以上埗工业区后来全部拆掉，盖成了高层建筑。这是市场经济条件下必然会发生的一些变化，属于良性的产业结构调整或者说是用地性质的调整。

除了调查研究，我们还广开言路，听取多方面意见。深圳咨询中心成立后，很多人来了解情况，有的是准备到深圳发展，想了解一下我们大致的规划设想，有的是想了解某一块地的具体用途，有的是希望我们帮助解决一些工程技术问题。我们每天接待各种各样的人，对于他们的到来是欢迎的，因为我们能借此了解很多信息，对于做规划是有帮助的。

从开始调查研究，到形成一个完整的规划成果，大概花了一年半多的时间。可以说，这是我工作生涯中最艰苦也是最有意义的一段时间。

30多年后的反观

30多年过去了，我们国家发生了很大变化，深圳经济特区也经历了前所未有的飞速发展。但同时也出现了不少问题，这是我们做规划时未曾预见到的。

首先是经济特区外的深圳其他地区发展不尽如人意。当时政府委托我们做的是"二线"以内的规划，"二线"以外1600多平方公里（原属深圳市宝安县）的土地只做一般的了解，未要求编制规划，所以并没有充分考虑也未估计到未来的可能变化。这导致部分区域后来的发展情况不容乐观。

在"二线"内按总体规划有序发展的同时，"二线"外的土地其实也在红红火火地"发展"着，国内外投资商、房地产开发商及各类企业纷纷入驻。他们之所以选择这里，有的是因未获批准进入经济特区暂时来"过渡"一下，更多的是看中这片土地上的种种"优惠"条件，如地域大、权力下放、可获得更多更便宜的土地和劳动力、有更多的政策优惠，并且这里管理随意、无规划约束，搞"开发"、搞"加工生产"可获得更多的利益。

盲目无序的"发展"带来了难以弥补的后果：土地浪费与荒芜、植被破坏、水系污染、生态环境恶化、基础设施建设低水平化且不成体系、社会管理和治安管理松弛。整体面貌既不像城又不像乡，与"二线"以内城市现代化风貌差距甚远。

在相当长一段时间里，"二线"以外地区引进了不少低效益的项目，导致低效益发展。有人在新千年初做过统计，特区外每平方公里建设用地的使用效率只有特区的1/7左右，也就是说，如果特区内每平方公里能产出7万块钱，特区外每平方公里只能产出1万块钱。这种缺乏规划的发展以及低水平的管理所造成的后果是很严重的。不仅在深圳，附近的不少城市也存在这种问题。本来国家设立经济特区是试图通过这个窗口来带动周边高水平地发展，但规划与管理跟不上，就会导致发展失控，以后需做长期调整才能改善。

让人欣慰的是，特区内的发展还是比较稳定有序进行的。当年规划的特区人口是110万（2000年），但到2014年，同范围人口已经发展到了300多万，谁都没想到会发展得如此之快。尽管如此，特区发展还是欣欣向荣、充满活力的。

第二个问题是高强度开发带来的弊端。我们规划的特区，开发强度为中等密度，但后来由于房地产及其他因素的影响，深圳建了很多高层建筑。特别是在一些城中村改造中，建高层更是普遍现象，而且是高层

高密度。城中村土地是农村集体所有，拆迁的代价非常高。为了满足农民的要求，开发商往往进行高密度开发，建二三十层的建筑司空见惯，出现了很多所谓的"握手楼""接吻楼"。由此也带来了很多问题，如治安、消防、交通、基础设施配套、上学问题等。城中村原来住的大都是外来务工人员，租金便宜，为了继续招徕这些租客，农民的房子拆了以后还按低标准建。这样的结果是城中村居住水平很低，人口密度很高。曾经做过调查：深圳某区城中村改造后，在约4平方公里的范围内住了近80万人，听起来骇人听闻。

高密度开发不仅是规划问题，其深层是社会问题和城市管理问题。行业内有句话叫"三分规划、七分管理"，一个城市发展得好坏与否，规划只起三分作用，七分是管理。不止深圳，这种现象也存在于其他城市，已成为城市发展中一个非常突出的问题。

第三个是深圳户籍人口与外来人口的比例问题，这是深圳非常特殊的一个问题。我们做规划时，预测期末特区户籍人口为80万，外来人口为30万，实际上现在户籍人口只占约40%，外来人口约占60%。这些外来人口中有一部分是科技人员和管理人员，但大部分是打工者，流动性很大。一些外来妹十七八岁就来深圳打工，打到二十七八岁，体力、精力已经开始走下坡路，就被雇主淘汰掉，再换一批。如果一个城市的流动人口占比太大，这个城市就不会是一个稳定的、可持续发展的城市。这是我国城镇化过程中必须面对的问题，应该引起高度重视。

最后是房地产问题。我们做规划的时候，住房还是分配的。住房改革以后，房地产问题出来了。深圳的现状是，有人没有房子，有人有一套房子，有人有多套房子，并且很多是投资、投机买多套房子。这就造成一个现象：房子与人口是脱节的，弄不清城市的房子到底是多还是少，政府和市场因此也就难以根据供需进行调控。现在有些城市依赖土地经济，靠土地来养活一个城市（有种说法叫"城市发工资靠财政，搞建设靠土地"），一旦土地经济来源少了，问题就出来了。

城市规划只能按照科学预测的人口规模来安排居住用地，适当留有余地，不能也不应按土地经济及房地产投资投机的需求来安排居住用地。前段时间，一些城市在编制总体规划过程中有追求扩大城市规模、追求更多的城市发展用地、依托房地产来发展经济的状况，由此也带来了意想不到的后果——房地产泡沫。现在看来，房地产问题是经济转型中的难题，也是今后编制城市总体规划需要深入研究的问题。

尾　声

现在，深圳已成为我国四大"一线"城市之一，国际上知名度很高，各种城市排名中均居前列。社会各界对我们做的这版规划给予较高的评价，认为它为深圳城市建设与社会经济发展提供了一个良好的平台。但我觉得，深圳几十年来的快速发展主要还是得益于国家的重大决策，得益于广东及深圳市多年来推出的各种重大的改革举措，得益于政府对规划的重视、理解、认可、执行和创新。

30多年来，深圳市人民排除了各种困难，建设了一个生态环境、居住环境、文化环境、工作环境俱佳的城市，吸引了大批优秀人才以及技术、资金、项目，从而创造了深圳速度、深圳奇迹。相信未来的深圳会越来越好！

（原载于《纵横》2017 年第 9 期）

浦东新区的开发开放之路

沙　麟　黄奇帆　李佳能　等口述

邓小平说，上海是我们的一张王牌

浦东位于黄浦江和长江入海口的交汇处，面积约552平方公里，相当于上海陆地面积的十分之一。近100年前，当孙中山面对这片当年的荒土时曾感慨地说道："如果浦东发展到浦西的水平，那中国就不得了了！"

新中国成立后的相当一段时期里，上海一直是中国城市的骄傲和"钱袋子"。但是只出不进的日子终于让上海扛不住了。20世纪80年代初，《解放日报》头版头条刊登了《十个第一和五个倒数第一说明了什么？》一文，一语道破上海在改革开放初期发展滞后的窘境：工业总产值全国第一、劳动生产率第一、上缴国家税收第一……但上海人均道路面积全国倒数第一、人均居住面积倒数第一、"三废"污染倒数第一……

沙麟（时任上海市浦东开发领导小组成员、上海市人民政府浦东开发办公室副主任）：之所以提出要开发开放浦东，是因为在改革开放初期，上海存在着发展滞后的困境，使上海在我国国民经济和社会发展中曾独领风骚几十年的地位趋于下降，亟待新的发展空间来引领上海改造振兴。当时担任上海市委第一书记的陈国栋为了实现上海的全新发展，组织了"上海向何处去"的大讨论，他尖锐发问："上海是要振兴还是沉沦？"改造振兴上海的迫切心情可见一斑。

20世纪80年代中期，全国改革开放的大潮正迅速高涨。那么，上海下一步的发展空间在哪里，增长点在哪里？在这种背景下，上海市委、市政府将浦东开发列入议事日程。由此，对改造振兴上海、开发开放浦东的研究一步步由浅入深地向前推开去。

最初，开发浦东是作为上海市政府的战略设想提出的。1986年前后，上海向国务院提交了《上海总体规划方案》，国务院在批复中正式明确了开发浦东。1988年4月，朱镕基当选上海市市长后，继续筹划开发开放浦东。5月，上海组织召开了有100多位国内外专家参加的开发浦东新区国际研讨会。

正当对浦东开发开放的研究在紧锣密鼓地进行中时，1989年春夏之交的那场政治风波又意外地把浦东开发开放的时间表往前"推"了一把。当时，中国在国际上遭到西方制裁，在国内则面临改革开放何去何从的重大挑战。面对东欧剧变与苏联解体带给人们的巨大困惑和国内对改革开放"姓资姓社"的种种诘难，邓小平站了出来。

沙麟：1989年春夏之交的那场政治风波后，中国要打破孤立局面，向世界宣示继续推进改革开放，打浦东开发的牌最合适。就像邓小平同志所讲的那样，上海要做点事情，向世界表明我国改革开放是放不是收，浦东开发开放就是抓住了这件事情。

1990年1月，邓小平来上海过春节。他在仔细听取了市委和老同志的意见后提出：请上海的同志思考一下，能采取什么大动作，在国际上树立中国更加改革开放的旗帜。回到北京后，他在和几位中央领导同志谈话时又语重心长地说道：上海是我们的王牌，把上海搞起来是一条捷径。上海开发晚了，要努力干！浦东开发，你们要多关心，机会要抓住，决策要及时。

4月18日，李鹏总理在上海宣布，"中共中央、国务院决定，要加快上海浦东地区的开发，在浦东实行经济技术开发区和某些经济特区的政策"。就此，浦东开发开放的帷幕正式拉开。6月2日，在中共中央、

271

国务院《关于开发和开放浦东问题的批复》（中委〔1990〕100号）中随附了上海市的请示报告，里面提出：对于浦东开发的目标定位是"按照浦东开发的总体规划设想，经过几十年的努力把浦东新区建设成具有合理的发展布局结构，先进的综合交通网络，完善的城市基础设施，便捷的通信信息系统，良好的自然生态环境的现代化新区"。报告里还提出了"三步走"的设想："八五"期间是开发起步阶段，"九五"期间是重点开发阶段，2000年以后的二三十年或更长一段时间是全面建设阶段，使浦东成为21世纪上海现代化的象征，成为适应国际性城市及外向型经济发展需要的世界一流水平的新区。

"面向世界"的浦东胸怀和"比特区还特"的政策定位

对于浦东开发开放的定位，邓小平的设想在继续丰富。1991年2月15日，大年初一，在上海市党政领导团拜活动即将结束的时候，邓小平说："你们要抓住20世纪最后的机遇，抓住本世纪的尾巴，加快发展。"三天后，邓小平查看了浦东新区的地图和模型后再次发表讲话，他说，开发浦东，影响就大了。不只是浦东的问题，是关系上海发展的问题，是利用上海这个基地发展长江三角洲和整个长江流域的问题，抓紧浦东开发不要动摇，一直到建成。邓小平还提到，广东的开发是对香港的，福建厦门特区的开发是对台湾的，但是"上海的开发可以面向全世界"。这表明，中央已经从更高的国际国内政治经济发展战略高度认识浦东的开发开放问题，也表明浦东开发的意义已经跳出了仅仅为振兴发展上海的地域定位。1992年10月，中共中央第十四次全国代表大会正式提出"以浦东开发开放为龙头，带动长江三角洲和整个长江流域经济的新飞跃"。至此，开发浦东上升为国家战略。

对于跳出上海，面向全国乃至全世界的浦东，该采取怎样的政策定位？朱镕基对此有个绝妙的归纳：浦东不叫特区，而叫新区，不特而特，特中有特，比特区还特。

黄奇帆（时任上海市人民政府浦东开发办公室副主任、上海市浦东新区管委会副主任）：在小平同志视察南方谈话的推动下，党中央、国务院在浦东开发一启动时就给浦东五大政策，同时还把开发区的十大政策和特区的九大政策一股脑儿给了上海，这个气魄大。因此，对于浦东新区而言，开发区、特区的十条、九条我都有，特区没有的五条我还有，这就是"不特而特，特中有特，比特区还特"，浦东不叫特区而叫新区，意思也就是从这里来的。浦东新区独有的五大政策，一是允许外国企业开办百货商店、超市等第三产业，在20世纪90年代这可是一项突破性很大的政策；二是外资可以开办银行、财务公司、保险公司等金融机构；三是允许上海设立证券交易所，为浦东开发自行审批发行人民币股票和B种股票；四是在浦东新区外高桥设立了中国开放度最大的保税区，也就是自由贸易区；五是扩大上海市有关浦东新区项目审批的权限，特别是在投资项目审批上，浦东审批权是两亿美元以下。当时的情况是3000万美元以上项目要报国家计委、经贸委审批，两亿美元以上报国务院审批。

当年，外高桥保税区为上海在WTO框架下以货物贸易为主体的自贸区建设进行了积极探索，奠定了良好基础。

黄奇帆：1990年给浦东的五大特殊政策中最突出的是外高桥保税区。当时，朱镕基同志把外高桥保税区翻译为Free Trade Zone，而没有直译为Free Duty Zone。他说，我们对内中文名字叫保税区，对外英文名字就叫自由贸易区。当时，保税区里面涵盖的政策就是按WTO框架下的自由贸易区来设定的。现在回过头来看，当时给浦东的五项独有政策，是各国在WTO里约定必须开放的服务贸易条款。浦东先于全国5—10年打了前站，可以说为中国进入WTO进行了先行探索并取得了经验。

时至今日，自由贸易区时代已经到来。中共中央提出要"加快自由贸易区建设"，形成面向全球的高标准自由贸易区网络。2013年，习近

平同志在参加十二届全国人大一次会议上海代表团审议时进一步强调，要更加自觉地把工作着力点放到加大创新驱动力度上来，不断为创新发展注入新的动力和活力。2013年9月29日，上海自贸区正式运营。通过设立国内首个符合国际惯例的海关特殊监管区，上海向世界表明，中国开放的大门不会关上。2014年5月，习近平同志在上海考察时说：上海自由贸易试验区是块大试验田，要播下良种，精心耕作……并且把培育良种的经验推广开来。在上海自贸区的带动和引领下，中国的自贸区加速扩容，由1个推广到4个，接着又到11个。自贸区这项继往开来创新事物的出现，昭示着浦东、上海乃至全国的改革开放迎来了又一个充满活力的崭新局面。

新区规划：新思路、新理念、新浦东

"看一百年的中国去上海。"2015年9月23日，国家主席习近平在访问美国华盛顿州塔科马市参观林肯中学时对课堂上的学生们如是说。春去秋来间，上海已走过漫漫百年长路。潮起潮落中，日新月异的上海向世人展示了因改革开放而焕然一新的城市面貌，浦东则是其中一颗当之无愧的璀璨明珠。对浦东规划的研究，起步于改革开放之初。规划要做到既要坚持理念，也要结合实际，长期深入研究是科学规划的基础。

李佳能（时任上海市人民政府浦东开发办公室副主任、浦东开发规划研究设计院副院长、上海市城市规划设计院副院长）：1987年，成立了浦东开发研究六人咨询小组，汪道涵同志做顾问，市规划局局长张绍樑同志任组长，我以规划院代表的身份参加，此外还有搞金融、外贸、土地、综合计划等专业的同志。所以，浦东的城市规划是方方面面集体创作的结晶，是政府、学者、城市规划师乃至公众共同参与完成的。

城市规划涉及产业结构演变、人口增长、市域扩大、土地利用和开发、交通及市政建设等多方面的因素。因此，只有抓住新区的规划，才能抓住浦东开发与建设的"牛鼻子"，实施有条不紊的社会经济发展计划，创造渐入佳境的开发氛围和投资环境。

黄奇帆： 开发建设浦东，不是为了复制或改造一个旧城区，而是要把浦东新区建成具有世界一流水平的布局合理、环境宜人、交通便利、基础设施完善的外向型、多功能、现代化的新城区。为了实现这个目标，当时我们就提出发挥规划在新区城市管理中的"龙头"作用，立足"国际级"和"现代化"两个基本面，以一流的规划设计水平、一流的规划管理体系、一流的规划运行机制，描绘浦东新区城市发展的蓝图。

既然是编制新区规划，就要解放思想，跳出框框，有新做法、新气象，在"新"字上做文章，以新思路、新理念把编制新区规划的构思推向新高度、新起点。

李佳能： 城市的发展都有延续性。浦东不是一张白纸，既有钢铁、石油、纺织、化工企业，也有住宅基地和基础设施。因此，如何新旧兼顾，同时又体现当代最高水平的创意，使之和开发目标充分有机地结合起来，也成为我们在浦东总体规划方案设计中遇到的一大难题。为此，我们对浦东地理地貌的现状和既有发展状态、道路网络、水系分布、建筑群现状等做了透彻的分析研究，取其长而避其短。在此基础上，我们利用浦东现状做开发设计，把共约350平方公里的地域按照四大开发区、五个综合分区布局提出方案，最后又博采众长发展成为1990年见报的综合方案。

那时候，参与浦东开发的上上下下都富有朝气，敢于梦想，善于面朝世界"在地球仪边思考浦东开发"。这股敢想敢闯、开放大气的精气神也直观地凝聚、体现在浦东的城市规划中。

黄奇帆： 浦东最初三年定的城市大规划很有灵气，与浦东开发开放至今的实际效果是符合的。例如陆家嘴，当时有五个方案供我们参考，分别来自日本、意大利、英国、美国、法国的设计公司。五个方案风格各异，但楼高都只有四五十层。我们就想怎么能对五个方案来个取长补短。当时考虑，陆家嘴地区在上海外滩的对面，黄浦江在此转了一个弯，形成了易经八卦中的太极格局，与外滩金融中心一凸一凹、一高一

低，可谓珠联璧合；此外仅仅搞一些四五十层的楼房还不够，还应该学芝加哥、纽约，搞几栋100层的楼。我们当时拿了三根筷子，研究了三栋高楼布局后，跟着就做模型，这就是现在的环球金融中心、金茂大厦、上海中心。中央公园（即现在的世纪公园）也是浦东的地标建筑之一，是构成浦东新区良好自然环境的重点项目。它处于上海市最繁华的内环线区域里，是上海大都市核心圈的唯一一块大面积绿地。中央公园的西北面为行政文化中心及办公、商务、住宅综合区，东面为别墅区，东南面为博览区。公园占地1.2平方公里，里面建设了大面积的草坪，花木成片，树林成荫，湖面宽阔，自然环境理想，使上海市区的生态环境改善跃上了一个新的台阶。

李佳能：在浦东规划编制过程中，我们邀请了国内外专家学者参与，集中了国内外的智慧。在浦东开发开放之初，出于国家安全考虑，城市规划设计通常被认为是保密的，向全世界征求方案，在当时是触动了"红线"。陆家嘴就是率先打破惯例，搞国际方案招标，其规划至今为人所津津乐道。世纪大道的设计构思就更大胆了，当我们发现陆家嘴中心地区配置400万平方米以上建筑量以后，意识到交通流量必然大增。这块"盲肠形"的地块仅靠浦东大道、浦东南路是远远不够的。于是一个大胆的设想冒了出来：新辟一条"对角线式"的大道，把金融、商业、贸易、行政文化四个规划中的区域连接起来，两侧高楼耸立如美国曼哈顿，道路像法国的香舍丽榭大道。并且与浦西的东西向轴线通过隧道串通成一线，造成更为恢宏的气势。

在"老浦东"赵启正看来，"在地球仪边思考浦东开发"，是指要经常思考预定的开发目标中，浦东在上海应处于什么位置，上海在世界经济格局中应处于怎样的位置。由此，浦东的规划要达到足够高的国际水平。

赵启正（时任浦东新区工作委员会书记、管理委员会主任）：浦东的建筑群都是世界大师们竞相献艺的杰作，留下了我们与世界联系的记忆：东方明珠电视塔是上海设计师的作品，金茂大厦是美国SOM公司的设计大师参考了中国26座宝塔创作的，浦东国际机场和东方艺术中心则是由法国著名设计师安德鲁设计，曾获2008年世界最佳高层建筑荣誉的环球金融中心是由日本投资、美国建筑师设计、上海建筑集团承建，上海科技馆由华裔美国人设计，国际会展中心则是德国人按中方提出的"大珠小珠落玉盘"的理念完成的杰作……联合国前任秘书长加利来到浦东时曾由衷感叹："你们正在进行一场世界奥林匹克建筑大赛。"

2016年，位于陆家嘴的又一个浦东新地标——上海中心大厦落成，楼高632米，是当今世界第二高大楼，体量相当于一个"站着的外滩"。上海中心大厦以其"总部之楼""创新之楼"的功能定位，吸引了一大批国际知名企业入驻。而浦东陆家嘴，作为改革开放以来的上海新地标，矗立着世界最密集的摩天楼群，不断刷新着上海国际大都市建设的高度，释放着改革开放的中国之光。

浦东定位：三个先行，高起点建设重点功能区

1990年浦东开发开放起步之时，提出了"三个先行"策略，即基础设施先行、金融贸易先行、高新技术产业化先行。

黄奇帆： 1991年春节，邓小平同志听取浦东开发情况时，朱镕基同志汇报说，我们浦东开发的战略是"金融先行，贸易兴市，基础铺路，工业联动"这16个字。小平同志听后说：金融是现代经济的核心。金融搞好了，全盘皆活。上海过去是金融中心，今后也要这样搞。中国的金融要在世界上有地位，首先要从上海做起。

围绕三个先行策略，浦东开发开放初期的重点是三个功能区建设，即陆家嘴金融贸易区、外高桥保税区、金桥出口加工区，后来加上张江高科技园区，就成为四个功能区。

沙麟： 四个开发区的功能定位很明确：一个搞金融，一个搞出口加工，一个搞自由贸易，一个搞高科技产业。陆家嘴地区规划为金融区很好理解，因为与陆家嘴一江之隔的外滩原先就是金融集中地，所以，在

陆家嘴发展金融就与老市区联成一体，组成一个金融、信息中心。金融上去了，整个城市就活了，资金也有了，这是浦东新区开发建设最显著的特点之一。金桥出口加工区则是当时中国唯一以出口加工为主的开发区。当时的现实是：我们出口的产品比较粗糙，且以纺织、轻工产品和土特产为主，产品结构差，附加值低。为此朱镕基同志提出：浦东要发展现代化、资金密集、技术密集、劳动市场量广、原材料能耗少、出口创汇能力强的工业。由此，汽车产业就成了金桥出口加工区的支柱产业，并且很快升级换代，成为高端产业链的一部分，参加国际产业链的构成。到了1995年、1996年的时候，外资企业都搞起来了，且都是外向型企业，不仅产品主要出口，而且也改变了我们的产业结构。从而使上海在先进制造业方面形成了较为完整的产业链，对上海产业结构调整和产品升级换代发挥了积极的作用。

陆家嘴最强的是它的金融高端机构迅速集聚的功能。今天放眼而去，成片的银行、金融楼宇汇集在小陆家嘴（指陆家嘴首期开发的1.7平方公里金融贸易中心区）内。东方路沿线曾经的省部委楼形成了陆家嘴的商贸和休闲板块，花木板块分布着行政大楼、文化中心大厦。形成这样的功能分明的格局并非一帆风顺，是浦东的创业者们经历了无数次打拼而成的。

王安德（时任上海市人民政府浦东开发办政策研究室主任、上海市陆家嘴开发公司（集团公司）总经理、浦东新区管委会副主任）：我当时担任陆家嘴开发公司首任总经理，那些情景历历在目。一是把金融"领头羊"引进陆家嘴。1990年9月，我被任命为陆家嘴开发公司总经理后，中国人民银行上海分行是我们争取落户于此的第一家金融机构。我们经过反复比较后，将人行上海分行的选址上定在浦东大道、浦东南路交叉路口上。我当时去找央行的领导，邀请他们来浦东。对方说："可以考虑，不过你们能给我们什么样的优惠和支持呢？"当时陆家嘴公司的开办费是3000万元人民币，我们就将这点仅有的本钱砸了下去。注册资金一到，我们立马买了3万平方米的动迁房用于人行上海分行的原址动迁，然后还补贴了一半地价给它，用于新址盖楼，就这样将对方"请"进了陆家嘴。开始下面员工都对我有意见。我就做工作，说："我们搞金融贸易区，银行不过来，这个金融贸易区不是空的吗？海内外都在盯着看你开发是真是假，银行看谁？看领头羊央行。人行上海分行过来了，金融机构才算启动了。请你们相信，补贴下去收到的效益肯定会超过你的补贴价值。"1995年6月28日，在人民银行上海分行浦东新址开业典礼上，赵启正副市长代表浦东向人行上海分行赠送了一只可爱的小白羊，小羊的脖子上挂着一块金牌，上面写着"金融领头羊"。到场的人纷纷称赞浦东人的高明和精明。

外高桥保税区成立时，全国已有十余个保税区。时至今日，上海外高桥保税区的经济成就已经相当于另外16个的总和。

黄奇帆：浦东开发开放有许多了不起的成果，外高桥保税区就是其中之一。2010年的外高桥，10平方公里土地上，一年产生了1万亿人民币的贸易额，其中进出口贸易额是1000亿美元，形成的税收是1000亿人民币，占整个6000多平方公里的"大上海"贸易总额的五分之一和税收总额的五分之一。而在全国17个保税区中，外高桥保税区相当于另外16个保税区的贸易量总和和税收总和。

开发浦东，立法为基

1990年4月18日，在宣布开发浦东的记者招待会上，有英国记者问朱镕基："在海外，浦东的开发在很大程度上是同您的名字联系在一起的，今后一旦您离开上海，这个局面将会怎么样？"朱镕基回答说："我认为浦东开发不是与我的名字联系在一起的。而是党中央和国务院的战略决策，不管谁在上海当领导，这个决策都是一定要实现的。"

杨昌基（时任上海市浦东开发领导小组常务副组长兼上海市人民政府浦东开发办公室主任）：当时浦东新区的定位不是特区，特区的政策可以参照，可是操作起来毕竟不是一回事，所以开发新区要法律先行。

我们对外承诺：1990年9月1日要制定出台相应的法律法规，因此这也是浦东开发开放之初打的第一场硬仗。

周汉民（时任上海对外贸易学院法律系主任）：1990年7月初，上海市市长朱镕基率中国市长代表团出访美国，我也随同出访。在纽约的一个座谈会上，有美国记者提出：浦东开发开放的十项优惠政策如果登在报纸上，不过巴掌大的篇幅，凭这个何以推进浦东开发开放？没有法制保障，外国的企业怎么敢到中国来？对此，朱镕基同志明确回答：我们一定会立法，用法律框架来保障浦东开发和开放以及外国投资者的利益。7月下旬回到上海，他就在市政府常务会议上决定：浦东开发开放必须立法。并且，为了让海外的投资者第一时间掌握法律的要义和精髓，还要求立法正式颁布时，用中文、英文和日文三种文字，这一做法称得上前无古人。

1990年4月18日浦东开发开放正式向全世界宣布后，至同年9月10日，上海市公布了中央给予的十条优惠政策细节和上海市配套出台的十项操作细则。

王安德：后来上海出台的法规、行政规章，就是以中央文件的十条政策加上四条原则为基础的。上海市相关法规开始编制的第一步，是先要形成地方政策框架的结构思路。当时浦东政策研究当中遇到的主要有四方面19个比较大的问题：第一方面有关浦东经济体制和行政管理体制等原则性和框架性问题；第二方面是浦东投资政策和各专业行政配套政策问题；第三方面涉及规划和开发战略；第四方面是政策研究和立法本身的策略、程序。1990年8月8日，我们形成了政策编制的汇总第三稿并送市委、市政府主要领导和市长专题会议审定。1990年9月10日，上海市政府召开浦东新区新闻发布会，公布了九项政策法规，另有一个支持国内企业投资浦东的政策也同时生效实施。

硬件、软件的配套完善是确保开发区充分发挥示范、带动、辐射的功能，持续、快速、健康发展的前提。事实证明，浦东新区完善的基础设施（硬件）和健全的法律政策环境（软件）愈来愈吸引前来投资的人们，并赢得了全世界的信任。

赵启正：在浦东开发开放中，强调法规和规划先行考虑到了不要换一届领导班子就随意改动已经确认的规划这一点。以陆家嘴规划为例，我们坚持要去上海市人大汇报。尽管这一做法并非必须，但经过人大的认可，就要严肃对待不能轻易改动了。日本森大楼集团总裁森稔先生在浦东开建的第一个大厦叫森茂大厦，他当时说："你们在这里规划了绿地，所以我就在这投资，因为与绿地为邻的房子价值高，你们说到做到了。"基辛格博士曾对我说："你们最宝贵的不是那些高楼大厦和高科技工厂，而是可信任的国际公共关系，如果你们说了而没有做到，最初的投资者就会破产。他们一开始就相信你们，很有胆量！"

上海市浦东新区人民法院知识产权庭是全国基层法院第一个知识产权审判庭，这项伴随着浦东开发开放应运而生的新生事物体现了中国政府尊重法律、保护知识产权的决心。在浦东开发开放的大时代中，这个团队精心审理了一个个经典案件，见证了震动海内外法律界的知识产权立体保护模式——"浦东模式"的诞生。

徐亚丽（时任上海市浦东新区人民法院知识产权庭庭长）：自1993年起，北京、福建、广东、上海等地的高、中级人民法院相继成立了知识产权庭，但是，还没有一家基层法院成立知识产权庭。我院党组经调研后认为，浦东法院虽是基层法院，但地处我国改革开放的最前沿，随着浦东开发开放的深入，知识产权案件必将逐年增长，成立专门的知识产权审判业务庭，有利于优化浦东的投资环境，也有利于向社会展示浦东法院知识产权司法保护的水平。1994年6月，经上海市人大批准，全国基层法院首家知识产权审判庭在浦东成立。我们团队上下都在暗暗鼓劲：一定要将每个案件都办成精品，办出影响力，要让外商知道来中国浦东投资是放心的。

很快，这个团队迎来了知识产权保护第一仗——"飞鹰"刀片保卫战。

徐亚丽：1995年3月3日，正值中美知识产权谈判的关键时刻，一起

在浙江省义乌小商品市场查获的假冒"飞鹰"刀片事件引起了中外媒体的关注。焦点集中在我庭受理的关于"飞鹰"刀片的三起连环案上：上海吉列有限公司系原上海刀片厂与美国吉列公司合资的中美合资企业，其生产的"飞鹰"牌刀片是原上海刀片厂的知名产品，但是"飞鹰"注册商标和外包装却屡遭假冒、仿造。原上海海兴工贸负责人徐某，非法组织生产假冒的"飞鹰"牌74型双面刀片，并由个体户陈某进行销售。案件查获后，徐某被公诉机关以假冒商标罪提起刑事诉讼，而陈某因不服浦东新区工商局的没收罚款决定向法院提起行政诉讼。此外，吉列公司对仿冒"飞鹰"牌刀片外包装的上海华兴刀片厂也提起了不正当竞争诉讼。

媒体的聚焦指向一处：知识产权在浦东能否得到保护？我们经过反复斟酌，最后决定联手刑庭、行政庭一起审理这三起连环案，最后分别做出裁决：以假冒商标罪判处徐某有期徒刑三年零六个月，维持浦东新区工商局对陈某的处罚决定；同时，由生产假冒"飞鹰"刀片的上海华兴刀片厂与吉列公司达成调解协议，华兴厂赔礼道歉并赔偿吉列公司经济损失20万元。案件结束后，上海吉列有限公司总经理、美籍华人欧阳长健说，此案受到了美国舆论界的关注，《纽约时报》在显著版面对案件进行了重点报道。

案件审结一年后，外国企业在浦东的投资额超过了160亿美元，60余家世界著名跨国公司和集团落户浦东，外资银行在浦东开业达24家。

"飞鹰"刀片案审理成功后，浦东新区人民法院以此为契机，将浦东新区的知识产权审理向前推进更上一个台阶，于是有了"浦东模式"出台。

徐亚丽：从该案审判过程中我们想到：为降低诉讼成本，提高办案质量，能不能推出一种民事、刑事、行政"三位一体"的审理模式呢？这一探索终于有了结果。1996年，经上海市高院授权，我院正式建立了"知产案件立体审判模式"，即由知识产权庭按照我国民事、行政、刑事诉讼法规定的程序，统一审理辖区范围内的各类知识产权案件。"三合一"模式一经推出，震动了国内外，能够对知识产权提供如此全方位立体式的保护，这在全国还是第一家。此后，我们庭又接连审结了"凤凰""万宝路""阿迪达斯""耐克"等多起涉及国际国内著名品牌侵权的知识产权案件，在国内外引起了很大反响。在浦东知识产权局等单位组织的一次大型问卷调查中，当问及"遇到知识产权被侵权后，你的企业会寻求行政保护还是司法保护或是其他方式"时，浦东有82.7%的企业首选司法保护。

浦东成果与浦东精神

1990年5月，在首次浦东开发开放新闻发布会上，英国路透社的一位记者向上海市市长朱镕基尖锐发问：我个人认为中国在退步，浦东的开发开放能行吗？十多年后，当这位路透社的记者再次站在浦东时，他被浦东的现实震撼了。他在自己的通讯中发出惊叹：上海——让世界羡慕不已的城市！仅仅十多年，浦东就走过了相当于西方发达国家100多年、新兴工业化国家30多年的历程。

赵启正：1990年，我们宣布浦东开发开放，西方有些媒体说这不是一个实际行动，只是一句口号。当时这类论调相当广泛，诺贝尔经济学奖获得者弗里德曼造访上海后也说浦东开发是"波将金村"（国际大骗局的代名词——编者）。1993年，一位美国记者问我："浦东开发需要50年吧？"我说，不需要这么长时间，很快我们就会把一个繁荣和廉洁的浦东呈现给世界。浦东开发进行到2007年末，经国务院发展研究中心测算，此时浦东的经济规模已相当于1990年整个上海市经济规模的1.7倍。到2009年，折减去通货膨胀因素，浦东的经济规模已经达到1990年整个上海市的2倍，而这只用了不到20年。

以往人们在研究中国开发区的时候往往关注的是开发区建设的"硬成果"，也就是那些能用数字描述的成就，例如GDP，而一般并不太注意总结开发过程中的"软成果"。而在"老浦东"们看来，"软成

果"也是研究中国特色社会主义不可忽略的核心要素。

赵启正：如果邓小平同志建立的中国特色社会主义理论是一棵大树，浦东这个分枝上也结了好多果实，其中的"软成果"就是浦东开发者们在经济发展、社会进步、城市基础设施建设、跨国合作、转变政府职能、人才培养等方面的那些思路和经验。浦东的社会开发是一个快速的城市化过程。浦东要乘着高速列车向前进，浦东管委会要帮助大家上车，首先要帮助他们逐步转变观念。当时我们提出了以各功能开发区主动带动周围乡镇的"列车工程"。一是做好被开发区本地人员的工作安排；二是对当地的乡镇企业给予扶持，或在技术上进行辅导，或将部分引进来的外资介绍给他们。各大开发公司要发挥"火车头"作用，带动周边乡镇一起发展。此外，浦东的开发除了浦东内部联动外，还要与浦西联动，与长江三角洲联动。浦东跟其他区县一样，属同一个中枢神经系统、同一个血液循环系统，也就是同在市委领导下，是整个上海经济体系的一部分。一些境外投资者若嫌浦东地价或劳动成本较高时，我们会告诉他们，可以考虑到附近的昆山、苏州等地去投资。这就是说，在开发中坚持打"上海牌""长江牌""中华牌"，乃至"世界牌"。

"在地球仪旁思考浦东开发"。当时任浦东新区宣传部部长的邵煜栋曾将这句话写成美术字贴在机关食堂进门的地方，浦东管委会上下人人皆知。这句话的意思，就是要在浦东开发中谋求经济全球化格局中上海的重要位置。

赵启正：国家对话可以分为政治对话和经济对话。政治对话是通过首都进行的，而经济对话主要是通过几个最大的经济城市进行的。在中国，能够进行国际经济对话的城市有两个：一个是香港，它已经能成熟地进行国际经济对话；另一个是上海，它还只是国际经济对话的首选后备城市，所以要通过浦东开发来振兴上海，使上海先成为亚洲的区域经济中心之一，再成为世界的经济中心之一。所以，要在地球仪边思考浦东开发，我们就不能只吸收世界的资金和技术，还要吸收世界的智慧。我曾对基辛格说，上海不仅要面向长江流域、面向全国，更要转过身去面向太平洋，我们要吃太平洋的"鲨鱼"，才有足够的营养。

习近平同志指出：上海要在全面从严治党等方面有"新作为"。在这方面，浦东可以为之贡献鉴往知来的宝贵经验价值。在浦东创业者的眼里，一流的开发与一流的党建是密不可分的。浦东开发一直伴随着重大工程的建设，这就需要着力构建重大工程建设的组织和人才保障体系，而一流的党建工作则是这一保障体系的思想和政治基石。

赵启正：1997年底，浦东新区成立了重大工程项目办公室，随之组建浦东新区重大工程项目办公室党支部，赋予其建设总指挥部临时党委的职能。我们强化了重大工程项目党建工作，提出"支部建在工地"，逐步扩大党建工作覆盖面，形成"重大工程建设到哪里、党组织就延伸到哪里"的格局。我们还提出"廉政也是重要的投资环境"。1993年，香港无线电视的几个英国记者问了我一个问题："当浦东开发成功的那一天，你们的贪腐会不会也走向顶峰？"我说，"当你看到浦东开发的辉煌之日，同时会看到一个廉洁的浦东"。浦东新区设立了"三条高压线"：领导干部不准直接谈地价；不准干预项目招投标；不准因为动拆迁等私事为人打招呼。我们还率先在全国建立土地资产交易中心、土地资源储备中心，对经营性土地实行公开招标、拍卖，从制度上杜绝权力寻租和暗箱操作。在对外招商的宣传手册上，我们印上了这样的话：在浦东办事，无需请客送礼。

浦东开发开放的成就是国家支持下创新的结果。本质上，改革是创新，开放也是创新，三者同出而异名。创新的基因从一开始就注入了浦东开发开放的土壤，创新意识和创新精神也成为了浦东开发开放的主旋律。

黄奇帆：浦东开发开放拉开我国新一轮改革开放的序幕。回忆起当年在浦东的日日夜夜，我感受最深的就是在战略、政策、资本运作、规划、体制等五个方面的改革创新，以及随之而来的一系列新观念、新思路、新体制、新机制。浦东真正的吸引力核心是改革、开放、创新；上海能够发挥领头羊作用，也正是这种深入骨髓的创新精神。回首当年浦

东开发，创新动力来自两个方面：一是开放带来的，开放倒逼体制机制创新；二是问题导向引领的，在改革遇到困难的时候不回避、不退让，创新突围、创新突破，在解决困难过程中实现创新。在开发开放过程中，按照中央给我们的政策，浦东搞了很多的全国第一：第一家外资银行是创新、第一家外资保险、第一家外资百货、第一个证券交易所……打破计划经济的樊笼，走出了一条创新的路子。

2017年3月5日，习近平同志在参加十二届全国人大五次会议上海代表团审议时指出，希望上海的同志们继续当好"全国改革开放排头兵"和"创新发展先行者"，在深化自由贸易试验区改革、推进科技创新中心建设、推进社会治理创新、全面从严治党等四个方面有"新作为"。在新的历史时期，上海正以前所未有的广度和深度加速对外开放。2016年，上海金融市场交易总额超过1300万亿元人民币，已经成为全球金融市场最齐全的城市之一；上海港集装箱吞吐量连续七年位居世界第一，空港旅客吞吐量2016年首次突破1亿人次；跨国公司地区总部达到580家……对浦东而言，站在新的历史起点，改革开放创新也依然只有进行时。改革没有止境，浦东的创新精神需要在时代的大潮里不断升华和拓展。浦东的开发开放之路昭示着改革开放创新必然引领中国前行的方向，而这也将使中国大地涌现出更多创新开放的热土，永远朝气蓬勃、生机盎然。

（原载于《纵横》2017年第10期）

海南"人才大潮"亲历记

林明江

我从海南调京工作已经9年了，时刻关注着海南的点点滴滴。2006年2月间，接到海南省政协文史资料委员会关于《海南建省20年》史料约稿函。尽管有同志已经发表过海南建省初期的人才大潮的文章，但只是简述。作为当时的海南人才交流服务中心的负责人之一，我也有责任、有义务将这段刻骨铭心的经历详细地记录下来，留给历史，启示后人。

求职信件与来访如潮水般涌来

1987年8月29日，六届全国人大常委会第二十二次会议审议通过了国务院提请的《关于撤销海南行政区，设立海南省》的议案，海南岛也应时应运而成为全国最大的经济特区。经济特区的开放政策、海南建省的光辉蓝图、深圳经济特区的成功经验，像磁铁般吸引和激励全国各地的专业技术人员来海南求职，特别是1987年10月5日《光明日报》发表记者采访海南建省筹备组正副组长许士杰、梁湘的《海南将招贤纳士开发经济》的专题报道后，到海南求职的信件如潮水般涌来。

说是声势浩大的人才大潮，一点儿也不为过。我们人才交流服务中心每天接到的来信从几百封，增加到上千封；每天接待的来访人员从一百余人，增加到五六百人。建省筹备组成员许士杰、梁湘、姚文绪、

孟庆平、王越丰办公室，尤其是许士杰、梁湘处，每天也转来大量的来信，并且要求我们每信必答，每函必复。中心的17位工作人员加班加点处理也应付不过来。焦急时我们想到了解放军，于是从海南军区借来六位解放军战士帮忙拆信，还从求职人才中留下几位作为工作人员。

十万人才过海峡，究竟准确的数字有多少？他们的情况如何？来自哪些省份？我们人才服务中心每天都有专人统计，从1987年9月至1988年3月底，海南人才交流服务中心共收到来信约12.3万件，共接待来访2.6万多人。我们对其中92946人的情况进行了分析：男性有81264人，占87.4%；35岁以下的有76545人，占82.5%；大专以上学历的有66915人，占71.9%；具有高中级职称的有9174人，占9.8%；5000人以上的有湖南（10703人）、陕西（7390人）、江苏（7382人）、四川（7197人）、湖北（5584人）、江西（5323人），5000人以下的有贵州、吉林、辽宁、黑龙江、安徽、甘肃、广西、上海、浙江、北京、广东、天津、新疆、河北、云南、河南、山西、山东、内蒙古、青海、福建、宁夏、西藏，旅居国外的华侨、留学生、访问学者也有少量来信求职；专业归纳为47个，人数较多的有机械（6130人）、医学（5730人）、中小学教师（5348人）、文史哲（4516人）、工民建（3907人）、英语（2727人）、企业管理（2245人）、化工（2140人）、财会（2105人）、电子工程（2100人）、电气自动化（2042人）。另外，还有其他类（29446人）、在校学生（2224人）等。

从以上分析情况和来信内容看，这次人才潮有来势猛、人数多、范围广、文化程度专业情况良好、求职人员决心大等特点。

有组织、有计划、有秩序地引进
海南建设急需的人才

从我的经历中体会到，海南建省筹备组强调制订规划，搞好行政体制改革，开放洋浦，引进外资项目的同时，提出引进人才的战略决策是十分正确的,并且始终加强了领导和指导。面对突袭而来的人才大潮,也没有惊慌失措,失去方寸,而是沉着应对,因势利导,使引进人才工作走上有组织、有计划、有秩序的轨道,通过我的经历,归纳为以下几点:

第一,筹建统一的人才交流服务工作机构。海南在"汽车事件"前也有一次人才热。1983年4月1日,中共中央、国务院批转的《加快海南开发建设问题讨论会纪要》发表后,为了引进人才的需要,海南区党委在区党委组织部的内设机构中,设立了青年技术干部处,具体职能为:做好青年干部的选拔和培养、做好知识分子工作和高中级人才的引进工作等。至建省前夕,我都担任该处的处长。洪会锦、司庆阳同志任副处长。而海南行政区人事局则成立了海南人才交流中心,负责人才的各项具体工作等。面对来势迅猛的人才大潮,建省筹备组主要负责人当机立断,以区党委组织部青年技术干部处和海南人才交流中心为基础,成立统一的机构,集中力量,做好人才引进工作,并把名称确定为海南人才交流服务中心。加上"服务"这两个字很好,体现了为特区建设服务,为人才服务的思想。海南人才交流服务中心的工作职责是负责来信来访,制订人才需求计划,办理人才招聘手续等事务。海南人才交流服务中心的负责人为我与林志向同志。

建省筹备组许士杰、梁湘、姚文绪、孟庆平、王越丰对人才引进工作都十分重视,都在人才来信中做过批示。如许士杰同志在一篇材料中批示:"同意,今天《人民日报》第一版发了二幅照片,要做好思想工作。"梁湘同志在某市委组织部一位求职者的来信上批示:"谢百泉同志并林明江同志,请您看看此信,怎么办?此同志可用在交流服务中心,帮助处理来访者,整理来信登记等,如何?请定。"王越丰同志也亲自交代秘书,请我及时将北京来的二位人才引进到海南民族对外经济发展总公司工作。许士杰、姚文绪同志还多次亲自下到人才交流服务中心视察,了解情况,慰问工作人员和求职人员。当时的行政区党委副书记董范园同志和组织部长谢百泉同志、副部长陈美等同志加强了领导和

指导，亲自解决许多实际问题。

　　海南人才交流服务中心是1987年9月中旬成立的。为了便于接待来访人员和靠近党委、政府办公地点，办公室设在设备简陋的海南区党委组织部招待所。人才交流服务中心下设办事组、资料组、接待组。人才交流服务中心建立各项工作制度，出版人才信息，制定来信来访统计表等。我记得还挂牌上岗，上面贴有相片，我的编号是1号，我至今仍保存有这个牌子。

　　至1988年3月19日，人才交流服务中心成立已有6个多月，做了大量卓有成效的工作，答复来信11.4万多件，接待来访2.6万多人。同时已将2万多人的基本情况输入电脑，已落实接收单位的有2300多人，其中聘用（试用）的660人，已到职工作的有425人。区直属机关、企事业单位（如农垦）、各市县也为接待来信来访和引进人才做了大量工作。

　　引进人才促进了事业的发展。据《人才信息》第4期反映，成立于1984年的海南人民出版社在"人才流入"热潮中，抓准时机延揽人才，他们没有采取消极的等编制、等政策、等规划、等经费的观望政策，而是本着大胆积极慎重的精神，毅然从600多名求职者当中挑选招聘360多人。这些人才在进社后的短短几个月内就与该社的原有人才团结合作，已为出版社带来50多个社会效益和经济效益皆好的出书选题，其中有的已经付印，有的已经发行，全年计划出版的图书将超过以往三年的总和。

　　第二，积极制定引进人才的政策。为了不失时机地做好人才引进工作，适应海南开发建设的需要，经当时区党委、区政府同意，区党委组织部和人事局于1987年10月底对来岛工作的专业技术人才制定了必要的优惠政策。具体内容有14项：关心引进的专业技术人员的政治进步；实行工作岗位津贴；家属子女调动、就业或"农专非"优先照顾；子女转学给予方便；积极解决住房；努力改善工作条件；不受企事业单位编制限制；燃料供应要保证；免交粮油差价款；按户一次性发安家费；探亲待遇从优；以及到县以下单位工作的大学应届本科、专科毕业生转正，临时招聘的专业技术人员、能工巧匠的生活待遇，各部门、各单位可以根据条件和需要采取更加优惠的政策等都作了明确的规定。

为了积极稳妥地引进海南急需的管理干部与专业技术人才，建省筹备组又根据当时的实际情况于1987年12月25日制定了《关于从岛外引进干部若干问题的暂行规定》。《暂行规定》首先明确了引进干部的四条原则：一是规定了引进的主要对象；二是规定了引进的党政干部的条件；三是规定了引进的专业技术干部要进行考核，以及对有技术或管理专长的离退休干部聘用的待遇；四是规定了工矿、企业单位根据业务发展需要引进专业技术干部可不受发展前编制限制。其次，规定了在筹备建省期间引进干部的审批权限。同时还规定了引进干部的三项工资待遇。

第三，主动做好赴岛外招聘专业技术人才的准备工作。为了避免人才盲目进岛，造成人员滞留以致产生不利于海南开发建设的影响和不良结果，同时，也为保护岛外专业技术人才进岛工作的积极性，更好地为他们服务，以便做到有组织、有计划、有秩序地引进岛外人才，建省筹备组提出，主动到岛外招聘人才，并提出时间为1988年3月以后。1987年12月31日，建省筹备组领导许士杰、姚文绪和区党委副书记董范园同志召集了组织部、人事局、人才交流服务中心的有关同志，听取了人才交流服务工作的情况的汇报，并专门就赴岛外招聘专业技术人员的准备工作做了指示。

1988年1月8日，由组织部、人事局出面，分片召开了各市县组织部长、人事局长，各国营农场领导及区直各机关、企事业单位人事处（科）长会议，由谢百泉、胡良冠同志传达了筹备组领导同志的指示，并进行了具体的研究与部署，要求各单位、各部门要进一步提高思想认识，明确引进人才的目的与意义，及时修订人才需求计划，扎扎实实地做好各项准备工作。从1月15日起至3月24日，由组织部、人事局、人才交流服务中心抽调有关人员，组成工作组深入到各市县、各单位去检查督促。1月下旬，谢百泉同志还及时召集了人事局、人才交流服务中心

负责人的碰头会，听取各工作小组的汇报，并决定组织专门人员，继续做好以下五项工作：1.制订工作方案；2.修订人才需求计划；3.组织招聘队伍；4.编写有关宣传资料；5.筹集工作经费。以上准备工作内定于1988年3月31日向建省筹备组进行书面汇报。

下面着重介绍赴岛外招聘专业技术人员的工作方案。方案确定，于当年3月份后分别派招聘小组到北京、上海、广州、武汉、西安、重庆等大城市设宣传招聘洽谈点，在当地组织人事部门的帮助下，接待、考核、招聘我岛所需的各类专业技术人才（后来确定第一批招聘点为北京、武汉、西安、重庆，分为五个小组，其中一个巡视联络组）。方案的具体内容有十项：一是确定积极稳妥保证质量的原则；二是修订人才需求计划；三是组织由70人组成的招聘小组；四是编印《引进人才资料》一书及向宣传部门筹集卡片、图书、电视录像带等介绍海南的资料；五是落实活动经费；六是争取中组部与劳动人事部的支持与帮助；七是制定接待、考核、招聘专业技术人员的步骤与方法；八是做好应聘人员配偶的安置工作；九是将接待人员的资料输入人才库；十是进行工作总结；并向建省筹备组汇报，以后将根据海南开发建设的需要，继续组织招聘组到各地招聘人才。

第四，进一步修订人才需求计划。为了改变府海地区引进人才多，各县引进人才少的现象，并且为了人才进岛工作提供更多的工作岗位，根据建省筹备组的指示，我们进一步发动各市县，各事业单位修订人才需求计划。几年前各市县、各单位曾制定过人才需求计划。现在提出，必须按照海南建省、办经济特区的新形势、新要求，根据本地区、本单位经济开发建设的需求修订人才引进计划，确定现在、近期和几年内需求人才的目标。1月中旬由组织部门、人事局和人才交流服务中心组织4个小组下去检查落实。从了解到的情况来看，绝大多数单位与部门都很重视并采取了积极的措施。一是各市县党委、政府的领导同志多次研究此项工作，组织专人落实；二是到基层企事业单位调查研究，修订人才需求计划，并由单位负责人签名盖章，以示负责；三是积极做好引进人才的接待安置工作，如工资、住房、家属子女就业就学等项准备工作；四是认真挑选赴岛外参加招聘的工作人员；五是编写介绍本市县有关情况的资料。

在前一段检查督促的基础上，我们人才交流服务中心组织了6名干部把各市县各企事业单位上报的急需引进的人才需求计划进行综合归类，制定出《全海南急需各类专业人才统计表》。据该统计表综合统计，当时急需的五类专业技术人才共4202人。其中工科1586人，文科210人，理科186人；农业类228人，医学类257人，财经类389人，师范类830人，以及政法、艺术等其他科类257人。在这些急需人员当中要求有高中级职称的561人，管理人员499人。

第五，努力争取中办、国办和中组部与劳动人事部的关心、支持与帮助。在岛外人才以排山倒海之势涌向海南并出现滞留不归现象，政府部门处于疲于应付的情势下，建省筹备组想到了向中央告急。1988年2月4日国务院办公厅专门下发通知，要求做好到海南求职人员的劝阻工作。通知首先表明，海南缺少建设人才，全国各地有志之士关心海南、支援海南，海南是欢迎的。同时通知指出，目前海南正处于建省筹备阶段，可安排的人员极为有限。因此，全国各地的科技人员、大学生和其他求职人员大量涌入海南，将会给海南的工作造成很大的压力。通知最后要求，各地方、各部门、各高等学校，要做好欲去海南求职人员的思想工作，劝阻他们不要盲目去海南，如确有建设海南之志，可用书信与海南联系。对于已在海南的外地求职人员，由海南建省筹备组和有关方面动员其尽快返回。通知还通报，海南建省筹备组将根据建设海南的需要，制定人才需求规划，有计划、有组织地引进所需人才。国办的这一通知对阻止人才盲目进岛，促进滞留人员回归，帮助海南人才引进工作朝着健康顺利方向发展起了重大的作用。

1988年3月23日，建省筹备组又通过中共海南省（筹建）工委组织部、海南人事局名义向中央组织部、国家劳动人事部呈报《关于海南省人才引进工作的请示报告》，提出关于海南引进人才问题的十点意见。

这些意见的具体内容有：第一条，允许海南到人才密集的大中城市和沿海地区自由招聘各类急需人才。第二条，根据需要，批准海南到国外或港澳地区设点招聘所需要的人才。第三条，对于边远省份和少数民族自治区的专业技术人才，海南一般不引进或不主动引进，如本人愿意，原单位也同意，海南可以接收；如本人愿意而原单位不同意，海南一般不应接收。第四条，如个别基层单位已采用这种方式（指"几不要"方式）引进了少数人员，应按劳动人事部劳人干字〔1987〕6号文批转的做法进行处理，由海南有关方面与对方协商，如对方同意可以补办调入或聘用手续，如对方不同意，海南有关单位应坚决动员他们回原单位工作，原单位应该热情欢迎。第五条，采取正当辞职方式到海南求职的专业技术人员，如海南需要，可以接收，已失掉国家干部身份的，可录用为合同制干部，计算连续工龄；如保留国家干部身份的，可当正式干部同原单位联系调入或聘用，原单位应协助办理行政、工资、粮食户口、档案以及党团关系等转移手续。第七条，聘用由用人单位与本人所在单位签订合同，受聘人员在聘请单位享受在职干部规定的政治、工资、生活福利等待遇，其户口、粮食、行政关系等不迁移，只办理临时户口、粮食和党团组织关系。聘请顾问，指聘请已经退休或已到离退休年龄的管理人才和专业技术干部到我省一些专业性较强的部门或单位任顾问、董事长，受聘干部享受聘用单位同级干部的政治待遇，聘用期间工资在原单位发放，聘用单位按规定标准发给生活补贴，其户口、粮食、工资等关系等不迁移，只办理临时户口、粮食和党团组织关系。不论采用何种方式引进，有关部门和党团组织应予支持，提供方便。第八条，海南原来经济基础较差，目前的工作条件和生活条件比较困难，调入和受聘到海南工作的部分专业技术人员，其家属子女、户口、粮食暂不随迁，有关部门和单位应酌情给予照顾，不得收回住房或取消当地户口、粮食关系。第九条，海南人民政府可以根据本省实际情况和需要，制定更加灵活的人才流动、引进、考核、使用、奖惩等有关政策。至于第六条和第十条则要求中组部、劳动人事部根据海南呈报的用人计划，下达指令性指标，由海南到各地招聘所需要的人才，并提出4月份派员到北京、武汉、西安、重庆等大城市设点接待、招聘人才，请有关省市予以协助，提供方便。

我们还要求二部出具介绍信赴各省市联系。中组部和劳动人事部也答应了我们的要求。有了中组部和劳动人事部的介绍信，我们招聘小组到各地招聘人才都得到当地组织、劳动人事部门的支持，工作十分顺利，并收到满意的效果。我记得，我们是在全国"两会"期间到中组部、劳动人事部汇报工作并取得支持的。当时由谢百泉和刚从中组部调来海南工作，后任海南省人事劳动厅副厅长的谢冠州带领我和林志向同志到二部汇报。这里还介绍一段插曲，当时许士杰、梁湘同志正参加全国"两会"，还属于广东省代表团，驻地在中组部万寿路招待所，我们随谢百泉同志到代表团驻地向许、梁等领导同志汇报到中组部、劳动人事部联系工作的情况。在汇报时，他们突然向我们提出借用全国通用粮票。因为当时海南已不用粮票了，而北京等地还在用，二位领导以为北京也不用粮票了而忘记带来，只好向我们求援。之后我和林志向同志还直接从北京到各省市参加招聘人才工作。我们俩到了西安、成都、重庆三市招聘了一批人才进岛工作。

第六，正确处理好发掘、培养本地人才与引进外地人才的关系。据《海南经济特区年鉴》创刊号统计，至1988年底，全省（含中央驻琼单位）共有各类专业技术人员156254人，其中具有高级职称的2215人，中级职称的18737人。这些专业技术人才是开发建设海南的宝贵财富，在大量引进岛外专业技术人才的同时，建省筹备组也十分重视发挥原有人才的作用，许士杰和梁湘同志在接受《光明日报》记者采访时强调：根据海南目前的实际情况，一方面要大胆起用当地人才，使海南原有人才发挥作用，一方面要大量引进内地人才，同时也要向海外和香港招聘人才。许士杰、梁湘同志提出，海南是宝岛，而人才是宝中宝，现在要大力开发海南，促使海南腾飞，必须十分重视人才，善于选拔、培养、爱护、使用各种各样的人才。许士杰、梁湘同志还提出，一定要办好海南

大学，同时要搞好成人教育，办好各种类型的培训班，加强在职干部的培训，建立海南的"人才库"，对各方面的人才要给他们应有的政治和生活待遇以及工作条件，这些政策，在考虑制定海南建设规划时就要体现出来。的确，这些思路在《关于引进专业技术人才若干优惠政策的规定》中得到了体现，如第二条实行工作岗位津贴中规定："在本岛工作的原有各类专业技术人员参照上列相应的专业技术职务标准发给岗位津贴。"在《关于从岛外引进干部若干问题的暂行规定》的实施细则中也提到："在发挥原有专业技术人才的同时，既积极又稳妥地引进海南急需的专业技术人才。"中国作家协会广东分会主办的《风流人物报》记者在采访报道《海南人才的引进和挖掘》一文中，引用了谢百泉同志的讲话，阐明了二者的关系。谢百泉同志说，开发建设海南的人才从哪里来？"一是大量发掘、培养当地人才；二是大量引进人才"。

海南正式建省之后，成立了省委组织部与省人事劳动厅，省委组织部由中组部来的李志民同志任省委常委、组织部长，省劳动人事厅由湖南来的罗席珍同志担任厅长，他们继续领导人才引进工作。我们处改名为干部培训、知识分子工作处，继续具体负责干部培训，引进人才以及为高中级人才服务与管理工作。到1988年底，人才交流服务中心工作人员完成自己的历史使命与工作任务后，按照各自的职责分别回到组织部、人事劳动厅及各部门工作。

以上经历的回忆，由于时间已隔20多年，只凭记忆与保存的一些资料进行整理，难免会出现一些错误，请当时的各位领导、各位同事指正。

（选自《新中国往事·改革纪事》，
中国文史出版社 2011 年 1 月版）

华夏第一屏——"北京牌"电视机诞生记

黄仕机

早在1936年英国就开始电视广播，由于第二次世界大战爆发，到1939年被迫停播。战后1946年才恢复广播，因此英国电视工业发展并不快。而美国虽自1941年开始黑白电视广播，但一直没有停顿，因此美国电视工业发展十分迅速。此后，苏联、法国、意大利、西德和日本等十多个国家也相继在40年代末和50年代初开始黑白电视广播。1954年美国还开始了彩色电视广播，从而开创了电视广播的新纪元。到50年代中期，电视广播的发展已如雨后春笋般地遍及世界各地，甚至许多小国也有自己的电视广播。1956年，世界各国的电视台总数已超过500个，其中美国就有460个，占了绝大多数。那时世界各地电视机的拥有量已超过4000万台，其中美国就有3690万台，家庭普及率达到73％。因此，到50年代中期，国外某些国家电视早已相当普及。

一

电视是通过传送图像的一种广播、通信方式。作为一个重要的大众传播媒介，它通过荧屏能及时、准确、形象、生动地反映一个国家或地区的政治、军事、经济、科技、教育、文化、体育等社会各方面的状况

和信息,并有着广泛普及的文化娱乐作用。

我国在解放初期,百废待兴,直到1958年以前,我国还没有电视广播。为了改变我国广播事业的落后局面,赶上国外先进水平,1957年国家决定发展电视广播。当时的电子工业主管部门——第二机械工业部第十局把研制电视发射中心设备的任务交给北京广播器材厂(即761厂)承担,把研制电视接收机的任务交给国营天津无线电厂(即712厂)承担。从此开创了我国电视工业的发展史,填补了这一空白领域。

我是解放初期应召参加第一个五年计划建设提前半年毕业的大学生,1953年初被分配到国营天津无线电厂工作。开始工作时曾参加过抗美援朝部队通信用的步话机设计工作。当工厂接受二机部十局下达研制电视接收机的光荣任务后,为了尽快攻下这个课题,立即组织成立一个电视机试制小组,由我当产品主持设计师,此外还有对无线电接收技术较熟悉的老工程师王克中和钱瑞芬同志,有对机电设计经验丰富的老技术员黄琨培同志,有担负仪器设计的技术员吴公超同志,有对电路调试比较熟练的技术员龚行健同志、工人杨茂林和冯佩如等人负责开展电视机的研制工作。我们八个人接受了这个任务后,受宠若惊,喜忧参半,喜的是工厂领导对我们的信任,把如此光荣的任务交给我们;忧的是我们心中无底,对能否在短时间内完成这个艰巨的任务,没有把握。当时大家认为电视技术是一门高深的新学问,老的技术人员没有学过电视,解放初期毕业的新技术人员也没有上过专门的电视课。而我们负责研制的几个人都没有见过电视机,参考资料少得可怜,更谈不上对电视机的了解,研制工作感到无从下手。在既无理论基础,又缺乏感性认识的情况下,我们认为只能靠边干边学习,由外行变内行。我们勇敢地承担了这个艰巨而陌生的任务,决心迎难而上,全力以赴,为开创我国电视工业而奋斗。

二

1957年下半年正处在"大跃进"年代的前夕，参加研制组的成员斗志旺盛，雄心勃勃，信心百倍。那时正好中央广播事业局的广播科学研究所有刚从捷克学习电视回国的工程技术人员，参加北京广播器材厂的电视中心设备的研制工作，工厂为了使我们尽快了解和掌握电视机的设计技术，立即派我和几位工程技术人员去北京广播器材厂了解和学习电视发射中心设备的研制工作。我们利用这个良好的机会，边学习边考虑电视的设计准备工作。在此期间，我们还多方收购出国人员带回国内的苏联"记录牌""先锋牌"电视机，作为样机分析研究。1957年底，二机部十局的刘寅局长到苏联参观访问时，带回来几套苏联新型的"红宝石牌"电视机散件，提供我厂进行研究。此外，二机部十局根据苏联专家在华顾问组的建议，从苏联订购了一些新型的"旗帜牌"电视机样机、散件和资料，也提供我厂参考研究。所有这些样机、散件和资料，对我们了解和掌握电视机的设计和工艺技术均有较大的帮助。为此，我们对各种电视机的电路、结构、元器件性能、外观造型和使用维修方便性等进行了认真的分析比较，消化吸收它们的优点，并在此基础上考虑制订我们的设计方案。

经分析，我们发现苏联"红宝石牌"电视机是一种设计要求较高的产品，其电路结构也较复杂。而苏联"旗帜牌"电视机的电路设计较巧妙，结构上较简单，工艺性较好，性能也好，很适合于我们借鉴参考。但我们仍觉得国外电视机的设计不完全符合我国国情。我国电子工业配套水平与国外尚有较大的差距，许多电视机用的元器件和材料还没有发展和生产，不可能照抄国外样机的设计。要在短时间内拿出国产的电视机，我们必须自力更生，走自己的路，才能适合我国的国情，满足人民群众的需要。

经过紧张的研究和技术准备后，到1958年初我们确定了电视机的设

计方案。根据我国当时的元器件配套能力、工艺加工水平、使用维修方便等国情出发考虑，设计了一个电视接收和调频接收两用、单底盘组合机芯结构、通道和扫描分开供电、采用国产电子管器件、控制旋钮设在前方的电视机方案。方案确定后，开始进行分块试验。由于缺乏实践经验，一切都需从头摸起，所以工作中遇到的难题是很多的。例如各部分电路有哪些特殊的性能要求，它们之间的关系如何分配和匹配、各部分如何能独立设计和试验等问题，都需要自己考虑解决。但我们的工程技术人员和老师傅们的工作热情非常高涨，试验室经常灯火通明到深夜。当时既没有电视专用仪器，又没有开始广播的电视信号用以检查电视机的实际接收质量，只靠一般的简单仪表来进行试验，往往测试一个电视宽频带的特性就得逐点频率进行，费时又费力。大家在条件如此差的环境中，潜心钻研，艰苦攻关，排除一个个困难，在失败中总结经验，解决了许多关键技术问题。例如大电流磁偏转技术、超高压产生和绝缘技术、电磁干扰隔离和屏蔽技术，以及电视图像和伴音质量的高保真技术等。这些技术大多是国内首次接触的，几乎都要经过许多次失败后才逐步得到解决的。较突出的是，电视机中有一个马鞍形的偏转线圈，它是一个比较难制造而又要求较高的零件。试制车间50多岁的姜仲元老师傅，为了完成这个精密的零件，他带病坚持工作，并特地去配了个新的老花镜。他看着这个形状古怪的线圈，日夜琢磨，在没有任何图纸资料的情况下，姜师傅和技术人员想尽了各种绕制的方法，反复试验，效果均不满意，而且压制时漆包线容易折伤。失败一次接着一次，眼看时间一天天地过去，但总不成功。在走投无路的情况下，请教了在厂的苏联工具设计专家齐尔奈克，他正在忙着收拾行李，已决定次日离厂回国。但专家还是很热情地接待了姜师傅，并答应当晚想一下。第二天一早，专家果然提出了一个办法，姜师傅根据专家的启发，结合自己屡次失败的经验，重新修改了工具，终于完成了这个关键零件的试制任务。像这样艰苦奋斗取得成功的例子，真是举不胜举。

　　当时我们负责的电路设计、结构设计、仪器设计，经与有关试验人员、老师傅一起，夜以继日地奋战了两个月，终于胜利完成了分块试验工作。于是，第一台试验电视样机在1958年3月初合拢装配出来了。

但这台样机的试验并不是一帆风顺的，曾出现过许多预想不到的问题。其中最突出的是电视机特有的电磁干扰图像。针对样机在性能和结构上存在的问题，我们全力以赴，群策群力，采取了各种有效措施，终于在3月中旬把样机存在的问题解决了。这样，我国第一台黑白电视机终于诞生了。

样机虽然装配出来了，但是大家心情仍很紧张，担心这第一台电视机的实际接收效果，担心能不能一次试验成功。

3月17日晚，我国电视中心在北京第一次试播电视节目的时刻到了。

在我厂试验大厅一共摆着两台电视机，一台是苏联电视机，另一台是我们的电视样机，成功或失败，一经对比，便见分晓。我们怀着十分紧张而激动的心情，凝神屏气地注视着我们心血和汗水灌注的结晶——我国第一台试验电视机工作的情况。晚上7时整，在我们的电视屏幕上准时出现了广播员清晰的图像和洪亮的声音，图像和声音的质量与苏联电视机完全相同。此情此景，大家无比兴奋，高兴得流出了激动的泪水。随后，电视中心播送卡通片，生动活泼的画面使在场观看的同志乐不可支。最后播放电影片，大家感到如同在电影院一样愉快地欣赏影片中感人的情节。当晚电视节目播送完毕后，在场的领导同志和参加研制的同志互相握手致意，祝贺我国第一台电视机试制成功。长期彻夜不眠地进行攻关的技术人员和老工人，都从这一激动场面感受到了极大的欣慰，看到了半年多来付出的辛勤劳动换取的优异成果。大家都为自己能在研制成功我国第一台电视机的创业中贡献了自己最大的力量而自豪。

三

经过艰苦奋斗研制成功的第一台电视样机试验成功后，工厂立即组织全厂有关的研制和生产部门，乘胜前进，提出要在"五一"劳动节前

生产10台电视机向毛主席和党中央领导献礼。为此，厂领导向全厂职工发出了动员令，设计、生产、加工等有关部门数百人全力以赴，其余部门大开绿灯，只要是涉及赶制电视机任务的工作，都放在各项任务的首位，畅通无阻。战斗的号令一经发出，全厂职工怀着为国争光的激动心情积极投入到这场突击战斗中，领导亲临前线，实行工人、干部、技术人员三结合，昼夜不停地连续奋战了一个多月，终于在"五一"前夕赶制出我国第一批15台电视机。这些电视机的前脸都喷涂了金黄色，金光闪闪，电视机的前脸下方贴有献给毛主席和党中央领导的铭牌。

4月30日上午，我厂党委张珍书记和吴新厂长、施复言副总工程师和研制组的我及冯佩如等，携带着10台电视机来到中南海向毛主席及党中央领导人献礼。当时由谭震林副总理代表毛主席和党中央接待了我们。当我们念完贺词，把电视机献上后，谭震林同志代表毛主席和党中央感谢我厂工人阶级发愤图强，自力更生，研制成功我国第一台电视机，为国争了光，并鼓励我们再接再厉，为发展我国电视机工业继续努力。我们参加献礼的同志们为能代表广大职工以自己优异成绩向毛主席和党中央领导献礼而感到十分光荣和激动。回厂后大家纷纷表示今后要用更好的成绩来报答毛主席和党中央领导对我们工人阶级的关怀。

为了标志我国第一台电视机和全国第一家电视机生产厂的产品，国家特以首都"北京"的名字授给国营天津无线电厂的电视机产品，这就是"北京牌"电视机的来历，也是国营天津无线电厂的荣誉。这样，在天津诞生的"北京牌"电视机填补了我国电视工业的空白，开创了我国电视工业的发展史。我厂广大职工为我国电视工业的发展作出了贡献，也为天津市人民争了光。

（原载于《纵横》1994年第1期）

第一家中外合资饭店的建设

陈秀霞

我曾在美国大学获英文专业硕士学位，20世纪50年代初回国参加外交工作，还有幸参与我国第一家中外合资饭店——建国饭店的创建工作。

在改革开放思想指引下建造合资饭店

建造包括建国饭店等一批中外合资旅游饭店，正是在邓小平改革开放思想指引下进行的。

邓小平说："中国的发展离不开世界"，"关起门来搞建设不行。"他认为旅游业应先行一步，旅游事业大有文章可做。发展旅游可成为国际社会了解中国、走进中国、中国走向世界的捷径，可以引进外资创汇。在他的积极倡导下，中国向世界旅游者打开大门，海外旅游者蜂拥而至，单1978年全国旅游入境人数达180.9万人次，超过过去20年人数的总和，1979年又猛增到420.4万人次。

但打开旅游大门后，我国面临的突出困难是接待能力严重不足，特别是北京住房最为紧张，而外国旅游者来华，80%以上的人都要到北京，他们感觉如果不到北京等于没有到中国，而当时北京只有七家涉外饭店，5200张床位，实际达到接待标准的仅1000张左右，而且基础设施、服务态度、管理水平都与国外星级宾馆相距甚远。庞大的旅游大军

令北京的接待单位措手不及，许多外国客人一下飞机，不是立即安排住宿，而是被拉到景点去游览，晚上再到饭店。北京实在无处下榻，就把客人送到天津、南京、上海等地。

为解决旅游住房问题，除国家投资兴建和挖潜改造外，邓小平同志审时度势，提出要积极利用侨资、外资，建设一批具有国际水平的旅游饭店，加速发展旅游业。

1978年，中央指定谷牧、廖承志同志在北京京西宾馆主持召开各有关省、自治区、直辖市负责人会议，传达了邓小平同志关于"民航、旅游很值得搞""要以发展旅游为中心搞一个综合方案"，以及利用侨资外资建设旅游饭店、加快发展旅游业的指示精神，研究了具体落实措施。

为加强领导，国务院正式成立了以谷牧、陈慕华、廖承志为首的利用侨外资建设旅游饭店领导小组，成员有计委、建委、外交、轻工、商业、外贸、铁道、交通、民航、财政、人民银行等有关部门的负责人。1978年8月，在领导小组下设办公室（简称侨外资办），国家旅游总局局长卢绪章兼任主任，庄炎林副局长兼外资办常务副主任。办公室成员基本上是旅游总局的工作人员，下设谈判、会计、建筑设计、秘书等处，我被卢绪章点名任办公室谈判处处长。

这完全是一项崭新的工作，无先例、无参照，我对财务又是一窍不通，对法律也是外行。只好依靠领导的指导和同事的协助，边干边学，总算没有辜负组织上的重托，比较顺利地完成了任务。

消除疑虑，去争取胜利

侨外资办的工作十分兴旺，我们十分繁忙、紧张。当我国要利用侨外资建造旅游饭店的消息一传开，许多侨商、外商认为中国旅游资源丰富，旅游饭店建设很有前途，均蜂拥而至。一年之内，侨外资办就先后同许多国家和地区的120多家侨商、外商进行了广泛的接触和商谈。其中有泛美洲际饭店公司董事长、菲律宾的马科斯夫人和她带来的马尼拉饭店总经理、泰国一位总理推荐来的一家饭店总经理、英美的许多大饭店老板如美国"五月花"饭店等；侨商则有霍英东、罗新权、陶欣伯等。这些重要的客人主要由卢、庄接待；邓小平同志还亲自会见了泛美航空公司董事长西威尔和洲际饭店公司的客人，其他外商则由我接触和商谈。

长期的封闭半封闭状态导致因循成规的现象比较明显，对于利用外资建造旅游饭店，从一开始就有不同看法或存有疑虑，一时议论纷纷。侨外资办组织了多次会议，对旅游饭店的合作方式、建筑设计、材料装修、经营管理、偿还能力等进行研讨和论证，经过反复摸索和可行性分析，大家逐步认识到利用侨外资建造饭店，可以解决国内资金不足和材料设备紧缺，可以学习国外建造和经营饭店的先进技术和经验，提高管理素质。侨外资办据此整理了关于利用侨外资建造旅游饭店的一些情况和问题，印发给人大代表等，介绍进展、解释疑问、提供咨询，以争取支持，减少阻力。

我们的工作一直得到邓小平同志的关怀、指示和廖承志同志的直接领导。据庄炎林副主任说，是廖公介绍美籍华人陈宣远给我们的，他是建筑师兼饭店经营者，也是第一家合资饭店——建国饭店的合作者。

庄说，廖公告诉他：陈宣远早年在上海圣约翰中学读书，后来到美国定居，拥有饭店管理者和建筑师双重身份，在美国设计并建造过旅馆，也经营、管理过饭店，如今拥有美国加州旧金山、帕洛阿尔托、拉古纳、帕萨迪纳四家饭店和布法罗（水牛城）的希尔顿饭店；他还有一个建筑事务所，对饭店的建设、经营和管理都颇有经验。更重要的是，他有强烈的爱国思想和报国心，愿意为国家尽力。

廖公告诉庄炎林："宣远是我的远房表亲，他的为人我了解，他与我谈过在国内建饭店的事，举贤不避亲，当然，我只介绍，绝不插手，你们自己去谈。"

接着，我们联系上陈宣远并开始谈判。他为人坦率、友好。我留美

前，曾在上海圣约翰大学上过一年学，因病辍学，陈宣远就和我拉关系说，"我们是校友"。后来我到美国，曾到他在旧金山蒙哥马利街的建筑事务所看望，也曾到布法罗城的希尔顿饭店住过。他在谈判中把他儿子和一位美国律师叫来。庄副主任和他们主要谈大的原则和合作构想，在大原则、条件谈完后，我负责落实具体的合同，我请来两位我国的律师。这两位律师不懂英语，具体搞工作的会计师不懂英文，我只好边谈边当翻译。我不懂法律、财务，只好找来中英对照的法律、财务词汇，硬着头皮干。我暗自想，如果我还有来生，我一定学法律，当律师。

陈宣远真心诚意想为国家作贡献。当了解到在以往和其他对方谈判中，中方皆因有人怕吃亏而未谈成时，他毅然做出让步，说："我看这样，我们签订合资方案，要按能让国内多方面都能够接受的条件来办。我的目的只有一个，就是能尽快在北京办成中国第一家合资饭店。"

经过谈判，双方议定：双方合资2000万美元建设建国饭店，饭店共528间房间，其中中方占51%的股权，外方占49%的股权。双方合作10年，10年后，外方将所拥有的49%股权赠给中方，也就是说中方10年后完全拥有饭店。

同陈宣远同来的美国律师提出：按照美国法律，在国外投资是不能送的，白送就是违法，但可以有价转让，至于多少钱则没有规定，可以由业主双方商定。

经双方商量后，确定此合资饭店经营10年后，陈宣远所占有的49%的股份以1美元转给中方所有。因此就有了"1美元买一个饭店"的合同。这对中方十分有利，而且中方所出的1000万美元全部是低息贷款。香港上海汇丰银行等看好此工程，愿提供贷款，最后由该行在中国银行担保下提供了全部贷款。

接着，庄炎林签发了旅游总局呈送国务院的报告，就建造建国饭店的合作方式说明：由陈宣远负责筹集全部资金，分别作为双方贷款投资（中方占51%，外方占49%），共同合作建造经营，中方负责提供地皮、劳力和砂石料等（均计价收外汇），对方负责设计和进口材料、设备等。饭店建成后合营10年，总收入扣除支出和按期返本付息后，剩下的净得按照投资比例分配，合营期满，中方象征性地以1美元购得对方所有的股份，饭店全部归中方所有……

这样一个优惠方案，却遭到有些部门的反对，怀疑我方是否会赔本。国务院常务办公会议为此进行讨论，庄炎林列席。会议研究了庄炎林与陈宣远所做的可行性分析，以大量数据和事实，充分剖析建国饭店建设的利弊，弄清了建设建国饭店的必要性、可能性以及能为国家盈利的科学性、必然性。

庄炎林说："快则六七年，慢则八九年，建国饭店能够全部还本付息，还赚回一个饭店，只需花费1美元。"

报告上呈，在17位中央领导手中传阅批示，邓小平态度鲜明：要开展旅游就必须建造足够的上档次的旅游饭店。陈云、李先念签字同意。中共中央主席兼国务院总理华国锋一锤定音："建合资饭店我们没有经验，但可以试一试：搞好了，以后推广，搞不好，就此一个。"

1979年6月，经国务院批准的第一批引进侨外资的旅游饭店有北京建国饭店、长城饭店，以及和霍英东合作的广州白天鹅宾馆和陶欣伯合作的南京金陵饭店等六座共5000多间客房。

以北京市旅游局（副局长侯锡九代表）为一方，陈宣远为另一方签订合同，明确饭店的选地、拆迁、楼层、设计方案等。决定选在建国门外大街，这儿地处繁华，占地面积1万平方米，是理想的场地。当时碰到一个问题，即这块地的后面是外交部的宿舍楼，如饭店建高了就会挡住那些宿舍楼的阳光，只好在宿舍楼一方只建四层半楼房，以保证在全年白天最短的冬至那天，阳光能照到他们的一层窗户；在无宿舍的一边也只建九层高的楼房。为此，当时还请教过李瑞环同志。陈宣远的设计方案五易其稿，才最终敲定。

1980年6月20日，建国饭店动工兴建，1982年4月28日建成开业。由于它纳入美国假日经营管理系统，生意兴隆，所以头一年赚150多万美元，第二年400多万美元，第三年800多万美元，第四年1500万美元，仅

用了四年多时间就连本带息还清了汇丰银行的2000万美元贷款。10年后，建国饭店所创的利税等于赚了七八个建国饭店。

当然，我们和陈宣远的合作，是根据平等互利的原则，陈宣远从中也赚了不少钱。当年为了鼓励侨外资来我国，我们对建国饭店的税收采取"两免三减半"的规定。

根据1980年第五届全国人大第三次会议通过的《中华人民共和国中外合资经营企业所得税》第五条："合营企业的合营期在十年以上的，经企业申请，税务机关批准，从开始获利的年度起，第一年和第二年免征所得税，第三年至第五年减半征收所得税。"即"两免三减半"的税收规定。

1984年7月，经国务院批准，在全国推广建国饭店的经营管理方法，以改革我国饭店的管理工作。可以说建国饭店是中国旅游饭店的一面旗帜。在中国旅游饭店业的发展史上写下了光辉的篇章。

我于1980年5月被调回外交部，参加国际司主办的出席联合国讨论发展问题的特别联大代表团兼任新闻官。不久，我随丈夫陈辉赴世界银行工作至1983年回国。记得回京后，侯锡九副局长还邀请我去建国饭店参观，那精美的佳肴、一流的服务、优雅的楼厅使我又惊又喜。

接着，其他利用侨外资建造的旅游饭店如长城饭店、金陵饭店、白天鹅饭店等建成开业的喜讯相继传来。

（选自《大潮·口述："第一"的故事》，
中国文史出版社 2018 年 7 月版）

上海金融改革：新中国第一家证券交易所的成立及股权分置改革

张　宁　口述

陈　健　整理

就早期上海资本市场改革而言，我是参与者、操作者，而后期在一定层面上又是领导者。能够参与资本市场的这一系列改革，我觉得特别有意义。现将我亲历的改革决策的台前幕后略述一二，以飨读者。

参与筹建上海证券交易所

1985年，我到中国人民银行上海分行金融管理处工作，以后参与了柜台交易办法的制定，1986年上海诞生了7个证券交易柜台。1988年国债上市交易，国库券可以转让，全国有7个试点城市，上海包括在内。试点文件原文写的是"国库券转让"，但因转让的概念太宽泛，包括赠与、继承、抵押、还债等，而此次国库券就是为了交易买卖，用国际通行说法就是交易，因此我在上海的实施方案中改成"国库券交易"。后来柜台就演变成了现在的营业部，有了国债、企业债、股票交易，这为证券交易所的成立打下了基础。

上海证券交易所是改革开放的产物。1989年末，在一次市政府内部

研讨会上，中国人民银行上海分行第一任行长李祥瑞说："现在建立交易所是长远利益大于眼前利益，政治意义大于经济意义，社会效益大于经济效益。"1990年上半年，在浦东开发开放研讨会上宣布了要建立上海证券交易所的消息。甫一宣布，我就听见整个会场都炸开锅了，好多老外都在讨论。会议结束后，一位摩根史坦利的代表对我说，交易所是资本市场的最高组织形式，你们要建交易所，说明中国确实在改革开放。说实话，这对我震动挺大的。

1990年，时任中国人民银行上海市分行领导让我和分行金融行政管理处处长尉文渊一起去筹建交易所。尉文渊跟我的分工是：他管外面，负责找交易所场地、红马甲制作等；我负责内部，包括起草各种办法、章程。

起草上海证券交易所章程时，我查阅了很多国家的公司法、证券法以及交易所章程的介绍体例，也到上海市档案馆看了旧上海交易所章程和交易规则。

当时全球交易所几乎都是会员制，公司制很少。我看了公司法，上面指明公司的目的就是盈利，会员制的目的则是为会员服务的。最后，我提出上海证券交易所的制度还是会员制比较妥当，具体结合中国国情，我还写了交易所是"不以营利为目的的事业单位"。讨论时，大家说，不营利，那去喝西北风吗？我说，不以营利为目的，就是目的不应为营利，但并不代表不能营利。

会员管理办法相对好写一些，之前我已经写过一些券商管理规定。交易所交易规则是最难制定的。以前是柜台，采用自营或代理交易，但交易所的交易应该是竞价撮合交易，那么如何去写规则？不知道。我们先去找来香港的，拿来后看不懂，因为香港当时还没回归，中文翻译本是按照英文语法直译的，采用繁体字，英语文法、语句表述习惯都不同，很难理解。

我们到市档案馆找到了旧上海交易所交易规则，是20世纪30年代的，我担心都60年了还能不能适用。后来我们拿到台湾地区证券交易所的交易规则，我一看似曾相识，原来和旧上海交易所交易规则差不多。当时就明白了，现在还是可以用的，于是以此为蓝本作修改。其间，大家讨论激烈，每句话什么意思，每个人都有不同理解；哪些去掉、哪些保留，意见分歧很大。我想这么吵下去不行，于是提出，交易规则里面该加的要加，如为了社会主义建设、发展社会主义市场经济，该去掉的要去掉，如"买空""卖空"。因为那个时代，大家都看过电影《子夜》，知道买空卖空是要死人的。社会主义市场要稳定，不能出人命。此外，还有看不懂的、现在用不上的，就先留着，因为60年过去了，这些条款还放在里面，说明有用，否则早就拿掉了。所以，上海证券交易所的交易规则基本上把台湾地区证券交易所的交易规则搬了过来，而台湾地区证券交易所规则又出自于旧上海交易所。

市政府领导同志的法制意识非常强。在市政府一次会议上讨论成立证券交易所时，他提出要做的事，一是报国务院批准，二是要有法律依据，有自己的法规。即使放到现在来看，上海证券交易所成立也完全是合法合规的。

交易所的成立是有法律依据的。1988年，我执笔起草《上海证券交易管理办法》上报市政府法制办。1990年按市长要求，我们加了两章，一章是交易所，一章是协会，再报请市政府批准。1990年11月27日，时任市长签发市长令发布《上海证券交易管理办法》，并且于1990年12月1日生效。

上海证券交易所成立报批工作，具体由我执笔起草文件报市政府，市政府再起文报中国人民银行总行，总行研究并报国务院同意后，于1990年11月14日正式批复成立上海证券交易所。其间我有幸两上北京亲历了全套报批程序。全套报批程序走完后，上海证券交易所于11月26日召开成立会员大会。

上海证券交易所甫一设立就是全国性市场。但当时报国务院时，我得到消息说中国人民银行总行在给国务院的意见里，建议只吸收地方证券机构。于是我找时任中国人民银行副行长汇报，我说如果不吸收外地

会员就没有必要搞交易所了，现有的柜台联下网就可以了，搞交易所目的就是全国性的。副行长听后，让我再听听外地券商的意见。接着我找了浙江证券、中农信证券部负责同志，他们给出的意见都是没问题，"我们要进来"。于是我和两位老总到行长室和副行长当面讲。过了一天，行长室同意了，但说外地会员怎么进来是你们的事情，你们要想办法，绕道走也要把他们绕进来。由于当时还不允许券商在异地设机构，而机构金融许可证只有总行能批，于是我就想了个变通的办法。我当时采取的方式是，让外地机构以某某证券公司上海业务部、某某信托公司上海证券业务部的方式进来，这可以理解为公司的内部部门，不需要金融许可证。我和上海市工商局沟通研究，给这些外地业务部工商注册登记，最终可以以某某证券公司上海业务部的名义作为会员进入上海证券交易所。

1990年11月26日，上海证券交易所召开第一次会员大会时，共25家单位，多数是外地会员。会上选举理事，通过交易所章程、会员管理办法、交易规则等文件，并宣布上海证券交易所正式成立。12月19日，交易所正式开业。

上海证券交易所一开始就是采用电脑自动撮合交易。筹备时，我也不知道应该采用哪种方式，就根据在电视里看见的情况列出了四种交易方式：手写填单式（纽约交易所）、电脑交易（香港交易所）、打手势交易（东京交易所）、写黑板交易（旧上海交易所）。

正在讨论该采用哪种交易方式的时候，借到筹备组的上海财经大学老师谢玮（现任上交所副总经理）说，用电脑交易好了，只要告诉我交易的原则是什么，我给写个程序。我说，我看了些外国资料，知道交易原则是价格优先、时间优先、大宗优先。于是谢玮根据这三个原则，以最初的上海证券交易所挂牌交易的8只股票为基础，写了一个交易软件。我们就用这个软件进行电脑自动竞价撮合交易。后来才知道，我们比当时香港市场交易都先进，香港当时的电脑仅是场内报价系统。

后来还有老外问我，交易系统是哪个国家设计的，是德国的还是美国的？我就把上面的故事给老外说了，老外直夸这个故事好。上海证券交易所引进其他国家交易系统则是后面的事情了。

到交易所筹建即将完成、快开业时，中国人民银行上海分行领导找我谈话说，你和尉文渊两个人不能都去交易所。尉文渊去吧，你回来。就这样，我就回到中国人民银行上海分行，后面又负责做股票发行等工作。接着我转到了市证管办，最后进入了证券监管系统。

早期通过资本市场发行股票筹资必须
规避姓资姓社问题

在我的工作经历中，股权分置改革让我印象极为深刻。谈股权分置改革要先从股权怎么会分置的谈起。上海最早发行股票是在1984年，中国人民银行上海市分行在同年制定了《关于发行股票的暂行管理办法》，当时其实就是为了规范集资而制定的，很短，就八条。其中有一条规定，股息和分红两者合计，集体股不超过7.2％，个人股不超过15％。什么原因呢？因为当时银行的存款利息是不一样的，企业低，个人高，所以设计股权时，个人股和企业股收益就不一样。这时起就埋下了股权分置的伏笔（按照后面的《公司法》应同股同权）。

除了"小飞乐""豫园商城""电真空"等"老八股"是全流通股票，后面只要有股票发行都是股权分置的，包括民企，这是后来历史造成的。1987年，电真空作为第一家试行股份制的国有大中型企业上市。当时讨论了很长时间是否可以上市，以及国企上市后姓资还是姓社的问题。由于当时认为一定要保持社会主义公有制性质，讨论的结果是国有部分不能卖，这样还是国有控股公司，"姓社"的性质没有变，面向社会发行部分则可以卖。

在1992年左右，上海国资部门研究国资股是否也可以卖的问题，于是就把国企上海嘉丰股份有限公司作为试点。但因那时市场认为这是国

有股买卖也要放开的信号，所以股票一卖，股价马上大跌。最后中国人民银行和上海市政府讨论以后，上海市政府正式明确国有股未经批准不能卖，并正式开始了股权分置。后面一直到《公司法》出台，才开始讨论同股同权。

从当时环境来看，要通过资本市场发行股票筹资必须要规避掉姓资姓社问题，所以才出现股权分置，否则股票市场也不会有。早期的市场改革通常是在夹缝里走，在市场理论性不确定时进行。所以，股权分置不是没有原因的，要改革创新在当时环境下只能这样，是不得已而为之。

另外，1992年发行股票时，上海还出现过额度不够的情况，只能用法人股替代，但股权也是分开的。其实，当时设计的是可以流通，但后来也是出现影响股价问题，最后在1993年市政府决定不能流通。

后来随着经济发展，尽管上市公司市值变大了，但由于流通股占比小、供应不足，导致股票价格被炒得很高，市盈率一直比国际上高很多。

当时还有种讨论，提出应该解决长期困扰资本市场同股不同权的股权分置问题。股权分置改革就像达摩克利斯之剑，没有落地之前，股价就不敢涨。所以，在2004年左右，尽管经济不错，股市还是上不去，上证综指大概徘徊在1000点左右。股市这种情况使得推倒股市重来的舆论甚嚣尘上。从这方面来看，证监会作出股权分置改革这个决定非常不容易。

2003年初，时任上海市委研究室主任、市委副秘书长张广生给我打电话说："黄菊同志想搞些调研，你能不能找些人，了解下现在股票市场现状如何，什么原因造成的，有哪些解决办法。"

于是，我就找了上交所总经理朱从玖、海通证券董事长王开国、申银万国证券总裁冯国荣等四个人到证监局来，一起讨论股市状况、股权分置改革要不要改、如何改。当时，大家意见一致，一定要改革，尽量早改，长痛不如短痛。最后我们每人交了一篇七八页的稿子，由张广生同志整理了一份建议，交给黄菊同志带到中央去了。正是有了深入的调研，黄菊同志上任后就拍板将证监会上报国务院的股权分置改革方案上了国务院常务会讨论并且通过。2005年4月底，证监会发布《关于上市公司股权分置改革试点有关问题的通知》，正式启动股权分置改革。

股改最大的难点是决策

整个股权分置改革能够比较平稳地、在不太长时间内完成，和证监会出台的主要政策和配套政策是有很大关系的。例如证监会规定，上市公司如果不进行股权分置改革，增资、重组等很多事情都不批。

上海情况比别的地方更复杂，有发行H股或B股企业、有含外资股的、有含不能流通法人股的等各种特殊情况，做起来比较复杂，改革成功的关键是上面有很多后续政策支持，这是最大的改革动力。

上海第一家进行股权分置改革的企业是一家民营企业——紫江企业。他们很积极，想发展筹资，公司讨论确定了股改方案后就报到证监会。有一天，大概是周末，紫江企业实际控股人沈雯给我打电话说："在会里听到第一批试点企业只允许国有企业，不放民企，你能不能帮忙问一下？"

于是，我给当时在证监会里任秘书长的屠光绍打电话，问能不能也考虑下民企，屠光绍说：你们上海市政府是什么态度？我说我马上给常务副市长冯国勤打电话沟通。我跟冯副市长说，上海国企目前还没做好股权分置改革准备，只有这家民企做好准备了，能不能给会里表个态？冯副市长说没问题，这种改革的事情，上海第一批怎么能没有？我就把原话告诉了屠光绍。后来终于得到了会里的支持，上海这家民营企业如愿进入股改试点，成为第一批四家股改企业中唯一的一家民企。

在股改进程中，有两家公司股改过不去，主要是因为基金公司持股比例较大，如上海机场等，基金公司认为对价支付太低。于是我在局里提出"牵两手"：公司处负责推动上市公司出股改方案；机构一处负责

散户，动员营业部经理做散户投资者投票工作，机构二处（即基金处）负责大机构投资者，和基金公司商谈。当时华夏基金、广发基金等持有上海机场股票比例较高，他们认为对价较低及有同业竞争等问题，准备对股改方案投反对票。于是我出面给华夏基金总经理范勇宏、广发基金叶总等逐一打电话，询问能否支持股改工作、商谈条件，后来这几家大的基金公司都被说服，投了赞成票。

股改的时候，可以说是全局动员，各处室人员不分白天黑夜地做工作。在较短的时间里，我们完成了上海136家企业的股改工作。

还有件事情是，浦发银行在股改前，要单方增资引入花旗银行作为战略投资者。在征询我的意见时，我说如果是老股东存量转让我不管，但如果是新股东增发新股则不行。浦发银行IPO时是每股10元，即每股有9元的股东权益，现在卖给花旗银行每股5元，那意味着每股就只有4元的股东权益，股东权益是全体股东均分的，这就稀释了原来股东特别是中小股东的权益。我说我不同意，证监会也不会同意的，必须先股改，再考虑引入战略投资者这个事情。而且，据我了解，战略投资者进来一般应是高于市场价格的，进来后还有锁定期。当时浦发银行没有股改，股价不是市场价格，等股改以后，股价才能真正体现出市场价格。

为了这事，我找冯副市长说，引入花旗银行后，浦发银行第一大股东可不是你们了。引入后，花旗银行占19%的股份，按单一持有股份的大股东来看，花旗银行是最大的。以后浦发银行有什么事情我不找你了，找花旗那边了。我又把有关情况说了一遍。最后，我建议浦发银行先集中国有股权并股改，等股改完成，真正的市场价格出来后，再引入战略投资者。他听后同意了。

后来，股改后浦发银行股价上涨，花旗银行因为价格过高没有再选择进来。一年后，浦发银行引入中国移动作为战略投资者，条件是，每股价格20元，锁定期3年。而引入中国移动，既维护了老（中小）股东权益，又对浦发银行的业务有帮助，在网上手机银行业务等方面开始了合作。

总体来看，股改是从上到下的共识，推进还是顺利的。我感觉股改最难的是决策，当时股市是1000点左右，万一股改后，股市跌到800点、600点，甚至崩盘了怎么办？所以，做这个决策是要有胆魄的。但我的观点是，股改问题解决以后，市场会好起来的。20世纪90年代初，上海嘉丰股份有限公司的国有股流通，造成市场大跌是因为突然放出大量股票，也没有考虑市场供需变化对其他投资者的影响等，市场没有准备。所以造成市场供求均衡点向下走，股价下跌。股改后市场向好，一个重要原因是当时设计股改方案时，采用了对价方式补偿其他投资者。

每家公司股改方案的决定权最终取决于投资者。支付对价方面，第一批股改企业拿出了10%—30%的股权，不然中小股东不给通过。后来，还推出认购权证和认沽权证。上海宝钢首先拿出权证作为支付对价，国有股对价支付的就少了。股改前，股市行情低迷，再不决策，市场会迷失方向；而股改这柄"达摩克利斯之剑"落地后，股市相当于利空出尽，自然就涨上去了。

电真空进口设备需要外汇引发的B股设立

B股设立是上海证券交易所成立后的事情，起因是上市公司电真空当时的需求。企业说要进口设备需要外汇，于是研究是用债券还是股票筹集外资。债券需要还款并在外债额度内经国家外汇管理局（下称"外管局"）批准；股票可以筹集长期资金且成本低。研究后，觉得股票比较好。

我当时在中国人民银行金管处任副处长，负责管市场。外管局也派人来一起研究B股的事情。后来我和当时上海外管局的阎小庆一起飞到北京向中国人民银行总行金管司和外管局汇报，讲明股票和债券的不同：发债需要还外债，发股票不用还，不用纳入外债管理规模。此外，讲明用人民币计价与外币计价的不同。总体来看，后者外汇管制相对容易。外管局经过了解便同意了。

发行B股还有个好处，外汇汇兑风险不在中方。当时A股还有发行额度限制，上海只有1亿元人民币额度，所以研究设立B股，以解决企业需要外汇的问题。考虑到同股价值应相等，因此将B股设计成以人民币计算股权、用美元结算价格，并把名称定为人民币特种股票。最后，国务院同意在浦东开发开放政策中给予上海发行1亿美元B股的额度。由申银证券提出来，为电真空股份公司发行B股，筹集外汇。中国人民银行、外管局原则同意后，我们就搞了《上海市人民币特种股票管理办法》，报人民银行总行和上海市政府，由中国人民银行和上海市政府于1991年11月22日联合发布。后来，中国人民银行上海市分行据此制定了《上海市人民币特种股票管理办法实施细则》。

（原载于《纵横》2019 年第 4 期）

深圳证券交易所的诞生

禹国刚

在中国改革开放的前沿——深圳经济特区，深圳证券交易所悄然诞生，借改革开放的春风，迅速茁壮成长为全国两大证券市场之一，取得令世人瞩目的成就，并深深地影响了中国的经济生活。

关心和支持中国证券市场的人们回首评估深圳证券交易所几百家上市公司给中国国企改革和国民经济增长所带来的推动效应时，渴望了解深圳证券交易所的发展轨迹。深圳证券交易所究竟是怎样创建的？正式创立之前，深圳证券交易是从成立股份公司和分散柜台交易起步，柜台交易与黑市交易并存，经历了集中交易——整顿股市——铲除黑市——向中央报批、创建规范运作的证券交易所的艰辛过程。

新中国第一只金融股

说起深圳证券市场的起步，最先应追溯到1986年。当时，一些企业根据《深圳经济特区国营企业股份制试点的暂行规定》，进行了股份制改造，其中多家企业还发行了股票。1987年，深圳发展银行发行了股票。1988年4月1日，该股票在深圳也是全国最早成立的特区证券公司的柜台上交易了。接着，市国投证券部和市中行证券部相继开业。万科、金田、安达、原野（世纪星源的前身）等也陆续发行了股票，并上柜交易。深圳证券市场的雏形已形成。

股票市场的发展，离不开股份制企业的发展。早在建立特区之初，深圳就建立了多种形式的股份制企业。1982年，深圳宝安恢复县级建制，新县城的建设急需建设资金，而政府财力有限，于是搞股份制企业的想法就提出了。1983年7月，宝安县联合投资公司以县财政为担保，首期集资1300万元，其中国家股200万元，法人股160万元，个人股940万元。发行股票时，在《深圳特区报》刊登《招股公告》，股东遍及全国20多个省份及港澳地区。参照股份制企业的运作方式，建立了董事会、股东大会制度，印制了股金证、股东手册。每年根据经营情况分红派息。尽管这种股票不是真正意义上的股票，但它无疑是股份制企业的萌芽。1991年6月25日，"宝安"公司经营规范之后在深圳证券交易所挂牌上市，成为深交所第6家上市公司。

深圳特区股份制企业主要有以下几种形式：1.中外合资股份有限公司；2.内联股份有限公司；3.特区几家企业合股建立的股份有限公司；4.国营企业股份制改造的股份有限公司；5.私营股份公司（包括民间科技企业）；6.新组建的公开发行股票募集股份的股份有限公司。

1985年8月中旬，李灏冒着如火的骄阳，踏上了鹏城热土，上任深圳市长。李灏（国务院常务副秘书长、党组副书记），长期在中央从事经济工作，了解全国乃至世界的经济形势。1978年他随谷牧等考察欧洲五国后，几乎年年南下粤闽，年年参加召开经济特区工作会议，年年参与起草新文件。到深圳特区领导深层次的改革，李灏有特殊的优势。自1953年从广东调到北京后，李灏先后任职于国家计委、国家经委、中央机关，一下放到一个"大基层"去，对他来讲，不能说不是一个大的转变，尤其是在特区面临许多困难，遭受许多非议的当口上，能否完成托付的任务，感到无把握，思想上顾虑比较多。他的第一个反应是，这项任务最好找比他更合适的同志去。李灏就问："这事定了吗？"当他得知已经基本定了时，作为国务院常务副秘书长，已有36年党龄的老党员，还有什么好说的呢？不久，中共中央发出通知，李灏作为广东省副省长候选人派到广东深圳特区工作。随即，广东省任命李灏为深圳市市长。这年9月，在广东省第六次人大会上，李灏被选为广东省副省长。1986年上半年，深圳市领导班子作进一步调整：梁湘任中共广东省顾问委员会副主任，免去其深圳市委书记职务；李灏任中共深圳市委书记兼深圳市市长。深圳新官李灏面临着如何筹集特区巨额的建设资金问题。

1986年，国家财政困难，银根紧缩，国营企业要有发展就要有较多的资金投入，因此，股份制正式提上议事日程。1986年10月，深圳市政府颁布了《深圳经济特区国营企业股份制试点的暂行规定》，并选定了10家国营企业作股份制的试点。到1991年底，深圳共有规范化的股份有限公司136家。

首先出台的是深圳发展银行。1987年3月，深圳市政府决定筹建一家股份制的信用银行，在原有农村信用社的基础上改制而成。5月，向社会公开发行股票，因当时社会对股票缺乏认识，认为既不能退股又不能还本，也没有市场转让，因此认购并不踊跃，尽管有市领导本着对新生事物的支持而带头认购，也仅完成计划79.5万股的49.9%，实际发行39.65万股，实收股金793万元。1987年12月28日，深圳发展银行成立，第一次股东大会召开。

深圳发展银行以三项首创性改革引起关注：它是中国第一家允许个人入股的银行；是首家公开挂牌上市的金融机构；是第一家发行外汇优先股的银行。组建这家银行，首要任务就是改造老信用社的股份组织。因此，上任后的发展银行领导班子（刘自强任董事长，王建任主持工作的副行长，杨卫东任副行长）第一个任务就是设计新银行的组织架构，发行股票。由于当时中国人民银行不同意把规模搞得太大，深圳信用银行才由特区内20个信用社缩编为特区内6个信用社组成，同时更名为深圳发展银行。

尽管当时是按国际惯例组建的真正意义上的股份制银行，但鉴于法律、规章不健全，因此，发展银行初建时是在特殊环境下组建的。章程修改已定，凡投资100股（每股面值20元，经折股，每股面值1元，原100股变成为2000股）以上者便可参加股东大会；股东大会推选董事，

董事会推举董事长，任命总经理。尽管股份制有很多好处，但深圳发展银行股票在发行之时，居然是步履艰难。知道什么是股票的老年人，马上就会想到万恶的旧社会，赌博、跳楼、倾家荡产……一个个恐怖的词汇在脑际掠过，不禁从头到脚生出一层鸡皮疙瘩。不知道什么是股票的人，总把它与国库券等而视之。于是那一张张五彩缤纷的股票居然像被遗弃的婴儿一样，无人认购。本来发展银行计划筹集1000万元，作为企业的周转资金。工作先从企业内部起步，动员全体员工购买股票，但无论如何企业内部也无法消化这1000万元股票。

东方不亮，西方亮，总得想出应急之策。万般无奈，发展银行的老板们只好派出人马四处游说，推销股票。股票是股份制企业的万事之始。那五彩缤纷、光彩照人的股票如果推销不出去，就无异于一堆废纸。更何况没有资金，银行谈何运行？城市居民见了那花里胡哨的小纸片，头摇得像个拨浪鼓："又是集资，国库券已经买了不少了！"有的人面对股票推销人员，脸上只是掠过一丝不冷不热的微笑，心里却在说："我还不想倾家荡产，跳楼，上吊！"

股票价格的魔力

经历了千辛万苦，发展银行毕竟起步了。这更增添了深圳市委一班人的信心。事实明摆着，两种体制两重天，发展银行的效益翻跟斗往上蹿，这还不能证明股份制改革是极为必要的吗？虽还不敢说发展银行的工作尽善尽美，但毕竟是开了一个好头。当发展银行完成扩股之后，市委又陆续批准了万科、金田、安达、原野等五家上柜交易公司。

在不知不觉中，股票成了深圳最紧俏的商品，其热度之高，不亚于当年人们抢购彩电、冰箱。股票的价格也在骤然之间，像脱缰的野马狂奔起来。

深圳股市自1988年4月第一只股票上柜交易，到1990年12月10日深圳证券交易所开始集中交易前，股市走势大致经历了以下几个阶段。

一、1988年4月至1988年底人们对股市心存疑虑，股价徘徊阶段

1986年10月，市政府颁布《深圳经济特区国营企业股份制试点的暂行规定》后，全市开始了股份制改革工作。但是由于股票对普通公众来说比较陌生，人们对股票的投资意识相当淡漠，许多人也担心一旦投资股票而没有运转的交易机构，就会缺乏变现能力。1987年5月正式批准发展银行公开发行1000万股票，但由于人们对股票不认识，推销工作十分困难，虽然发展银行发动全体员工四处兜售，请领导带头，也没有完成发行计划。首期发行仅筹到793万元人民币。1985年9月27日成立了特区证券公司，中国人民银行总行批准深圳国库券转让试点，国库券买卖业务十分活跃，而此间股票价格一直与发行价格保持一致，直到1988年4月股票上柜交易，公开转让，依然有行无市。由于多数投资者仍属于尝试性的买卖，整个交投不活跃。同年7月、8月后，行情略有好转，深发展在20—22元徘徊，年成交量仅400多万。

二、1989年初至1990年2月的温和攀升阶段

股价虽然稳定，但深圳的股份制发展却没有停步，在积极宣传引导下，深圳于1988年12月和1989年2月，先后又批准了万科、金田股票发行上柜交易。股份制确实创造了巨大的效益，此前，发展银行迅猛发展，经济效益十分显著，仅1988年一年利润就为其创建时的3倍。高额的分红派息送红股远远高于银行利息，更超过了人们的预期回报。因此，股票交易开始活跃，公众投资意识增强。发展银行股票带动了相当一部分公众投资万科、金田股票。投资主体开始多元化。这一时期，已有上柜公司3家，证券商3家。1989年全年成交量达3253万元。1990年仅1月、2月分别上升到495万元和920万元。股份制企业突出的经营业绩以及高分红，股价一路上升，市盈率不断升高，成交量也由过去每日5万、10万上升至每日成交几十万、上百万元，市盈率已达1—2倍。

三、1990年2月至5月的狂热暴涨阶段

自1990年2月份以来，市场突然出现意想不到的狂热。公众投资意识突然增强，市场供不应求，交易异常活跃。成交量5月份已达1.1亿元，6月份骤增至2亿多元。3月10日，深圳发展银行开始派发1989年股息，每股派付现金5角，另按2送1派红股，按10配1向老股东配售171.358万股，新股以每股价格3.56元溢价发售。老股拆细，每股面值20元的普通股，拆为每股面值1元，即变为20股。先前被视为"疯子""傻子"的人们，现在都成了十几万、几十万元的富翁。深圳人惊醒了，当初没买股票或者过早抛出者，此时是捶胸顿足，后悔失去了发财的机会。

黑市交易猖獗

深圳的红荔路，再也无法安睡，股票的诱惑力真是无法抗拒，人们在"老三家"证券部里的"白市"里买不到"老五家"股票，在荔枝公园北面园岭小区特区证券部周围便自发形成了"黑市"，而且越是晚上交易越热闹。当时深圳的一景就是：月光下，一边是股票黑市交易；一边是宣传车的高音喇叭告诫人们：小心受骗，不要参与股票黑市交易。

据统计，发展银行派息情况如下：1987年，普通股每股派息2元；1988年，普通股每股派息7元，优先股每股派息12.25港元。万科股份有限公司于1988年11月首先在企业内部发行股票，将公司净资产13246680元拆成股份，票值为元。1989年2月，金田公司面向社会发售股票，面值为10元/股。当年年红股，10股送1股，即每股送1元红股，股民只几个月的时间，就可使100元，变成了110元，这可比存银行的利率高出几十倍。到这年岁末，每股又派息2元。如果按这样的速度，光靠工资过日子的市民们，只要买股票，一年下来，将会收入可观的一笔。于是，观望者们再也没有耐性，纷纷入市，红荔路成了整个深圳人的生活中心，各路股民的集结地。当然，蓄存股票，靠送股分红是条生财之道，但这样的价格一下子像产生了极大的磁力，魔幻般地吸引着人们。金田股票在发售时，一家家证券部的门口，通宵达旦地出现了一条条"长龙"。原计划发行100万股金田股票，5天内全部售完，最后应股民要求，又增发了70万股。于是银行存款纷纷流向股市，不知不觉之中，红荔路已不再是深圳人特有的地盘。"深圳的股市能赚钱！"消息像无线电波似的以深圳为圆心，向全国各地扩散。东莞银行突然发现几天之内储蓄存款少了很多，而深圳红荔路却多了一批东莞的股民。广州的靓仔靓女携款东进，住进旅馆，专职炒股。北京几个青年合股，凑了2000元，派代表前来深圳，要加入股民大军。

从1990年5月起，各路英雄云集深圳，在股票市场大展拳脚。中国的聚宝盆太少了——960万平方公里只有深圳和上海两地才有。各路英雄带来了数以亿计的人民币，信誓旦旦地投入这个聚宝盆，渴望让它繁衍增值。深圳这个弹丸之地，被汇入的各地人马，挤得透不过气来。身处地利人和的深圳人哪里还坐得住，入市的呼声此起彼伏。人们随处都可以看见一些人大叠大叠数钞票的景象。股票，让人莫测的怪物，就是那么一张小小的花纸片，能够使一个一辈子清贫的人一夜之间成了富翁。股票价格的魔力，好似万花筒，变化多端。于是深圳人像被股票套上了"龙头"。随着股份的直线上升，脚步自然加快了节奏，大有人去楼空之势。各个证券部的门前排起了长龙，"老五家"上柜交易的股票被抢购一空，"春种一粒粟，秋收万颗子"，谁不期待有一个好收成。

股市如脱缰的野马不断上扬。场外"黑市"非法交易愈演愈烈。场内"白市"透明度很差，内幕交易时有发生，投资者很难从证券经营机构及时准确地获取成交量值市场信息，股东和投资者的利润难以得到保障。有的证券从业人员假公济私，利用工作之便个人吃差价、拿回扣、中饱私囊。各家证券经营机构信息传递困难，尚未形成统一的市场价格，降低了市场效率。不正常的股市引起了市委、市政府的高度重视。

5月23日，市委书记李灏对深圳市企业股份制改革作批示说："把

此项工作搞得稳妥一点，不宜搞得过快、过急，面铺得太大会造成失控，重要的国营企业必须国家控股，对证券交易工作要健全法规。"市政府多次召开会议，研究股市管理和操作中的问题，针锋相对地采取了一系列措施。诸如：税收政策、涨跌停板制度、柜台交易原则、单位购股办法等多项措施。政府果断的应急措施出台，市场过热现象得到了缓解。但是严格的涨跌停板制度与供求矛盾大相径庭。一方面是每天10%的上限顶格上涨，每日证券商门口门庭若市，股民们几天几夜地排队，如饥似渴地盼望按牌价买上几股；另一方面，股民们的黑市交易以更加隐蔽的方式进行，而且愈演愈烈。一般而言，黑市价格均高出牌价10—65元不等，"老五家"股票市盈率均超过30倍，有的股票市盈率已跃升至近百倍。一支黑市经纪队伍应运而生。

1990年的中国股市尚处于初创阶段，股票数量少而投资者众，供需严重失衡；营业网点较少，交割手段比较落后，效率低；非法场外交易盛行，这是股市过热的主要原因。这期间，许多证券部只见人而无股票可售，排队的长龙昼夜无眠、人声鼎沸、通宵达旦，提前几天排队已不是新闻。在红岭路中国银行证券部出现了另一种新情况。由于出卖股票数量少，而购股票者众，只好按排队顺序依次购买，因此出现三更半夜轮流等候的，席地而卧，靠墙而眠的……不知从什么时候起，又是谁规定的，说是门口左边第一条柱为头号，于是出现了争"龙头"的现象，人群蜂拥往前挤的，中间插队的，护"龙头"的，死命抱住"龙头"的，吵吵闹闹。人们求股票若渴，因此是"八仙过海，各显神通"。于是有门路的去找门路；无门路的去挖门路；无路可走的便挤到了场外——黑市交易。于是各路英雄应运而生，什么炒股专业户、排队专业户、"黄牛"霸市、内幕交易，不一而足。

5月的深圳刚入夏，可是深圳炒股热比盛夏还要热气腾腾。位于红荔路的证券公司由于面积小，股民们为了争买股票，把小小的证券公司挤得水泄不通。熙熙攘攘，汗流浃背，有个别人被挤得上气不接下气，昏倒在地……证券公司四周人头攒动，三五成群，夜以继日，热闹非凡。于是"黄牛"一族应运而生。在五六月股票旺市时期，只要买主愿意给"黄牛"五六十块或一二百块钱，那些"黄牛"就会不辞辛劳，甘流一身汗，啃面包，喝饮料，长时间为雇主排队等候，或在人群中穿梭，为雇主买到一笔股票。而到后来，那些"黄牛"一族变成排队专业户，而且不再满足排队的百八十元，居然出售号码"欺行霸市"。

为了平抑1990年上半年深圳股市的过热现象，深圳市政府于1990年5月底开始出台了几个重要措施，其中一项是中国人民银行深圳特区分行连续三次推出股票限价政策。6月26日的限价政策为：每天委托升幅不得超过上一日收市价的1%，降幅可达上一日收市价的5%。

在"黑市交易"尚未受到有效遏止和实施股票限价政策之下，深圳合法柜台交易在一段时间内变得异常清淡，许多证券经营机构无事可做。资料显示：当时的五种股票经常没有成交，自7月25日至8月5日间，"深原野"在国投证券部没有任何成交。7月中旬，证券公司、中行证券部与国投证券部三家的日均成交总额只有388万元；7月下旬，三家的日均成交总额才150万元；8月上旬，三家证券经营机构的日均成交总额仅110.48万元，甚至出现了有价无量的空涨局面。

为了方便股民买卖股票，证券交易点由几家扩大到12家。各证券部也迁移到宽阔的地方办公，从某种程度上讲是缓解了过去那种挤迫情况。但与此同时，又为另一些家庭提供了机会——炒股专业户。这些家庭更是了不得，创业之初也是启齿羞涩，靠的是自行车、单干，在几家证券部来回跑上一圈，为的是"价比三家"，各证券部总有差价存在。甲处9.8万元进一笔，然后乙地10万元抛出，一趟便可净落2000元，一趟如此，若一天五趟下来，那还得了。

不过这对炒股专业户来说，也是初级阶段。这样干的效率低，不符合"时间就是金钱，效率就是生命"的宗旨。进入20世纪90年代炒股专业户们已不再是身骑脚踏车，一个人跑单帮了，如今是鸟枪换炮，今非昔比。几个人打联手，装备精良。摩托车、小汽车一应俱全。腰挎步话机，神气十足，几个人分头把关。各个证券公司都有自己的人"常

驻"，随时通报行情。一声买进或卖出，摩托车、小汽车便一路冒着烟飞驰到指定的证券部，于是"不尽钞票滚滚来"！

但是无意之中，步话机有一天突然接到了交通岗的呼号，炒股专业户们为之怅然，你能听到交通岗的呼叫，那么人家当然可以听到你的呼叫。这是炒股票，保密情报重要，得改进装备，科技早已发达到无止境的地步了，只要你想改装还不是举手之劳。于是步话机改成了无线移动式电话。香港时髦地称为"大哥大"。至于为什么将移动式电话称为"大哥大"真是不得而知，但有一点很清楚，这里电话开户费就是2万多元，而且是"双收费"，也就是打出或是打进都要收费，而且每分钟据说就得收费0.5元，几笔费用合在一起，对常人来说，只能是瞠目结舌。"炒股专业户们"早已是腰缠万贯，这一点投资不过是九牛之一毛。"炒爷"们买进抛出，如此便利，绝非是从证券部购进。因为虽然已有大小12家证券部，但是"买股票难，难于上青天"，证券部也经常是无货可售。于是人们的眼睛纷纷转向场外交易，于是黑市交易便成了举世瞩目的一朵娇花。因为是娇花，身价自然要高，高得让人眼花缭乱。黑市价格往往要比证券公司的挂牌价格高出一倍，甚至更高。按照6月底发展股票的市价为24元，而到了黑市则变成了48元、52元，可是这种价格居然还有人在那里交易。更有甚者，许多新股民本来就是高价位入市，可还没入白市便进了黑市。据有关资料记载：一位妇女曾以290元/股的价格买进100股。这个价格足令人目瞪口呆了，当笔者见到这个数字时都有些手脚冰凉，脊背涌汗，阴森的气氛笼罩全身。然而令人惊奇的是，几天以后，黑市价格居然高到320元/股。有人说现在买股票犹如玩传火盆游戏，鼓声一停，火盆传到谁手上谁就遭殃。与此同时，一些未经批准发行的股份公司瞅准人们求股心切而又"股不应求"这一时机，擅自在社会上招股集资，自印股票，自办交易市场，自办过户……深圳好像有点"乱"了。

整治股市和筹备建立交易所

1990年，深圳资本市场的发展还仅仅处于初级阶段，无论是市场规模、市场功能，还是市场管理等各方面，都远远不能适应特区经济发展的需要。进一步加强对资本市场的研究和领导，加快其发展步伐，已显得格外必要。

一、调整资本市场领导小组

深圳资本市场领导小组及其下属的专家小组、顾问小组自1988年11月成立以来，有领导、有步骤地推动了深圳资本市场的发展。1989年11月，市政府决定尽快筹建深圳证券交易所。为了使市资本市场建设的各项工作更好地协调配合，市政府调整了市资本市场领导小组的成员。

（一）领导小组。小组职能：（1）在市政府领导下，领导和推动深圳资本市场筹建和发展的有关工作。（2）领导专家小组研究、制定发展深圳资本市场的有关政策、法规及工作计划等，并对实施情况进行检查和指导。（3）审议和批准专家小组和顾问小组的建议和报告。（4）定期或不定期向市政府报告资本市场发展情况，提出建议和对策。

（二）专家小组。小组职能：（1）按照领导小组要求，做好深圳资本市场有关政策、法规及工作计划等起草和修改工作。（2）加强调查研究，及时向领导小组反馈资本市场发展中的信息，并提出改进意见。（3）参与企业股份制改造方案的拟定工作。（4）负责有关人员的技术培训工作。

（三）顾问小组（香港新鸿基有限公司）。小组职能：（1）向领导提供有关政策、法规和方案的咨询意见。（2）向专家小组提供咨询，并协助其准备有关方案及健全制度。（3）在必要时参与专家小组的一些具体工作。（4）协助专家小组，培训深圳资本市场管理及运作人员。

经过探索与实践，深圳证券市场取得了一些实质性进展。其主要标志：（1）发行市场已具有一定规模。到1990年9月为止，深圳特区仅股票发行总额已达2.7亿元，包括其他各类证券，总额不下4亿—5亿元。（2）证券转让日益活跃。1989年仅国库券和金融债券买卖累计成交8117万元。1990年，股票上市量和交易量日益增加，继发展银行股票之后，又推出金田、万科、原野、安达股，日交易量从5万元、10万元直升到几十万元、几百万元、上千万元。随着发行量的增长，交易量将会相应扩大。（3）如果仅就以股票形式出现的股份有限公司而言，那时共有83家。其中13家属于企业股份制改造，70家属于新建股份公司。就其注册资本而言，83家中1000万元以上的为6家，300万元以上的为21家，300万元以下的为62家。其中国有资产参股41家，纯私营参股四家。已经公开发行上柜交易的五家公司总市值近50亿元。另有不少企业已在申请公开发行、上柜交易。（4）继"老三家"证券部（特区证券公司、国投证券部、中行证券部）相继开业之后，深圳已有12家公司正式经营证券业务。（5）出席1989年4月14日深圳资本市场领导小组、专家小组、顾问小组联席会议的深港人士一致认为，发展深圳资本市场是十分必要的，有利条件很多。

当时的工作重点是考虑筹组深圳证券交易所，实现"三公"（公开、公平、公正）交易原则，通过股市更有效地吸引珠江三角洲和其他地区的资金以及外资，搞得好的话，极可能使深圳成为珠江三角洲地区的商业和金融中心，带动深圳经济向新的高度发展。为此，市政府加快了证券市场建设的步伐。

在市资本市场领导小组的指挥下，专家小组集中力量，突击借鉴和移植较成功的国际证券市场上的《证券法》《公司法》《投资者保护条例》等法律条例，并草拟成特区证券市场相关的法规草案及市资本市场领导小组《关于筹建深圳证券交易所的请示》，于1989年9月8日提供市政府研究。

二、整治深圳股市

1990年5月，股票热像锅炉的过热蒸汽在深圳升温，四下蔓延。人们被这热浪牵动着，随着温度的上升，多数人感到一种漂浮，像吸入了几许海洛因，梦想着一夜之间像阿里巴巴一样，独占整整一个山洞的金银财宝。然而股市的变化真是难以预测，幸好，至少当时还没有看见股市有什么风险。人们只有一个念头，买！赚钱！市政府再三忠告市民：股票投资风险自担，入市抉择须小心慎重。人民银行深圳分行再三强令采取限制措施，却无济于事，人们还在狂热地炒着股票。中外记者整天泡在狂热的股市上，将撰写出的此情此景，通过内参、报纸等媒介，很快传遍全国，引起广泛的关注。有的说要关掉股市，有的说调查研究后再解决，各种调研、寻访者也就频频而来。这是关系到股市试验能否继续进行的生死攸关的大事，此时已是决定股市幼苗命运的重要时刻。若治理办法得当，则幼苗可救；若治理不得法，则幼苗会随时夭折。

要使市场规范运作，必须从根本上铲除"黑市"交易。如何从根本上铲除"黑市"交易，使市场规范运作？所谓"黑市"交易，是指不符合证券交易管理规定的场外非法交易，在深圳证券交易所成立之前，这种交易是在合法柜台交易之外进行的交易。

自1990年上半年始，深圳市场的"黑市"交易，即开始显山露水，5月28日，深圳市政府发出《关于加强证券市场管理、取缔场外非法交易的通告》，但人们受趋利心理的影响而屡禁不止。到10月份后，这种非法交易渐渐猖獗起来，交易价格为少数人所操纵，远远高于合法柜台交易的价格。"黑市"交易是一种违反"三公"原则的不法行为，它严重损害了广大投资者的利益，扰乱了证券市场的秩序，并导致了一些不幸事件的发生。

为了彻底肃清"黑市"交易，深圳市有关管理部门出台了一系列措施：11月11日，《深圳特区报》刊文告诫投资者增加风险意识；11月12日，市工商局发布《关于维护我市证券交易市场秩序的通告》，坚决

取缔场外非法交易，而深圳证券交易所的开业为杜绝"黑市"交易起了根本性的作用。取缔黑市交易的重要措施就是尽快建立证券交易正规市场。深圳证券交易所已筹备很长一段时间了，进行交易所集中交易的一切准备工作都已就绪，然而由于种种原因，一直未能开业。

1990年11月21日，市政府出台的治理措施包括：（1）坚决查处非法发行的股票；（2）坚持取缔场外非法交易和一些人内外勾结，搞包过户黑市交易；（3）调整涨跌停板每日幅度，涨幅从1%调至0.5%，跌幅仍为5%。在所有措施中，最紧迫的是把深圳证券交易所尽快建立起来，正式开展集中交易业务。

早在1988年5月，当时的深圳市委书记、市长李灏同志率团赴英、法、意三国进行考察时，在伦敦举行过一次有金融界人士参加的座谈会，主题是吸引外商投资问题。欧洲的许多互惠基金及单位信托基金的经理参加了这次座谈会，他们向李灏介绍欧美国家各种基金的数额很大，愿意向中国特别是深圳等沿海城市投资，但是基金的投资方式主要是股票、债券，一般不直接投资于实业。所以，在他们这些投资基金的投资组合中，股票、债券占了相当大的比例。他们建议中国应尽快建立规范的证券交易机构，为他们提供进入中国证券市场的投资场所。从利用外资的角度看，建立起证券交易机构，可以在证券市场上源源不断地筹得发展资金。从深圳特区的实际出发，要利用政策优势，创建资本市场，通过这个市场，使企业筹得更多的资金，转换企业运行机制，调整特区产业结构，提高经济效益。现代证券市场的特点是：交易量十分巨大，金融创新不断涌现，证券市场具有"风险定价"的功能，从而指导新资本的积累和分配。因此，它对各国经济的发展都具有十分重要的意义。

从欧洲回到香港，李灏会见了香港新鸿基公司董事长冯永祥先生，谈了深圳要充分利用政策优势，创建按国际惯例运作的深圳证券市场的想法。冯先生向李灏介绍了现代证券市场的架构：股票、债券等有价证券属"特殊商品"；这种"特殊商品"要在"特殊商店"——"证券交易所"挂牌"集中交易";证券公司(或证券部)是"特殊售货员",在他们的柜台可以接受客户委托,然后通过他们派驻证券交易所的出市代表(红马甲),代客户买进或卖出股票。可见,搞股份制,实行市场经济,少不了按国际惯例运作的证券交易所。

这时,李灏同志深感特区这方面的专业人才不足。怎么办?李灏向冯永祥先生提出了三个请求:第一,聘请冯先生为深圳金融证券业顾问;第二,请新鸿基公司协助起草发展深圳证券市场的总体规划,包括组织架构和法规制订等;第三,帮助深圳培训金融证券方面的专业干部。

冯永祥一一答应了,而且立即付诸行动,在给市体改委参谋起草总体方案的同时,冯永祥派高级助手到深圳,从1988年6月到9月,连着办了四期培训班,传授金融证券方面的专业知识,讲解发展资本市场的基本理论。

市政府和市人行领导知道我几年前在日本专门学习过证券和证券交易,决定从此时起将我从市中行调出来,用我所长,集中精力,专门从事资本市场筹建的技术性工作,所以第一期培训班我也参加了。

按照李灏书记的初衷,是想把深圳的资本市场按照国际惯例搞起来,但1988年,全国仅深圳一地是作为全国的股市试点,这便立刻与国际惯例形成了矛盾。根据国际惯例,国家应有一个专门的对股市进行管理的机构——证券管理委员会。但是在当时我们国家没有一种全国性的股市气氛。1988年的深圳股市堪称是国家的独生子。因此,国家不可能专门为深圳一地组建一个证券委员会。所以,1988年11月,深圳市委、市政府决定建立"深圳资本市场领导小组",负责金融的副市长张鸿义担任这个机构的组长,下设两个小组:专家小组和顾问小组。

专家小组一开始由经济学博士汤学义、周道志和我负责。1989年春天,汤学义因去香港工作,市政府决定我任专家小组组长,周道志任副组长。我这个在日本学习证券的留学生,经过长期"学非所用"之后,总算可以显显身手了,我的使命是按领导小组的意见,先组织人马,翻

译香港的一套法律文件。然后，借鉴移植这些境外的法律法规，结合深圳特区实际，起草特区证券市场相应的法规草案，供市政府研究。从1988年11月成立深圳资本市场领导小组以米，专家小组一头扎进资料堆，一干就是四五个月。

这时，深圳资本市场领导小组还下设一个办公室，周道志任办公室主任。不论办公室，还是专家小组均是钱无一分，纸无一张。于是，最初我和周道志是在我家的大厅里办公，起草资本市场发展规划等。接着，我于1989年春天向中行借了一套家属宿舍和桌椅床铺及被褥等用品，我和周道志在这里办公。几个翻译海外《公司法》《证券法》等资料的研究生，既在这里办公，又在这里食宿。办公经费是市投资管理公司借给市资本市场领导小组办公室的20万元无息贷款。我们精打细算，事事节约，花钱不多，这20万元存在银行里还有点利息，到深圳证券交易所开始筹备时，这笔钱由我和周道志协商转至深交所筹备小组使用和负责偿还。专家小组的工作得到新鸿基公司的支持，他们说："你们译吧！译完后给我们一套汉字法规。"

深圳人的大胆举动，颇得海外同人的赞誉。5个月过去了，《香港证券条例》《香港联交所组织大纲》等，被一一翻译就绪，洋洋洒洒200多万字。顾问小组方面，主要是由新鸿基公司派人组成，负责提供各种咨询。各路专家、行家对于股市的混乱、股价的暴涨忧心忡忡。他们呼吁股市须治本，这也正是深圳市委、市政府的决心。深圳股市的成败影响的不仅仅是深圳特区自身，如果深圳股市试验失败，股份制改革将在中国更加步履艰难。相反，如果深圳的试验成功，且不论为改革做出多大贡献，首先应当说给全国的7500亿元游资开拓了一个投资渠道。仅就这一点而言，等于是为中国解决了普遍存在的资金短缺的难题。所以股市的成功意义重大。

但是，在当时对于是否要搞股份制、搞资本市场，还停留在所有制姓"资"姓"社"的争论上，所以这项改革难度很大。深圳提出建立资本市场之后，有人不理解，便打电话向市政府质问："为什么搞资本主义市场？"为此，市里还让我这个身为专家小组的组长写了一个关于什么是资本市场的简介。后来，有人提出，干脆用证券市场代替资本市场。这个建议结果被采纳了，但证券市场比资本市场的内涵却缩小了许多。

1989年11月15日，市政府下达了《关于同意成立深圳证券交易所的批复》。文件下达后，便成立了深圳证券交易所筹备小组，这时的主要成员只有王健和我。王健任筹备小组组长，我兼任专家小组组长，我们两人共同开展深交所筹建工作。

1989年11月16日，《香港经济日报》报道："深圳证券交易所明秋启业。副市长张鸿义昨天表示，有关证券交易的四项法规（即《深圳特区证券市场管理暂行规定》《深圳特区债券发行暂行办法》《深圳特区股票发行暂行办法》《深圳市人民政府证券交易委员会组织大纲》）已定稿待审议，而交易所场址亦正筹办当中，如一切进展顺利，证券交易所可望明年开业。""他表示有关证券交易法规……交易所章程等已定稿审议，另外公司条例及会计制度的拟定亦正积极草拟，广东省以及跨省企业均可申请上市。"

为了集思广益制定出经得起实践检验的深圳证券交易管理的规范文件，在广泛征求深港两地专家意见并进行修改的基础上，张鸿义副市长亲自召集市法制局、市人行、市投资管理公司、市工商局、市财政局、市税务局、市司法局、市体改委、市多家会计师事务所等单位领导同志，以及市资本市场专家小组和深交所筹备小组的有关负责人，于1990年1月22日至23日，对上述证券法规草案进行讨论，反复论证，再次吸收各方面的意见和建议，责成我负责修改。

春节期间，专家小组牺牲休息时间，趁热打铁，全面修改上述法规草案，并重新打印。新的讨论稿出来后，我和王健会同市人行的周道志同志，进行再讨论、再修改。我们计划在1990年5月份请国家体改委和人行总行有关专家来深圳，同我们一起对草案进行一次讨论、修改，使其既符合国际惯例，又符合深圳的实际情况。最后，再提交市政府以暂

行办法的形式对上述草案予以审定，以便使深圳证券市场的管理有章可循，并通过实践的检验使其不断丰富和完善。与此同时，深圳也在加快有关的改革配套工作。当时，市财政局正抓紧统一规范的会计准则的拟定；市税务局正抓紧深圳证券市场税制的拟定；市法制局正在抓紧公司条例修订。

筹建深圳证券交易所伊始，从某种意义上说，和开始组建专家小组一样，钱无一分，纸无一张。有所不同的是当时有我和汤学义及周道志三条汉子，而后来，只有我和王健两个人。我和王健商定：先找财源。由我出面和周道志协商，把市投资管理公司原来贷给市资本市场领导小组的那20万元办公经费转至深交所筹备小组名下，用我的私章，配以深交所筹备小组的公章，去银行办理开立新账户和存取款等手续。有了钱，接着找"窝"。市物业集团在国贸大厦三楼腾出的几间仓库成了我们的办公室。

1989年12月，在那几间仓库还未装修成深交所筹备小组的办公室之前，我只好到王健家里商议有关筹建工作。这时，王健的家又成了我们的办公室。就在他家的饭桌上，我们共同起草了《深圳证券交易所筹建方案》。这个方案由我拿到市中行打印。

从几家银行和投资管理公司等单位借来的人员相继到位。这时，深交所筹备小组除了王健和我之外，工作人员已有王卫卫、麻昉、许建和、曾宇标、张桂淑、杨卓鑫等。不久，我们请来了打字员李红。她打字又快，又准确，效率很高。在深交所筹备期间，我估计，她打印的深交所业务规则、报告等资料不下200万字。这些资料打印了，改写，再打印，再改写，反反复复，不知修改过多少次。

经过几个月奋战，《深圳证券交易所可行性报告》的第二稿出来了。这是在1989年3月第一稿的基础上，再经过一年多的社会调查而修改成的报告。1990年3月，这个报告放到了决策者的案头上。

这个可行性分析报告（第二稿），今天看来很保守，但在当时已算是够大胆了。写这个报告的目的，是在获市政府同意后，我们带着它到北京去汇报。

1990年4月3日，我和王健、周道志、麻昉、张桂淑等到香港的联交所、期交所和证监会学习考察，征求他们对可行性分析报告及筹建深交所的意见和建议。

1990年4月23日，《深圳证券交易所股东入股协议书》全部签字完毕。拟注册资本人民币1000万元。经协商，深圳证券交易所由下列单位投资入股组成：

深圳市投资管理公司

深圳市物业总公司

市建行

招商银行

深业投资发展有限公司

中国有色金属深圳财务公司

深圳经济特区证券公司

深圳经济特区发展财务有限公司

市农行信托公司

市工行信托投资公司

市中行信托投资公司

深圳国际信托总公司

广信深圳分公司

1990年5月，我和王健以及曾柯林等人赴京，向中国人民银行总行汇报。接待我们的是时任金管司司长。他在听取了我们筹建深交所的工作汇报后对我说："老禹，深圳证券交易所这个名字太敏感。依我看，名字暂为深圳证券市场好，可以立即开展工作。"

我问他："这和菜市场、肉市场有什么区别？"

他回答："你不懂，先用这个名，以后成功了可以更名嘛！"

我恍然大悟，还是司长有策略。

从北京回来后，我们在筹备小组所有的筹建资料上都"改名换

姓"，统一使用"深圳证券市场"这一名称。之后，我们又将名称改为"深圳证券交易中心"，既不想再使用"市场"这两个字，也不敢让证券交易的"所"字公开露面。好在1990年12月1日深交所开市之前，又还原到"深圳证券交易所"这个正名上。太鼓舞人心了！

深圳证券交易所正式开业运行

1990年8月22日，深圳市政府任命禹国刚和王健为深圳证券交易所副总经理，由王健主持工作。

1990年11月22日，李灏、郑良玉、张鸿义等市领导一行，到国投大厦15楼视察深圳证券交易所筹备工作。会上，王健和我将深圳股市当时柜台交易的混乱情况，再一次进行了汇报，重申事情的严重性。此外，我们还汇报了交易所的筹备情况，并当场做了表演。我们一边做着表演，一边介绍说，现在一切就绪，完全可以开业。电脑的显示屏不停地出现着各种数据，滴滴答答的闪光吸引着市领导的兴趣。最后，筹备组的人说："看看我们这样做规范不规范？"这样能克服许多弊病。因为实现了自动撮合、自动过户，大量的人为搞鬼便没了机会。实际问题是，乱就乱在这两个环节一直是被人用手工操作。如果这个操作再有一点儿私利混杂其中，搞鬼岂不是举手之劳，直至此时，市领导心里有了底数：股市不能混乱下去。

在这天的汇报中，我还向市领导讲了自己的一些看法："深圳的证券市场乱到目前这种程度，原因就是证券交易所没有尽早开业。我们如果现在把交易所运转起来，把全市交易集中起来管理，现行股市上70%—80%的弊端我们保证把它干掉。"

李灏书记与郑良玉市长说："今天就是拍板来的。"

我和王健见此状，觉得时机已到，再不能放过这次机会，马上表示："只要你们敢拍板，我们明天就能开业。"李灏书记与郑良玉市长闻听，心里十分高兴。

趁热打铁，我接着说："我们做事情当然还要讲一点策略。我们在给北京的报告中要讲明我们是为了集中交易，加强管理，这是符合北京指示精神的。这种开业，定会得到北京支持。"

"你们打算什么时候开业？"张鸿义副市长紧逼不放，急切地询问着我和王健。

"你们今天拍板，我们明天就开业，我们一切准备好了，早就等急了，你们一声令下，我们就冲锋陷阵。"

当天，听到市领导的表态，我和王健都百感交集。我们苦苦期待，终于听到了点将台的鼓声。我们还有什么可犹犹豫豫的呢？我们所盼、我们所求的不就是市里一声令下，便会义无反顾地一头冲上去！

"还是准备得好一点儿！"李灏书记虽然是这样说，但从表情上也能知其心切之情。

"那好，12月1日开业！"我和王健兴奋之情溢于言表。就这样，1990年12月1日成了深交所上上下下日夜企盼的日子。

李灏书记及郑良玉市长遂下最后决断："此事今天就拍板定了！"我和王健两条汉子，激动得热泪盈眶！

创立深交所，李灏、周建南功不可没

李灏同志多次进京向中央及国家有关部门陈述集中交易、加强管理、根治黑市交易，建立健全有序、高效、安全的证券交易所的必要性，争取中央有关部门的批准。

当时，我国多个城市都要求建立证券交易所，竞争异常激烈。建立深圳证券交易所能得到中央批准的原因是多方面的，比如：深圳得改革开放春风之先，深圳资本市场比较发达等，但是李灏、周建南同志功不可没。李灏与他的同事们努力上面已详述，原电子工业部部长周建南也起了很大作用。1990年11月，江泽民总书记趁来深圳参加特区建立10周年庆典之机，约刘鸿儒谈过建立股市的问题；回北京以后，总书记专门

请周建南到深圳进行调研。周建南在深圳进行了几个月认真、全面的研究，最终向中央建议应该建立深交所。

此后，江泽民同志做出指示，同意股市继续试点，但暂限于深圳和上海两个城市。

（选自《大潮·口述："第一"的故事》，
中国文史出版社 2018 年 7 月版）

新中国第一次拍卖土地亲历记

叶本统　口述

帅晓波　整理

20分钟的拍卖整整等待了38年

1987年12月1日，深圳首次举行国土有偿使用权拍卖会。深圳经济特区房地产（集团）股份有限公司（即深房集团）以525万元的最高价获得了罗湖区东晓路一块8588平方米土地的使用权，不到一年时间盖起的东晓花园154套住宅，仅一小时内就被业主排长队购空。

在一张由报社记者拍摄的珍贵的黑白照片中，当时的深房集团总经理骆锦星高高举起"11"号拍卖牌，脸上的笑容十分灿烂，而紧挨着他坐着、戴眼镜的那位便是我。当时我担任深房集团设计预算科科长，我手中紧握着的就是为这次土地拍卖所做的可行性分析表，骆总每举起一次拍卖牌前，我们都会迅速地参考一下手中的分析表。虽然只有不到20分钟的轮番叫价时间，但这张表的四角已被我的手攥得微微发潮。这一槌，在中华人民共和国的历史上，人们足足等待了38年啊！

可以说，深房集团以20多年的发展历程，最生动地见证了特区房地产的发展史。深房集团的前身是深圳经济特区房地产公司，成立于1980年1月8日。作为当时深圳的唯一一家房地产公司，可谓这条路上吃螃蟹的第一人。公司1980年至1981年归深圳市房地产管理局领导，属于科级单位。1982年至1985年归深圳经济特区发展公司领导，属于处级单位，

改名为深圳经济特区房地产公司，对内称深圳经济特区发展公司地产部。该公司借鉴香港及外国的经验，在引进外资发展房地产方面，执行"特殊政策，灵活措施，先行一步"的方针，开创了房地产业的新局面。

公司自成立以来，励精图治，开拓奋进，在房地产开发史上屡创第一。1980年，处于创建阶段的它由6个人、4部单车、2亩山坡地发展起家，第一个实施了国有土地有偿使用。在引进外资发展房地产方面，该公司1981年签订了"兴建与出售楼宇的协议书"，实行公开招标，对方出资金，我方出土地，在国内楼宇经营中实行屋村全方位管理，第一个引入境外资金合作开发土地，第一个按照国际管理实行建设工程公开招标，第一个采用楼宇预售手段筹集资金，第一个成立物业管理公司。历史尤其会记住这个特殊的日子——1987年12月1日，就在这天下午的4点半左右，公司第一个在特区第一次土地使用权拍卖会上夺标。

当时焦点是：土地拍卖是否违法？

1980年8月，我才40岁出头，作为骨干力量调至当时的深圳市房管局所属的房地产公司。

20世纪80年代初期，深圳除有侨社、深圳旅店、人民旅店、深圳戏院等几处"标志性"建筑外，其余的地方还是山包和水沟，对土地的感觉是要多少能给多少。记得规划怡景花园时，我领着一帮小伙子去划地，拿着旗杆插了一个大圈，由港商出资，深房建设，落成后三七分成。当时的怡景花园是根据香港一些人的喜好来建的，每栋40万元至60万元不等，建筑质量到现在还很好，现每栋已升值到380万元至400万元左右了（指到2002年）。当时盖的翠竹苑等房产，60多平方米10万元左右一套，还有购房入深圳户口的政策，吸引了不少内地人和香港在内地的亲属前来购房。

那时，深圳人在电视中看到香港土地使用采取拍卖方式，都觉得挺新鲜。到20世纪80年代中期，深圳已有数十家房地产公司参与特区建设。房地产公司是边建房边售房边回收资金，因资金周转不足，只得频频向银行贷款，给市政府造成巨大的资金压力。我们能不能也搞土地使用权买卖？但国家原来的《宪法》和《土地法》规定国有土地不能买卖、转让、出租，土地拍卖会不会违法？

1987年上半年，深圳市两次邀请国家土地管理局和国内各界专家到深圳进行理论研讨，与会同志对港英政府每年从买卖土地使用权中收益百亿港元以上赞叹不已，而深圳土地面积比香港大一倍、地势比香港平坦，特区建设正缺资金，为什么我们还端着金饭碗讨饭吃？此后，在多次考察、比较世界各国几种主要土地有偿使用制度后，决定在进行土地公开拍卖前在深圳试试"风向"。1987年12月1日这天，土地编号为H409-4、面积为8588平方米的土地在深圳会堂公开拍卖。作为特区龙头老大房地产公司，我们决定，一定要拿下这块地！

下午1点，我将手中酝酿多日的预算分析表格再次核对了一番，来到了深圳会堂。没有想到，这次拍卖竟引起如此大的关注：中共中央政治局委员李铁映、中国人民银行副行长刘鸿儒在主席台就座，全国17个城市的市长、28位香港企业家和经济学家来到了会场。中外十几家新闻单位的60多名记者也紧张地准备记录这一历史性时刻。

这块编号为H409-4、面积为8588平方米的拍卖土地紧靠风景秀丽的深圳水库，属住宅用地，使用年限为50年。深圳市政府事先在报纸上刊登了《土地竞投公告》。拍卖前三天，已有44家企业领取了正式编号参加竞投，其中外资企业有9家。下午4点，主持人首先介绍了拍卖地的有关情况，限定开口底价为200万元，每口价5万元。"拍卖开始！"主持人话音刚落，各竞投企业的法人代表争相举牌高声叫价："400万元！""410万元！""450万元！"……声音一浪高过一浪。我与骆锦星经理不时对照着预算分析表，同时频频举牌。

经过17分钟的轮番叫价，报价已升至520万元。此时全场鸦雀无声，眼看规定的时间就要到了，会场中突然爆出一声："525万元！"

343

这是骆锦星的声音。全场稍稍骚动后，又恢复了平静。

"时间到！"主持人一槌敲下，拍卖成交。摄影镜头的闪光灯频频闪起，历史性的镜头此刻凝住。第二天，"深圳卖地"成了不少报刊的头条新闻，媒体皆称此事为"中国经济体制改革的里程碑"，引起海内外的极大关注。

说句实话，这个报价离我们的预算最高价还有一定距离，因此我们十分兴奋。七八个月后，东晓花园（当时称东升花园）154套住宅以每平方米1200元的平价出售，一小时内就售罄了。

继深圳土地有偿使用改革尝试之后，全国许多城市也纷纷以协议、招标、拍卖等方式推出了土地招商。1988年4月12日，第七届全国人大第一次会议通过修改《宪法》草案，将原《宪法》中禁止土地"出租"两字删去，明确规定"土地的使用权可以依照法律的规定转让"。

（原载于《纵横》2018 年第 8 期）

第一家粮油期货市场的建立

贺　涛

回顾20世纪90年代初中国第一批期货交易所的创建，我作为初创者和亲历者之一，仍感到思绪万千。我主持了上海粮油商品交易所的整个筹建工作，与我的同事马荣庆、劳光熊、王和生、陈融、汤克均等，创建了上海粮油商品交易所（以下简称上海粮交所）。

要找到替代计划流通和计划价格的方式

1984年，国家对粮食市场开始逐步放开。当年7月，我从上海财经学院毕业，回到上海市粮食局工作。9月下旬，时任上海市粮食局党委书记应飞同志决定筹建"上海市粮油贸易中心"，从事计划外议价粮油的交易。他把筹建任务交给我和几个同事。在布置任务会上，他讲了一段我至今记忆深刻的话。

他说："国家决定对粮食流通体制进行改革，对粮食流通要逐步放开。过去我们是用统购统销计划经济的办法组织粮食流通，粮食放开后怎么流通，我看关键是要找到一种替代计划流通的方式。现在各地都在搞贸易中心，上海也要搞粮油贸易中心，但不能搞倒买倒卖，能不能把贸易中心搞成组织议价粮食流通的交易市场。我1982年随姜习副部长参观芝加哥粮食期货市场，它们搞会员制，在场内公开交易，场外不能随便交易。新中国成立前上海粮食市场也是场内公开交易。芝加哥粮食市

场的方式我们能不能搞？我们创办上海市粮油贸易中心，就是要找到粮食放开后替代计划流通和计划价格的方式。"

于是，我们到处寻找收集芝加哥粮食期货交易市场的资料，收集新中国成立前中国机制面粉上海交易所的资料，构思"上海市粮油贸易中心"建设方案。但是当时很难找到芝加哥粮食期货交易市场的资料。正当我们为此发愁时，由于全国各类贸易中心泛滥，国务院决定对贸易中心进行整顿和关停，"上海市粮油贸易中心"没有建成就在整顿中停止了筹建。

"上海市粮油贸易中心"虽然没有建成，但是应飞同志提出的"要找到替代计划流通和计划价格的方式"这句话，给我留下了一连串问题和思考。芝加哥粮食期货交易市场究竟是怎样交易的，成为我经常关注和探索的问题。1986年以后，我陆续从报刊、参考资料中收集到一些美国和国外期货交易的资料，还收集到20世纪20—30年代中国期货交易的资料。后来我又看到了几本最早介绍期货交易的书籍，其中唐雄俊先生《美国金融市场新知识》一书给我印象最深刻。尽管这些资料和书籍介绍的大都是期货交易的概念，但不管怎么说，给我提供了研究期货交易最早的钥匙和启蒙材料。我常常在思考应飞同志的话：我们能不能也搞芝加哥这样的市场？我们要找到一种替代计划流通和计划价格的方式。

上海有意创办国家级市场　商业部积极支持

1990年4月18日，李鹏总理在上海宣布中共中央、国务院开发开放浦东的重大决策。同时，上海提出要建设成为国际经济中心、金融中心、贸易中心和航运中心。浦东的开发开放，拉开了中国改革开放新的一幕；浦东的开发开放，再一次唤起了我对建立像芝加哥那样的粮食市场的思考。1990年10月，我参加上海市财贸党校第三期中青年干部培训班，在党校五个月的脱产学习期间，我花了许多时间，仔细研究了以往收集的期货交易资料。

1990年底，我向当时的上海市粮食局局长王树威同志写了一份书面建议，提出：上海粮食行业要抓住浦东开发开放机遇，从计划经济体制彻底转到商品经济体制上来，积极融入上海国际经济中心、金融中心和贸易中心建设。为此，建议在浦东建立大型粮食市场，开展现货交易和期货交易，发挥上海国际贸易中心作用。

我的建议提出后，王树威局长等市粮食局领导非常重视，将我的建议整理成报告，报给当时上海市政府分管财贸的副市长庄晓天同志，庄晓天副市长表示积极支持的态度。

在此之前，国务院发展研究中心、国家体改委和商业部期货市场研究工作小组也在研究国内开展期货贸易工作。它们已有了在郑州、武汉、吉林建设粮油期货市场，在石家庄建设生产资料期货市场的初步方案。但当时它们没有在上海建设期货市场的设想。

我感到上海建立期货市场的条件要优于其他城市，历史上上海是中国的经济中心和金融中心，曾经在20世纪20—30年代就是期货交易市场的所在地，而浦东开发开放将会提供更加有利的条件。在得到上海市政府和市粮食局领导支持搞期货贸易的情况下，我主动同商业部中国粮食贸易公司刘东平（时任中国粮食贸易公司总经理）、沈思义、朱玉辰等同志联系，希望争取商业部支持在上海创办期货市场。

在同他们交流当中，我得知商业部中国粮食贸易公司正在根据白美清副部长的指示，研究全国粮食市场体系建设问题。白美清副部长指出："建立和发展我国社会主义粮食市场体系的指导思想和基本框架是：根据计划经济与市场调节相结合原则，按照经济规律和经济区域，逐步建立一个网络齐全、功能完备、交易灵活、高效统一的运行机制，以适应粮食商品生产的发展和深化粮油流通体制改革的需要。这个市场体系，以星罗棋布的粮食初级市场为基础，以区域性的批发市场为骨干，以国家级粮食批发和期货市场为龙头，构成互相联系、互为补充的完整体系。"

当时，郑州粮食批发市场已经国务院批准开业，它们重点开展现货

中远期合同交易业务。同时商业部还在考虑再开办一个层次较高的国家粮食批发市场。上海各方面是具备有利条件的，但是上海在计划经济时代给人印象比较保守，因此商业部一直没有明确提出过。

我同商业部中国粮食贸易公司沈思义、朱玉辰等同志沟通后，很快，中国粮食贸易公司总经理刘东平以及专门负责市场建设的领导沈思义、朱玉辰等同志就向我们转达了商业部副部长白美清同志的意见：上海有意创办国家级粮食批发市场（由于当时对期货市场有不同意见，因此在许多场合和文件中用此名称代替期货市场），建议上海市粮食局向市政府汇报，如果上海市政府有这个积极性，商业部会积极支持的。

得到商业部中国粮食贸易公司这个反馈后，我立即向上海市粮食局王树威局长做了汇报，并由市粮食局向市政府领导汇报了商业部领导的意见。

在商业部与上海达成在上海创办粮油期货市场口头意向后，为进一步推进此事落实，创造在上海建立粮油期货市场的条件，经商业部白美清副部长同意，1991年5月13—16日，由商业部中国粮食贸易公司和我所在的上海市粮油贸易公司（我时任上海市粮贸公司经理）在上海联合举办"中美期货交易讲座"，时任美国芝加哥期货交易所第一副总裁劳伦茨和副总裁格罗斯曼等出席。此次讲座由沈思义、朱玉辰和我具体操办。国内各省粮食系统的贸易公司经理和各地批发市场筹建负责人及国内学者近百人参加了讲座学习。会上邀请美国芝加哥期货交易所的专家介绍了美国期货交易的历史、作用及基本交易原理，国内参加讲座的企业经理和学者们热烈讨论建立期货交易市场问题。此次讲座社会反响很大，推动了国内对期货交易的关注。

此后一段时间，由于上海市粮食局领导班子调整等原因，创办上海粮油期货市场的推进工作停顿了一些时间。1991年7月，上海市粮食局班子调整后，由陈士家同志接替王树威任局长，我担任上海市粮食局局长助理，分管粮食市场建设等工作。我到任后，继续与商业部中国粮食贸易公司进行联系，争取在上海创办期货市场。

1991年10月下旬，商业部在湖南长沙召开全国粮食批发市场座谈会。会上商业部传出信息，初步拟定在上海建立粮食期货市场，但要上海市政府明确表态。上海市粮食局陈士家局长连夜向庄晓天副市长汇报，并取得市政府领导书面表态意见，随即传真给了参加会议的上海市粮食局领导和商业部。座谈会期间，1月26日商业部副部长白美清同志就在上海筹建期货市场做了讲话。

白部长讲："商业部经过反复酝酿，最后决定选择在上海建立期货市场，是考虑上海客观上具备不少条件。我谈几点意见：一、上海办期货市场，起点要高，特点要突出。上海是我国最大的港口城市，具有金融、贸易中心和货物集散地的特点，在上海办市场要发挥上海的优势，把这些特点与办市场结合起来，市场的规划和筹建工作要体现改革的要求和精神。对上海市场的名称我想了很久，叫'上海粮油商品交易所'，这个名字很好，有新意，是新起点。二、要认真搞好调查研究，制订方案。听说你们请了旧上海搞市场的人员开座谈会，很好。听听他们当时是怎么搞的，是怎样开展交易的，怎么投资的，是如何避免风险的，有些可以参考。三、现在提出关于建立上海期货市场有两个方案，一个是分两段走，逐步到位；另一个是一步到位。两个方案，你们论证一下。我意见，请你们回去以后，组织班子先搞方案，局长要向市长汇报，建议市长办公会议讨论。办市场一定要成立由市长挂帅的领导小组。如果市长没兴趣，不亲自挂帅，单有部里的积极性是搞不起来的。我打算11月到上海来一次，具体听取你们的汇报。"

1991年11月5日，上海市粮食局将白美清副部长在长沙会议上的讲话精神向上海市副市长庄晓天同志做了汇报。庄晓天副市长对商业部选定上海创办粮油期货市场，表示了积极的支持态度，并要求上海市粮食局速办。

同日，上海市粮食局成立"上海粮油市场建设"调研组，由我担任组长，王和生同志担任副组长，汤克均等同志参与。调研工作迅速展开，我们连夜拟订建立上海粮油期货市场的方案。好在此前，我收集了

许多期货市场的资料，做了大量准备，此时拟订方案派上了大用处。我们于1991年11月8日写出了关于新建上海粮油批发市场的设想，作为筹建上海粮油期货市场方案的第一稿。很快于11月22日，在第一稿基础上修改形成了《上海市粮食局关于筹建上海粮油商品交易所方案》，方案当时提出：上海粮交所立足中远期合同交易，争取在不太长的时间内实现合同的标准化和合约转让，向期货交易过渡，最终建设成在国家统一领导下，服务全国，面向世界，国内外贸易兼有的现代化、多功能、高层次的粮油商品交易中心。该方案对交易所的发展目标、性质、功能、组织形式、交易规则、风险控制、实施步骤提出了设想。当时为什么提"向期货交易过渡"，主要是听取一些专家学者和政府部门意见时，有不少人对期货交易明确反对。为回避这些问题，所以采用了上述提法。

11月8日，初步方案拟就后立即报给了商业部中国粮食贸易公司。11月13日晚上在京西宾馆，上海市粮食局局长陈士家等就初步方案内容，向商业部副部长白美清同志做了汇报。白美清副部长再次表示商业部全力支持上海建立国家级粮油商品交易所。

那天晚上，白美清副部长谈了如下意见：

"第一，商业部与国家粮食储备局全力支持上海把粮油商品交易所办好。上海市政府领导态度积极，上海市粮食局做了努力，我们会积极支持你们。

第二，上海搞粮油商品交易所起点要高，经营范围要广一点，除了粮油，今后逐步发展到其他农产品。上海粮交所要发挥它应有的作用，在全国要有影响力。

第三，认真做好粮油商品交易所的咨询论证工作。商业部也准备组织专家到上海来，与上海的同志一起进行可行性研究。

第四，积极做好粮油商品交易所的筹备工作。搞粮油商品交易所，要从粮食系统的发展战略来看，起点要高一点，想得远一点。

关于会员，可以把全国几大总公司及省市粮食系统的一些主要公司都发展进去。中央要成立协调小组，地方也要成立一个领导小组。粮油商品交易所还要排个时间进程表。全国性的交易市场要经国务院批准，我们要向国务院写报告。以上问题先请你们向市政府领导汇报。"

不久商业部部长胡平率商业部各司局、各公司领导来沪，于1991年12月10日与上海市政府领导签订了《关于发展商品流通和建设商品流通设施的合作意向书》，此意向书由商业部副部长傅立民与上海市政府副市长庄晓天签署，关于建立上海粮交所项目作为整个合作意向中的一个重点项目。意向书签订后不久，上海市粮食局将"上海粮食市场建设"调研组转为"上海粮油商品交易所"筹建处，我担任筹建处主任，王和生任副主任，汤克均、金炎等作为最早的一批筹建骨干。市粮食局陆续对筹建处充实了一些力量，先后参加筹建处的有马荣庆、陈融、劳光熊、陈建平、宣月清、黄幼杰、王丰利、陈伯奇、华莳蘉、樊友乐等同志。

上海办期货市场起点要高

上海粮交所筹建进入紧张的阶段，尽管已有了初步方案，但真正要制订一个起点高又可实施的方案，碰到了许许多多的问题。会员制问题、交易品种问题、标准合约问题等很快统一了思想，得到了解决。但涉及几个焦点问题，不论是筹建处内部，还是政府部门及专家都有针锋相对的看法。关键焦点集中在几个问题上：一是期货交易起步还是中远期合同起步；二是是否实行每日结算；三是是否开放自然人参与交易，是否允许投资和投机；四是交易所能否作为股份公司上市。

关于期货交易起步还是中远期合同起步，是筹建阶段的争议焦点。交易所筹建处两个方案都写了，但倾向于从期货交易起步。这既想体现上海粮交所的高起点，又考虑以适应上海建设国际金融贸易中心的发展。但当时征求中央有关部委和上海市政府有关部门意见时，多数都不倾向直接从期货起步，主张从中远期合同交易起步，引进一些期货交易机制。主要理由是中国市场化程度较低，大家对期货还不熟悉，不具备

条件。由于这是涉及交易所筹建的大前提，是所有交易规则和管理制度的核心前提，因此在筹建过程中对此进行了较长时间的反复论证。

我和筹建处的同事比较坚持从期货交易起步，但由于政府部门多数不倾向我们的意见，为不影响筹建进度，我们拟订了两套交易和结算规则及管理制度，准备一旦开办期货交易通不过，就先从中远期合同交易起步。这个问题最后是在1992年10月27日汇报论证会上，白美清副部长拍板的，会上决定上海粮交所直接从期货交易起步。

关于是否实行每日结算制度（"逐日盯市"制度），这是当时争议的另一个焦点问题。实际上每日结算制度是当时区分期货市场还是现货中远期交易的主要标志。1992年前后开业或正在筹建的交易所（批发市场），都没有采用每日结算制度，有的甚至用保函代替保证金。其实这对控制市场风险是极为不利的。

当时争议主要在交易所筹建处内部和部分专家之间。一部分同志力主从期货交易起步，一开始就实行每日结算制度；也有一部分同志担心，每日结算制度太复杂，我们所有人都不熟悉期货结算，是否有能力设计出每日结算的制度和方式，还担心我们如果实行这么严格的保证金结算制度会不利于市场交易。但是我们几位主要人员非常坚持，决心要搞出国内第一套期货每日结算制度和方法。

我和马荣庆、劳光熊等同志夜以继日研究结算制度和结算公式，逐字逐句地讨论，用数据反复测算，并同计算机软件编制人员反复讨论。在大家奋力工作下，终于设计出了国内期货市场第一套保证金每日结算制度和方法。而且这套制度构成了较严密的风险控制体系，这个体系由保证金制度、每日结算制度、头寸限制制度、分层风险管理制度等构成。特别是对保证金实行按总持仓收取，严格控制了交易风险。到今天来看，这些设计思想和制度，对控制风险仍然有效。

关于是否允许自然人参与期货交易，这个问题在政府部门之间争论很激烈。当时已经开业的批发市场和正在筹建的交易所，规则只允许企业法人参与交易，自然人不允许参与。我们在筹建时一直在考虑，期货交易需要投资者和投机者参加，扩大市场参与主体，增加市场的流动性，也使市场有风险转移和承担者。同时，我们根据商业部和市政府领导提出的，上海粮交所在各方面要有更多突破。因此，我们在方案设计中提出允许自然人参与期货交易，这在当时是交易制度方面的很大突破。交易法规征求政府有关部门意见时，当时多数政府部门认为自然人信誉差、实力弱，不倾向自然人参与期货交易。我们反复做政府部门同志的工作，宣传期货市场需要投资和投机资本，转移和分担价格风险，并宣传粮油的特点不同于其他商品，粮油是小生产，需要通过市场与大流通结合。当时，上海市政府法制办非常支持我们，从法理上帮我们寻找依据。最终，以上海市政府令形式，由黄菊市长签署发布的《上海粮油商品交易所管理暂行规定》中明确规定：公民可以客户名义参与期货交易，实现了大宗商品交易制度的重要突破。

关于交易所能否上市。上海粮交所筹建是浦东开发开放中的举措，当时缺乏建设资金，商业部和市政府领导提出，由商业部和上海市政府安排一部分，其余要由社会集资，由商业部所属企业和全国粮食部门共同投资。共同投资怎么搞？我向市粮食局陈士家局长、高慧芝副局长等领导提出，组织股份有限公司，上市发行股票。当时这个想法得到了市体改办副主任蒋铁柱等同志的大力支持。于是，上海市粮食局专门向市财办、市体改办写了《关于筹建上海粮油商品交易所股份有限公司和申请发行股票》的请示。但当时上海市粮食局内部多数人对期货交易所上市盈利前景不看好，影响了对上海粮交所的上市决策。最后由为上海粮交所配套服务的部分功能，如写字楼、住宿、餐饮等服务性业务上市，即上海良华实业股份有限公司作为A股上市公司。

建立期货市场对上海长期发展是必不可少的

上海粮交所的筹建过程，凝聚了许多领导的心血和智慧。时任商业部副部长白美清同志（后商业部并入新设的国内贸易部，白美清同志任

国内贸易部副部长兼国家粮食储备局局长）倾注了最多的心血。他于1992年5月20日、6月18日、7月30日、10月27日，1993年6月14日多次听取汇报，亲自组织论证会，对上海粮交所筹建和开业的重大问题及时做出了明确指示。尤其是白美清副部长决定上海粮交所直接从期货起步，使上海粮交所成为国内第一家真正的期货交易所。上海市副市长庄晓天同志代表上海市政府对上海粮交所筹建给予了全力支持，许多重要突破与他的支持是分不开的。时任市长黄菊同志签发了《上海粮油商品交易所管理暂行规定》，成为全国第一个地方政府发布的期货交易管理规则。时任上海市副市长孟建柱接替庄晓天副市长工作后及时要求上海粮交所立即开业，使上海粮交所发挥了改革先锋的角色。

在上海粮交所筹建的关键时候，时任上海市委书记吴邦国同志对上海粮交所筹建指明了重要方向。1992年6月25日下午，市委书记吴邦国、副书记陈铁迪在上海物资贸易中心召开市场工作座谈会。参加座谈会的有我和上海金属交易所总裁余国聪、上海市物资局局长李厚圭、副局长周晓红、上海棉花交易所筹备组负责同志、上海市纺织局的负责同志等。会上，余国聪总裁汇报了上海金属交易所筹建过程和一个月的运行情况，我汇报了上海粮油商品交易所的筹建情况，周晓红副局长汇报了准备筹建上海煤炭市场的情况。

我在汇报中谈到，上海粮交所所在地浦东良友大厦预计1994年底才能建成，准备1993年初先在浦西良友饭店借地开业；交易品种打算开展粮食、食用油脂、饲料粮等品种期货交易；交易方式用电脑交易以及立法等情况，吴邦国同志中间几次插话。

他说："先借个地方开起来，1994年太晚了，时机错过了。交易品种饲料粮包括进去，粮油大宗商品都要包括进去。用电脑交易好，中国这么大，说话各地都听不懂，再打手势交易更麻烦。立法问题，现在搞，肯定会有许多障碍，因为不懂期货市场的人不少，不易通过。先交易起来，经过实践后再立法，搞得成熟了，有基础了，立法就行了，现在我们的市场还刚开始。"

当我汇报到现在国内还没有真正的期货交易，目前对期货交易要不要上还有不同看法，我们想期货上快一些。

吴邦国同志说："上海市场起点要高一些，要发展期货。"

最后，吴邦国同志谈了几点意见："第一，市场要搞。没有市场，怎么把企业推向市场？市场无论如何要办好，走在全国前面。上海有条件，要把它当大事抓，要把大的国家级市场尽量形成在上海。小平同志讲，上海要发展成贸易中心、经济中心，要当大事来抓，抓在全国前面。第二，国家级市场还要与国际接轨。不要小打小闹，要立足全国，与国外接轨，产品经济过渡到市场经济快得很。会员要大企业，有信誉、有资本的，想方设法把它们吸引到上海来。包括交易所搞大楼要配套，搞最好的，多投点资。千万不要小打小闹。第三，专业干部要培训，懂了胆子就大。全部培训（指出国）不可能，但一定要有专家，人才要出在上海，要花点精力。第四，交易所内部管理、人员使用、工资分配，甚至职工住房，市场要照市场的办法办，不要像衙门。好的人才不要留不住，不需要的人不要跑不掉，千万不要搞成行政化。新的东西，要新的办法，新的东西可以尝试一下，其他部门不要干预。市场办得好，对上海发展影响很大，还能带动一系列工作。"

吴邦国同志在插话中特别指出："以后我们搞社会主义市场经济，搞市场是本质的东西。现在改革开放，搞'自主''放开''简政放权'等，搞市场比这些还重要。上海到20世纪末，国民生产总值年增长达10%，但全国都上去了，资金、原材料就紧张。所以，上海要在较长时间维持较高的增长速度，就要形成一个有利环境。建立期货市场对上海长期持续发展是必不可少的，搞期货风险大，但期货市场肯定会有前途的。"

吴邦国同志的讲话高瞻远瞩，不但为我们当时建设期货市场指明了方向，而且为上海长期持续发展指明了方向。

上海粮油商品交易所起步以期货交易
为主，这个模式要定下来

　　1992年7月30日，由上海市粮食局局长陈士家带队，我和其他四位同志一起去北京，向商业部副部长白美清同志汇报上海粮交所筹备情况，并对筹建方案进行论证。参加此次汇报会的有国家体改委、农业部、中国人民银行、国家粮食储备局、商业部经济研究所、基建司、财会司、粮食管理司、粮食综合司、规划调节司、世界银行项目办公室和中国粮食贸易公司的负责同志。

　　我在会上汇报了上海粮交所筹备情况以及几个主要问题：第一，交易模式问题；第二，交易品种问题；第三，发展会员和交易参与者问题；第四，交易结算问题；第五，起草向国务院的报告和交易管理规则问题；第六，建设资金问题；第七，争取优惠政策问题。汇报中我提出：对交易模式，倾向于从期货起步；对交易品种，倾向于主要粮油品种，包括大米；对会员发展，建议面广些，包括国营、私营和中外合资企业，粮食行业和非粮食行业及金融机构；对期货交易倾向于允许个人参与交易。在会议讨论过程中，有些部门负责同志不倾向于从期货起步，坚持要从现货中远期合同交易起步；有些同志认为大米（粳米）是国计民生重要品种，不倾向引入期货交易；大多数同志比较赞成会员吸收面广些，但对允许个人参与交易意见分歧较大。

　　在我汇报和各部门讨论后，白美清副部长谈了重要意见，他说：

　　"筹办上海粮交所，前一段时间你们抓得不错，部里对你们的工作很满意。下一步继续加紧筹办，力争早日开业。要根据国际惯例与中国实际情况相结合原则，迅速制定交易所有关规章制度。具体有几条：第一，交易模式问题。起点要高，既可期货交易，又可现货交易。第二，交易品种问题。可以先小麦、大麦、玉米。粳米是否也可以考虑。第三，发展会员问题。发展会员要与建立经纪行、经纪公司结合考虑。对象可以以国营企业为主，广泛一点，不限粮食系统，可以向多种经济成分发展。工厂也可以参加，个人可以委托经纪行交易。一定要有风险承担者，首先国营企业承担，逐渐发展到多种经济成分，投机者与套期保值要进一步研究。第四，结算要搞好。同银行联合，搞期货、现货交易必须兑现。结算中心可以采取各银行联合搞股份制的办法，要与金融市场联合起来，从实际出发。第五，做好各项准备工作问题。向国务院的报告，由商业部、上海市政府、国家体改委三家联合报告，争取10月批下来。交易所管理委员会要搞，先由商业部、上海市政府再加体改委，可以部门少一点。交易所有关文件修改，请咨询小组帮忙。第六，交易所借地开业问题。可以先放在浦西良友饭店，力争明年（1993年）第一季度开业。这个事你们研究。第七，资金问题。第八，优惠政策问题。要请（上海）市长、秘书长、财办主任帮助解决。有许多事要按程序办，是办不成的。最后，请你们回去向市政府汇报。"

我们从北京回到上海后，迅速根据白美清副部长的要求，对各项筹备工作进行落实。1992年9月8日，上海市粮食局将商业部7月30日论证会及落实情况向上海市政府副市长庄晓天同志做了汇报，参加汇报会的领导有市财贸办公室主任张俊杰、财贸办副主任沈思明、上海市粮食局局长陈士家。

我在会上汇报了几个问题：第一，上海粮交所初步拟定在1993年春节前后借地开业。第二，我们已起草了《关于开办上海粮油商品交易所的报告》，以商业部、国家体改委、上海市政府名义上报国务院，争取国务院10月批下来。第三，我们已起草了《上海粮油商品交易所管理暂行规定》《上海粮油商品交易所章程》《上海粮油商品交易所期货交易规则》等五个规章制度，送商业部及市场咨询领导小组审查。市场咨询领导小组反馈意见中建议交易所管理暂行规定和交易所章程这两项规则附在向国务院报告后，请国务院对报告一起审批。其余规章制度由上海市政府或上海粮油商品交易所管理委员会审批。第四，拟订交易模式问

题，有两个方案：方案一，以中远期合同交易开始，引入期货市场机制，实行合同标准化和合同转让。同时选择现货交易数量多、价格波动大、交割运输条件好的品种开展期货交易（同时开展期货、现货两种交易）。方案二，直接选择几个品种开展期货交易，不搞中远期合同交易。上海粮交所筹建处倾向于方案二，但征求商业部、市场咨询领导小组和上海市政府有关部门意见，多数同志倾向于方案一。第五，发展会员问题。交易所实行会员制，我们建议发展会员要与建立经纪公司结合起来考虑。对象以国营企业为主，向多种经济成分开放。个人可以委托经纪公司交易。允许合法投机者参加交易，可以起到分担风险和制造市场流动性的作用。投机者允许多种经济成分与个人参与。第六，组织领导问题。上海粮油商品交易所的领导机关是商业部和上海市政府。经与商业部商量意见，由商业部、上海市政府、国家体改委、国家粮食储备局和市有关部门组成交易所管理委员会，行使政府对市场的管理、监督职能。第七，争取优惠政策问题。第八，建设资金问题。

听了我汇报后，庄晓天副市长谈了几点意见："第一，关于交易所建设资金问题，按原来与商业部商谈的各半承担的原则解决。第二，关于交易所的组织领导问题。按商业部领导意见办，成立交易所管理委员会，由上海市政府、商业部、国家体改委、国家粮食储备局、市财贸办、市体改办、市粮食局、市财政局、市工商行政管理局、市物价局等部门领导参加，由上海市政府和商业部领导任主任。第三，关于争取给予交易所优惠政策问题。你们说的几条优惠政策，都要写进向国务院的报告内，力争支持解决。第四，关于借地开业问题。我赞成，如有问题，我再协调。第五，现在正研究粮食购销价格全部放开的问题，交易所借地开业的时间表要尽量争取提前，以便适应粮食流通体制改革发展的需要。"

庄晓天副市长的意见，反映了上海市政府对建设上海粮交所的积极支持态度。我很快将这些意见向商业部做了汇报反馈。对于交易所至关重要的交易模式问题，我们交易所筹建处还想争取放弃中远期合同交易，直接从事期货交易。我内心明白，白美清副部长和庄晓天副市长是支持我们意见的。但由于国务院有关部委参加论证会的多数同志比较坚持从事中远期合同交易，因此，白美清副部长在总结时是留有余地的，庄晓天副市长在听取汇报时不便直接表态。

为了尽快解决这个问题，1992年10月27日白美清副部长约请商品期货交易咨询小组和商业部有关司局及国家粮食储备局的有关领导和专家，就上海粮交所试办期货交易再次举行论证会。会上，我就上海粮交所运行方案做了汇报。方案提出，上海粮交所直接从期货交易起步，并就规则制订、会员发展、期货结算、期货品种、市场管理提出了具体方案。我在汇报中对中远期合同交易问题没有提及，还就向国务院报告的起草内容做了说明。

最后，白美清副部长总结讲道："上海粮交所筹建工作从去年（1991年）长沙会议以来，在上海市政府和商业部领导下，在国家体改委和上海有关部门的帮助支持下，经过一年多的努力，做了大量工作，取得了很大的进展。'粮食等重要农产品，要在现货交易的基础上，逐步向远期合同和期货交易发展'，建立和完善社会主义市场经济体系，一定要引进期货交易机制，这是方向，一定要积极、稳妥地下功夫搞好。"接着他明确了几点意见："第一，上海粮油商品交易所起步以期货交易为主，这个模式要定下来，不能动摇。郑州粮食批发市场开办以来，三级市场有了很大的发展。随着粮价的放开，市场机制的作用将更加明显，需要一个期货市场出现。在上海，特别是在浦东试办一个期货市场，有利于国内外贸易的衔接，同国际期货交易的接轨，对促进上海国际经济、金融、贸易中心的形成，有着十分重要的意义。通过规范化的期货市场，逐步形成套期保值、转移风险、价格导向的机制，对指导生产、保护生产、引导消费、加强市场宏观调控将发挥积极作用。第二，期货交易要抓住两个环节。一个是发展会员，一个是发展经纪公司和经纪人。会员需要有资信保证。可以吸收个人经纪人进来，没有各种人参加，交易不热闹，没气氛。第三，期货结算也是个关键。光有交易

所结算部不够，也可以委托银行搞，没有银行参加，资信程度不会高，可以搞股份制办法。第四，期货交易品种。先从几个品种开始，由少到多，先搞进口小麦、大豆、玉米、优质大米等若干品种。期货合约设计要搞好，要便利交割和交易。第五，加强期货市场的领导和宏观调控管理。由上海市政府和商业部建立交易所管理委员会和监督委员会，加强对交易所、会员及经纪公司交易活动的管理、监督，使期货交易活而不乱，活而有序。为保证期货交易有序不乱，要草拟一些法规，由上海市政府批准试行，规章主要写期货，要按期货机制设计。第六，由上海市政府、商业部、国家体改委三个单位向国务院写个报告，题目为《关于在上海粮油商品交易所试办期货交易的报告》，在原来稿子的基础上进行修改。"

这次会议非常重要，白美清副部长最后肯定了上海粮交所从期货交易起步的方案，并对几个关键问题做了明确，奠定了上海粮交所筹建开业的重要基础。

国务院批准前，可先试营业

1993年1月6日，商业部、国家经济体制改革委员会和上海市人民政府联合向国务院上报了《关于开办上海粮油商品交易所、试办期货交易的请示》，该请示报告由白美清副部长代表商业部、高尚全副主任代表国家体改委、庄晓天副市长代表上海市政府签发。请示初稿由我和汤克均及金炎三位同志起草，中国粮食贸易公司总经理唐新元、市场处张永生等做了重要修改。请示提出：

在上海浦东开办上海粮油商品交易所、试办期货交易，是贯彻中央关于开发开放浦东战略的需要，这对充分利用上海的综合优势，带动长江三角洲和整个长江流域地区经济发展，把上海尽快建成国际经济、金融和贸易中心，推进国内市场与国际市场接轨将发挥重要作用。请示还提出：上海粮油商品交易所试办期货交易，先从交易量大又适合开展期货交易的少数粮油商品入手，在积累经验、不断完善的基础上，逐步扩大到其他农产品的上市品种。尽快把上海粮油商品交易所建设成为既符合国际惯例又有中国特色的商品期货市场，力争在20世纪末使之成为远东的期货交易中心。

商业部、国家体改委和上海市政府请示报国务院不久，政府换届，国务院一直没有批复。国内贸易部和上海市政府及我们交易所一直在等待国务院批复后开业。1993年5月3日，上海市副市长孟建柱视察上海粮交所。当我们汇报到，上海粮交所万事俱备，只等国务院批复时，孟建柱同志要求我们尽快向国内贸易部汇报，争取立即开业。

1993年6月3日，时任国内贸易部部长张皓若到上海视察，听取上海粮食工作汇报。上海市粮食局局长陈士家和我一起向张皓若部长汇报了上海粮交所筹备工作情况。

我汇报说："上海粮交所筹备工作全部就绪，现只等商业部、国家体改委和上海市政府联合给国务院的请示批下来就可开业。请内贸部再帮助协调，争取尽早批下来。"

张皓若部长当即表态："不要等了，在国务院批准前，可先试营业。正式开业放在国务院批准后。"

其实当时国务院对审批期货市场是非常慎重的，而且当时政府部门和理论界对期货市场看法并不一致。如果继续等待批复，很可能就错失了市场发展的时机。张皓若部长的果断表态，使我们一下解决了等待交易所开业问题。

为此，1993年6月14日，上海市粮食局局长陈士家和我专程到北京，向白美清副部长汇报上海粮交所准备开业工作。

听取汇报后，白美清副部长说："上海粮交所在上海市政府、内贸部（商业部）、国家体改委支持下，进行了很好的筹备。现在已具备开业条件，我同意张皓若部长的意见，赞成先试运转。6月25日后哪天

开，请你们自己定。正式开业时间等国务院批文下达后，由内贸部与上海市政府商定。第一，上海粮交所要成为坚持规范化、标准化、高起点、严管理、有特点的交易所。交易所的各种设计要向规范化靠拢，起到发现价格、转移风险的作用，促进生产指导消费。起点要高，从期货起步。要强调管理，规章要严格执行。要强调有粮油的特点，粮交所既要有一般交易所的共性，又要有自己的特性，把这个交易所办好。第二，要逐步完善，不断总结向期货市场高级阶段发展。要避免两种情况：既要避免市场混乱，又要避免市场冷清。为了完善市场，向高级阶段发展，要抓住一个重要因素，要引进一部分合法投机资本和投机者参加，特别是要有金融资本参加。还要抓住两个重要保证：一个是实物交割保证。鉴于中国期货市场初期，交割数量可能较大，交割库上海不要集中过多。另一个是结算保证。清算可采用多种形式，你们结算部形式是初级形式，要逐步向股份制结算公司过渡。第三，加强管理和组织领导。要着眼于效率，着眼于落实。理事会要能开展工作，先少而精，逐步充实。第四，你们要研究上海粮交所如何增强辐射力，要与其他市场联网，经济中心是自然形成的。第五，关键在人才。期货市场搞得好不好取决于人才多少。交易所、期货公司要把人才培养好，通过实践培养，还要吸取国内外经验，密切关注其他交易所。商品交易所要由单一向综合发展，由商品市场向金融市场发展。"

回上海后，陈士家局长和我立即把内贸部张皓若部长和白美清副部长的意见向孟建柱副市长做了汇报。孟建柱副市长表示赞同内贸部领导的意见，立即开业。

孟建柱敲响了国内期货市场真正启航的锣声

张皓若、白美清两位部长的果断决定，使直接从期货交易起步的上海粮油商品交易所拉开了国内期货市场的大幕。1993年6月30日，国内贸易部和上海市政府联合组建的上海粮油商品交易所试营业。上海市副市长孟建柱出席试营业仪式，并为上海粮交所敲响了开市的第一响锣声。这一下锣声，标志着国内首家直接从期货交易起步的交易所启航了。瞬间，大型电子显示屏上和各交易席位上的电脑终端显示出上市品种和开盘价格。第一批进场会员有43家，分别来自全国14个省市。首批上市交易的期货标准合约有白小麦、红小麦、大豆、玉米、籼米、粳米、豆油、菜油等八大品种。

1993年7月10日，上海市政府黄菊市长签发第39号政府令，发布施行《上海粮油商品交易所管理暂行规定》。这是全国第一个地方政府发布的期货交易管理规则，它为上海粮油商品交易所的有序运营奠定了基础，也为中国期货市场初创阶段的期货交易提供了管理示范。

上海粮交所开业，我担任总裁；王和生、陈融、马荣庆、劳光熊担任副总裁；汤克均担任总裁助理，后提任总经济师。1994年6月18日，上海粮交所召开第二次会员大会，选举陈士家（上海市粮食局局长）担任理事长；唐新元（中国粮食贸易公司总经理）和我担任副理事长；朱玉辰等担任理事。

中国领导人有决心把中国建成一个
向市场经济发展的国家

上海粮交所期货交易的诞生，迅速引起了国内外的高度关注。到1993年8月，上海粮交所实时交易信息与美国道琼斯/德励财经资讯有限公司和英国路透社资讯网络正式联通，通过两家公司的卫星系统向全球播发上海粮油期货市场的即时交易行情。同时，异地会员和客户的远端信息站也陆续在杭州、北京、南昌、厦门、成都、海口等十几个城市开通。1994年黄菊市长在元旦献词中，把上海粮油商品交易所同上海证券交易所、上海金属交易所列为1993年上海三大要素市场，称其为上海的改革开放和金融贸易中心建设发挥了重要作用。

　　1993年10月21日，美国农业部长迈克·埃斯彼访华，美国驻华使馆指名要求安排访问上海粮交所。这是当时克林顿政府上任后首位访华的部长，而且当时美国政府和社会普遍缺乏对中国的了解。我向美国客人介绍了为什么要创办期货市场以及期货市场运营的情况，这位部长也提了许多有关期货市场和中国粮食政策的问题，我一一做了回答。原定迈克·埃斯彼部长参观访问时间为半小时，由于美国客人对中国这个新兴的期货市场和农产品市场价格的兴趣，结果双方交谈持续了一个半小时。他最后说：上海粮交所十分成功，这是中国政府的一个大胆试验，它清楚地说明了中国领导人有决心把中国建成一个向市场经济发展的国家。上海粮交所的建立也向世界发出了一个信号，中国在整个世界贸易体制中占有十分重要的位置。当时，中国已开始申请加入世界贸易组织，这些话从一个美国政府阁员口中说出，在当时是很不容易的，可见上海粮交所的影响。

　　1993年12月30日，时任中共中央政治局委员、中共上海市委书记吴邦国同志视察上海粮油商品交易所。我向吴邦国同志汇报了上海粮交所开业以来的运营情况。吴邦国同志听取汇报后步入交易大厅，观看屏幕上的行情，与交易员亲切交谈，并欣然为上海粮交所题词："培育期货市场，促进粮食经济发展。"在视察过程中，吴邦国同志说：上海粮交所初创很成功。上海期货市场已经走在全国前列，希望你们进一步借鉴国际经验，敢闯敢试。解放前上海是冒险家的乐园，但也培养了一种冒险精神，改革开放也要有敢冒风险的精神。政府部门（指市财办等）要支持期货市场，要支持改革，促进市场经济的发展。

　　1996年12月30日，上海粮油商品交易所浦东新址落成，作为第一个搬迁浦东的交易所，为浦东金融机构聚集起了先导作用。

（选自《大潮·口述："第一"的故事》，
中国文史出版社2018年7月版）

共和国第一个保税区的诞生

阮延华

林　峰　整理

由设想到现实

在中国建立保税区的设想，源于中国改革总设计师邓小平同志。自80年代初至90年代初，邓小平同志在其讲话中多次提出，要在内地按自由港模式再造几个香港。他明确指出："这是为了实现我们的发展战略目标，要更加开放。"

根据邓小平同志这一思想，1984年以后，国内外一些知名学者和上海的有关专家在讨论上海浦东开发的时候，就考虑在浦东这块土地上如何开辟一块地方，给予特殊政策，形成类似自由贸易区的具有极高的开放度的特殊区域。城市规划工作者经过多方案比较，选择靠近长江边的外高桥地区，规划为自由贸易区（保税区）用地，解决了空间布局问题。这一特殊区域的长远发展方向，就是小平同志设想的自由港。

1990年中央在批准浦东开发开放时就规定："在新区内划出五至十平方公里的区域，辟为保税区，并争取在某些方面有新的突破。"黄菊在1990年4月23日市九届人大第三次会议上作《关于开发浦东问题的专题报告》时，进一步把设立保税区的目的阐述为："通过探索，争取把5—10平方公里的保税区逐步形成一个国际和国内市场相互衔接，浦东和浦西相互贯通，计划和市场相互结合的新的改革、开放试验区。"从

而把外高桥保税区推向全国改革开放的前沿。

具体说，设立外高桥保税区，就是要利用外高桥保税区的开放度，在改革开放中起到如下四个方面的作用：

一是要成为对外开放的示范区。在外高桥保税区实行自由贸易区的政策，进行封闭管理，有较高的开放度，它的经营和管理经验将为其他地区起到示范效应。事实上，外高桥保税区作为全国第一个试办的保税区，已经在政策、管理、规划、招商引资、企业运作等方面，对全国保税区起到了良好的示范作用。

二是要成为对外贸易的前沿区。外高桥保税区利用独有的自由贸易政策、保税政策，兴办各类出口加工企业、国际贸易企业和仓储企业，发展国际贸易、进出口贸易、出口加工和仓储业。这一设想也已为保税区近年来发展实践所证实，保税区已成为上海新的经济增长点。

三是要成为产业升级的先导区。设想中的外高桥保税区将发挥上海的产业优势和人才优势，适应国际产业改组趋势，引进技术先进、深加工、高增值、低能耗、污染少的加工企业，成为上海产业和技术结构快速升级的催化剂。现在，外高桥保税区内已有以英特尔、惠普、先锋等为代表的高科技产业群。这些产业入驻保税区，不仅引进国外高新技术，而且带动了上海一些相关企业的技术升级。

四是要成为综合改革的试验区。设想中的外高桥保税区必须率先进行体制改革的尝试。8年来，保税区已经形成了小政府大社会的管理模式，入区企业自由运作，初步构成了市场经济氛围。

关于保税区名称在此顺便说明一下。外高桥保税区在其目标功能设计上，是自由贸易区或自由港，但其中文名称为保税区。李岚清对此有个解释："我们的保税区实际上类似其他国家在港口划出一块并用铁丝网围起来的保税区（他们习惯叫'Free Trade Zone'或'Free Port'）。为了避免同中国香港、巴拿马那样的'自由港'相混淆，所以我们用了'Bonded Zone'。"因此，我们这个开发区中文称保税区，英文译名则按国际流行说法使用"Free Trade Zone"。

为什么要把保税区选定在外高桥地区？主要基于如下考虑：外高桥地区地处长江口，即通常所说的长江与东海交接的"T"字形交接处，地理位置较好；当时规划中的外高桥港口可停泊国外第三、四代集装箱轮，使保税区的发展有了依托；外高桥地区离市区有一定距离，便于实行封闭式管理等等。这一选址方案是在比较了国内外自由贸易区的经验以后做出的，从保税区8年的实践和今后发展趋势来看，这一选择是正确的。保税区与港口互相依托，是保税区发展的基础。

由功能确定到规划设计

80年代我在上海闵行经济技术开发区工作。1990年7月，我受命负责外高桥保税区的筹备工作。当时，虽然我在开发区已工作过6年，但对保税区如何搞，还没有主张。我采取两方面的比较，一是将当时国内已发表的有关保税区的法规、文件和研究文字找来研究；二是对国外较成功的自由贸易区进行研究，逐渐理清了思路。

建设保税区，规划要超前。一个好的规划，必须以这一区域的社会经济发展目标为依据，而经济目标的确立和实施，在于本地区经济功能的确立和开发。当时如何确立保税区的功能，在国内尚无借鉴，弄清楚这一问题对保税区开发具有重要意义。我在这一问题上作了大量的研究，翻阅了大量国外有关自由贸易区、自由港的文章，学习了中央和上海市府对外高桥保税区发展的一系列指示和文件。最后，在保税区控制性详细规划设想的A、B、C、D四个功能分区的基础上，确认了以贸易、出口加工、仓储为保税区三大主体功能。这一认识的飞跃在当时有很大意义，国内后来建立的一些保税区都以这三个功能定位进行开发，可见这一理论认识的影响之大。

根据已确定的保税区三大主体功能，我当时设想，分期开发保税区首期4平方公里的土地，其中2.83平方公里为封闭隔离区域。封闭隔离区域包括3个功能小区，即：

1.仓储区（B区）：面积0.35平方公里，主要建造一批具有现代化设备的仓库、场地、集装箱堆场、拆装箱作业场以及简易加工厂、商业性加工厂、各类机械设备停放场地和维修保养车间等。

2.管理中心区和贸易区（C区）：面积0.33平方公里，是整个保税区的管理中心，将建造办公大楼、保税区管理委员会，边防、海关、外汇管理、税务、动植物检、卫检、商检、港监、银行、保险公司等均在此办公，还有供国内外客商、贸易机构租用的办公楼和贸易展销厅。

3.加工区（D区）：面积2.15平方公里，主要兴建为进出口贸易、转口贸易服务的工厂以及一些附加值较高的加工厂。

如何确定外高桥保税区开发的实施进度呢？根据市委、市府确定的思路，我们当时制定了保税区一期2000年前发展的三阶段：

第一阶段：1991—1993年，主要完成1—1.68平方公里的征地动迁和市政基础设施建设；

第二阶段：1994—1996年，初步完成2—2.83平方公里的征地动迁和市政基础设施；

第三阶段：1997—2000年，全面完成4平方公里的首期开发任务。

但随着我国对外开放步伐的加快，我们仅花了4年时间，就达到了2000年预期目标，此乃后话。

以功能开发为主导的"滚动开发"

1990年着手筹建外高桥保税区时，我就考虑，如何少走弯路，走出一条有保税区特色的多快好省的开发之路。我之所以考虑到"保税区特色"，是因为保税区不同于一般的开发区，它必须要有封闭隔离设施，并获得海关验收。从某种角度讲，铁丝网也代表了保税区的形象，有了铁丝网，保税区的功能才能运作；没有铁丝网，再好的规划，再优越的政策都是一句空话。所以，我们在1991年8月，克服了种种困难，仅花了4个月的时间就将0.453平方公里区域封关成功，并在1992年2月通过海关总署的验收。这一成功使国内外在浦东开发宣布后一年多的时间里就看到了中国第一个保税区，而且在国内率先享受了保税区的各项优惠政策，为1992年邓小平南方谈话后吸引更多外资起了积极作用。

首块封关、建设中还有一段小插曲。原来，我们按海关要求建成的保税区铁丝网，后来因保税区外杨高路路基垫高，使原来建成的铁丝网的高度一下子变矮了30厘米。为了严格达到海关要求，我们又重新全部返工铁丝网，达到了海关要求的标准。这表明，外高桥保税区从其一开始建设，就十分规范化。

保税区与其他开发区也有共同之处，也要开发土地，"筑巢引鸟"。因此，我借鉴了国内外开发建设的经验，提出了"滚动开发"的指导思想，使保税区开发从一开始就进入经济的轨道，为保税区可持续发展打下了良好的基础。根据这一指导思想，我采取了如下做法：

一、基础设施建设滚动开发——"先地下、后地上、地下地上联动"。在建设初期，我带领公司职工，先以主要精力抓地下管线的施工建设，然后把力量投在地面建筑的施工。同时，在有的区域，根据中外客商的需求，实行地下、地上联动的方式，满足了客户的要求。

二、区域滚动开发——"以点带面、两翼齐飞；一点两面，三年成片"。首期封关成功以后，我抓住邓小平南方谈话的机遇，根据市委、市府领导的指示，又进一步提出了加快保税区开发的设想。1991年，市政府要求我们于20世纪末完成保税区首期4平方公里区域的建设；1992年4月，黄菊亲临保税区召开现场会，提出要加快保税区建设，要"一年一个样，三年大变样"。1992年上半年，我主动请缨，提出只用3年时间完成4平方公里区域的建设任务。对此，我制定了"以点带面、两翼齐飞"的策略，我把这个想法向黄菊汇报，黄菊当即加上两句："一点两面，三年成片"，即以C区为点，向B区和D区扩展，带动整个4平方公里的开发。实施结果，1993年4月17日外高桥保税区2平方公里区域封关成功，到1994年12月，保税区首期4平方公里开发区域全部封关成功，竟然比原定三年目标又提前一年。

1993年4月18日是个难忘的日子，外高桥保税区举行封关典礼仪式，李鹏总理亲自出席封关典礼，并为其剪彩。这一天，整个保税区彩旗飘扬如同节日。李鹏总理发表热情洋溢的讲话，我至今记得他的讲话里有这样一句话："浦东和上海要真正成为全国的经济中心，必须要有更大的胆略和气度，只有这样，才能更好地服务全国；在全国的经济建设和对外开放中发挥带头作用。"这句话使我在当时激动的心情中添入了一丝冷静情绪，更加感受到自己身上的历史重任。

三、经济滚动开发——"开发一块、经营一块、运转一块"。随着保税区开发快速进展，大批客商涌入保税区，我及时提出"开发一块、经营一块、运转一块"的口号，使保税区建设与客商的投资需求紧密联系在一起，吸引了大批客商。到1994年底，已吸引了1200余家国内外企业进区投资，成为浦东几个重点小区中引进项目最多、外资比例最高、基础设施建设速度较快的小区之一，至1998年上半年，保税区已吸引了3300个投资项目。

四、环境滚动开发——"开发一块、建设一块、绿化一块"。外高桥保税区开发一开始就十分清楚，保税区的自然环境和社会环境对保税区发展的重要性。对此，我在开发的前期就狠抓了环境规划，在作总体规划时，就考虑到建筑、地域规划和绿化定点规划，并把生活区的建设与社区的美化、绿化、文化等作为精神文明建设一起抓。在首期开发的4平方公里地块内，绿化面积高达40万平方米，学校、宾馆、娱乐场所等一流配套服务俱全，为近几年的"环境招商"打下了良好的基础。

五、功能滚动开发——主体功能与辅助功能互相配合发展。外高桥保税区的三大主体功能的发展，需要一些配套的生活设施。对此，我们在早期开发中就在区外规划了一块生活区，建设住宅、学校、宾馆、娱乐设施。随着主体功能开发的深入，这些配套的辅助功能的作用越来越明显，对主体功能开发起到了很好的效果。例如，外商在生活区内辟建的橄榄球场，带动了招商，被市领导称为"体育招商"。

这几年的实践证明"滚动开发"指导思想是正确的。由于实施"滚

370

动开发"的策略，使开发少走了弯路，加快了速度。更重要的是，滚动开发使保税区经过短短4年的基础设施建设后，在国际国内树立起了一个实在的形象，为今后几年发展打下了扎实的基础。客观地讲，保税区发展至今已有3000多个企业投资，这一规模与开发前期的基础不无关系。

我作为一个外高桥保税区诞生和成长的历史见证人，深感创业之艰辛，守业之艰难，兴业之坎坷。外高桥保税区从婴儿学步开始，到现在已开始迈出了成人的扎实步伐，已显现了其成长的活力。外高桥保税区已由种植期进入了收获期。据估算，开发以前，这片土地上，每平方米产生的效益是3元人民币，而开发以后，每平方米产生的效益已达30万美元左右。这一估算精确与否，我没有考证过，但外高桥保税区的发展是有目共睹的。据统计，外高桥保税区1992年引进项目为126个，至1997年累计达3114个；1993年进出口贸易额为3.20亿美元，1997年近28亿美元。"发展是硬道理"，尽管外高桥保税区的成长并非一帆风顺，但作为一种开创性的事业，它的成功就在于它的创新、生存和发展之中。

因此，当我领受了写这篇回忆文章的任务后，我有机会反思过去，我深深体会到邓小平同志的理论不仅指导了外高桥保税区的诞生，而且指导了外高桥保税区的发展。外高桥保税区的生存环境是市场经济，就像一个婴儿需要吃奶一样，没有这样一种环境，外高桥保税区很难生存。例如，它建设中需要的资金，引进的项目，各种基础设施建设所涉及的各部门，这一系列问题，都涉及两种运行机制，涉及两种体制如何衔接。正是在这关键当口，邓小平同志发表南方谈话，带来了经济体制改革的新局面。在这个背景下，外高桥保税区顺利地实行了与区外的体制接轨，从中央到上海市和浦东新区各级政府机构、部门对外高桥保税区的运作给予了大力支持。用当时流行的话来说，即是给予外高桥保税区"特中有特"的政策。这种政策的实质即是符合市场经济运作游戏规则的各种法规和管理手段。外高桥保税区正是在这样一种特有的市场经

济环境中度过了其婴儿期。尽管这种市场经济环境还很幼稚，但已是很不容易的了。事实上，正是小平同志南方谈话后的几年里，迎来了建区以来的第一个繁荣期，实现了外高桥保税区的第一次创业。小平同志生前未能来外高桥保税区，但是，他的理论和改革实践指导了外高桥保税区，这是我切身的体会。

外高桥保税区的发展前景如何？这是许多人（包括我接待过的一些国内外记者）所关心的问题。我的回答持乐观态度。我的主要依据之一在于外高桥保税区将成为上海经济发展中不可或缺的一部分。前面我阐述过一个观点，外高桥保税区邻近外高桥港口，而外高桥港口在实施中的"上海国际航运中心"规划里，处于主体港的地位。从国际经验来看，一个大型集装箱港口与一个自由贸易区是伴生发展的。区港联动的发展是具有规律性的。上海是个世界著名的港口城市。因此，区兴港兴，港兴市兴，这将是必然的。由此，我得出结论，外高桥保税区的命运已与上海、浦东的命运联系在一起了。历史向外高桥保税区提出了加快发展的要求，要求它为上海和浦东的发展多做贡献。这是它的责任，也是它的动力。外高桥保税区有能力为国家发展多做贡献。例如1996年外高桥保税区上缴国家的工商等税收收入为6亿元人民币，1997年达到9亿元，预计今后还会有较大幅度的增长。

目前外高桥保税区已进入功能开发期，并已取得可喜的成绩。1997年，外高桥保税区贸易、仓储、出口加工三大功能开发已具一定的水平。随着外高桥保税区功能开发的深入，外高桥保税区功能开发有很大的潜力。例如，随着外高桥保税区港口经济的兴起，保税区的服务贸易、离岸金融业、转口贸易等功能将进一步开拓，出口加工业将进一步向高度技术产业发展，仓储业将进一步与物流分拨功能相结合，形成仓储、货检、货运、报关、加工、装箱一条龙服务。总之，外高桥保税区的发展前景是非常值得看好的。

我在外高桥保税区工作已8年了。8年里，我亲历了外高桥保税区由农田、海滩变成新的城市化地区的过程，国家原来交给我们的"空转"

土地，现在变成了幢幢高楼。也就是说，以土地为国有资产的初始形式，现在不仅形式变了，而且国有资产的质和量都发生了巨大变化。外高桥地区用8年走过了通常需要更长时间才能走完的路。每当我想到这里，心里就感到莫大的安慰。改革开放为我们这一代人提供了施展身手的天地，一个人最大的快乐莫过于从事这样一种工作。当然，工作中有困难，这8年中，我每天必须面对一系列的资金、人员、外商接待等问题，内中甘苦，唯有自知。也正是因为这个道理，我与外高桥保税区感情至深，我乐意为外高桥保税区工作。

（选自《新中国往事·"第一"解读》，
中国文史出版社 2011 年 1 月版）

第一张银联卡的诞生

王喜义

    中国银行深圳市分行充分利用原有的储蓄电脑通存通兑网络，于1988年5月顺利完成了ATM项目的开发工作，并发行了全国第一张ATM卡（即鹏程卡），标志着国内第一家ATM联机网络已经形成。

    ATM业务的创新，不仅圆了深圳人的梦，也圆了许多广东人的梦。1992年8月，该行开通了和中行广东省分行、中行广州市分行、中行东莞市分行、中行汕头市分行的跨地区ATM联机网络，该网络简称"银联"。跨地区网络的开通，加速了深圳市与省内其他城市的业务交流，方便了持卡人异地提款。

    很快，"银联"网更走出省外，不仅联通了广东省内中国银行系统的ATM，同时还跨出了省界，与南宁市、厦门市、长沙市、北京市、上海市等中行系统的ATM联网。

    为了做好深港衔接，迎接香港"九七"回归，1993年10月该行还在原有"银联"网的基础上做了进一步的技术改造工作，顺利地将全辖ATM向香港中银集团（包括澳门中行）各行的持卡人开放，实现了深港两地ATM的连接。香港中银集团的"银通"网和省内的"银联"网连接，组成"中银通"网，为香港居民能在中行深圳市分行任何一台ATM上提供提取港币或兑换成人民币的取现服务。

    储户是银行财富的源泉，为储户提供现代化的文明优质服务是银行的宗旨。中行深圳市分行在为储户提供大规模的联机网络服务的同时，始终不渝地抓好辖内机服务的管理。

ATM业务与ATM服务，两者之间的关系，实质就是卡与机的关系，这种关系是相互的、辩证的。机管得好，卡就能发得多，卡多了吸存也就多；反之，将会造成各种投诉，甚至引来负效应。

多年来，该行在抓ATM日常管理方面，采取了很多措施。如：建立了《ATM业务管理制度》《ATM岗位责任制》，较明确地规定了ATM业务处理流程、业务的规范、岗位的设置、业务指标的考核、奖罚规定、操作员的责任与义务、节假日值班和检查监督制度等，并针对ATM服务的特点，不定期地组织抽查，及时通报检查情况，使ATM逐步纳入了规范化、制度化的管理，提高了ATM的完好率和使用率。此外，该行还不断改进服务手段，如：三次提高提款限额，增大钞票面额，延长服务时间，调整好ATM的布局等。

大规模地投入ATM，既减轻了柜台的压力，又为储户提供了良好的服务，还达到增加吸存的目的。

一卡在手，走遍神州。银联卡不仅走遍了中国，更走向了世界。

（选自《大潮·口述："第一"的故事》，
中国文史出版社 2018 年 7 月版）